Sis:

Digitale Sicherheit

Sissi Ram

Digitale Sicherheit
Gefahren erkennen Risiken verstehen effektiv schützen

ISBN 9798304335911

Bei der Erstellung dieses Buches wurde Künstliche Intelligenz gezielt eingesetzt, um eine breite Palette digitaler Bedrohungen zu analysieren und effektive Schutzmaßnahmen zu entwickeln. So konnten möglichst viele Sicherheitswerkzeuge zusammengetragen werden, um Leser optimal auf die Herausforderungen der digitalen Welt vorzubereiten.

Einleitung

Kennen Sie Phishing-Mails? Wissen Sie, was Spam bedeutet? Haben Sie von Malware, Zero-Day-Exploits oder RaaS schon gehört? Was bedeutet IoT? Ist Ihnen VyprVPN ein Begriff? Ich bin überzeugt davon, dass Sie einige dieser Begriffe und noch einige mehr kennen oder zumindest schon einmal gehört haben. Aber wissen Sie auch, was sie bedeuten, was dahinter steckt und ob man sie nutzen oder sich davor schützen muss? In diesem Buch möchte ich zur digitalen Selbstverteidigung aufrufen, um nicht nur im Zeitalter des Internets gut geschützt zu sein, sondern auch um für die Herausforderungen gewappnet zu sein, die auf Sie bereits zugekommen sind oder noch kommen können.

Wir, das sind Sissi Ram und Team, möchten Ihnen eine kleine Hilfestellung bieten, Begriffe zu erklären, zu deuten und an der richtigen Stelle auf Hilfe oder Gefahr hinzuweisen. Das Buch: Digitale Sicherheit:

„Digitale Sicherheit: Gefahren erkennen, Risiken verstehen, effektiv schützen"

ist entstanden aufgrund der massiv zunehmenden Gefahren und Bedrohungen im digitalen Raum. Heutzutage sind wir alle in irgendeiner Weise online präsent, sei es durch soziale Medien, Online-Shopping, Online-Banking oder einfach durch das Surfen im Internet. Doch mit dieser Präsenz kommen auch Risiken und Herausforderungen, die es zu bewältigen gilt. Unser Ziel ist es, Ihnen die Werkzeuge und das Wissen an die Hand zu geben, um sich in der digitalen Welt sicherer zu bewegen und Ihre Privatsphäre zu schützen.

Wir möchten helfen, die digitale Welt besser zu verstehen und die notwendigen Schritte zu unternehmen, um sich vor den zahlreichen Bedrohungen zu schützen, denen Sie online ausgesetzt sein können. Phishing-Mails, Malware, und andere digitale Bedrohungen sind oft komplex und ständig im Wandel. Daher ist es entscheidend, immer auf dem neuesten Stand zu bleiben und sich kontinuierlich weiterzubilden. Lassen Sie uns gemeinsam die Geheimnisse des Internets entschlüsseln und Strategien entwickeln, um Ihre digitale Sicherheit zu stärken.

Ein besonderer Fokus liegt auf praktischen Tipps und leicht umsetzbaren Maßnahmen. Wir zeigen Ihnen, wie Sie sichere Passwörter erstellen, welche Software Sie nutzen sollten und wie Sie verdächtige Aktivitäten erkennen können. Dabei legen wir großen Wert darauf, Ihnen nicht nur theoretisches Wissen zu vermitteln, sondern auch konkrete Handlungsempfehlungen zu geben. Denn nur wer weiß, wie man sich konkret schützt, kann den Gefahren im Internet effektiv begegnen.

Digitale Selbstverteidigung ist keine einmalige Angelegenheit. Es handelt sich um einen fortlaufenden Prozess, der ständige Aufmerksamkeit und Anpassung erfordert. Die Bedrohungen entwickeln sich weiter, und so sollten auch Ihre Sicherheitsmaßnahmen kontinuierlich überprüft und verbessert werden. Wir begleiten Sie auf diesem Weg und geben Ihnen die nötigen Werkzeuge an die Hand, um sicher und selbstbewusst in der digitalen Welt agieren zu können.

Wir laden Sie ein, mit uns die digitale Welt zu durchforsten und Ihre digitale Sicherheit zu stärken. Mit dem Wissen und den Strategien aus diesem Buch « Digitale Sicherheit: Gefahren erkennen, Risiken verstehen, effektiv schützen werden Sie besser vorbereitet sein, um den Herausforderungen der digitalen Welt zu begegnen. Lassen Sie uns gemeinsam dafür sorgen, dass Sie online genauso sicher sind wie in der physischen Welt.

1. Einführung in die digitale Welt

Was bedeutet "digitale Welt"?

Die digitale Welt ermöglicht es Menschen, über verschiedene elektronische Kanäle miteinander zu kommunizieren, sei es per E-Mail, Instant Messaging, sozialen Netzwerken, Videoanrufen oder VoIP-Diensten. Diese Kommunikationsmittel haben die Art und Weise, wie wir miteinander interagieren, revolutioniert und die Grenzen von Zeit und Raum überwunden. Die Geschwindigkeit und Leichtigkeit, mit der Informationen ausgetauscht werden können, haben unsere persönliche und berufliche Kommunikation nachhaltig verändert und vereinfacht.

Durch das Internet haben wir nahezu unbegrenzten Zugang zu Informationen und Wissen zu jedem erdenklichen Thema. Von Nachrichten und Artikeln über wissenschaftliche Studien bis hin zu Online-Kursen und Tutorials bietet die digitale Welt eine Fülle von Wissen, das für Bildung, Forschung und persönliche Entwicklung genutzt werden kann. Diese Verfügbarkeit von Informationen hat das Lernen demokratisiert und ermöglicht es Menschen weltweit, sich weiterzubilden und auf dem Laufenden zu bleiben.

Die digitale Welt bietet eine Vielzahl von Unterhaltungsmöglichkeiten, darunter Streaming-Dienste für Filme und Musik, Online-Spiele, soziale Medien, Podcasts, virtuelle Realität und vieles mehr. Diese Plattformen ermöglichen es den Nutzern, sich zu entspannen, zu unterhalten und mit anderen zu interagieren, ohne ihr Zuhause zu verlassen. Die Vielfalt und Verfügbarkeit von digitalen Unterhaltungsmöglichkeiten haben unsere Freizeitgestaltung stark beeinflusst und erweitert.

E-Commerce-Plattformen ermöglichen es Verbrauchern, Produkte und Dienstleistungen online zu kaufen und zu verkaufen. Von großen Einzelhändlern bis hin zu kleinen Handwerkern können Unternehmen in der digitalen Welt ihre Produkte einem globalen Publikum präsentieren und verkaufen. Darüber hinaus bieten viele Dienstleistungsunternehmen ihre Services online an, von Bankwesen über Gesundheitswesen bis hin zu Bildungseinrichtungen. Dies hat den Handel und die Art, wie wir Dienstleistungen in Anspruch nehmen, grundlegend verändert.

Die digitale Welt hat die Art und Weise, wie wir arbeiten und zusammenarbeiten, grundlegend verändert. Remote-Arbeit, virtuelle Teams, Cloud-Computing und Online-Kollaborationstools ermöglichen es Mitarbeitern, überall und jederzeit zusammenzuarbeiten, unabhängig von geografischen Grenzen. Diese Flexibilität hat nicht nur die Arbeitswelt transformiert, sondern auch neue Möglichkeiten für Unternehmen und Mitarbeiter geschaffen.

Mit zunehmender Vernetzung und Abhängigkeit von digitalen Technologien sind Sicherheit und Datenschutz zu zentralen Anliegen in der digitalen Welt geworden. Maßnahmen wie Verschlüsselung, Authentifizierung, Datenschutzgesetze und Sicherheitslösungen sind entscheidend, um persönliche Daten und digitale Infrastrukturen zu schützen. Die Herausforderung besteht darin, ein Gleichgewicht zwischen Benutzerfreundlichkeit und Sicherheit zu finden, um die Integrität und Vertraulichkeit der Daten zu gewährleisten.

Die digitale Welt ist ein Motor für Innovation und Fortschritt in nahezu allen Bereichen des Lebens. Von der Medizin über die Bildung bis hin zur Wirtschaft treiben digitale Technologien neue Ideen, Geschäftsmodelle und Lösungen voran, die die Welt verbessern und transformieren können. Diese Innovationskraft bringt jedoch auch die Notwendigkeit mit sich, ständig auf dem neuesten Stand zu bleiben und sich an die sich schnell verändernden technologischen Entwicklungen anzupassen.

Insgesamt umfasst die digitale Welt eine Vielzahl von Aspekten und Möglichkeiten, die unser tägliches Leben prägen und beeinflussen. Sie bietet Chancen für Wachstum, Fortschritt und Zusammenarbeit, erfordert jedoch auch eine bewusste Nutzung und angemessene Sicherheitsvorkehrungen, um ihre Vorteile voll auszuschöpfen und potenzielle Risiken zu minimieren.

Digitalisierung im Alltag

Die Digitalisierung hat eine tiefgreifende und weitreichende Auswirkung auf nahezu alle Aspekte unseres täglichen Lebens. Sie durchdringt unsere Arbeitswelt, unsere sozialen Beziehungen, unsere Freizeitaktivitäten und sogar unsere Gesundheitsversorgung. Die folgenden Punkte verdeutlichen die vielfältige Rolle, die die Digitalisierung in unserem Alltag spielt:

Arbeitswelt

In der heutigen Arbeitswelt ist die Digitalisierung allgegenwärtig. Sie hat die Art und Weise, wie wir arbeiten, revolutioniert, indem sie Remote-Arbeit, virtuelle Teams, digitale Kommunikationsmittel und automatisierte Prozesse ermöglicht hat. Die meisten Berufe erfordern mittlerweile grundlegende digitale Kompetenzen, und Unternehmen setzen zunehmend auf Technologie, um effizienter zu arbeiten und wettbewerbsfähig zu bleiben. Diese Veränderungen haben nicht nur die Effizienz gesteigert, sondern auch neue Formen der Zusammenarbeit und des Arbeitens geschaffen, die flexible und ortsunabhängige Arbeitsmodelle unterstützen.

Kommunikation

Digitale Technologien haben die Art und Weise, wie wir miteinander kommunizieren, grundlegend verändert. Wir können jetzt nahezu jederzeit und überall mit Menschen auf der ganzen Welt in Kontakt treten, sei es per E-Mail, Instant Messaging, sozialen Medien oder Videokonferenzen. Die Kommunikation ist schneller, einfacher und vielfältiger geworden, was zu einer stärkeren Vernetzung und einem intensiveren Austausch führt. Diese Entwicklungen haben nicht nur unsere privaten Interaktionen bereichert, sondern auch die Art und Weise, wie Unternehmen und Organisationen kommunizieren und zusammenarbeiten, transformiert.

Information und Unterhaltung

Durch das Internet haben wir Zugang zu einer schier unendlichen Menge an Informationen und Unterhaltungsinhalten. Wir können Nachrichten lesen, Videos ansehen, Musik hören, Bücher lesen und Spiele spielen – alles mit nur einem Klick. Streaming-Dienste, Social Media Plattformen und Online-Shopping haben unseren Zugang zu Unterhaltung und Konsumgütern revolutioniert und unsere Freizeitaktivitäten bereichert. Diese Vielfalt an digitalen Inhalten hat unsere Freizeitgestaltung flexibler und vielseitiger gemacht und bietet unzählige Möglichkeiten zur individuellen Unterhaltung und Information.

Bildung und Lernen

Die Digitalisierung hat auch das Bildungswesen transformiert, indem sie den Zugang zu Bildungsinhalten und -ressourcen demokratisiert hat. Online-Kurse, digitale Lernplattformen und E-Learning-Tools ermöglichen es Menschen, überall auf der Welt zu lernen und sich weiterzubilden, unabhängig von ihrem Standort oder ihrem sozioökonomischen Hintergrund. Dies eröffnet neue Möglichkeiten für lebenslanges Lernen und berufliche Weiterentwicklung. Die Flexibilität und Zugänglichkeit digitaler Bildungsangebote tragen dazu bei, Bildungschancen zu erweitern und Wissen weltweit zu verbreiten.

Gesundheitswesen

Im Gesundheitswesen hat die Digitalisierung zu einer Reihe von Innovationen geführt, die die Patientenversorgung verbessern und die Effizienz der medizinischen Praxis steigern. Elektronische Patientenakten, Telemedizin, Wearable-Technologien und

Gesundheits-Apps ermöglichen eine bessere Überwachung und Verwaltung von Gesundheitsdaten, eine schnellere Diagnosestellung und eine bessere Kommunikation zwischen Patienten und Ärzten. Diese technologischen Fortschritte tragen dazu bei, die Gesundheitsversorgung zugänglicher und patientenorientierter zu gestalten.

Mobilität und Transport
Digitale Technologien haben auch den Bereich der Mobilität und des Transports revolutioniert. Ride-Sharing-Dienste, Navigationssysteme, elektronische Ticketing-Systeme und autonome Fahrzeuge verändern die Art und Weise, wie wir uns fortbewegen und Transportdienstleistungen nutzen. Diese Innovationen tragen nicht nur zur Effizienzsteigerung im Verkehrssektor bei, sondern haben auch das Potenzial, die Umweltbelastung zu reduzieren und die Sicherheit auf den Straßen zu verbessern. Die Digitalisierung ermöglicht es, Verkehrsströme besser zu steuern und neue Mobilitätskonzepte zu entwickeln.

Alltagsgegenstände und Smart-Home-Technologien
Die zunehmende Vernetzung von Alltagsgegenständen und die Einführung von Smart-Home-Technologien ermöglichen es uns, unsere Wohn- und Lebensumgebung zu automatisieren und zu optimieren. Von intelligenten Thermostaten über vernetzte Beleuchtungssysteme bis hin zu sprachgesteuerten Assistenten können wir unsere Häuser und Geräte remote steuern und überwachen, um unseren Komfort und unsere Sicherheit zu erhöhen. Diese Technologien bieten nicht nur Bequemlichkeit, sondern auch Energiesparpotenziale und erhöhte Sicherheit in unseren Haushalten.

Insgesamt spielt die Digitalisierung eine zentrale Rolle in unserem Alltag, indem sie neue Möglichkeiten schafft, wie wir arbeiten, kommunizieren, lernen, uns unterhalten und leben. Sie hat unsere Welt in vielerlei Hinsicht verändert und wird auch in Zukunft weiterhin eine treibende Kraft für Innovation und Fortschritt sein.

Entwicklung digitaler Technologien in den letzten Jahren

In den letzten Jahren haben sich digitale Technologien rasant weiterentwickelt und sind zu einem integralen Bestandteil unseres täglichen Lebens geworden. Diese Entwicklung hat verschiedene Bereiche wie Kommunikation, Arbeit, Unterhaltung, Bildung und Gesundheitswesen stark beeinflusst. Hier sind einige wichtige Aspekte, wie sich digitale Technologien in den letzten Jahren entwickelt haben:

Internet der Dinge (IoT)

Das Internet der Dinge hat sich zu einem Schlüsselelement in der digitalen Transformation entwickelt. Durch die Vernetzung von Alltagsgegenständen und Geräten können sie miteinander kommunizieren und Daten austauschen. Dies hat zu einer Vielzahl neuer Anwendungen geführt, wie z. B. Smart-Home-Technologien, Wearables, intelligente Städte und Industrie 4.0. Die Fähigkeit, Daten in Echtzeit zu erfassen und zu analysieren, hat nicht nur die Effizienz gesteigert, sondern auch neue Geschäftsmodelle und Dienstleistungen ermöglicht.

Künstliche Intelligenz (KI) und maschinelles Lernen

Die Fortschritte im Bereich der künstlichen Intelligenz und des maschinellen Lernens haben dazu geführt, dass Computer und Maschinen menschenähnliche Fähigkeiten wie Spracherkennung, Bilderkennung, Entscheidungsfindung und selbstständiges Lernen erlangen. Diese Technologien werden in einer Vielzahl von Anwendungen eingesetzt, von virtuellen Assistenten über autonome Fahrzeuge bis hin zu medizinischen Diagnosesystemen. Die Fähigkeit, große Datenmengen zu analysieren und Muster zu erkennen, hat in vielen Branchen zu bedeutenden Verbesserungen und Innovationen geführt.

Cloud-Computing

Cloud Computing hat die Art und Weise verändert, wie Daten gespeichert, verarbeitet und verwaltet werden. Durch die Nutzung von Remote-Servern und On-Demand-Ressourcen können Unternehmen und Einzelpersonen ihre IT-Infrastruktur skalieren, flexibilisieren und Kosten senken. Dies hat zu einer breiten Palette neuer Dienste und Anwendungen geführt, die über das Internet zugänglich sind. Die Skalierbarkeit und Flexibilität der Cloud-Dienste haben es Unternehmen ermöglicht, schneller zu reagieren und innovativer zu sein.

Blockchain-Technologie

Die Blockchain-Technologie hat sich als Grundlage für sichere und transparente Transaktionen etabliert. Sie ermöglicht dezentrale Datenbanken, in denen Informationen in Blöcken gespeichert und miteinander verknüpft werden. Diese Technologie wird hauptsächlich im Finanzwesen für Kryptowährungen wie Bitcoin, aber auch für Anwendungen in Bereichen wie Supply-Chain-Management, Gesundheitswesen und Urheberrecht eingesetzt. Die Unveränderlichkeit und Transparenz von Blockchain haben das Potenzial, viele Industrien zu transformieren und Vertrauen in digitale Transaktionen zu stärken.

Augmented Reality (AR) und Virtual Reality (VR)

AR und VR haben die Art und Weise verändert, wie wir mit digitalen Inhalten interagieren und wie wir die reale Welt wahrnehmen. AR fügt digitale Informationen und Objekte in die physische Umgebung ein, während VR immersive, computergenerierte Umgebungen schafft. Diese Technologien finden Anwendung in Bereichen wie Gaming, Bildung, Training, Architektur und Tourismus. Die immersiven Erlebnisse, die AR und VR bieten, haben das Potenzial, das Lernen zu revolutionieren und neue, fesselnde Nutzererfahrungen zu schaffen.

Cybersicherheit

Mit der zunehmenden Vernetzung und Digitalisierung sind auch die Herausforderungen im Bereich der Cybersicherheit gewachsen. Bedrohungen wie Malware, Phishing, Datenlecks und Hackerangriffe sind zu einer ernsthaften Bedrohung für Unternehmen, Regierungen und Einzelpersonen geworden. Die Entwicklung von Sicherheitslösungen und -praktiken ist daher ein wichtiger Schwerpunkt in der digitalen Technologieentwicklung. Fortschritte in der Cybersicherheit sind entscheidend, um Vertrauen in digitale Systeme zu schaffen und die Integrität sensibler Daten zu schützen.

Mobilität und Konnektivität

Die Weiterentwicklung von Mobiltechnologien und drahtlosen Netzwerken hat zu einer zunehmenden Mobilität und Konnektivität geführt. Smartphones, Tablets und andere mobile Geräte ermöglichen es uns, jederzeit und überall auf Informationen zuzugreifen und miteinander zu kommunizieren. Die Einführung von 5G-Technologie verspricht noch schnellere Geschwindigkeiten und eine nahtlosere Konnektivität für zukünftige Anwendungen. Diese Fortschritte unterstützen nicht nur die bestehende mobile Nutzung, sondern auch neue Anwendungen wie das Internet der Dinge und autonome Fahrzeuge.

Insgesamt haben sich digitale Technologien in den letzten Jahren in einem atemberaubenden Tempo entwickelt und die Art und Weise, wie wir arbeiten, leben und interagieren, grundlegend verändert. Diese Entwicklung wird voraussichtlich auch in Zukunft weitergehen und neue Möglichkeiten für Innovationen und Fortschritte in verschiedenen Bereichen eröffnen.

Vorteile der digitale Welt

Die digitale Welt bietet eine Vielzahl von Vorteilen, die unser Leben in vielerlei Hinsicht bereichern und verbessern. Diese Vorteile erstrecken sich über verschiedene Bereiche wie Kommunikation, Effizienz, Zugänglichkeit, Unterhaltung und Bildung. Hier sind einige der wichtigsten Vorteile, die die digitale Welt bietet:

Schnelle Kommunikation: Durch digitale Technologien können wir nahezu in Echtzeit mit Menschen auf der ganzen Welt kommunizieren. E-Mails, Instant Messaging, Videokonferenzen und soziale Medien ermöglichen es uns, Nachrichten und Informationen in Sekundenschnelle auszutauschen, unabhängig von geografischen Entfernungen oder Zeitunterschieden. Dies hat die Art und Weise, wie wir kommunizieren, revolutioniert und ermöglicht es uns, persönliche und berufliche Beziehungen über große Distanzen hinweg aufrechtzuerhalten.

Globale Vernetzung

Die digitale Welt hat die Welt zu einem globalen Dorf gemacht, indem sie Menschen, Unternehmen und Organisationen aus verschiedenen Teilen der Welt miteinander verbindet. Durch das Internet können wir auf Informationen, Ressourcen und Märkte auf der ganzen Welt zugreifen und mit ihnen interagieren. Diese globale Vernetzung fördert den kulturellen Austausch, internationale Kooperationen und den Zugang zu neuen Geschäftsmöglichkeiten.

Effizienzsteigerung

Digitale Technologien haben dazu beigetragen, viele Prozesse und Arbeitsabläufe effizienter zu gestalten. Automatisierung, Datenanalyse, künstliche Intelligenz und Cloud-Computing ermöglichen es Unternehmen, ihre Betriebsabläufe zu optimieren, Kosten zu senken und schneller auf Veränderungen zu reagieren. Diese Effizienzsteigerungen verbessern nicht nur die Produktivi-

tät, sondern ermöglichen auch die Entwicklung neuer Geschäftsmodelle und Dienstleistungen.

Zugänglichkeit von Informationen

Das Internet bietet einen beispiellosen Zugang zu einer Fülle
von Informationen und Ressourcen. Von Nachrichten und Wis-
sensdatenbanken über Online-Kurse und Bibliotheken bis hin zu
Video-Tutorials und Foren können wir auf eine Vielzahl von Informationen zu nahezu jedem Thema zugreifen. Diese Zugänglichkeit fördert Bildung, Forschung und persönliche Weiterentwicklung und trägt dazu bei, das Wissen weltweit zu verbreiten.

Unterhaltung und Ablenkung

Die digitale Welt bietet eine breite Palette von Unterhaltungsmöglichkeiten, die uns helfen, uns zu entspannen und abzulenken. Streaming-Dienste, Gaming-Plattformen, soziale Medien, digitale Medien und Online-Communities bieten eine Vielzahl von
Inhalten und Aktivitäten für jeden Geschmack und jedes Interesse. Diese Vielfalt an Unterhaltungsoptionen bereichert unser Frei-
zeitverhalten und bietet neue Wege, sich zu amüsieren und zu
entspannen.

Flexibilität und Mobilität

Durch mobile Technologien und drahtlose Netzwerke sind wir
zunehmend flexibel und mobil. Smartphones, Tablets und Laptops ermöglichen es uns, von überall aus zu arbeiten, zu lernen,
zu kommunizieren und auf Informationen zuzugreifen, ohne an
einen festen Standort gebunden zu sein. Diese Flexibilität unterstützt flexible Arbeitsmodelle, erleichtert das Reisen und verbessert die Work-Life-Balance.

Innovation und Kreativität

Die digitale Welt ist ein Nährboden für Innovation und Kreativität. Durch die ständige Weiterentwicklung von Technologien und
die Offenheit für neue Ideen entstehen kontinuierlich neue Produkte, Dienstleistungen und Geschäftsmodelle, die die Art und

Weise, wie wir leben und arbeiten, transformieren. Diese Innovationskraft fördert wirtschaftliches Wachstum und eröffnet neue Möglichkeiten in vielen Bereichen des Lebens.

Bildung und Weiterbildung

Digitale Technologien haben das Lernen demokratisiert und den Zugang zu Bildungsinhalten und -ressourcen erheblich erleichtert. Online-Kurse, E-Learning-Plattformen, digitale Bibliotheken und virtuelle Klassenzimmer ermöglichen es Menschen jeden Alters und jeder Herkunft, ihr Wissen und ihre Fähigkeiten zu erweitern und sich beruflich weiterzuentwickeln. Diese Bildungsangebote fördern lebenslanges Lernen und Chancengleichheit.

Individualisierung und Personalisierung

Die digitale Welt ermöglicht es uns, Produkte, Dienstleistungen und Inhalte individuell anzupassen und zu personalisieren. Durch Datenanalyse, künstliche Intelligenz und Algorithmen können Unternehmen und Plattformen maßgeschneiderte Erfahrungen bieten, die den Bedürfnissen und Vorlieben der Nutzer entsprechen. Diese Personalisierung verbessert die Nutzererfahrung und erhöht die Zufriedenheit der Kunden.

Innovation und Fortschritt

Die digitale Welt ist ein Motor für Innovation und Fortschritt in nahezu allen Bereichen des Lebens. Durch die kontinuierliche Weiterentwicklung von Technologien, die Zusammenarbeit von Experten und die Offenheit für neue Ideen entstehen ständig neue Möglichkeiten für Verbesserungen und Durchbrüche, die unser Leben und unsere Gesellschaft positiv beeinflussen. Diese Fortschritte tragen zur Lösung globaler Herausforderungen und zur Verbesserung der Lebensqualität bei.

Insgesamt bietet die digitale Welt eine Vielzahl von Vorteilen, die unser Leben in vielerlei Hinsicht bereichern und verbessern. Von schneller Kommunikation über globale Vernetzung bis hin zu Innovation und Fortschritt trägt die digitale Technologie dazu bei, die Art und Weise, wie wir leben, arbeiten und interagieren, kontinuierlich zu transformieren.

Risiken durch die Verbindung mit der digitalen Welt

Trotz der zahlreichen Vorteile, die die digitale Welt bietet, sind auch verschiedene Risiken und Herausforderungen verbunden. Diese Risiken können sich auf persönlicher, beruflicher und gesellschaftlicher Ebene manifestieren und erfordern eine angemessene Aufmerksamkeit und Vorsichtsmaßnahmen. Hier sind einige der wichtigsten Risiken, die mit der digitalen Welt verbunden sind:

Datenschutzverletzungen und Identitätsdiebstahl

Die zunehmende Menge an persönlichen Daten, die online gespeichert und übertragen werden, birgt das Risiko von Datenschutzverletzungen und Identitätsdiebstahl. Hacker und Cyberkriminelle können auf sensible Informationen zugreifen und sie für betrügerische Zwecke nutzen, was zu finanziellen Verlusten, Rufschäden und persönlichen Belastungen führen kann. Diese Risiken erfordern den Einsatz starker Sicherheitsmaßnahmen und eine erhöhte Wachsamkeit im Umgang mit persönlichen Daten.

Cyberkriminalität und Hackerangriffe

Die digitale Welt ist ein reiches Ziel für Cyberkriminelle, die verschiedene Arten von Angriffen durchführen, darunter Malware-Infektionen, Phishing, Ransomware, DDoS-Angriffe und Datenlecks. Diese Angriffe können Unternehmen, Regierungen und Einzelpersonen schwerwiegende finanzielle und operationelle Schäden zufügen und das Vertrauen in digitale Technologien untergraben. Der Schutz vor Cyberkriminalität erfordert kontinuierliche Sicherheitsanstrengungen und die Schulung von Nutzern im sicheren Umgang mit digitalen Technologien.

Falschinformationen und Desinformation

Das Internet ermöglicht eine weitreichende Verbreitung von falschen Informationen und Desinformationen, die leicht verbreitet und manipuliert werden können. Dies kann zu Verwirrung, Misstrauen und gesellschaftlichen Spannungen führen und die demokratischen Prozesse sowie das Vertrauen in traditionelle Medien und Institutionen beeinträchtigen. Um dieser Gefahr zu begegnen, sind kritisches Denken und die Förderung von Medienkompetenz unerlässlich.

Abhängigkeit von Technologie

Die zunehmende Abhängigkeit von digitalen Technologien kann zu verschiedenen Problemen führen, darunter übermäßige Bildschirmzeit, Online-Sucht, soziale Isolation und physische Inaktivität. Diese Probleme können sich negativ auf die körperliche und geistige Gesundheit sowie auf zwischenmenschliche Beziehungen auswirken. Ein bewusster Umgang mit Technologie und die Förderung von Offline-Aktivitäten sind wichtige Maßnahmen, um diese Risiken zu minimieren.

Privatsphäre und Überwachung

Die fortgeschrittenen Überwachungstechnologien und Datensammlungspraktiken können die Privatsphäre der Nutzer beeinträchtigen und ihre persönlichen Freiheiten einschränken. Regierungen, Unternehmen und andere Organisationen können Informationen über das Verhalten und die Vorlieben von Personen sammeln und analysieren, was zu Bedenken hinsichtlich der Privatsphäre und der individuellen Freiheiten führt. Der Schutz der Privatsphäre erfordert strenge Datenschutzgesetze und bewusste Entscheidungen über die Weitergabe persönlicher Informationen.

Digitaler Ausschluss und digitale Kluft

Nicht jeder hat gleichen Zugang zu digitalen Technologien und Ressourcen, was zu einer digitalen Kluft zwischen verschiedenen Bevölkerungsgruppen führen kann. Menschen, die keinen Zugang zu digitalen Technologien haben oder nicht über die erforderlichen Fähigkeiten verfügen, können von den Vorteilen der digitalen Welt ausgeschlossen werden und einen Wettbewerbsnachteil erfahren. Maßnahmen zur Förderung der digitalen Inklusion und Bildung sind entscheidend, um diese Kluft zu überbrücken.

Cybermobbing und Online-Missbrauch

Das Internet bietet eine Plattform für Cybermobbing, Belästigung und Missbrauch, bei dem Personen Ziel von Angriffen, Beleidigungen und Bedrohungen werden können. Dies kann zu ernsthaften emotionalen, psychischen und sogar physischen Schäden führen und das Wohlbefinden und die Sicherheit der Betroffenen gefährden. Die Schaffung sicherer Online-Umgebungen und die Unterstützung von Betroffenen sind wichtige Schritte zur Bekämpfung dieses Problems.

Manipulation und Einflussnahme

Digitale Technologien können zur Manipulation und Einflussnahme auf individuelle Entscheidungen, Meinungen und Verhaltensweisen eingesetzt werden. Durch gezielte Werbung, algorithmische Filterblasen und Social-Media-Algorithmen können Meinungsbildungsprozesse beeinflusst und demokratische Werte untergraben werden. Transparenz und Regulierung in der Nutzung von Algorithmen sind notwendig, um diese Risiken zu mindern.

Technologische Obsoleszenz und Sicherheitslücken

Die schnelle Entwicklung von digitalen Technologien kann dazu führen, dass ältere Systeme und Geräte veraltet werden und nicht mehr unterstützt werden. Dies kann zu Sicherheitslücken und Schwachstellen führen, die von Angreifern ausgenutzt werden können, um Zugang zu sensiblen Daten und Systemen zu erhalten. Regelmäßige Updates und die Verwendung aktueller Technologien sind entscheidend, um diese Gefahren zu vermeiden.

Ethik und moralische Fragen

Die digitale Welt wirft eine Vielzahl von ethischen und moralischen Fragen auf, darunter Fragen der Privatsphäre, der Überwachung, der Verantwortung von Technologieunternehmen und der sozialen Auswirkungen von digitalen Technologien. Es ist wichtig, diese Fragen zu reflektieren und angemessene Richtlinien und Standards zu entwickeln, um die negativen Auswirkungen zu minimieren und die positiven Aspekte zu fördern.

Insgesamt sind mit der digitalen Welt eine Vielzahl von Risiken verbunden, die eine sorgfältige Überwachung, Aufmerksamkeit und Bewältigungsstrategien erfordern. Es ist wichtig, sich der potenziellen Risiken bewusst zu sein und geeignete Maßnahmen zu ergreifen, um sich selbst, seine Daten und seine Systeme vor den Bedrohungen der digitalen Welt zu schützen.

Schutz in der digitalen Welt

Die Notwendigkeit, sich in der digitalen Welt zu schützen, ist von entscheidender Bedeutung, da die zunehmende Nutzung von digitalen Technologien und Online-Plattformen auch das Risiko von Cyberangriffen und Datenschutzverletzungen erhöht. Hier sind einige Gründe, warum es wichtig ist, sich in der digitalen Welt zu schützen.

Schutz personenbezogener Daten

In der digitalen Welt wird eine Vielzahl personenbezogener Daten gesammelt, darunter Identitätsinformationen, Finanzdaten, Gesundheitsdaten und vieles mehr. Der Schutz dieser Daten ist entscheidend, um Identitätsdiebstahl, Betrug und andere Formen des Missbrauchs zu verhindern. Wenn personenbezogene Daten in die falschen Hände geraten, können sie für kriminelle Zwecke missbraucht werden. Das wiederum kann und wird erhebliche Auswirkungen auf das persönliche und finanzielle Wohlergehen haben.

Vermeidung von finanziellen Verlusten

Cyberkriminelle können auf verschiedene Weise versuchen, finanzielle Gewinne zu erzielen, sei es durch Phishing-Angriffe, Ransomware, Online-Betrug oder andere Methoden. Sich vor diesen Bedrohungen zu schützen, ist wichtig, um finanzielle Verluste zu vermeiden. Ein erfolgreicher Cyberangriff kann erhebliche finanzielle Schäden verursachen, sowohl für Einzelpersonen als auch für Unternehmen, und den Ruf nachhaltig schädigen.

Schutz der Privatsphäre

Die digitale Welt bietet viele Möglichkeiten zur Kommunikation und Interaktion, birgt jedoch auch das Risiko von Datenschutzverletzungen und Überwachung. Der Schutz der Privatsphäre ist wichtig, um persönliche Freiheiten und Rechte zu wahren und unerwünschte Überwachung zu verhindern. Ohne angemessenen Schutz können private Informationen leicht zugänglich gemacht und missbraucht werden, was zu unerwünschten Konsequenzen führen kann.

Sicherung digitaler Identitäten

Die digitale Identität eines Individuums kann leicht kompromittiert werden, wenn angemessene Sicherheitsvorkehrungen nicht getroffen werden. Einmal kompromittiert, können Hacker Zugriff auf sensible Informationen erhalten und Identitätsdiebstahl betreiben. Dies kann nicht nur finanzielle Verluste verursachen, sondern auch erhebliche Zeit und Mühe erfordern, um die Kontrolle über die digitale Identität wiederzuerlangen.

Schutz vor Cyberangriffen

Die digitale Welt ist voll von verschiedenen Arten von Cyberangriffen, darunter Malware, Phishing, DDoS-Angriffe und mehr. Sich vor diesen Angriffen zu schützen, ist wichtig, um die Integrität und Verfügbarkeit von Daten und Systemen zu gewährleisten. Unternehmen und Einzelpersonen müssen proaktive Maßnahmen ergreifen, um ihre Netzwerke und Geräte vor solchen Bedrohungen zu schützen.

Bewahrung des Vertrauens

Vertrauen ist ein entscheidender Aspekt der digitalen Welt, sei es zwischen Unternehmen und Kunden, zwischen Regierungen und Bürgern oder zwischen Benutzern und Plattformen. Durch den Schutz von Daten und die Sicherstellung der Vertraulichkeit können Unternehmen und Organisationen das Vertrauen ihrer Nutzer aufrechterhalten. Ohne dieses Vertrauen kann die Nutzung digitaler Dienste und Plattformen stark beeinträchtigt werden.

Einhaltung gesetzlicher Vorschriften

In vielen Ländern gibt es gesetzliche Vorschriften und Richtlinien zum Schutz von Daten und Privatsphäre. Die Nichteinhaltung dieser Vorschriften kann zu rechtlichen Konsequenzen wie Bußgeldern und Strafen führen. Es ist daher wichtig, sich in der digitalen Welt zu schützen, um gesetzliche Anforderungen zu erfüllen. Die Einhaltung dieser Vorschriften hilft auch, das Vertrauen der Nutzer und Kunden zu gewinnen und zu erhalten.

Sicherung geschäftlicher Kontinuität

Für Unternehmen ist der Schutz vor Cyberangriffen und Datenschutzverletzungen entscheidend, um die Geschäftskontinuität aufrechtzuerhalten. Ein erfolgreicher Cyberangriff kann erhebliche finanzielle Verluste, Rufschäden und Betriebsunterbrechungen verursachen. Durch proaktive Sicherheitsmaßnahmen können Unternehmen sicherstellen, dass sie auch im Falle eines Angriffs schnell wieder funktionsfähig sind.

Gewährleistung der nationalen Sicherheit

Cyberangriffe können nicht nur Unternehmen und Einzelpersonen, sondern auch staatliche Institutionen und kritische Infrastrukturen bedrohen. Der Schutz vor Cyberangriffen ist daher auch ein wesentlicher Bestandteil der nationalen Sicherheitsstrategie vieler Länder. Durch den Schutz kritischer Systeme und Daten können Länder ihre Sicherheit und Stabilität aufrechterhalten.

Förderung eines sicheren digitalen Ökosystems

Ein sichereres digitales Ökosystem trägt zur Förderung von Innovation, Wachstum und Entwicklung bei, indem es Vertrauen und Zuversicht schafft und die Chancen für alle Nutzer verbessert, die Vorteile der digitalen Welt zu nutzen. Durch die Schaffung sicherer Umgebungen können Einzelpersonen und Unternehmen die vielfältigen Möglichkeiten der digitalen Welt ohne Angst vor Bedrohungen genießen.

Insgesamt ist der Schutz in der digitalen Welt von entscheidender Bedeutung, um persönliche Daten, finanzielle Vermögenswerte, Privatsphäre und nationale Sicherheit zu gewährleisten. Durch die Umsetzung geeigneter Sicherheitsmaßnahmen können Benutzer, Unternehmen und Regierungen die Risiken minimieren und die Vorteile der digitalen Welt sicher genießen.

Grundlagen für digitale Selbstverteidigung

Um sich effektiv in der digitalen Welt zu verteidigen, ist es wichtig, einige grundlegende Konzepte und Prinzipien zu verstehen. Diese bilden das Fundament für eine wirksame digitale Selbstverteidigung und ermöglichen es den Nutzern, angemessene Schutzmaßnahmen zu ergreifen. Hier sind einige wichtige Grundlagen:

Cybersicherheit

Cybersicherheit befasst sich mit dem Schutz von Computersystemen, Netzwerken und Daten vor unerlaubtem Zugriff, Beschädigung oder Diebstahl. Sie umfasst verschiedene Bereiche wie Datensicherheit, Netzwerksicherheit, Endpunktsicherheit und mehr. Durch umfassende Cybersicherheitsstrategien können Systeme vor Bedrohungen geschützt und die Vertraulichkeit, Integrität und Verfügbarkeit von Daten gewährleistet werden.

Verschlüsselung

Verschlüsselung ist ein Verfahren, bei dem Daten in eine unverständliche Form umgewandelt werden, um sie vor unbefugtem Zugriff zu schützen. Durch die Verwendung von Verschlüsselungstechniken können Daten sicher übertragen und gespeichert werden. Verschlüsselte Daten können nur von autorisierten Benutzern, die über den entsprechenden Entschlüsselungsschlüssel verfügen, gelesen werden.

Authentifizierun

Authentifizierung ist der Prozess der Überprüfung der Identität eines Benutzers oder eines Systems. Dies erfolgt typischerweise durch die Eingabe von Benutzername und Passwort oder durch biometrische Methoden wie Fingerabdruck oder Gesichtserkennung. Eine starke Authentifizierung ist entscheidend, um sicherzustellen, dass nur berechtigte Personen Zugriff auf sensible Informationen und Systeme haben.

Mehrfaktor-Authentifizierung (MFA)

Die Mehrfaktor-Authentifizierung ist ein Sicherheitsverfahren, bei dem Benutzer sich mit mehr als einem Identifikationsnachweis authentifizieren müssen. Dies erhöht die Sicherheit, da selbst bei Kompromittierung eines Faktors der Zugriff verwehrt bleibt. MFA kombiniert oft etwas, das der Benutzer weiß (Passwort), mit etwas, das der Benutzer hat (Token) oder etwas, das der Benutzer ist (biometrische Daten).

Phishing

Phishing ist eine betrügerische Technik, bei der Angreifer versuchen, Benutzer dazu zu verleiten, vertrauliche Informationen preiszugeben, indem sie sich als vertrauenswürdige Entitäten ausgeben. Dies geschieht oft über gefälschte E-Mails, Websites oder Nachrichten. Phishing-Angriffe zielen darauf ab, Passwörter, Kreditkarteninformationen und andere sensible Daten zu stehlen.

Schadsoftware

Malware ist eine bösartige Software, die entwickelt wurde, um Computer oder andere Geräte zu infiltrieren, ohne das Wissen oder die Zustimmung des Benutzers. Dazu gehören Viren, Trojaner, Ransomware, Spyware und andere Arten von schädlicher Software. Malware kann Systeme beschädigen, Daten stehlen oder zur Erpressung von Geld verwendet werden.

Datenschutz

Datenschutz bezieht sich auf die Kontrolle und den Schutz von persönlichen Informationen und Daten. Dies umfasst die Sammlung, Nutzung, Speicherung und Weitergabe von Daten gemäß den Datenschutzgesetzen und -richtlinien. Ein guter Datenschutz gewährleistet, dass personenbezogene Daten nur für legitime Zwecke verwendet und vor Missbrauch geschützt werden.

Sicherheitsbewusstsein

Sicherheitsbewusstsein bezeichnet das Wissen und die Sensibilität eines Benutzers gegenüber Sicherheitsrisiken und die Fähigkeit, angemessen auf diese Risiken zu reagieren. Ein erhöhtes Sicherheitsbewusstsein ist entscheidend für die digitale Selbstverteidigung. Schulungen und regelmäßige Information können dazu beitragen, das Bewusstsein für aktuelle Bedrohungen und Best Practices zu stärken.

Updates und Patching

Das regelmäßige Aktualisieren von Software und Betriebssystemen sowie das Einspielen von Sicherheitspatches ist wichtig, um bekannte Sicherheitslücken zu schließen und die Systemintegrität zu gewährleisten. Ungepatchte Systeme sind anfällig für Angriffe, da bekannte Schwachstellen ausgenutzt werden können.

Sichere Passwortpraktiken

Sichere Passwortpraktiken beinhalten die Verwendung von starken, einzigartigen Passwörtern, die regelmäßige Änderung von Passwörtern, die Nutzung von Passwort-Managern und die Vermeidung von gemeinsamen oder leicht zu erratenden Passwörtern. Starke Passwörter und deren sichere Verwaltung sind grundlegende Maßnahmen zur Verhinderung von unbefugtem Zugriff.

Diese Grundlagen bilden das Kernwissen für die digitale Selbstverteidigung und legen die Basis für weitere fortgeschrittene Sicherheitsmaßnahmen und -techniken. Durch ein solides Verständnis dieser Konzepte können Nutzer sich besser vor den Gefahren der digitalen Welt schützen und sicherer agieren.

Persönliche Daten in der digitalen Welt

Persönliche Daten spielen eine zentrale Rolle in der digitalen Welt und sind ein wesentlicher Bestandteil des täglichen Lebens vieler Menschen. Sie umfassen eine Vielzahl von Informationen über Einzelpersonen, ihre Identität, Vorlieben, Gewohnheiten, Finanzen und vieles mehr. Diese Daten dienen oft als Mittel zur Identifikation und Authentifizierung von Personen in digitalen Systemen. Benutzernamen, Passwörter, biometrische Merkmale und andere Identifikationsinformationen werden verwendet, um den Zugang zu Konten und Diensten zu ermöglichen. Somit sind persönliche Daten ein essenzielles Werkzeug zur Sicherstellung von Sicherheit und Zugangskontrollen in der digitalen Welt.

Viele digitale Plattformen und Dienste nutzen persönliche Daten, um personalisierte Erfahrungen anzubieten. Dies kann personalisierte Werbung, Empfehlungen, Inhalte, Benutzererfahrungen und vieles mehr umfassen, die auf den individuellen Präferenzen und dem Verhalten basieren. Solche personalisierten Dienste tragen zur Verbesserung der Nutzererfahrung bei und können den Zugang zu relevanten Informationen und Angeboten erleichtern. Dabei spielen Algorithmen eine wichtige Rolle, die aus den gesammelten Daten individuelle Muster und Vorlieben erkennen.

Im Zusammenhang mit Finanztransaktionen sind persönliche Daten ebenfalls von großer Bedeutung. Bankkontoinformationen, Kreditkartennummern, Adressen und andere sensible Daten werden für Online-Einkäufe, Zahlungen und Bankgeschäfte verwendet. Diese Daten müssen besonders geschützt werden, um finanzielle Verluste und Betrug zu vermeiden. Ein sicherer Umgang mit diesen Informationen ist daher unerlässlich, um das Vertrauen der Nutzer in digitale Finanzdienstleistungen zu gewährleisten.

In der Kommunikation und sozialen Interaktion spielen persönliche Daten eine wichtige Rolle. E-Mail-Adressen, Telefonnummern, Kontakte, soziale Netzwerkprofile und andere Informationen werden verwendet, um mit anderen zu kommunizieren und soziale Verbindungen aufrechtzuerhalten. Diese Daten ermöglichen es den Nutzern, auf vielfältige Weise zu interagieren und Beziehungen zu pflegen, sei es beruflich oder privat. Dabei ist es wichtig, die Privatsphäre zu wahren und sicherzustellen, dass die geteilten Informationen nur den beabsichtigten Empfängern zugänglich sind.

Die digitale Gesundheitsbranche nutzt persönliche Daten wie medizinische Aufzeichnungen, Gesundheitsdaten und medizinische Historien, um die Gesundheit und das Wohlbefinden von Einzelpersonen zu verwalten und zu verbessern. Diese Daten können zur Diagnose, Behandlung und Prävention von Krankheiten beitragen und individuelle Gesundheitspläne ermöglichen. Ein verantwortungsvoller Umgang mit Gesundheitsdaten ist entscheidend, um die Privatsphäre der Patienten zu schützen und ihre Daten vor Missbrauch zu bewahren.

Der Schutz persönlicher Daten ist von entscheidender Bedeutung, um die Sicherheit und den Datenschutz von Einzelpersonen zu gewährleisten. Datenschutzrichtlinien, Sicherheitsmaßnahmen und -vorschriften sind notwendig, um persönliche Daten vor unerlaubtem Zugriff, Missbrauch und Diebstahl zu schützen.

Solche Maßnahmen tragen dazu bei, das Vertrauen der Nutzer in digitale Dienste zu stärken und ihre Daten vor potenziellen Bedrohungen zu bewahren. Zudem unterstützen sie die Einhaltung gesetzlicher Anforderungen.

Persönliche Daten werden in digitalen Systemen gespeichert, verwaltet und verarbeitet. Dies umfasst die Speicherung in Datenbanken, Cloud-Speicherlösungen, Dateisystemen und anderen Speichermedien, die darauf abzielen, Daten sicher und zugänglich zu halten. Eine effiziente und sichere Datenverwaltung ist dabei entscheidend, um die Integrität und Verfügbarkeit der Daten zu gewährleisten. Moderne Technologien und Sicherheitsprotokolle spielen eine Schlüsselrolle in der sicheren Datenspeicherung.

Die Verwendung persönlicher Daten in der digitalen Welt wirft verschiedene rechtliche und ethische Fragen auf, darunter Fragen des Datenschutzes, der Privatsphäre, der Sicherheit und der Einhaltung von Vorschriften und Gesetzen. Es ist wichtig, dass Organisationen und Einzelpersonen sich dieser Herausforderungen bewusst sind und geeignete Maßnahmen ergreifen, um rechtliche und ethische Standards einzuhalten. Dies trägt nicht nur zum Schutz der Daten bei, sondern auch zur Wahrung des öffentlichen Vertrauens in digitale Technologien.

Persönliche Daten können missbraucht werden, wenn sie in die falschen Hände geraten oder unsachgemäß verwendet werden. Dies kann zu Identitätsdiebstahl, Betrug, Belästigung, Diskriminierung und anderen Formen des Missbrauchs führen. Daher ist es entscheidend, dass sowohl Nutzer als auch Anbieter von digitalen Diensten Maßnahmen ergreifen, um den Missbrauch persönlicher Daten zu verhindern. Ein hohes Maß an Sicherheitsbewusstsein und die Implementierung geeigneter Schutzmechanismen sind dabei unerlässlich.

Ein erhöhtes Bewusstsein und eine gute Bildung über den Umgang mit persönlichen Daten sind entscheidend, um die Risiken und Gefahren in der digitalen Welt zu erkennen und angemessen darauf zu reagieren. Nutzer sollten sich über die besten Praktiken zur Sicherung ihrer Daten informieren und entsprechende Maßnahmen ergreifen. Dazu gehören beispielsweise das Erstellen starker Passwörter, die Nutzung von Verschlüsselung und das regelmäßige Überprüfen der eigenen Datenschutz-Einstellungen.

Insgesamt spielen persönliche Daten eine vielfältige und komplexe Rolle in der digitalen Welt und erfordern einen sorgfältigen Umgang, um ihre Integrität, Vertraulichkeit und Sicherheit zu gewährleisten. Es ist wichtig, die Bedeutung persönlicher Daten zu verstehen und geeignete Maßnahmen zu ergreifen, um sie zu schützen und angemessen damit umzugehen. Durch ein umfassendes Verständnis und verantwortungsvolles Handeln können Nutzer die Vorteile der digitalen Welt sicher und effektiv nutzen.

Wie erleichtert digitale Technologie unser Leben

Digitale Technologien haben das Potenzial, unser Leben auf vielfältige Weise zu erleichtern und zu bereichern. Durch ihre fortschreitende Entwicklung und Integration in verschiedene Lebensbereiche bieten sie zahlreiche Vorteile und Möglichkeiten für Individuen, Unternehmen und die Gesellschaft insgesamt. Eine der offensichtlichsten Vorteile ist die nahtlose und schnelle Kommunikation über große Entfernungen hinweg. Durch E-Mail, Instant Messaging, soziale Medien und Videokonferenzen können Menschen miteinander in Kontakt bleiben, unabhängig von ihrem Standort. Dies hat nicht nur persönliche Beziehungen gestärkt, sondern auch die Zusammenarbeit und Kommunikation in der Geschäftswelt revolutioniert.

Das Internet bietet zudem einen beispiellosen Zugang zu Informationen zu nahezu jedem Thema. Durch Suchmaschinen, Online-Enzyklopädien, Nachrichtenseiten und Bildungsressourcen können Menschen schnell auf Wissen zugreifen und sich weiterbilden. Dieser einfache Zugang zu Informationen hat das Lernen und die Forschung enorm vereinfacht und ermöglicht es Menschen, sich kontinuierlich weiterzuentwickeln. Es trägt auch dazu bei, dass Wissen demokratisiert wird, da Informationen, die früher schwer zugänglich waren, nun für jeden mit Internetzugang verfügbar sind.

Digitale Technologien automatisieren viele Aufgaben und Prozesse, was zu einer erheblichen Effizienzsteigerung führt. Softwareanwendungen, Tools und Systeme helfen bei der Verwaltung von Aufgaben, Daten und Ressourcen in Unternehmen und Organisationen. Dies führt zu einer besseren Nutzung von Ressourcen und einer Reduzierung von Fehlern und Verzögerungen. In der Geschäftswelt hat dies zu einer erheblichen Steigerung der Produktivität und Wettbewerbsfähigkeit geführt.

Online-Shopping und E-Commerce-Plattformen ermöglichen es Verbrauchern, Produkte und Dienstleistungen bequem von zu Hause aus zu kaufen. Dies spart Zeit und Mühe und bietet eine breite Auswahl an Produkten aus der ganzen Welt. Verbraucher können Preise vergleichen, Bewertungen lesen und fundierte Kaufentscheidungen treffen, ohne ihr Zuhause verlassen zu müssen. Dies hat das Einkaufsverhalten grundlegend verändert und den Zugang zu Produkten und Dienstleistungen verbessert.

Digitale Technologien ermöglichen es Menschen, von überall aus zu arbeiten und auf Informationen zuzugreifen. Mobile Geräte wie Smartphones und Tablets bieten Flexibilität und Mobilität, sodass Aufgaben und Kommunikation unterwegs erledigt werden können. Dies hat das Konzept der Telearbeit und des mobilen Arbeitens vorangetrieben und bietet Arbeitnehmern die Möglichkeit, ihre Arbeit flexibler zu gestalten und ein besseres Gleichgewicht zwischen Beruf und Privatleben zu finden.

Auch im Gesundheitswesen haben digitale Technologien die Patientenversorgung verbessert und den Zugang zu medizinischer Versorgung erleichtert. Telemedizin, elektronische Patientenakten und Gesundheits-Apps sind nur einige Beispiele dafür. Patienten können nun medizinischen Rat einholen, ohne physisch eine Arztpraxis aufsuchen zu müssen, was besonders in abgelegenen oder unterversorgten Gebieten von Vorteil ist. Zudem ermöglicht die digitale Erfassung und Verwaltung von Gesundheitsdaten eine effizientere und genauere Behandlung.

Digitale Medien und Unterhaltungsplattformen bieten eine Vielzahl von Möglichkeiten zur Unterhaltung und Entspannung. Streaming-Dienste, Online-Spiele, soziale Medien und digitale Bücher sind nur einige Beispiele für digitale Unterhaltungsmöglichkeiten. Diese Vielfalt hat dazu beigetragen, dass Menschen ihre Freizeit auf vielfältige Weise gestalten können, indem sie Zugang zu einer nahezu unbegrenzten Anzahl von Inhalten haben.

Digitale Technologien transformieren auch die Bildungslandschaft durch Online-Kurse, E-Learning-Plattformen und interaktive Lernanwendungen. Diese ermöglichen es Lernenden, flexibel zu lernen und ihr Wissen zu vertiefen. Menschen jeden Alters können von diesen Ressourcen profitieren, um neue Fähigkeiten zu erlernen oder sich beruflich weiterzuentwickeln, ohne an einen physischen Ort gebunden zu sein.

Darüber hinaus erleichtern digitale Technologien den Datenaustausch und die Zusammenarbeit zwischen Einzelpersonen, Teams und Organisationen. Cloud-Speicher, Kollaborationsplattformen und Projektmanagement-Tools ermöglichen eine effiziente Zusammenarbeit über geografische Grenzen hinweg. Dies fördert eine produktivere und kooperative Arbeitsweise und ermöglicht es Teams, in Echtzeit zusammenzuarbeiten, unabhängig davon, wo sie sich befinden.

Schließlich fördern digitale Technologien Innovation und Kreativität, indem sie Tools und Plattformen bereitstellen, um Ideen zu entwickeln, Inhalte zu erstellen und neue Produkte und Dienstleistungen zu gestalten. Kreative Prozesse werden durch digitale Werkzeuge erleichtert, die es Menschen ermöglichen, ihre Visionen umzusetzen und neue Lösungen für bestehende Probleme zu finden.

Insgesamt tragen digitale Technologien dazu bei, unser Leben einfacher, effizienter und besser zu gestalten, indem sie neue Möglichkeiten der Kommunikation, des Zugangs zu Informationen, der Arbeitsweise, des Einkaufs, der Bildung und der Unterhaltung schaffen. Durch die Nutzung dieser Technologien können wir von ihren vielfältigen Vorteilen profitieren und unsere Lebensqualität verbessern.

Neue Herausforderungen durch die digitale Welt

Mit den Vorteilen und Möglichkeiten der digitalen Welt gehen auch neue Herausforderungen einher, die es zu bewältigen gilt. Diese Herausforderungen betreffen verschiedene Aspekte des individuellen und gesellschaftlichen Lebens und erfordern angepasste Strategien und Maßnahmen. Ein zentrales Anliegen ist der Datenschutz und die Privatsphäre. Die zunehmende Sammlung, Speicherung und Nutzung persönlicher Daten durch Unternehmen und Regierungen führt zu Bedenken hinsichtlich des Datenschutzes und der Privatsphäre der Nutzer. Der Schutz sensibler Informationen vor Missbrauch und unbefugtem Zugriff ist eine wichtige Herausforderung, die im digitalen Zeitalter immer relevanter wird.

Mit der Zunahme digitaler Interaktionen und Transaktionen steigt auch das Risiko von Cyberangriffen und Datendiebstahl. Die Sicherheit von Netzwerken, Systemen, Anwendungen und

Geräten vor Malware, Phishing, Hacking und anderen Bedrohungen ist eine ständige Herausforderung. Cybersicherheit erfordert kontinuierliche Wachsamkeit und fortschrittliche Sicherheitsmaßnahmen, um sowohl individuelle als auch kollektive digitale Räume zu schützen. Diese Bedrohungen erfordern nicht nur technische Lösungen, sondern auch eine Bewusstseinsbildung und Schulung der Nutzer.

Die Verbreitung von Desinformation und Fake News über das Internet und soziale Medien stellt eine Herausforderung für die Informationsintegrität und den öffentlichen Diskurs dar. Die Fähigkeit, vertrauenswürdige Quellen von unzuverlässigen Informationen zu unterscheiden, ist entscheidend, um eine informierte Öffentlichkeit zu gewährleisten. Initiativen zur Medienkompetenz und kritischen Informationsbewertung sind notwendig, um die Verbreitung von Falschinformationen zu bekämpfen und das Vertrauen in digitale Informationsquellen zu stärken.

Ein weiteres bedeutendes Problem ist die digitale Kluft. Nicht alle Menschen haben gleichermaßen Zugang zu digitalen Technologien und Ressourcen. Die digitale Kluft zwischen denen, die Zugang zu Breitband-Internet, Computern und digitaler Bildung haben, und denen, die keinen Zugang haben, ist eine Herausforderung für die Gleichberechtigung und Chancengerechtigkeit. Es ist entscheidend, Maßnahmen zu ergreifen, um diese Kluft zu schließen und allen Menschen die gleichen Möglichkeiten zur Teilhabe an der digitalen Welt zu bieten.

Die ständige Verfügbarkeit digitaler Geräte und Online-Dienste kann zu einer Abhängigkeit und Sucht nach digitalen Medien führen. Die Bewältigung von Internet- und Technologiesucht ist eine Herausforderung für das persönliche Wohlbefinden und die psychische Gesundheit vieler Menschen. Strategien zur Förderung eines gesunden und ausgeglichenen Umgangs mit digitalen Medien sind notwendig, um die negativen Auswirkungen der digitalen Abhängigkeit zu minimieren.

Die Digitalisierung verändert auch die Arbeitswelt und führt zu Automatisierung, Digitalisierung und Verlagerung von Arbeitsplätzen. Die Bewältigung von Arbeitsplatzverlusten und die Anpassung an neue Arbeitsweisen und Fähigkeiten sind Herausforderungen für Arbeitnehmer und Unternehmen. Fort- und Weiterbildung sowie eine vorausschauende Arbeitsmarktpolitik sind erforderlich, um den Übergang in die digitale Arbeitswelt zu erleichtern und sicherzustellen, dass niemand zurückgelassen wird.

Die Entwicklung und Anwendung digitaler Technologien wirft zudem ethische Fragen auf, die von der Privatsphäre und dem Datenschutz bis hin zur künstlichen Intelligenz und autonomer Entscheidungsfindung reichen. Die Entwicklung angemessener Governance-Strukturen und ethischer Richtlinien ist eine Herausforderung für Regierungen, Unternehmen und die Gesellschaft. Ethische Überlegungen müssen in den Mittelpunkt der technologischen Entwicklung gestellt werden, um sicherzustellen, dass Innovationen zum Wohl aller beitragen.

Die Produktion, Nutzung und Entsorgung digitaler Technologien haben Umweltauswirkungen, darunter Energieverbrauch, Elektronikschrott und Ressourcenverbrauch. Die Bewältigung dieser Umweltbelastungen und die Förderung nachhaltiger digitaler Technologien sind Herausforderungen für Umweltschutz und Nachhaltigkeit. Es ist wichtig, umweltfreundliche Praktiken und Technologien zu fördern, um die ökologischen Auswirkungen der Digitalisierung zu minimieren.

Die zunehmende Digitalisierung erfordert auch digitale Bildung und Kompetenz, um die Fähigkeiten und das Wissen zu entwickeln, die für die Nutzung digitaler Technologien erforderlich sind. Die Förderung von digitaler Bildung und Kompetenz ist eine Herausforderung für Bildungseinrichtungen, Lehrkräfte und die gesamte Gesellschaft. Nur durch eine umfassende digitale Bildung können Menschen die Chancen der digitalen Welt vollständig nutzen und ihre Risiken bewältigen.

Schließlich schaffen digitale Technologien neue Möglichkeiten für globale Zusammenarbeit und Sicherheit, stellen aber auch Herausforderungen dar, insbesondere im Bereich der internationalen Cybersicherheit, des Datenschutzes und der digitalen Diplomatie. Die Bewältigung dieser Herausforderungen erfordert eine verstärkte Zusammenarbeit zwischen Regierungen, Unternehmen und internationalen Organisationen, um gemeinsame Lösungen zu entwickeln und umzusetzen.

Insgesamt erfordern die neuen Herausforderungen der digitalen Welt eine ganzheitliche und koordinierte Herangehensweise, um sicherzustellen, dass die Vorteile digitaler Technologien maximiert und die damit verbundenen Risiken und Herausforderungen bewältigt werden können. Durch die Zusammenarbeit auf lokaler, nationaler und internationaler Ebene können wir eine nachhaltige und gerechte digitale Zukunft gestalten.

2. Digitale Gefahren und Bedrohungen

Die häufigsten Bedrohungen im digitalen Raum

Der digitale Raum ist voll von verschiedenen Bedrohungen, die die Sicherheit von Benutzern, Unternehmen und Organisationen gefährden können. Es ist wichtig, diese Bedrohungen zu verstehen, um geeignete Schutzmaßnahmen zu ergreifen und sich wirksam zu verteidigen.

Malware

Malware, eine Abkürzung für "bösartige Software", ist eine der häufigsten Bedrohungen im digitalen Raum. Diese umfasst eine Vielzahl von Schadprogrammen wie Viren, Würmer, Trojaner und Ransomware. Malware kann auf verschiedene Weisen in Systeme eindringen, beispielsweise durch infizierte E-Mail-Anhänge, kompromittierte Websites oder unsichere Downloads. Die Folgen einer Malware-Infektion können verheerend sein und reichen von Datenverlust und Systembeschädigung bis hin zu finanziellen Schäden. Unternehmen und Privatpersonen müssen daher sicherstellen, dass ihre Antivirenprogramme stets aktuell sind und regelmäßige Systemüberprüfungen durchgeführt werden.

Phishing-Angriffe

Phishing-Angriffe sind eine ausgeklügelte Form von Betrug, bei der Angreifer gefälschte E-Mails, Nachrichten oder Websites verwenden, um Benutzer dazu zu bringen, vertrauliche Informationen preiszugeben. Diese Informationen können Passwörter, Kreditkarteninformationen oder persönliche Daten umfassen, die dann für betrügerische Zwecke verwendet werden. Phishing-Angriffe sind besonders gefährlich, weil sie oft sehr authentisch wirken und schwer zu erkennen sind. Benutzer sollten daher immer vorsichtig sein, wenn sie aufgefordert werden, sensible Informationen preiszugeben, und die Authentizität der Anfragen prüfen.

Identitätsdiebstahl

Identitätsdiebstahl tritt auf, wenn Angreifer persönliche Informationen wie Namen, Sozialversicherungsnummern oder Kreditkartennummern stehlen, um sich als jemand anderes auszugeben oder finanzielle Betrügereien zu begehen. Dies kann zu erheblichen finanziellen Verlusten und persönlichem Schaden führen. Betroffene können monatelang damit beschäftigt sein, ihre Identität wiederherzustellen und ihren Ruf zu schützen. Um sich zu schützen, sollten Benutzer starke Passwörter verwenden, ihre Konten regelmäßig auf verdächtige Aktivitäten überprüfen und keine sensiblen Informationen unverschlüsselt speichern oder weitergeben.

Social Engineering

Social Engineering bezieht sich auf die Manipulation von Menschen, um sie dazu zu bringen, vertrauliche Informationen preiszugeben oder bestimmte Aktionen auszuführen. Angreifer können Social-Engineering-Techniken verwenden, um das Vertrauen von Benutzern zu gewinnen und Zugang zu sensiblen Informationen zu erhalten. Ein Beispiel ist der Anruf eines vermeintlichen IT-Support-Mitarbeiters, der den Benutzer dazu bringt, Passwörter preiszugeben. Benutzer sollten sich der Gefahren von Social Engineering bewusst sein und bei unerwarteten Anfragen vorsichtig sein.

Unsichere WLAN-Netzwerke

Öffentliche WLAN-Netzwerke stellen oft eine Sicherheitsgefahr dar, da Datenübertragungen nicht ausreichend geschützt sind und Angreifer den Datenverkehr abfangen können. Dies kann dazu führen, dass vertrauliche Informationen gestohlen oder manipuliert werden. Benutzer sollten vermeiden, sensible Transaktionen über öffentliche WLAN-Netzwerke durchzuführen, stattdessen sichere Verbindungen wie Virtual Private Networks (VPNs) verwenden.

Zero-Day-Exploits

Zero-Day-Exploits sind Sicherheitslücken in Software oder Betriebssystemen, für die noch kein Patch verfügbar ist. Angreifer können diese Lücken ausnutzen, um unbefugten Zugriff zu erhalten oder Schadcode auszuführen, bevor der Hersteller eine Lösung bereitstellen kann. Da diese Art von Angriff schwer vorhersehbar ist, müssen Systeme regelmäßig aktualisiert und Patches schnellstmöglich installiert werden. Es ist auch ratsam, Intrusion-Detection-Systeme zu verwenden, um verdächtige Aktivitäten frühzeitig zu erkennen.

Diese Bedrohungen können schwerwiegende Konsequenzen haben, einschließlich finanzieller Verluste, Datenschutzverletzungen und Rufschädigung. Es ist daher entscheidend, sich über diese Risiken im Klaren zu sein und angemessene Schutzmaßnahmen zu ergreifen, um sich zu verteidigen. Dazu gehören der Einsatz von Sicherheitssoftware, regelmäßige Updates und Patches, das Bewusstsein und die Schulung der Benutzer sowie die Implementierung von Sicherheitsrichtlinien und -protokollen. Nur durch ein umfassendes Sicherheitskonzept können die vielfältigen Bedrohungen im digitalen Raum wirksam abgewehrt werden.

Hacker Zugriff auf persönliche Daten

Hacker verwenden eine Vielzahl von Techniken, um Zugriff auf persönliche Daten zu erlangen. Diese Methoden sind oft raffiniert und nutzen sowohl technologische Schwachstellen als auch menschliche Fehler aus. Hier sind einige der häufigsten Methoden:

Phishing

Phishing ist eine beliebte Methode, bei der Hacker gefälschte E-Mails oder Nachrichten verwenden, um Benutzer dazu zu verleiten, vertrauliche Informationen preiszugeben. Diese E-Mails oder Nachrichten sehen oft aus wie legitime Kommunikation von vertrauenswürdigen Quellen, wie Banken oder bekannten Online-Diensten. Die Benutzer werden aufgefordert, auf einen Link zu klicken und persönliche Informationen wie Benutzernamen, Passwörter oder Kreditkartennummern einzugeben. Diese Informationen werden dann von den Hackern gestohlen und für betrügerische Zwecke verwendet. Phishing-Angriffe sind besonders gefährlich, weil sie oft sehr echt wirken und daher schwer zu erkennen sind.

Malware

Durch das Herunterladen und Ausführen von schädlicher Software können Hacker Zugriff auf sensible Daten erhalten. Malware kann verschiedene Formen annehmen, darunter Viren, Würmer, Trojaner und Ransomware. Einmal auf einem System installiert, kann Malware vertrauliche Informationen stehlen, das System beschädigen oder es für weitere Angriffe kompromittieren. Ransomware verschlüsselt oft die Daten des Benutzers und verlangt ein Lösegeld für deren Freigabe. Nutzer sollten daher vorsichtig mit unbekannten Downloads und E-Mail-Anhängen sein und sicherstellen, dass ihre Antivirensoftware stets auf dem neuesten Stand ist.

Ausnutzung von Sicherheitslücken

Hacker können Sicherheitslücken in Software oder Betriebssystemen ausnutzen, um unbefugten Zugriff zu erhalten. Diese Schwachstellen werden oft von den Herstellern gepatcht, aber wenn Benutzer ihre Software nicht regelmäßig aktualisieren, bleibt das System anfällig für Angriffe. Zero-Day-Exploits sind besonders gefährlich, da sie Schwachstellen ausnutzen, bevor sie allgemein bekannt werden und bevor ein Patch verfügbar ist. Regelmäßige Updates und Patches sind daher entscheidend, um solche Sicherheitslücken zu schließen.

Social Engineering

Social Engineering bezieht sich auf die Manipulation von Menschen, um vertrauliche Informationen preiszugeben. Hacker können verschiedene Techniken verwenden, wie das Vortäuschen einer falschen Identität oder das Ausnutzen von Vertrauen, um Zugriff auf persönliche Daten zu erhalten. Beispielsweise könnte ein Angreifer sich als IT-Mitarbeiter ausgeben und Benutzer dazu bringen, ihre Passwörter preiszugeben. Um sich gegen Social-Engineering-Angriffe zu schützen, sollten Benutzer stets skeptisch gegenüber unerwarteten Anfragen nach vertraulichen Informationen sein und die Identität des Anfragenden überprüfen.

Brute-Force-Angriffe

Bei Brute-Force-Angriffen versuchen Hacker, sich Zugang zu einem Konto zu verschaffen, indem sie systematisch alle möglichen Passwortkombinationen ausprobieren. Obwohl diese Methode zeitaufwendig sein kann, kann sie erfolgreich sein, wenn ein Benutzer ein schwaches Passwort verwendet. Die Verwendung starker, komplexer Passwörter und die Implementierung von Multi-Faktor-Authentifizierung (MFA) können die Effektivität von Brute-Force-Angriffen erheblich verringern.

Datenlecks

Hacker können auch Zugriff auf persönliche Daten erhalten, indem sie Datenlecks ausnutzen, bei denen sensible Informationen versehentlich oder absichtlich offengelegt werden. Diese Datenlecks können von Unternehmen, Regierungsbehörden oder anderen Organisationen auftreten, die große Mengen an persönlichen Daten speichern. Um die Auswirkungen von Datenlecks zu minimieren, sollten Unternehmen strenge Datenschutzrichtlinien einführen und regelmäßig Sicherheitsüberprüfungen durchführen. Benutzer sollten ihre Daten sparsam preisgeben und regelmäßig ihre Konten auf unbefugte Aktivitäten überprüfen.

Um sich vor diesen Bedrohungen zu schützen, ist es wichtig, sicherheitsbewusst zu sein, sichere Passwörter zu verwenden, Sicherheitssoftware zu installieren und regelmäßige Software-Updates durchzuführen. Durch das Verständnis der gängigen Angriffsmethoden können Benutzer besser darauf vorbereitet sein, ihre persönlichen Daten zu schützen und sich vor Hackerangriffen zu verteidigen. Daher werden wir uns in einem anderen Kapitel noch wesentlich genauer der Sicherheit widmen.

Arten von Malware und ihre Verbreitung

Malware

Malware, kurz für "bösartige Software", ist eine bedrohliche Form von Software, die dazu entwickelt wurde, Schaden anzurichten, Daten zu stehlen oder unautorisierten Zugriff auf Computersysteme zu erhalten. Es gibt verschiedene Arten von Malware, die jeweils unterschiedliche Methoden und Ziele haben. Viren sind schädliche Programme, die sich selbst replizieren und in andere Dateien oder Programme einfügen können. Sie verbreiten sich, indem sie sich an infizierte Dateien anhängen und sich beim Öffnen dieser Dateien auf andere Systeme übertragen. Dies kann zu Datenverlust und Systemstörungen führen, die schwer zu beheben sind.

Würmer

Würmer sind selbstreplizierende Malware, die sich eigenständig verbreiten kann, ohne dass der Benutzer eine infizierte Datei öffnen muss. Sie nutzen Sicherheitslücken in Netzwerken und Betriebssystemen aus, um sich zu verbreiten und können erhebliche Schäden anrichten, indem sie Netzwerke überlasten oder Daten beschädigen. Einmal im Netzwerk, kann ein Wurm rasch viele Systeme infizieren und die gesamte Netzwerkleistung beeinträchtigen. Diese Art der Malware ist besonders gefährlich in Unternehmensumgebungen, wo sie den Geschäftsbetrieb erheblich stören kann.

Trojaner

Trojaner tarnen sich als legitime Programme, um Benutzer zur Installation zu verleiten. Einmal installiert, können Trojaner verschiedene schädliche Aktivitäten ausführen, wie z. B. das Sammeln von persönlichen Daten, das Erstellen von Backdoors oder das Herunterladen weiterer schädlicher Programme. Diese Backdoors ermöglichen es Angreifern, später wieder Zugang zum infizierten System zu erhalten, oft ohne das Wissen des Benutzers. Die vermeintlich harmlose Natur eines Trojaners macht ihn besonders gefährlich, da viele Benutzer nicht erkennen, dass sie einen Trojaner installiert haben, bis es zu spät ist.

Ransomware

Ransomware ist eine besonders gefährliche Art von Malware, die die Daten eines Benutzers verschlüsselt und ein Lösegeld verlangt, um die Daten wiederherzustellen. Sie verbreitet sich oft über infizierte E-Mail-Anhänge, schädliche Websites oder Schwachstellen in Software und Betriebssystemen. Die Opfer stehen dann vor der schwierigen Entscheidung, ob sie das Lösegeld zahlen sollen, oft ohne Garantie, dass ihre Daten wirklich wiederhergestellt werden. Dies kann nicht nur erhebliche finanzielle Kosten verursachen, sondern auch den Betrieb von Unternehmen und Einzelpersonen lahmlegen.

Spyware

Spyware ist eine Form von Malware, die heimlich auf einem Computer installiert wird und Benutzeraktivitäten überwacht, wie z. B. Tastatureingaben, Webseitenbesuche oder persönliche Kommunikation. Die gesammelten Daten werden dann an den Angreifer gesendet, der sie für betrügerische Zwecke verwenden kann. Diese Informationen können für Identitätsdiebstahl, finanzielle Betrügereien oder andere schädliche Aktivitäten genutzt werden. Die unsichtbare Natur der Spyware macht sie besonders heimtückisch und schwer zu entdecken.

Adware

Adware zeigt Werbung an oder erzeugt aufdringliche Pop-ups auf einem infizierten System. Obwohl Adware in der Regel nicht so schädlich ist wie andere Arten von Malware, kann sie den Computer verlangsamen und die Benutzererfahrung erheblich beeinträchtigen. Adware kann auch den Browser entführen und den Benutzer auf schädliche Websites umleiten, was das Risiko weiterer Infektionen erhöht. Obwohl weniger zerstörerisch, kann Adware dennoch die Produktivität und den täglichen Betrieb eines Computers stark beeinträchtigen.

Diese Arten von Malware verbreiten sich auf verschiedene Weisen, einschließlich infizierter E-Mail-Anhänge, schädlicher Websites, Peer-to-Peer-Netzwerke, infizierter USB-Geräte und ausgenutzter Sicherheitslücken. Um sich vor Malware zu schützen, ist es wichtig, Sicherheitsbewusstsein zu praktizieren, Antivirensoftware zu verwenden, regelmäßige Software-Updates durchzuführen und verdächtige Dateien oder Links zu vermeiden. In einem separaten Kapitel werden wir uns genauer mit Sicherheitsstrategien und Schutzmaßnahmen befassen, um diese Bedrohungen effektiv abzuwehren.

Risiken von Phishing-Angriffen

Phishing-Angriffe stellen eine ernsthafte Bedrohung für die Sicherheit von Benutzern dar und können weitreichende Konsequenzen haben. Einige der wichtigsten Risiken von Phishing-Angriffen sind:

Identitätsdiebstahl

Ein Hauptziel von Phishing-Angriffen ist es, persönliche oder vertrauliche Informationen von den Opfern zu stehlen. Durch das Versenden gefälschter E-Mails oder Nachrichten, die vorgeben, von legitimen Unternehmen oder Organisationen zu stammen, versuchen Angreifer, Benutzer dazu zu bringen, ihre Anmeldeinformationen, Kreditkarteninformationen oder andere sensible Daten preiszugeben. Mit diesen gestohlenen Informationen können die Angreifer Identitätsdiebstahl begehen, Konten übernehmen oder finanzielle Betrügereien ausführen.

Finanzielle Verluste

Phishing-Angriffe können zu erheblichen finanziellen Verlusten führen, wenn Benutzer auf betrügerische Anfragen reagieren und Geld an die Angreifer senden oder vertrauliche Bankinformationen preisgeben. Durch den Zugriff auf Bankkonten oder Kreditkartendaten können Angreifer Geld abheben, betrügerische Transaktionen durchführen oder die Opfer erpressen, um Lösegeld zu zahlen, um ihre gestohlenen Daten zurückzuerhalten.

Rufschädigung

Unternehmen und Organisationen, die Opfer von Phishing-Angriffen werden, können einen erheblichen Rufschaden erleiden. Wenn Kunden oder Benutzer feststellen, dass ihre persönlichen Daten durch einen Angriff kompromittiert wurden, kann dies das Vertrauen in die Sicherheit und Integrität der Organisation beeinträchtigen. Dies kann langfristige Auswirkungen auf das Geschäft haben und das Vertrauen der Kunden beeinträchtigen.

Verlust von persönlichen Daten

Durch Phishing-Angriffe können Angreifer sensible persönliche oder geschäftliche Daten stehlen, die für Identitätsdiebstahl oder andere betrügerische Zwecke verwendet werden können. Dies kann zu erheblichen persönlichen oder geschäftlichen Problemen führen, einschließlich finanzieller Verluste, Rufschäden oder rechtlicher Konsequenzen.

Schädigung der Cybersicherheitskultur

Phishing-Angriffe können das Vertrauen der Benutzer in die Sicherheit von E-Mails, Nachrichten und Online-Kommunikation insgesamt beeinträchtigen. Wenn Benutzer häufig Opfer von Phishing werden, könnten sie dazu neigen, weniger sicherheitsbewusst zu sein und weniger vorsichtig bei der Behandlung verdächtiger Nachrichten oder Links zu sein.

Die Risiken von Phishing-Angriffen betreffen nicht nur einzelne Benutzer, sondern können auch erhebliche Auswirkungen auf Unternehmen, Organisationen und die Gesellschaft insgesamt haben. Es ist daher entscheidend, sich der Risiken bewusst zu sein und wirksame Schutzmaßnahmen zu ergreifen, um Phishing-Angriffe zu erkennen und zu verhindern.

Social Engineering und Spoofing bei digitalen Angriffen

Social Engineering und Spoofing sind zwei wichtige Taktiken, die von Angreifern im Rahmen digitaler Angriffe eingesetzt werden. Sie spielen eine entscheidende Rolle bei der Überlistung von Benutzern und der Erleichterung von betrügerischen Aktivitäten. Hier sind ihre spezifischen Funktionen:

Social Engineering
Social Engineering bezieht sich auf die Manipulation von Menschen, um vertrauliche Informationen preiszugeben, Zugang zu Systemen zu erhalten oder betrügerische Handlungen auszuführen. Dies kann durch psychologische Tricks, Überredungskunst oder Täuschung erfolgen. Beispiele für Social Engineering umfassen das Erstellen gefälschter Identitäten, das Vortäuschen von Notfällen oder das Ausnutzen von Vertrauen, um Zugriff auf sensible Daten zu erlangen. Social Engineering kann in Verbindung mit Phishing-E-Mails, betrügerischen Anrufen oder gefälschten Websites verwendet werden, um Benutzer dazu zu bringen, Handlungen auszuführen, die ihren eigenen Interessen schaden.

Spoofing

Spoofing bezieht sich auf die Manipulation von Kommunikationsprotokollen, um vorzutäuschen, dass eine Nachricht oder eine Identität von einer vertrauenswürdigen Quelle stammt, wenn sie tatsächlich von einem Angreifer stammt. Dies kann auf verschiedene Arten geschehen, einschließlich E-Mail-Spoofing, IP-Spoofing oder DNS-Spoofing. E-Mail-Spoofing beinhaltet das Fälschen des Absenders einer E-Mail, um den Eindruck zu erwecken, dass die Nachricht von einer legitimen Quelle stammt, während IP-Spoofing die Manipulation von IP-Adressen beinhaltet, um den Ursprung einer Netzwerknachricht zu verschleiern. Durch Spoofing können Angreifer ihre Identität verschleiern, um Phishing-Angriffe durchzuführen, betrügerische Websites zu erstellen oder gefälschte Kommunikationen zu verbreiten, die dazu dienen, Vertrauen zu erwecken und Opfer zu täuschen.

Die Kombination von Social Engineering und Spoofing macht digitale Angriffe besonders gefährlich, da sie es Angreifern ermöglicht, das Vertrauen von Benutzern zu gewinnen und sie dazu zu bringen, Maßnahmen zu ergreifen, die ihren eigenen Interessen schaden. Es ist wichtig, sich der Taktiken des Social Engineering und Spoofing bewusst zu sein und wachsam zu bleiben, um betrügerische Aktivitäten zu erkennen und sich davor zu schützen. Dies umfasst das kritische Überprüfen von Nachrichten, das Vermeiden des Klicks auf verdächtige Links oder Anhänge und das Aufrechterhalten einer gesunden Skepsis gegenüber unerwarteten oder ungewöhnlichen Anfragen.

Identitätsdiebstahl und Online-Betrug verhindern

Identitätsdiebstahl und Online-Betrug sind ernsthafte Bedrohungen, die erhebliche finanzielle Verluste und persönliche Schäden verursachen können. Es gibt jedoch eine Reihe von Maßnahmen, die ergriffen werden können, um sich vor diesen Risiken zu schützen:

Vorsicht beim Umgang mit persönlichen Informationen:

Vermeiden Sie die Weitergabe sensibler persönlicher oder finanzieller Informationen an unbekannte oder nicht vertrauenswürdige Quellen. Seien Sie besonders wachsam, wenn Sie online einkaufen oder Transaktionen durchführen, und geben Sie Ihre Daten nur auf sicheren und vertrauenswürdigen Websites ein.

Verwenden Sie starke Passwörter

Verwenden Sie für Ihre Online-Konten starke, einzigartige Passwörter, die schwer zu erraten sind. Vermeiden Sie leicht zu erratende Passwörter wie "123456" oder "password" und verwenden Sie stattdessen eine Kombination aus Groß- und Kleinbuchstaben, Zahlen und Sonderzeichen.

Aktivieren Sie die Zwei-Faktor-Authentifizierung (2FA):

Aktivieren Sie die Zwei-Faktor-Authentifizierung für Ihre Online-Konten, wenn dies verfügbar ist. Die 2FA fügt eine zusätzliche Sicherheitsebene hinzu, indem sie Benutzer auffordert, bei der Anmeldung neben ihrem Passwort einen zusätzlichen Bestätigungscode einzugeben, der über ein anderes Gerät gesendet wird.

Überprüfen Sie regelmäßig Ihre Konten und Kreditberichte:

Überprüfen Sie regelmäßig Ihre Bankkonten, Kreditkartenabrechnungen und Kreditberichte, um verdächtige Aktivitäten zu erkennen. Wenn Sie ungewöhnliche oder unbekannte Transaktionen feststellen, melden Sie diese sofort Ihrer Bank oder Kreditkartenfirma.

Schulung und Aufklärung:

Informieren Sie sich über die verschiedenen Arten von Online-Betrug und Identitätsdiebstahl und bleiben Sie über aktuelle Betrugsmethoden und -trends informiert. Schulen Sie sich und Ihre Mitarbeiter regelmäßig über bewährte Sicherheitspraktiken und sensibilisieren Sie sie für die Risiken von Phishing-Angriffen und anderen betrügerischen Aktivitäten.

Verwenden Sie sichere Zahlungsmethoden

Verwenden Sie beim Online-Shopping sichere Zahlungsmethoden wie Kreditkarten oder Zahlungsdienstleister, die Käuferschutz und Sicherheitsfunktionen bieten. Vermeiden Sie die Verwendung von Debitkarten oder Bargeldüberweisungen für Online-Einkäufe, da diese weniger Schutz bieten.

Vermeiden Sie öffentliches WLAN für vertrauliche Aktivitäten

Vermeiden Sie die Verwendung von öffentlichen WLAN-Netzwerken für vertrauliche Aktivitäten wie Online-Banking oder die Übermittlung sensibler persönlicher Daten. Wenn Sie sich mit öffentlichen WLANs verbinden müssen, verwenden Sie ein VPN (Virtual Private Network), um Ihre Verbindung zu sichern und Ihre Daten zu verschlüsseln.

Indem Sie diese bewährten Sicherheitspraktiken befolgen und sich bewusst über die Risiken von Identitätsdiebstahl und Online-Betrug sind, können Sie Ihre persönlichen und finanziellen Informationen besser schützen und das Risiko eines erfolgreichen Angriffs erheblich verringern.

Unsichere WLAN-Netzwerke

Abhören des Datenverkehrs

Unsichere WLAN-Netzwerke stellen eine ernsthafte Bedrohung für die Sicherheit Ihrer persönlichen Daten und Ihres Online-Verhaltens dar. Abhören des Datenverkehrs ist eine der größten Gefahren: In einem unsicheren WLAN-Netzwerk können Angreifer den Datenverkehr zwischen Ihrem Gerät und dem Netzwerk abhören. Dies ermöglicht es ihnen, sensible Informationen wie Benutzernamen, Passwörter, Kreditkartennummern und andere persönliche Daten zu erfassen.

Man-in-the-Middle-Angriffe

Man-in-the-Middle-Angriffe sind ebenfalls ein großes Risiko. Bei einem solchen Angriff platziert sich ein Angreifer zwischen Ihrem Gerät und dem Zielserver und überwacht und manipuliert den Datenverkehr. Dadurch können Ihre Kommunikation abgefangen, modifiziert oder sogar gestohlen werden, ohne dass Sie es bemerken.

Spoofing-Angriffe

Spoofing-Angriffe sind eine weitere Bedrohung in unsicheren WLAN-Netzwerken. Angreifer können gefälschte WLAN-Netzwerke einrichten, die den Namen eines legitimen Netzwerks verwenden, auch bekannt als Evil Twin. Wenn Sie sich mit einem solchen gefälschten Netzwerk verbinden, können Angreifer Ihren gesamten Datenverkehr abfangen und manipulieren.

Gefahr von Malware

Außerdem besteht die Gefahr, dass Malware eingeschleust wird. Unsichere WLAN-Netzwerke sind oft eine Eintrittspforte für Malware-Infektionen. Angreifer können schädliche Software in den Datenverkehr einschleusen und so Ihr Gerät infizieren, ohne dass Sie es bemerken.

Ausnutzung von Sicherheitslücken

Eine weitere Gefahr besteht in der Ausnutzung von Sicherheitslücken. Unsichere WLAN-Netzwerke können Sicherheitslücken in Ihren Geräten ausnutzen, um Zugriff zu erhalten oder schädlichen Code auszuführen. Dies kann dazu führen, dass Ihre Geräte kompromittiert werden und sensible Daten gestohlen werden.

Risiko von Identitätsdiebstahl

Darüber hinaus besteht das Risiko von Identitätsdiebstahl. Durch den Zugriff auf Ihren Datenverkehr können Angreifer persönliche Informationen stehlen und für Identitätsdiebstahl verwenden, was zu finanziellen Verlusten, Kreditkartenbetrug und anderen schwerwiegenden Folgen führen kann.

Schutzmaßnahmen

Um sich vor den Gefahren unsicherer WLAN-Netzwerke zu schützen, sollten Sie vermeiden, sich mit öffentlichen oder unbekannten WLANs zu verbinden, insbesondere für vertrauliche Aktivitäten wie Online-Banking oder das Versenden sensibler Daten. Wenn Sie sich mit einem WLAN-Netzwerk verbinden müssen, verwenden Sie ein VPN (Virtual Private Network), um Ihre Verbindung zu verschlüsseln und Ihre Daten vor neugierigen Blicken zu schützen. Darüber hinaus sollten Sie sicherstellen, dass Ihre Geräte und Software regelmäßig aktualisiert werden, um Sicherheitslücken zu schließen und potenzielle Angriffspunkte zu minimieren. Die Implementierung dieser Maßnahmen kann erheblich dazu beitragen, Ihre digitalen Aktivitäten sicherer zu gestalten und Ihre persönlichen Daten zu schützen.

Zero-Day-Exploits verhindern

Definition von Zero-Day-Exploits

Zero-Day-Exploits sind Sicherheitslücken oder Schwachstellen in Software, Betriebssystemen oder Anwendungen, für die noch kein Patch oder Fix verfügbar ist. Der Begriff "Zero-Day" bezieht sich darauf, dass die betroffene Organisation oder der Softwareanbieter noch keine Zeit hatte, die Schwachstelle zu erkennen oder zu beheben, bevor sie von Angreifern ausgenutzt wird. Diese Exploits sind äußerst gefährlich, da sie Angreifern ermöglichen, ohne Vorwarnung auf Systeme zuzugreifen und potenziell Schaden anzurichten. Die schnelle und unerwartete Natur dieser Angriffe stellt eine erhebliche Bedrohung für die Sicherheit dar.

Angriffsvektoren

Angriffsvektoren für Zero-Day-Exploits können vielfältig sein und verschiedene Schwachstellen in Betriebssystemen, Browsern, Anwendungen oder sogar Hardwarekomponenten betreffen. Diese Angriffe erfolgen oft durch schädliche Dateien, E-Mails, Websites oder Remote-Code-Ausführung. Aufgrund der unbekannten Natur dieser Schwachstellen sind die Systeme der betroffenen Organisationen besonders anfällig und schutzlos gegenüber solchen Angriffen. Die Auswirkungen dieser Exploits können daher verheerend sein.

Risiken von Zero-Day-Exploits

Die Risiken von Zero-Day-Exploits sind vielfältig und können schwerwiegende Folgen haben. Angreifer könnten sensible Daten stehlen, Systeme kompromittieren, Netzwerke infiltrieren oder sogar Systeme unbrauchbar machen. Da die Schwachstellen zu diesem Zeitpunkt unbekannt sind, sind Organisationen den Angriffen schutzlos ausgeliefert. Dies unterstreicht die Notwendigkeit proaktiver Sicherheitsmaßnahmen und eines erhöhten Sicherheitsbewusstseins.

Vorbeugende Maßnahmen

Obwohl es unmöglich ist, Zero-Day-Exploits vollständig zu verhindern, gibt es dennoch Maßnahmen, die ergriffen werden können, um das Risiko zu minimieren. Organisationen sollten sicherstellen, dass ihre Software, Betriebssysteme und Anwendungen regelmäßig auf dem neuesten Stand gehalten werden. Das Einspielen von Updates und Patches hilft dabei, bekannte Sicherheitslücken zu schließen und das Risiko von Zero-Day-Exploits zu verringern. Sicherheitsbewusstsein unter den Mitarbeitern spielt ebenfalls eine entscheidende Rolle bei der Prävention.

Sicherheitslösungen

Sicherheitslösungen wie Firewalls, Intrusion Detection Systems (IDS), Intrusion Prevention Systems (IPS) und Endpunkt-Sicherheitslösungen sind weitere wichtige Werkzeuge im Kampf gegen

Zero-Day-Exploits. Diese Lösungen helfen, verdächtigen Datenverkehr zu überwachen, zu blockieren und zu verhindern. Zusätzlich sollten Organisationen Bedrohungsintelligenz-Plattformen und Sicherheitsdienstleister nutzen, um auf dem Laufenden zu bleiben und frühzeitig über potenzielle Zero-Day-Exploits informiert zu werden.

Notfallplan

Ein umfassender Notfallplan ist unerlässlich, um auf Zero-Day-Exploits und andere Sicherheitsvorfälle vorbereitet zu sein. Dieser Plan sollte klare Richtlinien und Verfahren enthalten, um Bedrohungen schnell zu erkennen, zu isolieren und zu beheben, sowie Kommunikationskanäle und Kontaktpersonen für den Krisenfall festlegen. Durch die Umsetzung dieser Maßnahmen können Organisationen das Risiko von Zero-Day-Exploits minimieren und ihre Systeme und Daten besser vor den potenziellen Auswirkungen dieser schwerwiegenden Sicherheitslücken schützen.

DDoS-Angriffe eine Bedrohung

Definition von DDoS-Angriffen

Distributed Denial-of-Service (DDoS)-Angriffe sind eine ernsthafte Bedrohung für Websites und Unternehmen und können schwerwiegende Auswirkungen auf deren Verfügbarkeit, Reputation und finanzielle Stabilität haben. Diese Angriffe zielen darauf ab, die Ressourcen einer Website oder eines Unternehmens zu überlasten, indem sie einen überwältigenden Datenverkehr erzeugen. Dies führt oft zu Ausfallzeiten und Dienstunterbrechungen, wodurch Kunden oder Benutzer nicht mehr auf die Website oder die angebotenen Dienste zugreifen können. Die Folgen solcher Ausfallzeiten sind nicht nur kurzfristig ärgerlich, sondern können auch langfristige Schäden anrichten, indem sie die Benutzererfahrung und das Vertrauen in die Marke beeinträchtigen.

Finanzielle Verluste

Ein bedeutender Aspekt der Gefährdung durch DDoS-Angriffe ist der potenzielle Verlust von Einnahmen. Wenn eine Website oder ein Unternehmen aufgrund eines DDoS-Angriffs nicht erreichbar ist, kann dies zu erheblichen Einnahmeverlusten führen. Online-Händler, Finanzinstitute, E-Commerce-Plattformen und andere Unternehmen, die stark von Online-Transaktionen abhängig sind, erleiden möglicherweise direkte finanzielle Verluste durch entgangene Umsätze und Kundenverluste. Die wirtschaftlichen Auswirkungen solcher Angriffe können beträchtlich sein und erfordern oft erhebliche Investitionen in Wiederherstellungsmaßnahmen und zusätzliche Sicherheitsvorkehrungen.

Reputationsschäden

Neben den finanziellen Verlusten können DDoS-Angriffe auch einen erheblichen Reputationsschaden verursachen. Das Vertrauen der Kunden oder Benutzer in die betroffene Website oder das betroffene Unternehmen kann ernsthaft beeinträchtigt werden, wenn diese wiederholt auf eine nicht verfügbare Website stoßen oder Probleme bei der Nutzung von Diensten haben. Dies kann zu einem Verlust des Vertrauens führen und die Reputation des Unternehmens beschädigen. Einmal verlorenes Vertrauen ist schwer wiederherzustellen und kann langfristige negative Auswirkungen auf die Kundenbindung und das Markenimage haben.

Ablenkungsmanöver

DDoS-Angriffe können zudem als Ablenkungsmanöver verwendet werden, um die Aufmerksamkeit des Sicherheitspersonals abzulenken und sie davon abzuhalten, gleichzeitig andere Angriffe zu erkennen oder zu bekämpfen. Dies kann dazu führen, dass schwerwiegendere Sicherheitsvorfälle wie Datenlecks oder Eindringversuche unentdeckt bleiben. Diese Taktik der Ablenkung kann besonders effektiv sein, wenn sie mit anderen Arten von Cyberangriffen kombiniert wird, die auf spezifische Schwachstellen im System abzielen.

Langfristige Infrastrukturschäden

Ein weiterer langfristiger Schaden durch DDoS-Angriffe ist die Schwächung der Infrastruktur einer Website oder eines Unternehmens. Wiederholte oder lang anhaltende DDoS-Angriffe können zur Überlastung der Server, Netzwerke und anderer IT-Ressourcen führen und die Leistung und Stabilität der Systeme beeinträchtigen. Diese Belastung kann auch dazu führen, dass zusätzliche Kosten für die Aufrüstung und Wartung der Infrastruktur anfallen, um zukünftigen Angriffen standhalten zu können.

Erpressung und Lösegeldforderungen

In einigen Fällen können DDoS-Angriffe auch zur Erpressung und Lösegeldforderungen genutzt werden. Angreifer drohen, den Angriff fortzusetzen oder zu verstärken, sofern nicht eine bestimmte Geldsumme gezahlt wird. Diese Art von Erpressung kann für Unternehmen zusätzliche Belastungen und finanzielle Verluste bedeuten und stellt eine weitere Dimension der Bedrohung durch DDoS-Angriffe dar. Die Forderungen können beträchtlich sein und Unternehmen vor schwierige Entscheidungen stellen, insbesondere wenn der Angriff ihre Geschäftstätigkeit erheblich beeinträchtigt.

Präventive Maßnahmen

Um sich vor DDoS-Angriffen zu schützen, ist es wichtig, präventive Maßnahmen zu ergreifen, einschließlich der Implementierung von DDoS-Schutzlösungen, der Überwachung des Datenverkehrs, der Nutzung von Content Delivery Networks (CDNs), der Skalierung von Ressourcen, um Angriffe abzuwehren, und der Entwicklung von Notfallplänen zur Reaktion auf DDoS-Angriffe. Eine enge Zusammenarbeit mit Sicherheitsexperten und der Einsatz von Sicherheitslösungen zur Erkennung und Abwehr von DDoS-Angriffen sind unerlässlich, um die Auswirkungen dieser Angriffe zu minimieren. Durch diese umfassenden Maßnahmen können Unternehmen ihre Widerstandsfähigkeit gegen DDoS-Angriffe erhöhen und die Sicherheit ihrer Online-Präsenz verbessern.

Schutz gegen Ransomware

Ransomware

Ransomware ist eine besonders gefährliche Art von Malware, die darauf abzielt, die Daten eines Opfers zu verschlüsseln oder den Zugriff darauf zu blockieren und dann Lösegeld zu erpressen, um die Daten wieder freizugeben.

Datensicherungen

Um sich effektiv vor Ransomware zu schützen, sollten Unternehmen und Einzelpersonen folgende Maßnahmen ergreifen: Regelmäßige Datensicherungen sind entscheidend. Führen Sie regelmäßige und vollständige Backups Ihrer wichtigen Daten durch und speichern Sie sie an einem sicheren Ort, der vor Ransomware-Angriffen geschützt ist. Stellen Sie sicher, dass Ihre Backup-Strategie sowohl lokale als auch Cloud-Backups umfasst und dass die Backups ordnungsgemäß funktionieren und aktualisiert werden.

Sicherheitssoftware und Firewalls

Ein weiterer wichtiger Schutzmechanismus ist die Installation von Sicherheitssoftware und Firewalls. Installieren Sie zuverlässige Antiviren- und Anti-Malware-Software auf allen Endgeräten und Netzwerken und halten Sie diese stets auf dem neuesten Stand. Verwenden Sie zudem Firewalls und Intrusion Detection/Prevention-Systeme (IDS/IPS), um verdächtigen Datenverkehr zu überwachen und zu blockieren. Diese Maßnahmen helfen, potenzielle Bedrohungen frühzeitig zu erkennen und abzuwehren, bevor sie Schaden anrichten können.

Softwareaktualisierungen

Softwareaktualisierungen sind ebenfalls unerlässlich im Kampf gegen Ransomware. Halten Sie Ihre Software, Betriebssysteme und Anwendungen stets auf dem neuesten Stand, indem Sie regelmäßig Sicherheitpatches und Updates einspielen. Veraltete Software kann Sicherheitslücken aufweisen, die von Ransomware ausgenutzt werden können. Durch regelmäßige Updates können Sie diese Schwachstellen schließen und die Sicherheit Ihrer Systeme erhöhen.

Sicherheitsbewusstsein

Sicherheitsbewusstsein spielt eine entscheidende Rolle bei der Prävention von Ransomware-Angriffen. Schulen Sie Ihre Mitarbeiter oder sich selbst über die Risiken von Ransomware und die Methoden, mit denen sie verbreitet wird, wie z. B. Phishing-E-Mails, schädliche Anhänge und infizierte Websites. Fordern Sie dazu auf, verdächtige E-Mails nicht zu öffnen und keine Dateien aus unbekannten Quellen herunterzuladen. Ein gut informiertes Team kann potenzielle Bedrohungen erkennen und vermeiden.

White-Listing

Der Einsatz von White-Listing kann ebenfalls helfen, Ransomware-Angriffe zu verhindern. Implementieren Sie eine White-Listing-Politik, um nur autorisierte und vertrauenswürdige Programme und Anwendungen auf Ihren Systemen zuzulassen. Dies kann dazu beitragen, die Ausführung von unbekannter oder schädlicher Software zu verhindern, die möglicherweise Ransomware enthält. White-Listing stellt sicher, dass nur bekannte und geprüfte Software auf Ihren Systemen läuft.

Fortschrittliche Sicherheitslösungen

Fortschrittliche Sicherheitslösungen, die Anomalie-Erkennung und Verhaltensanalyse nutzen, sind weitere wichtige Werkzeuge im Kampf gegen Ransomware. Verwenden Sie solche Lösungen, um verdächtiges Verhalten und ungewöhnliche Aktivitäten auf Ihren Systemen zu erkennen. Dies kann dazu beitragen, Ransomware-Angriffe frühzeitig zu identifizieren und zu stoppen, bevor sie größeren Schaden anrichten können. Diese Technologien überwachen kontinuierlich Ihre Systeme und erkennen Abweichungen vom normalen Verhalten.

Notfallplan

Ein umfassender Notfallplan ist ebenfalls unerlässlich. Entwickeln Sie klare Richtlinien und Verfahren für den Umgang mit Ransomware-Angriffen. Dieser Plan sollte Schritte zur Isolierung und Bereinigung infizierter Systeme, zur Wiederherstellung von Daten aus Backups und zur Kommunikation mit relevanten Parteien enthalten. Ein gut ausgearbeiteter Notfallplan stellt sicher, dass Ihr Unternehmen schnell und effektiv auf Ransomware-Angriffe reagieren kann.

Indem Unternehmen und Einzelpersonen diese Schritte befolgen und eine proaktive und umfassende Sicherheitsstrategie umsetzen, können sie das Risiko von Ransomware-Angriffen erheblich reduzieren und sich besser gegen diese ernsthafte Bedrohung schützen. Eine Kombination aus präventiven Maßnahmen, technologischem Schutz und Bewusstseinsbildung ist der Schlüssel zur erfolgreichen Abwehr von Ransomware.

Hot-Miking-Angriffe

Hot-Miking-Angriffe stellen eine ernsthafte Bedrohung in der Welt der digitalen Kommunikation und Datensicherheit dar. Dabei handelt es sich um das heimliche Aktivieren des Mikrofons eines Geräts, um Gespräche und Umgebungsgeräusche ohne das Wissen oder die Zustimmung des Benutzers mitzuhören. Diese Art von Angriff kann über verschiedene Methoden durchgeführt werden, beispielsweise durch Schadsoftware, die unbemerkt auf dem Gerät installiert wird. Solche Angriffe zielen darauf ab, sensible Informationen wie private Gespräche, Geschäftsgeheimnisse oder vertrauliche Daten auszuspionieren und potenziell zu missbrauchen.

Unsichtbarkeit der Angriffe

Ein Hauptgrund für die Gefährlichkeit von Hot-Miking-Angriffen ist die Unsichtbarkeit für den Benutzer. Da der Angriff ohne visuelle Hinweise oder Benachrichtigungen erfolgt, kann das Mikrofon monatelang aktiv bleiben, ohne entdeckt zu werden. Dies gibt Angreifern reichlich Zeit, umfangreiche Daten zu sammeln und diese für verschiedene Zwecke zu nutzen, sei es für Erpressung, Industriespionage oder andere böswillige Absichten. Die Möglichkeit, dass persönliche und geschäftliche Gespräche belauscht werden, erhöht das Risiko für Identitätsdiebstahl und andere Formen von Cyberkriminalität erheblich.

Angriffsfläche

Die Verbreitung von Geräten mit integrierten Mikrofonen, wie Smartphones, Laptops und Sprachassistenten, hat die Angriffsfläche für Hot-Miking-Angriffe erheblich erweitert. Angreifer können auf eine Vielzahl von Schwachstellen in der Software oder den Geräteeinstellungen abzielen, um Zugang zu den Mikrofonen zu erhalten. Ein beliebtes Einfallstor ist das Ausnutzen von Sicherheitslücken in Betriebssystemen oder Apps, die Zugriff auf das Mikrofon haben. Auch Phishing-Angriffe, bei denen Benutzer dazu gebracht werden, bösartige Software herunterzuladen, sind eine häufige Methode, um Hot-Miking-Angriffe zu starten.

Schutzmaßnahmen

Um sich vor Hot-Miking-Angriffen zu schützen, sollten Benutzer mehrere Sicherheitsmaßnahmen ergreifen. Dazu gehört die regelmäßige Aktualisierung von Software und Betriebssystemen, um bekannte Sicherheitslücken zu schließen. Zudem sollten Benutzer skeptisch gegenüber unbekannten oder verdächtigen Apps und Links sein, die sie zum Herunterladen von Software auffordern. Eine weitere effektive Maßnahme ist die Verwendung von Sicherheitssoftware, die speziell dafür entwickelt wurde, ungewöhnliche Aktivitäten wie das heimliche Aktivieren des Mikrofons zu erkennen und zu blockieren.

Physische Schutzmaßnahmen

Eine physische Methode zum Schutz gegen Hot-Miking-Angriffe ist das Abdecken oder Deaktivieren des Mikrofons, wenn es nicht gebraucht wird. Viele moderne Laptops und einige Smart-phones bieten physische Schalter oder Abdeckungen für Mikro-fone und Kameras, die verhindern können, dass sie ohne Zustim-mung aktiviert werden. Darüber hinaus können Benutzer die Mi-krofonzugriffsrechte in den Einstellungen ihrer Geräte überprü-fen und einschränken, um sicherzustellen, dass nur vertrauens-würdige Apps Zugriff haben.

Proaktiver Schutz

Hot-Miking-Angriffe sind eine ernste und oft übersehene Bedro-hung in der digitalen Welt. Durch das Ergreifen proaktiver Si-cherheitsmaßnahmen können Benutzer das Risiko solcher An-griffe erheblich reduzieren und ihre Privatsphäre sowie die Si-cherheit ihrer persönlichen und geschäftlichen Informationen schützen.

Pink Call

Ping-Calls sind eine Form Betruges, welche weltweit an Populari-tät gewinnt. Dabei handelt es sich um Anrufe, die absichtlich nur kurz auf Ihrem Telefon klingeln, sodass Sie sie wahrscheinlich verpassen. Diese Anrufe kommen oft von internationalen Num-mern, die auf den ersten Blick seriös wirken können. Der Zweck des Anrufs ist es, die Neugier des Empfängers zu wecken, damit er zurückruft. Sobald der Anruf getätigt wird, entstehen hohe Kosten, da die Rückrufnummern in Wirklichkeit Premium-Dien-ste oder hochpreisige ausländische Leitungen sind.

Wie Ping-Calls funktionieren

Der Mechanismus hinter Ping-Calls ist einfach, aber effektiv. Be-trüger wählen eine Vielzahl von Telefonnummern automatisch an, wobei jeder Anruf nur für wenige Sekunden klingelt. Dies ge-nügt, um die Nummer auf dem Display des potenziellen Opfers anzuzeigen, aber nicht lange genug, damit der Anruf angenom-men wird. Viele Menschen, die einen verpassten Anruf sehen, sind neugierig und rufen zurück, besonders wenn sie glauben, dass der Anruf wichtig sein könnte. Doch genau darauf spekulieren die Betrüger: Der Rückruf aktiviert eine teure Verbindung zu einer Premium-Nummer, was zu erheblichen Kosten für den Anrufer führen kann, während die Betrüger von diesen Gebühren profitieren.

Identifizierung von Ping-Calls

Es gibt einige Anzeichen, die darauf hindeuten, dass es sich um einen Ping-Call handeln könnte. Erstens kommt der Anruf oft von einer internationalen Vorwahl, die Ihnen nicht bekannt ist. Zweitens klingelt das Telefon nur sehr kurz, sodass Sie kaum eine Chance haben, den Anruf entgegenzunehmen. Drittens gibt es keine Nachricht oder Voicemail, was ungewöhnlich wäre, wenn es sich um einen legitimen Anruf handelt. Wenn Sie solche Anrufe bemerken, sollten Sie besonders vorsichtig sein und die Nummer nicht zurückrufen.

Gefahren und Auswirkungen von Ping-Calls

Die finanziellen Risiken von Ping-Calls sind erheblich. Ein einziger Rückruf kann mehrere Euro oder sogar mehr kosten, abhängig von der Dauer des Anrufs und den Tarifen der angerufenen Nummer. Für Personen, die häufig zurückrufen, können sich diese Kosten schnell summieren und zu hohen Telefonrechnungen führen. Darüber hinaus besteht das Risiko, dass Betrüger die Opfer auf eine Liste von „lohnenswerten Zielen" setzen und sie für weitere Betrugsversuche ins Visier nehmen.

Schutz vor Ping-Calls

Es gibt mehrere Maßnahmen, die Sie ergreifen können, um sich vor Ping-Calls zu schützen. Zunächst sollten Sie internationale Anrufe von unbekannten Nummern grundsätzlich mit Vorsicht behandeln. Wenn Sie einen verpassten Anruf von einer unbekannten Nummer haben, prüfen Sie die Vorwahl im Internet, bevor Sie zurückrufen. Viele Betrugswarnungsseiten listen Vorwahlen auf, die häufig in Ping-Calls verwendet werden. Darüber hinaus können Sie Ihre Mobilfunkanbieter kontaktieren und um eine Sperre für Premium – und internationale Nummern bitten, wenn Sie diese Dienste nicht benötigen. Einige Smartphone-Apps können ebenfalls dabei helfen, verdächtige Anrufe zu blockieren oder zu melden.

Was tun, wenn Sie Opfer eines Ping-Calls wurden

Wenn Sie versehentlich einen Ping-Call zurückgerufen haben und eine hohe Rechnung erhalten haben, sollten Sie sofort Kontakt mit Ihrem Mobilfunkanbieter aufnehmen. Einige Anbieter sind bereit, Gebühren zu erlassen oder zu reduzieren, wenn der Anruf nachweislich Teil eines Betrugs war. Es ist auch ratsam, die Nummer zu blockieren und ähnliche Anrufe in Zukunft zu vermeiden. In manchen Fällen kann es hilfreich sein, die Vorfälle bei einer Verbraucherzentrale oder einer anderen zuständigen Behörde zu melden, um andere vor ähnlichen Betrugsversuchen zu warnen.

Ping-Calls sind eine perfide Betrugsmasche, die darauf abzielt, ahnungslose Menschen zu hohen Telefonkosten zu verleiten. Durch Bewusstsein, Vorsicht und geeignete Maßnahmen können Sie sich effektiv vor dieser Bedrohung schützen. Es ist wichtig, solche Anrufe nicht zu ignorieren, sondern aktiv Schritte zu unternehmen, um sich und andere davor zu schützen. In einem breiteren Kontext von digitalen Bedrohungen verdeutlichen Ping-Calls, wie kreativ Betrüger werden können, um Schwachstellen auszunutzen, und wie wichtig es ist, stets wachsam zu sein.

Robocalls

Robocalls sind automatisierte Telefonanrufe, bei denen eine aufgezeichnete Nachricht abgespielt wird, sobald der Anruf entgegengenommen wird. Diese Anrufe können eine Vielzahl von Zwecken erfüllen, von legitimen Benachrichtigungen über Marketingbotschaften bis hin zu betrügerischen Versuchen, sensible Informationen zu stehlen. In den letzten Jahren haben Robocalls weltweit zugenommen und sind zu einem erheblichen Problem für Verbraucher geworden. Oft werden diese Anrufe durch automatische Wählprogramme initiiert, die in kurzer Zeit Tausende von Telefonnummern anwählen können. Während einige Robocalls harmlos oder sogar nützlich sein können, wie zum Beispiel Erinnerungen an Arzttermine, nutzen viele Betrüger diese Methode, um Menschen zu täuschen.

Wie Robocalls funktionieren

Robocalls werden in der Regel von Computerprogrammen gesteuert, die Telefonnummern aus einer Datenbank oder durch Zufallswahl anrufen. Sobald der Anruf entgegengenommen wird, startet eine aufgezeichnete Nachricht. Diese Nachricht kann unterschiedliche Inhalte haben, von Angeboten und Werbung bis hin zu betrügerischen Behauptungen, dass Ihre Bankdaten kompromittiert wurden oder Sie in rechtliche Schwierigkeiten geraten sind. In einigen Fällen können Robocalls interaktiv sein, indem sie den Empfänger auffordern, bestimmte Tasten zu drücken, um mit einem menschlichen Vertreter zu sprechen oder weitere Anweisungen zu erhalten. Solche Interaktionen zielen darauf ab, den Anrufenden in eine Gesprächssituation zu verwickeln, um ihn entweder zur Preisgabe persönlicher Daten zu verleiten oder ihn für betrügerische Dienstleistungen zu gewinnen.

Identifizierung und Arten von Robocalls

Robocalls lassen sich oft daran erkennen, dass sie ohne eine tatsächliche Person auf der anderen Leitung beginnen und stattdessen sofort eine aufgezeichnete Nachricht abspielen. Es gibt jedoch verschiedene Arten von Robocalls, die jeweils unterschiedliche Ziele verfolgen. Zum einen gibt es legitime Robocalls, die beispielsweise von Gesundheitsdienstleistern oder Behörden genutzt werden, um wichtige Informationen zu verbreiten. Zum anderen gibt es eine große Anzahl von betrügerischen Robocalls, die versuchen, den Empfänger zu manipulieren, indem sie Ängste schüren oder unwiderstehliche Angebote machen. Zu den häufigsten Betrugsmethoden gehören gefälschte Anrufe von vermeintlichen Steuerbehörden, Tech-Support-Betrugsversuche, die behaupten, Ihr Computer sei infiziert, und Anrufe, die vorgeben, dass Ihr Bankkonto gehackt wurde.

Gefahren und Auswirkungen von Robocalls

Die Bedrohung durch Robocalls geht weit über die bloße Belästigung hinaus. Betrügerische Robocalls können erhebliche finanzielle Schäden verursachen, insbesondere wenn sie erfolgreich persönliche oder finanzielle Informationen von den Opfern erlangen. Viele Menschen sind nicht darauf vorbereitet, diese Anrufe sofort als betrügerisch zu erkennen und könnten leicht in die Falle tappen. Ein häufiges Szenario ist das Vortäuschen einer dringenden Situation, wie etwa einer fälligen Steuerzahlung oder einer notwendigen Aktualisierung der Bankdaten, die umgehend erfolgen muss. Durch diese manipulativen Taktiken können Opfer dazu gebracht werden, sensible Informationen preiszugeben oder Zahlungen an die Betrüger zu leisten. Die Auswirkungen können von finanziellen Verlusten bis hin zu gestohlener Identität reichen, was für die Opfer verheerend sein kann.

Schutz vor Robocalls

Es gibt verschiedene Strategien, um sich vor Robocalls zu schützen. Eine der effektivsten Methoden besteht darin, Anrufe von unbekannten Nummern einfach nicht anzunehmen. Wenn der Anruf wichtig ist, wird der Anrufer wahrscheinlich eine Nachricht hinterlassen. Darüber hinaus können Sie Ihre Telefonnummer in sogenannte "Do Not Call"-Register eintragen lassen, um zumindest legale Telemarketing-Anrufe zu reduzieren. Moderne Smartphones bieten auch die Möglichkeit, Anrufe von unbekannten oder verdächtigen Nummern automatisch zu blockieren. Zusätzlich können spezielle Apps installiert werden, die bekannte Robocall-Nummern identifizieren und blockieren. Diese Tools nutzen Datenbanken von gemeldeten Betrugsfällen und können somit helfen, potenzielle Robocalls zu erkennen und abzuwehren. Es ist ebenfalls ratsam, niemals persönliche Informationen während ei-

nes Telefonats preiszugeben, insbesondere nicht, wenn der Anruf
unerwartet kommt.

Was tun, wenn Sie Opfer eines Robocall-Betrugs geworden sind

Sollten Sie Opfer eines Robocall-Betrugs geworden sein, ist es
wichtig, schnell zu handeln. Zunächst sollten Sie sofort Ihre Bank
oder den betroffenen Dienstleister kontaktieren, um zu verhindern, dass weitere Schäden entstehen. Es ist auch ratsam, den
Vorfall den zuständigen Behörden zu melden, beispielsweise der
Bundesnetzagentur oder einer ähnlichen Einrichtung in Ihrem
Land. Diese Behörden sammeln Informationen über betrügerische Anrufe und können Maßnahmen ergreifen, um solche Aktivitäten einzudämmen. Zudem kann es hilfreich sein, Ihre Telefonnummer zu ändern, insbesondere wenn Sie regelmäßig von
Robocalls belästigt werden, die nicht auf andere Weise gestoppt
werden können.

Telefonbetrug oder Scam-Versuche

Identifizierung von aktiven Telefonnummern

Der erste Schritt vieler Telefonbetrüger besteht darin, herauszufinden, welche Telefonnummern tatsächlich genutzt werden. Indem sie massenhaft automatisierte Anrufe tätigen, können sie
schnell feststellen, welche Nummern aktiv sind und potenziell auf
weitere Anrufe reagieren werden. Wenn ein Anruf angenommen
wird, registrieren die Betrüger die Telefonnummer als aktiv, was
sie für zukünftige Betrugsversuche besonders wertvoll macht.
Diese Methode wird oft als „Warmlisten"-Erstellung bezeichnet,
bei der aktive Nummern gesammelt und dann entweder direkt genutzt oder an andere Betrüger weiterverkauft werden.

Gezielte Betrugsversuche

Sobald eine Nummer als aktiv identifiziert wurde, können Betrüger gezieltere Scam-Versuche unternehmen. Dies könnte in Form

von weiteren Anrufen erfolgen, bei denen sie behaupten, von einer bekannten Organisation wie einer Bank, einer Regierungseinrichtung oder einem großen Unternehmen zu sein. Der Betrüger könnte versuchen, das Opfer zu überzeugen, sensible Informationen preiszugeben, wie z. B. Bankkontodaten, Sozialversicherungsnummern oder Passwörter. Diese Informationen werden dann für Identitätsdiebstahl oder finanzielle Betrügereien verwendet. In einigen Fällen geben sich Betrüger als technische Supportmitarbeiter aus und behaupten, dass es ein Problem mit dem Computer des Opfers gibt, das sofort behoben werden muss. Ihr Ziel ist es, das Opfer dazu zu bringen, Fernzugriff auf den Computer zu gewähren oder Zahlungen für nicht existierende Dienstleistungen zu leisten.

Verkauf von aktiven Telefonnummern
 Neben direkten Betrugsversuchen können aktive Telefonnummern auch auf dem Schwarzmarkt verkauft werden. Die Nachfrage nach „warmer" Daten ist unter Cyberkriminellen hoch, da sie wissen, dass diese Nummern von echten Personen genutzt werden, die bereit sind, auf Anrufe zu reagieren. Diese Listen werden dann von anderen Betrügern verwendet, um Massenbetrugsversuche durchzuführen oder weitere Scam-Anrufe zu tätigen. Der Verkauf solcher Datensätze trägt zur weiteren Verbreitung von Telefonbetrug bei und erhöht die Wahrscheinlichkeit, dass eine betroffene Person erneut kontaktiert wird.

Manipulation durch Psychologie
 Ein weiteres Risiko bei der Annahme solcher Anrufe besteht darin, dass Betrüger oft psychologische Taktiken anwenden, um das Opfer zu manipulieren. Sie könnten beispielsweise versuchen, durch Drohungen, Versprechungen oder das Erzeugen von Dringlichkeit das Opfer dazu zu bringen, unüberlegte Entscheidungen zu treffen. Dies kann besonders effektiv sein, wenn das Opfer überrumpelt oder unter Druck gesetzt wird, wie etwa durch die Androhung rechtlicher Konsequenzen oder finanzieller Verluste, wenn nicht sofort gehandelt wird. Diese Taktiken zielen

darauf ab, die natürliche Vorsicht des Opfers zu überwinden und es in eine Situation zu bringen, in der es unbedacht vertrauliche Informationen preisgibt.

Langfristige Konsequenzen für Opfer

Die Annahme eines solchen Anrufs kann langfristige Auswirkungen auf das Opfer haben. Wenn die Nummer erst einmal als aktiv identifiziert ist, besteht die Gefahr, dass das Opfer immer wieder Ziel von Betrugsversuchen wird. Auch wenn der Betrug nicht sofort gelingt, kann das Opfer durch wiederholte Scam-Versuche in einen Zustand ständiger Verunsicherung oder Belästigung versetzt werden. Dies kann zu einem Gefühl von Kontrollverlust führen und die psychische Belastung erhöhen. Darüber hinaus kann es schwierig und zeitaufwendig sein, die eigene Telefonnummer zu ändern oder sich vor weiteren Belästigungen zu schützen, insbesondere wenn die Nummer bereits auf mehreren Warmlisten gelandet ist.

Die Annahme eines Anrufes unbekannter oder verdächtiger Nummern stellt ein klares Risiko dar, das weit über eine einfache Belästigung hinausgeht. Es öffnet die Tür für potenziell ernsthafte Betrugsversuche und kann den Betroffenen in einen Kreislauf von ständiger Belästigung und Unsicherheit ziehen. Daher ist es entscheidend, wachsam zu bleiben und sich der möglichen Konsequenzen bewusst zu sein, wenn man solche Anrufe entgegennimmt.

3. Passwortsicherheit und -management

Sicheres Passwort

Schutz persönlicher Informationen

Die Wahl eines sicheren Passworts ist von entscheidender Bedeutung, da Passwörter eine der grundlegendsten und wichtigsten Sicherheitsmaßnahmen für den Schutz unserer persönlichen Daten im digitalen Raum darstellen. Schutz persönlicher Informationen ist ein zentraler Aspekt, da Passwörter als erste Verteidigungslinie zum Schutz unserer vertraulichen Informationen dienen. Sei es in unseren E-Mail-Konten, sozialen Medien, Bankkonten oder anderen Online-Diensten, ein sicheres Passwort verhindert den unbefugten Zugriff Dritter auf unsere persönlichen Daten und schützt somit unsere Privatsphäre.

Vermeidung von Identitätsdiebstahl

Ein weiteres wichtiges Argument ist die Vermeidung von Identitätsdiebstahl. Durch die Verwendung schwacher oder leicht zu erratender Passwörter sind wir einem höheren Risiko für Identitätsdiebstahl ausgesetzt. Hacker können schwache Passwörter leicht knacken und sich Zugriff auf unsere Online-Konten verschaffen, was zu schwerwiegenden finanziellen Verlusten und anderen Schäden führen kann. Daher ist ein starkes Passwort unerlässlich, um sich gegen solche Bedrohungen zu wappnen.

Sicherung finanzieller Ressourcen

Die Sicherung finanzieller Ressourcen ist ebenfalls ein kritischer Punkt. Viele unserer Online-Konten sind mit finanziellen Ressourcen verbunden, sei es unser Bankkonto, unsere Kreditkarten oder Online-Zahlungsdienste. Ein sicheres Passwort schützt diese finanziellen Vermögenswerte vor unbefugtem Zugriff und verhindert finanzielle Verluste durch Betrug oder Diebstahl. Dies unterstreicht die Notwendigkeit, besonders starke Passwörter für finanzbezogene Konten zu verwenden.

Verhinderung von Datenlecks

Ein sicheres Passwort trägt auch zur Verhinderung von Datenlecks und -kompromissen bei. Schwache Passwörter können dazu führen, dass unsere Konten kompromittiert werden und sensible Informationen wie persönliche Daten, private Nachrichten oder vertrauliche Dokumente in die falschen Hände gelangen. Ein starkes Passwort trägt dazu bei, die Integrität unserer Daten zu gewährleisten und Datenlecks zu verhindern, was insbesondere in der heutigen digitalen Welt von großer Bedeutung ist.

Sicherheit für persönliche und berufliche Konten

Die Sicherheit für persönliche und berufliche Konten muss ebenfalls betont werden. Sowohl persönliche als auch berufliche Online-Konten müssen angemessen geschützt werden, um persönliche und geschäftliche Informationen zu sichern. Ein sicheres Passwort ist daher unerlässlich, um sowohl unsere persönlichen als auch geschäftlichen digitalen Vermögenswerte zu schützen und die Sicherheit unserer Arbeitsumgebung zu gewährleisten.

Einhaltung von Sicherheitsstandards

Schließlich spielt die Einhaltung von Sicherheitsstandards eine große Rolle. Viele Unternehmen und Organisationen haben Sicherheitsrichtlinien und -standards, die die Verwendung sicherer Passwörter erfordern. Durch die Wahl eines sicheren Passworts können wir dazu beitragen, die Einhaltung dieser Richtlinien zu gewährleisten und das Risiko von Sicherheitsverletzungen in unserer Organisation zu minimieren. Insgesamt ist die Wahl eines sicheren Passworts ein wesentlicher Bestandteil unserer digitalen Sicherheitsstrategie und ein wichtiger Schritt, um unsere persönlichen und finanziellen Daten vor Cyberkriminalität und anderen Bedrohungen zu schützen.

Merkmale für ein sicheres Passwort

Bedeutung eines sicheren Passworts

Die Wahl eines sicheren Passworts ist von entscheidender Bedeutung, da Passwörter eine der grundlegendsten und wichtigsten Sicherheitsmaßnahmen für den Schutz unserer persönlichen Daten im digitalen Raum darstellen. Schutz persönlicher Informationen ist ein zentraler Aspekt, da Passwörter als erste Verteidigungslinie zum Schutz unserer vertraulichen Informationen dienen. Sei es in unseren E-Mail-Konten, sozialen Medien, Bankkonten oder anderen Online-Diensten, ein sicheres Passwort verhindert den unbefugten Zugriff Dritter auf unsere persönlichen Daten und schützt somit unsere Privatsphäre.

Vermeidung von Identitätsdiebstahl

Ein weiteres wichtiges Argument ist die Vermeidung von Identitätsdiebstahl. Durch die Verwendung schwacher oder leicht zu erratender Passwörter sind wir einem höheren Risiko für Identitätsdiebstahl ausgesetzt. Hacker können schwache Passwörter leicht knacken und sich Zugriff auf unsere Online-Konten verschaffen, was zu schwerwiegenden finanziellen Verlusten und anderen Schäden führen kann. Daher ist ein starkes Passwort unerlässlich, um sich gegen solche Bedrohungen zu wappnen.

Sicherung finanzieller Ressourcen

Die Sicherung finanzieller Ressourcen ist ebenfalls ein kritischer Punkt. Viele unserer Online-Konten sind mit finanziellen Ressourcen verbunden, sei es unser Bankkonto, unsere Kreditkarten oder Online-Zahlungsdienste. Ein sicheres Passwort schützt diese finanziellen Vermögenswerte vor unbefugtem Zugriff und verhindert finanzielle Verluste durch Betrug oder Diebstahl. Dies unterstreicht die Notwendigkeit, besonders starke Passwörter für finanzbezogene Konten zu verwenden.

Verhinderung von Datenlecks und -kompromissen

Ein sicheres Passwort trägt auch zur Verhinderung von Datenlecks und -kompromissen bei. Schwache Passwörter können dazu führen, dass unsere Konten kompromittiert werden und sensible Informationen wie persönliche Daten, private Nachrichten oder vertrauliche Dokumente in die falschen Hände gelangen. Ein starkes Passwort trägt dazu bei, die Integrität unserer Daten zu gewährleisten und Datenlecks zu verhindern, was insbesondere in der heutigen digitalen Welt von großer Bedeutung ist.

Sicherheit für persönliche und berufliche Konten

Die Sicherheit für persönliche und berufliche Konten muss ebenfalls betont werden. Sowohl persönliche als auch berufliche Online-Konten müssen angemessen geschützt werden, um persönliche und geschäftliche Informationen zu sichern. Ein sicheres Passwort ist daher unerlässlich, um sowohl unsere persönlichen als auch geschäftlichen digitalen Vermögenswerte zu schützen und die Sicherheit unserer Arbeitsumgebung zu gewährleisten.

Einhaltung von Sicherheitsstandards

Schließlich spielt die Einhaltung von Sicherheitsstandards eine große Rolle. Viele Unternehmen und Organisationen haben Sicherheitsrichtlinien und -standards, die die Verwendung sicherer Passwörter erfordern. Durch die Wahl eines sicheren Passworts können wir dazu beitragen, die Einhaltung dieser Richtlinien zu gewährleisten und das Risiko von Sicherheitsverletzungen in unserer Organisation zu minimieren. Insgesamt ist die Wahl eines sicheren Passworts ein wesentlicher Bestandteil unserer digitalen Sicherheitsstrategie und ein wichtiger Schritt, um unsere persönlichen und finanziellen Daten vor Cyberkriminalität und anderen Bedrohungen zu schützen.

Passwörter ändern - warum?

Häufigkeit der Passwortänderungen

Die Häufigkeit, mit der Passwörter geändert werden sollten, hängt von verschiedenen Faktoren ab, darunter die Sensibilität der Daten, die mit dem Konto verbunden sind, und die Sicherheitsrichtlinien des jeweiligen Diensteanbieters. Regelmäßige Aktualisierung der Passwörter ist eine empfohlene Praxis, um die Sicherheit Ihrer Konten zu erhöhen. Es wird empfohlen, Passwörter alle drei bis sechs Monate zu ändern. Durch regelmäßige Änderungen wird das Risiko verringert, dass ein Passwort kompromittiert wird und unbefugter Zugriff auf das Konto erfolgt. Dies trägt dazu bei, die Sicherheit Ihrer Daten und Konten zu gewährleisten.

Verhinderung von Langzeitangriffen

Ein weiterer wichtiger Grund für regelmäßige Passwortänderungen ist die Verhinderung von Langzeitangriffen. Wenn ein Passwort kompromittiert wird und ein Angreifer Zugriff auf ein Konto erhält, kann dieser Zugriff durch regelmäßige Passwortänderungen zeitlich begrenzt werden. Selbst wenn ein Angreifer ein Passwort knackt, wird durch die regelmäßige Änderung die Dauer des unbefugten Zugriffs minimiert. Dies macht es für Angreifer schwieriger, langfristig Schaden anzurichten.

Reaktion auf Sicherheitsverletzungen

Die Reaktion auf Sicherheitsverletzungen ist ebenfalls ein wesentlicher Aspekt. Wenn ein Sicherheitsvorfall auftritt und es Anzeichen dafür gibt, dass ein Passwort kompromittiert wurde, ist es wichtig, das betroffene Passwort sofort zu ändern. Dies verhindert weiteren unbefugten Zugriff und kann dazu beitragen, die Auswirkungen eines Sicherheitsvorfalls zu minimieren. Schnelles Handeln ist in solchen Situationen entscheidend, um die Sicherheit Ihrer Konten wiederherzustellen.

Einhaltung von Sicherheitsrichtlinien:

Viele Unternehmen und Organisationen haben Sicherheitsrichtlinien, die regelmäßige Passwortänderungen erfordern. Diese
Richtlinien dienen dazu, die Sicherheit der Mitarbeiterkonten zu
gewährleisten und den Sicherheitsstandards des Unternehmens zu
entsprechen. Durch die Einhaltung dieser Richtlinien können Unternehmen sicherstellen, dass ihre Systeme und Daten angemessen geschützt sind. Regelmäßige Passwortänderungen sind eine
einfache, aber effektive Maßnahme zur Einhaltung dieser Richtlinien.

Schutz vor Passwort-Wiederverwendung

Ein weiterer Vorteil regelmäßiger Passwortänderungen ist der
Schutz vor Passwort-Wiederverwendung. Viele Benutzer neigen
dazu, dasselbe Passwort für mehrere Konten zu verwenden.
Wenn eines dieser Konten kompromittiert wird, besteht die Gefahr, dass das kompromittierte Passwort auf andere Konten angewendet wird. Durch regelmäßige Änderungen der Passwörter
kann dieses Risiko verringert werden. Benutzer sollten bei der
Auswahl neuer Passwörter auf Sicherheit und Komplexität achten
und keine vorherigen Passwörter wiederverwenden.

Zusätzliche Sicherheitsmaßnahmen

Obwohl regelmäßige Passwortänderungen die Sicherheit erhöhen können, ist es wichtig, dass Benutzer sich bewusst sind, dass
die ständige Passwortänderung allein nicht ausreicht, um alle Sicherheitsrisiken zu eliminieren. Zusätzliche Sicherheitsmaßnahmen wie die Verwendung von Zwei-Faktor-Authentifizierung
und Passwort-Managern sind ebenfalls wichtig, um die Sicherheit
Ihrer Konten zu gewährleisten.

Verwendung von Passwort-Managern

Automatische Passwortgenerierung

Die Verwendung von Passwort-Managern spielt eine entscheidende Rolle in der digitalen Sicherheit, insbesondere in einer Zeit, in der wir eine Vielzahl von Online-Konten und -Diensten nutzen. Ein Passwort-Manager ist eine Softwareanwendung oder ein Dienst, der entwickelt wurde, um die Verwaltung von Passwörtern zu erleichtern und die Sicherheit von Online-Konten zu verbessern. Ein wichtiger Aspekt ist die automatische Generierung sicherer Passwörter. Passwort-Manager erzeugen zufällige, komplexe Passwörter für jedes Konto, die alle Sicherheitskriterien wie Länge, Komplexität und Einzigartigkeit erfüllen. Da diese Passwörter nicht manuell erstellt werden müssen, wird das Risiko von Schwachstellen aufgrund schwacher Passwörter erheblich verringert.

Sichere Speicherung und Verschlüsselung

Ein weiterer Vorteil ist die sichere Speicherung und Verschlüsselung der Passwörter. Passwort-Manager speichern alle Benutzerpasswörter in einer verschlüsselten Datenbank, die vor unbefugtem Zugriff geschützt ist. Nur der Benutzer mit dem Master-Passwort hat Zugriff auf die gespeicherten Passwörter. Die Verschlüsselungstechnologie gewährleistet die Sicherheit und Integrität der Daten, was besonders wichtig ist, um sensible Informationen zu schützen.

Automatisches Ausfüllen von Anmeldeinformationen

Zusätzlich erleichtert ein Passwort-Manager den Anmeldevorgang durch das automatische Ausfüllen von Anmeldeinformationen. Dies reduziert das Risiko von Phishing-Angriffen, da Benutzer ihre Anmeldeinformationen nicht manuell auf potenziell gefälschten Websites eingeben müssen. Der Komfort und die Sicherheit werden durch diese Funktion erheblich verbessert. Auch die Synchronisation der Passwörter über verschiedene Geräte hinweg ist ein großer Vorteil. Benutzer haben jederzeit und überall Zugriff auf ihre Passwörter, sei es auf dem Computer, Smartphone oder Tablet, was die Benutzerfreundlichkeit und Flexibilität deutlich erhöht.

Überwachung und Verbesserung der Passwortsicherheit

Ein Passwort-Manager bietet auch Funktionen zur Überwachung und Verbesserung der Passwortsicherheit. Einige Manager überprüfen die Passwortstärke und identifizieren schwache oder wiederverwendete Passwörter. Dies ermöglicht es Benutzern, ihre Passwortsicherheit zu erhöhen und potenzielle Sicherheitslücken zu schließen. Diese Audits sind besonders nützlich, um sicherzustellen, dass alle Passwörter den höchsten Sicherheitsstandards entsprechen.

Unterstützung der Mehrfaktor-Authentifizierung (MFA)

Schließlich unterstützen einige Passwort-Manager auch die Mehrfaktor-Authentifizierung (MFA). MFA bietet eine zusätzliche Sicherheitsebene, indem neben dem Passwort ein weiterer Authentifizierungsfaktor wie SMS-Codes, biometrische Daten oder Sicherheitsschlüssel erforderlich ist. Diese zusätzliche Schutzschicht macht es Angreifern noch schwieriger, auf Konten zuzugreifen, selbst wenn das Passwort kompromittiert wurde.

Gesamtsicherheit durch Passwort-Manager

Insgesamt tragen Passwort-Manager erheblich zur Verbesserung der Passwortsicherheit und damit zur Gesamtsicherheit von Online-Konten bei. Durch die Bereitstellung sicherer Passwörter, die sichere Speicherung und Verschlüsselung von Anmeldeinformationen sowie die Unterstützung bei der Verwaltung und Überwachung von Passwörtern bieten sie eine effektive Lösung, um digitale Identitäten zu schützen und das Risiko von Passwort-basierten Sicherheitsverletzungen zu minimiere

Mehrfaktor-Authentifizierungssysteme

Mehrfaktor-Authentifizierungssysteme

Mehrfaktor-Authentifizierungssysteme (MFA) sind Sicherheitsmechanismen, die mehrere Methoden zur Bestätigung der Identität eines Benutzers verwenden, um auf ein Konto oder ein System zuzugreifen. Im Gegensatz zur herkömmlichen Ein-Faktor-Authentifizierung, die nur die Eingabe eines Passworts oder einer PIN erfordert, fügt die Mehrfaktor-Authentifizierung mindestens eine zusätzliche Authentifizierungsmethode hinzu, um die Identität eines Benutzers zu bestätigen. Hier sind die grundlegenden Komponenten und Funktionsweisen von Mehrfaktor-Authentifizierungssystemen:

Authentifizierungsfaktoren:

Wissen (Passwort oder PIN): Dies ist der am häufigsten verwendete Authentifizierungsfaktor und erfordert die Kenntnis eines geheimen Passworts oder einer PIN durch den Benutzer.

Besitz (Smartphone, Sicherheitsschlüssel): Dieser Faktor beinhaltet den Besitz eines physischen Objekts wie eines Smartphones, Sicherheitsschlüssels oder Tokens, das für die Authentifizierung verwendet wird.

Biometrie (Fingerabdruck, Gesichtserkennung): Biometrische Merkmale wie Fingerabdrücke, Gesichtserkennung oder Irisscan dienen als Authentifizierungsfaktor, der auf den einzigartigen biologischen Merkmalen des Benutzers basiert.

Funktionsweise der Mehrfaktor-Authentifizierung

Ein Benutzer versucht, auf ein Konto oder ein System zuzugreifen, indem er zunächst seinen Benutzernamen und sein Passwort eingibt, was den ersten Authentifizierungsfaktor darstellt.

Anschließend wird ein zusätzlicher Authentifizierungsfaktor angefordert, um die Identität des Benutzers weiter zu überprüfen.

Je nach Implementierung können verschiedene Methoden verwendet werden, um den zweiten Authentifizierungsfaktor zu überprüfen, wie beispielsweise:

Einmalpasswörter (OTP): Der Benutzer erhält einen einmaligen Code auf sein Smartphone oder per SMS, den er eingeben muss, um den zweiten Faktor zu bestätigen.

Biometrische Bestätigung: Der Benutzer muss sich durch einen Fingerabdruckscan, eine Gesichtserkennung oder einen Irisscan authentifizieren.

Sicherheitsschlüssel: Der Benutzer verwendet einen physischen Sicherheitsschlüssel oder Token, der mit dem Konto verknüpft ist und zur Authentifizierung dient.

Erst wenn beide Authentifizierungsfaktoren erfolgreich überprüft wurden, wird dem Benutzer der Zugriff auf das Konto oder das System gewährt.

Vorteile der Mehrfaktor-Authentifizierung

Erhöhte Sicherheit: Durch die Verwendung mehrerer Authentifizierungsfaktoren wird die Sicherheit erheblich verbessert, da selbst wenn ein Faktor kompromittiert wird, der Angreifer dennoch den zweiten Faktor überwinden muss, um Zugriff zu erhalten.

Schutz vor Passwortdiebstahl: Da die Mehrfaktor-Authentifizierung nicht nur auf Passwörtern basiert, bietet sie zusätzlichen Schutz vor Passwortdiebstahl und Phishing-Angriffen.

Benutzerfreundlichkeit: Moderne MFA-Implementierungen sind oft benutzerfreundlich und ermöglichen eine nahtlose Authentifizierung ohne zusätzliche Belastung für den Benutzer.

Insgesamt stellen Mehrfaktor-Authentifizierungssysteme eine effektive Methode dar, um die Sicherheit von Online-Konten und -Systemen zu erhöhen, indem sie zusätzliche Schutzschichten bieten, die es Angreifern erschweren, Zugriff zu erhalten, selbst wenn sie eines der Authentifizierungsfaktoren kompromittieren.

Risiken beim Speichern von Passwörtern im Browser

Risiken beim Speichern von Passwörtern im Browser

Das Speichern von Passwörtern im Browser kann mit verschiedenen Risiken verbunden sein, die die Sicherheit der persönlichen Daten gefährden können. Hier sind einige der Hauptrisiken:

Unbefugter Zugriff

Wenn jemand Zugriff auf Ihren Computer oder Ihr Gerät erhält, kann er auch auf die im Browser gespeicherten Passwörter zugreifen. Dies kann durch Diebstahl des Geräts, physischen Zugriff auf den Computer oder durch Malware erfolgen, die den Browser infiltriert. Ein solcher Zugriff auf gespeicherte Passwörter kann zu erheblichen Sicherheitsproblemen führen, insbesondere wenn das Gerät in die falschen Hände gerät oder wenn das System bereits kompromittiert ist.

Schwache Verschlüsselung

Die meisten Browser bieten eine Art Verschlüsselung für die gespeicherten Passwörter an, jedoch kann diese Verschlüsselung möglicherweise nicht stark genug sein, um sie vor erfahrenen Angreifern zu schützen. Einige ältere Browser-Versionen verwenden möglicherweise keine starke Verschlüsselung oder haben Sicherheitslücken, die von Angreifern ausgenutzt werden können. Dies bedeutet, dass selbst bei einer vorhandenen Verschlüsselung das Risiko besteht, dass Angreifer diese Schwächen ausnutzen können, um an die Passwörter zu gelangen.

Phishing-Angriffe

Phishing-Angriffe zielen darauf ab, Benutzer dazu zu bringen, sensible Informationen wie Passwörter preiszugeben, indem sie gefälschte Websites oder E-Mails verwenden, die täuschend echt aussehen. Wenn Passwörter im Browser gespeichert sind, können Benutzer dazu verleitet werden, auf gefälschte Login-Seiten zuzugreifen und ihre gespeicherten Passwörter preiszugeben. Dies kann besonders problematisch sein, wenn Benutzer nicht sorgfältig darauf achten, ob sie sich tatsächlich auf einer legitimen Website befinden oder nicht.

Automatisierte Angriffe

Einige Arten von Malware können auf gespeicherte Passwörter im Browser zugreifen und diese stehlen, ohne dass der Benutzer es merkt. Diese Malware kann im Hintergrund laufen und automatisierte Angriffe auf verschiedene Online-Konten durchführen, indem sie die gestohlenen Anmeldeinformationen verwenden. Solche Angriffe sind oft schwer zu erkennen, da die Malware heimlich arbeitet und die Passwörter ohne Benutzerinteraktion ausliest.

Fehlende Kontrolle und Transparenz

In den meisten Browsern können Benutzer Passwörter speichern, ohne genau zu wissen, wie diese Daten gesichert und geschützt werden. Es fehlt oft an Transparenz darüber, wie und wo die Passwörter gespeichert werden und wer darauf zugreifen kann. Diese mangelnde Kontrolle und Einsicht kann das Risiko erhöhen, da Benutzer möglicherweise nicht wissen, wie sicher ihre gespeicherten Passwörter tatsächlich sind oder ob es potenzielle Schwachstellen gibt.

Mangelnde Aktualisierung

Gespeicherte Passwörter werden möglicherweise nicht regelmäßig aktualisiert, was bedeutet, dass im Falle einer Kompromittierung eines Passworts alle anderen Konten, für die dasselbe Passwort verwendet wird, ebenfalls gefährdet sind. Wenn ein Passwort für mehrere Konten verwendet wird und eines dieser Konten kompromittiert wird, können alle damit verbundenen Konten ebenfalls gefährdet sein, wenn das Passwort nicht regelmäßig geändert wird.

Maßnahmen zur Minimierung der Risiken

Um die Risiken des Speicherns von Passwörtern im Browser zu minimieren, sollten Benutzer folgende Maßnahmen ergreifen:

Verwenden Sie robuste Passwörter: Stellen Sie sicher, dass Ihre Passwörter aus einer Kombination von Buchstaben, Zahlen und Sonderzeichen bestehen, um die Sicherheit zu erhöhen.

Aktivieren Sie die Zwei-Faktor-Authentifizierung (2FA): Diese zusätzliche Sicherheitsebene kann dazu beitragen, Ihre Konten zu schützen, selbst wenn ein Passwort kompromittiert wird.

Verwenden Sie einen dedizierten Passwortmanager: Ein Passwortmanager ist speziell dafür entwickelt worden, Passwörter sicher zu speichern und zu verwalten. Dies kann eine sicherere Alternative zum Speichern von Passwörtern im Browser sein.

Löschen Sie regelmäßig gespeicherte Passwörter im Browser: Entfernen Sie Passwörter, die nicht mehr benötigt werden, um das Risiko eines unbefugten Zugriffs zu reduzieren.

Aktualisieren Sie regelmäßig Ihren Browser: Halten Sie Ihren Browser auf dem neuesten Stand, um von den neuesten Sicherheitsfunktionen und Patches zu profitieren, die potenzielle Sicherheitslücken schließen.

Durch die Umsetzung dieser Maßnahmen können Sie die Sicherheit Ihrer persönlichen Daten verbessern und die Risiken minimieren, die mit dem Speichern von Passwörtern im Browser verbunden sind.

Passwörter vor Brute-Force-Angriffen schützen

Brute-Force-Angriffe

Ein Brute-Force-Angriff ist eine Methode, bei der ein Angreifer automatisch und systematisch verschiedene Kombinationen von Passwörtern oder geheimen Schlüsseln ausprobiert, um unbefugten Zugriff auf ein geschütztes System, Konto oder eine verschlüsselte Datei zu erlangen. Der Begriff "Brute-Force" kommt aus dem Englischen und bedeutet so viel wie "rohe Gewalt" oder "brutale Kraft". In diesem Kontext bedeutet es, dass der Angreifer mit einer hohen Geschwindigkeit und ohne Rücksicht auf etwaige Sicherheitsmechanismen versucht, das richtige Passwort zu erraten.

Methode des Brute-Force-Angriffs

Bei einem Brute-Force-Angriff versucht der Angreifer typischerweise, alle möglichen Kombinationen von Zeichen zu testen, um das korrekte Passwort zu finden. Dies kann entweder durch direktes Ausprobieren am Anmeldebildschirm oder durch Ausprobieren von Passwörtern in einem Offline-Szenario erfolgen, bei dem der Angreifer Zugriff auf eine verschlüsselte Datei oder einen Passworthash hat.

Arten von Brute-Force-Angriffen

Brute-Force-Angriffe können auf verschiedene Arten durchgeführt werden, darunter:

Wörterbuchangriffe: Der Angreifer verwendet eine Liste häufig verwendeter Passwörter oder Wörter aus Wörterbüchern, um das richtige Passwort zu erraten.

Inkrementelle Angriffe: Der Angreifer testet systematisch alle möglichen Kombinationen von Zeichen, beginnend mit einfachen und kurzen Passwörtern bis hin zu komplexeren und längeren Passwörtern.

Rainbow-Table-Angriffe: Der Angreifer verwendet vorberechnete Tabellen von Passworthashes, um schnell das richtige Passwort zu finden, ohne jede Kombination ausprobieren zu müssen.

Herausforderungen und Schutzmaßnahmen

Brute-Force-Angriffe können sehr zeitaufwendig sein, insbesondere bei langen und komplexen Passwörtern. Dennoch können sie erfolgreich sein, wenn das Passwort schwach ist oder die Sicherheitsmaßnahmen unzureichend sind. Daher ist es wichtig, starke Passwörter zu verwenden, mehrstufige Authentifizierungsmethoden zu implementieren und Sicherheitsrichtlinien zu befolgen, um sich vor solchen Angriffen zu schützen.

Maßnahmen zum Schutz vor Brute-Force-Angriffen

Passwörter können vor Brute-Force-Angriffen geschützt werden, indem verschiedene Sicherheitsmaßnahmen ergriffen werden, um es für Angreifer schwieriger zu machen, Passwörter durch systematisches Ausprobieren zu erraten. Hier sind einige bewährte Methoden, um Passwörter vor Brute-Force-Angriffen zu schützen:

Verwenden Sie starke Passwörter: Verwenden Sie Passwörter, die aus einer Kombination von Groß- und Kleinbuchstaben, Zahlen und Sonderzeichen bestehen. Starke Passwörter sind länger und schwieriger zu erraten.

Beschränken Sie Anmeldeversuche: Begrenzen Sie die Anzahl der Anmeldeversuche, die ein Benutzer innerhalb eines bestimmten Zeitraums durchführen kann. Durch die Implementierung von Sperren nach einer bestimmten Anzahl von fehlgeschlagenen Versuchen wird ein Brute-Force-Angriff erschwert.

Verwenden Sie Captchas: Integrieren Sie Captcha-Verifizierung oder andere Bot-Erkennungsmethoden in Anmeldeformulare, um automatisierte Brute-Force-Angriffe zu erschweren.

Einführen von Verzögerungen: Fügen Sie eine Verzögerung nach jedem fehlgeschlagenen Anmeldeversuch hinzu, um die Geschwindigkeit von Brute-Force-Angriffen zu verlangsamen. Je länger die Verzögerung, desto schwieriger wird es für Angreifer, ein Passwort zu erraten.

Implementieren Sie Multi-Faktor-Authentifizierung (MFA): Durch die Verwendung von MFA wird ein zusätzlicher Authentifizierungsschritt eingeführt, der es Angreifern erschwert, Zugriff auf ein Konto zu erhalten, selbst wenn sie das Passwort kennen.

Aktualisieren Sie regelmäßig Passwörter: Ändern Sie Passwörter regelmäßig, um die Angriffsfläche zu verringern. Ein häufiger Passwortwechsel macht es schwieriger für Angreifer, gültige Passwörter zu erraten.

Überwachen Sie Anmeldeaktivitäten: Implementieren Sie Protokollierung und Überwachung von Anmeldeaktivitäten, um verdächtige Anmeldeversuche zu erkennen und darauf zu reagieren.

Verwenden Sie Passwort-Hashing: Speichern Sie Passwörter in gehashter Form, um sie vor unbefugtem Zugriff zu schützen. Hashing ist ein kryptografischer Prozess, bei dem ein Passwort in eine nicht umkehrbare Zeichenfolge umgewandelt wird.

Schulung der Benutzer: Schulen Sie Benutzer über die Bedeutung der Passwortsicherheit und ermutigen Sie sie, sichere Passwörter zu verwenden und diese vertraulich zu behandeln.

Wenn Sie diese Sicherheitsmaßnahmen implementieren, können Sie die Sicherheit Ihrer Passwörter verbessern und sie vor Brute-Force-Angriffen schützen.

Passwort-Hashing ein Sicherheitskonzept

Passwort-Hashing

Passwort-Hashing ist ein grundlegendes Sicherheitskonzept in der digitalen Welt, das bei der Speicherung von Passwörtern verwendet wird. Wenn ein Benutzer ein Passwort erstellt oder ändert, wird dieses Passwort nicht direkt in der Datenbank gespeichert. Stattdessen wird das Passwort zuerst durch einen Hashing-Algorithmus verarbeitet, der eine kryptografische Hash-Funktion anwendet, um eine eindeutige Zeichenfolge, den Hash, zu erzeugen. Diese Hash-Funktionen sind so konzipiert, dass sie für ein gegebenes Passwort immer denselben Hashwert erzeugen, aber es ist praktisch unmöglich, das ursprüngliche Passwort aus dem Hashwert zurück zu berechnen.

Sicherheit durch Passwort-Hashing

Eine der wichtigsten Funktionen von Passwort-Hashing besteht darin, die Sicherheit von Benutzerkonten zu erhöhen, indem die Klartext-Passwörter vor potenziellen Angriffen geschützt werden. Selbst wenn ein Angreifer Zugriff auf die Datenbank erhält, in der die gehashten Passwörter gespeichert sind, kann er nicht einfach die Passwörter im Klartext ablesen. Stattdessen müsste der Angreifer jeden Hash durchprobieren, um das Passwort zu erraten – ein äußerst zeitaufwendiger Prozess, insbesondere wenn starke Hash-Algorithmen wie SHA-256 oder bcrypt verwendet werden.

Einhaltung von Sicherheitsstandards

Des Weiteren spielt Passwort-Hashing eine entscheidende Rolle bei der Einhaltung von Sicherheitsstandards und gesetzlichen Vorschriften. Viele Compliance-Anforderungen, wie beispielsweise die Datenschutz-Grundverordnung (DSGVO) in der Europäischen Union oder der Payment Card Industry Data Security Standard (PCI DSS) für die Zahlungskartenbranche, erfordern die Verwendung von Hashing zum Schutz sensibler Benutzerdaten.

Schutz vor internen Bedrohungen

Ein weiterer Vorteil von Passwort-Hashing besteht darin, dass es auch vor internen Bedrohungen schützt. Selbst autorisierte Benutzer haben in der Regel keinen direkten Zugriff auf die Passwörter im Klartext, was die Möglichkeit interner Missbräuche einschränkt.

Verwaltung von Passwörtern

Darüber hinaus unterstützt Passwort-Hashing die Verwaltung von Passwörtern in sicherer Weise. Es ermöglicht die Speicherung von Passwörtern in Form von Hashes, ohne die Notwendigkeit, sensible Informationen in Klartext zu speichern. Dadurch wird das Risiko von Sicherheitsverletzungen minimiert und die Integrität der Benutzerkonten gewahrt.

Passwort-Hashing spielt eine zentrale Rolle bei der Sicherung von Benutzerdaten und der Gewährleistung der Sicherheit von Online-Konten. Es ist ein bewährtes Verfahren, das dazu beiträgt, die Vertraulichkeit, Integrität und Verfügbarkeit von Daten in der digitalen Welt zu schützen.

Passwörter als primäre Verteidigungslinie

Bedeutung der Passwörter

Passwörter sind die primäre Verteidigungslinie gegen unbefugten Zugriff auf persönliche Daten und Online-Konten. Ihr Schutz und ihre Vertraulichkeit sind von entscheidender Bedeutung, um die Sicherheit und Integrität digitaler Identitäten zu gewährleisten. Daher sollten Passwörter niemals weitergegeben oder gemeinsam genutzt werden, da dies erhebliche Risiken birgt und die Sicherheit gefährden kann.

Risiken des Teilens von Passwörtern

Das Teilen von Passwörtern stellt eine erhebliche Sicherheitslücke dar, da es potenziell unbefugten Personen den Zugriff auf sensible Daten ermöglicht. Selbst wenn es sich um vertrauenswürdige Personen handelt, können unvorhergesehene Umstände wie Diebstahl, Verlust oder Missbrauch dazu führen, dass Passwörter in die falschen Hände gelangen. Dies kann zu Identitätsdiebstahl, unbefugtem Zugriff auf persönliche Informationen, finanziellen Verlusten und anderen schwerwiegenden Folgen führen.

Verantwortung und Nachverfolgbarkeit

Darüber hinaus kann das gemeinsame Nutzen von Passwörtern die Verantwortlichkeit verwässern und es schwierig machen, den Ursprung eines Sicherheitsvorfalls zu ermitteln. Wenn mehrere Personen Zugriff auf dasselbe Konto haben, ist es schwieriger, festzustellen, wer für bestimmte Aktionen oder Änderungen verantwortlich ist. Dies kann die Untersuchung von Sicherheitsvorfällen erschweren und die Reaktionszeit auf potenzielle Bedrohungen verlangsamen.

Individuelle Verantwortung

Ein weiterer wichtiger Aspekt ist die individuelle Verantwortung für die Sicherheit von Online-Konten. Jeder Benutzer sollte dafür verantwortlich sein, sein eigenes Passwort zu erstellen und zu schützen, anstatt sich auf die Sicherheit anderer zu verlassen. Das Teilen von Passwörtern kann dazu führen, dass Benutzer weniger achtsam sind und weniger motiviert sind, starke und einzigartige Passwörter zu verwenden.

Nutzungsbedingungen und Richtlinien

Es ist auch wichtig zu beachten, dass das gemeinsame Nutzen von Passwörtern gegen die Nutzungsbedingungen vieler Online-Dienste verstößt. Viele Websites und Plattformen verbieten ausdrücklich das Teilen von Zugangsdaten, und die Nichteinhaltung dieser Richtlinien kann zur Sperrung von Konten führen.

Sicherer Umgang mit Passwörtern

Um die Sicherheit von Online-Konten zu gewährleisten, sollten Benutzer stattdessen die Verwendung von individuellen und sicheren Passwörtern fördern. Dies bedeutet, dass jeder Benutzer sein eigenes Passwort erstellt und es sicher aufbewahrt, ohne es mit anderen zu teilen. Darüber hinaus sollten Passwörter regelmäßig aktualisiert und durch zusätzliche Sicherheitsmaßnahmen wie die Zwei-Faktor-Authentifizierung ergänzt werden.

Das Teilen von Passwörtern ist ein riskantes Verhalten, das die Sicherheit gefährdet und gegen bewährte Sicherheitspraktiken verstößt. Jeder Benutzer sollte die Bedeutung der Vertraulichkeit von Passwörtern verstehen und sich bemühen, sie zu schützen, um die Sicherheit seiner digitalen Identität zu gewährleisten.

Sicheres Passwortmanagement

Warum die Wahl eines sicheren Passworts wichtig ist, da es die erste Verteidigungslinie gegen unautorisierten Zugriff auf persönliche und sensible Informationen darstellt. Ein starkes Passwort schützt Ihre Online-Konten vor Hackern und Betrügern, indem es schwer zu erraten oder zu knacken ist. Die Verwendung sicherer Passwörter reduziert das Risiko, dass Ihre Konten kompromittiert werden, und verhindert, dass vertrauliche Daten in die falschen Hände geraten. Ein effektives Passwortmanagement umfasst daher nicht nur die Auswahl sicherer Passwörter, sondern auch deren regelmäßige Aktualisierung und die Vermeidung von Wiederverwendung über mehrere Konten hinweg.

Welche Merkmale machen ein Passwort sicher

Ein sicheres Passwort zeichnet sich durch eine Kombination aus Groß- und Kleinbuchstaben, Zahlen, Sonderzeichen sowie eine ausreichende Länge aus, um es für Angreifer schwieriger zu machen, es zu erraten oder zu knacken.

Wie häufig sollten Passwörter geändert werden

Passwörter sollten regelmäßig geändert werden, idealerweise alle drei bis sechs Monate, um die Sicherheit zu gewährleisten und das Risiko eines unbefugten Zugriffs zu minimieren.

Welche Rolle spielt die Verwendung von Passwort-Managern

Die Verwendung von Passwort-Managern erleichtert das sichere Speichern und Verwalten einer Vielzahl von Passwörtern für verschiedene Online-Konten, ohne dass sie gemerkt oder erinnert werden müssen.

Was sind Mehrfaktor-Authentifizierungssysteme und wie funktionieren sie

Mehrfaktor-Authentifizierungssysteme erfordern neben dem Passwort eine zusätzliche Sicherheitsebene, wie z. B. einen Einmalcode, der über eine SMS oder eine Authentifizierungs-App gesendet wird, um die Identität des Benutzers zu bestätigen.

Welche Risiken sind mit dem Speichern von Passwörtern im Browser verbunden

Das Speichern von Passwörtern im Browser birgt das Risiko, dass diese durch Sicherheitslücken oder Malware kompromittiert werden können, was zu einem unautorisierten Zugriff auf persönliche Daten führen kann.

Wie können Passwörter vor Brute-Force-Angriffen geschützt werden: Passwörter können vor Brute-Force-Angriffen geschützt werden, indem die Anzahl der erlaubten Anmeldeversuche begrenzt, starke Passwortrichtlinien durchgesetzt und Sicherheitsfunktionen wie Captchas implementiert werden.

Was ist Passwort-Hashing und warum ist es wichtig

Passwort-Hashing ist ein Sicherheitsverfahren, bei dem Passwörter in eine nicht umkehrbare Zeichenfolge umgewandelt werden, um sie vor unbefugtem Zugriff zu schützen. Es ist wichtig, da es die Sicherheit von Passwörtern erhöht, selbst wenn die gehashten Daten kompromittiert werden.

Warum sollten Passwörter niemals weitergegeben oder gemeinsam genutzt werden

Passwörter sollten niemals weitergegeben oder gemeinsam genutzt werden, da dies das Risiko eines unbefugten Zugriffs erhöht und die Sicherheit von Konten gefährdet.

Welche Best Practices gibt es für das sichere Passwortmanagement

Zu den Best Practices für das sichere Passwortmanagement gehören die Verwendung von einzigartigen Passwörtern für jedes Konto, die regelmäßige Aktualisierung von Passwörtern, die Vermeidung der Verwendung persönlicher Informationen im Passwort und die Nutzung von Passwortmanagern zur sicheren Aufbewahrung von Passwörtern.

4. Phishing-Angriffe erkennen und vermeiden

Phishing eine Art von Angriff

Phishing ist eine weitverbreitete Form von Cyberangriff, die darauf abzielt, sensible Informationen wie Benutzernamen, Passwörter, Kreditkarteninformationen und andere persönliche Daten von ahnungslosen Opfern zu stehlen. Der Begriff "Phishing" leitet sich vom englischen Wort "fishing" (Angeln) ab, da Angreifer wie Angler mit Ködern arbeiten, um ihre Opfer zu fangen.

Der grundlegende Mechanismus von Phishing besteht darin, dass Angreifer sich als vertrauenswürdige Entitäten ausgeben, wie zum Beispiel Banken, Regierungsbehörden, Online-Shops oder soziale Netzwerke. Sie senden gefälschte E-Mails, Textnachrichten oder Nachrichten über soziale Medien an potenzielle Opfer, in denen sie sie dazu auffordern, auf einen Link zu klicken, eine Datei herunterzuladen oder vertrauliche Informationen preiszugeben.

Die Nachrichten werden häufig so gestaltet, dass sie dringendes Handeln erfordern oder Angst oder Neugierde beim Empfänger auslösen. Sie enthalten oft auffällige Warnungen wie "Ihr Konto wurde kompromittiert" oder "Ihr Konto wird gesperrt, wenn Sie nicht sofort handeln". Durch den Einsatz von Tricks und Manipulationstechniken versuchen die Angreifer, die Opfer dazu zu bringen, impulsiv zu handeln, ohne gründlich darüber nachzudenken.

Wenn ein Opfer auf den Köder hereinfällt und auf den Link klickt oder die Anweisungen befolgt, wird es auf eine gefälschte Website oder eine bösartige Datei weitergeleitet. Diese gefälschten Websites sind oft täuschend echt gestaltet und können den legitimen Websites sehr ähnlich sehen, um die Opfer zu täuschen. Auf diesen gefälschten Websites werden die Opfer dann aufgefordert, vertrauliche Informationen einzugeben, wie zum Beispiel Benutzernamen, Passwörter, Sozialversicherungsnummern oder Kreditkarteninformationen.

Die gestohlenen Informationen werden dann von den Angreifern für betrügerische Aktivitäten verwendet, wie zum Beispiel Identitätsdiebstahl, finanzielle Betrügereien oder den Zugriff auf weitere sensible Daten des Opfers.

Phishing-Angriffe können auch durch das Herunterladen von bösartigen Anhängen oder das Ausführen von schädlichem Code auf den Computern der Opfer erfolgen. In diesen Fällen können die Angreifer Schadsoftware wie Keylogger installieren, die Tastenanschläge aufzeichnen und somit vertrauliche Informationen stehlen.

Insgesamt zielt Phishing darauf ab, das Vertrauen der Opfer auszunutzen und sie dazu zu bringen, sensible Informationen preiszugeben oder bösartige Aktionen auszuführen. Daher ist es wichtig, misstrauisch gegenüber unerwarteten Nachrichten zu sein, insbesondere wenn sie dringendes Handeln erfordern, und immer die Echtheit von Links, Dateianhängen und Websites zu überprüfen, bevor man auf sie klickt oder mit ihnen interagiert.

Verschiedenen Formen von Phishing-Angriffen

Phishing-Angriffe können in verschiedenen Formen auftreten, von klassischen E-Mail-Angriffen bis hin zu moderneren Techniken. Hier sind einige der häufigsten Formen von Phishing-Angriffen:

E-Mail-Phishing

Dies ist die traditionellste Form von Phishing. Angreifer senden gefälschte E-Mails, die vorgeben, von vertrauenswürdigen Quellen wie Banken, Regierungsbehörden, Unternehmen oder sozialen Medienplattformen zu stammen. Diese E-Mails enthalten oft Links zu gefälschten Websites, auf denen Opfer aufgefordert werden, vertrauliche Informationen einzugeben.

Spear Phishing

Bei Spear Phishing werden gezielt bestimmte Personen oder Organisationen ins Visier genommen. Die Angreifer recherchieren im Voraus über ihre Opfer, um personalisierte und glaubwürdige Nachrichten zu erstellen. Diese Art von Phishing ist oft effektiver, da die gefälschten Nachrichten spezifische Details enthalten, die die Opfer dazu verleiten, den Anweisungen zu folgen.

Vishing (Voice Phishing)

Vishing bezieht sich auf Phishing-Angriffe über das Telefon. Die Angreifer verwenden Telefonanrufe, um sich als legitime Vertreter von Unternehmen oder Behörden auszugeben und die Opfer dazu zu bringen, vertrauliche Informationen preiszugeben, indem sie beispielsweise ihre Kontonummer oder persönliche Daten über das Telefon weitergeben.

Smishing (SMS Phishing)

Bei Smishing senden Angreifer gefälschte SMS-Nachrichten an die Handys der Opfer. Diese Nachrichten enthalten oft Links zu betrügerischen Websites oder Anweisungen zur Kontaktaufnahme mit einer gefälschten Kundendienstnummer. Ziel ist es, die Opfer dazu zu bringen, persönliche oder finanzielle Informationen preiszugeben.

Pharming

Beim Pharming manipulieren Angreifer die DNS-Einstellungen von Websites, um die Opfer auf gefälschte Websites umzuleiten, auch wenn sie die korrekte URL eingeben. Auf diesen gefälschten

Websites werden dann vertrauliche Informationen abgefragt oder Schadsoftware heruntergeladen.

Social Media Phishing

In diesem Ansatz verwenden Angreifer gefälschte Social-Media-Profile oder Nachrichten, um sich als Freunde oder vertrauenswürdige Kontakte auszugeben. Sie können gefälschte Links oder Anhänge senden, die zu bösartigen Websites führen oder Schadsoftware verbreiten.

CEO-Betrug (Business Email Compromise)

Diese Art von Phishing zielt auf Unternehmen ab, indem sie hochrangige Mitarbeiter oder Finanzabteilungen dazu verleitet, Geldüberweisungen oder vertrauliche Unternehmensinformationen freizugeben, indem sie sich als CEO oder andere Führungskräfte ausgeben.

Diese verschiedenen Formen von Phishing zeigen, wie vielfältig und raffiniert die Angriffe sein können. Um sich vor Phishing zu schützen, ist es wichtig, aufmerksam zu sein, verdächtige Nachrichten zu melden und zu überprüfen, ob Kommunikationen von vertrauenswürdigen Quellen stammen, bevor persönliche Informationen preisgegeben werden.

Gefälschte Websites und Phishing-Versuche

Gefälschte Websites spielen eine entscheidende Rolle bei Phishing-Versuchen, da sie dazu verwendet werden, Opfer zu täuschen und sensible Informationen zu stehlen. Diese Websites werden von Angreifern erstellt, um den echten Websites von legitimen Unternehmen oder Organisationen zum Verwechseln ähnlich zu sehen. Hier sind einige der Hauptrollen, die gefälschte Websites bei Phishing-Angriffen spielen:

Täuschung und Imitation

Gefälschte Websites sind oft täuschend echt gestaltet und sehen aus wie legitime Websites von Banken, E-Mail-Anbietern, Online-Shops oder anderen vertrauenswürdigen Quellen. Die Benutzeroberfläche, das Logo, die Farben und das Layout werden sorgfältig nachgebildet, um den Opfern das Gefühl zu geben, dass sie sich auf einer vertrauenswürdigen Website befinden.

Weiterleitung von Opfern

Phishing-E-Mails oder andere Nachrichten enthalten oft Links zu diesen gefälschten Websites. Wenn Opfer auf diese Links klicken, werden sie auf die gefälschte Website weitergeleitet, wo sie aufgefordert werden, vertrauliche Informationen einzugeben. Die Weiterleitung ermöglicht es den Angreifern, die Opfer von einem legitimen Kommunikationskanal auf ihre betrügerische Website zu lenken.

Erfassung von Informationen

Auf den gefälschten Websites werden die Opfer oft aufgefordert, persönliche oder finanzielle Informationen einzugeben, wie Benutzernamen, Passwörter, Kreditkartennummern oder Sozialversicherungsnummern. Diese Informationen werden dann von den Angreifern erfasst und für betrügerische Zwecke verwendet, wie zum Beispiel Identitätsdiebstahl oder finanzielle Betrügereien.

Verbreitung von Malware

Manchmal enthalten gefälschte Websites auch bösartige Software, die automatisch heruntergeladen und auf den Computern der Opfer installiert wird. Diese Malware kann dazu verwendet werden, vertrauliche Informationen zu stehlen, die Aktivitäten der Opfer zu überwachen oder ihre Systeme zu beschädigen.

Entwicklung von Phishing-Infrastruktur

Einige Phishing-Betrüger richten ihre eigenen gefälschten Websites ein, um ihre Betrugsoperationen zu unterstützen. Diese Websites dienen als Plattformen für die Durchführung von Phishing-Angriffen und ermöglichen es den Angreifern, ihre Aktivitäten zu organisieren, Opfer zu verfolgen und gestohlene Informationen zu speichern.

Gefälschte Websites sind ein zentraler Bestandteil von Phishing-Angriffen, da sie es Angreifern ermöglichen, Opfer zu täuschen, Informationen zu erfassen und ihre betrügerischen Aktivitäten durchzuführen. Um sich vor Phishing zu schützen, ist es wichtig, auf verdächtige Links zu achten, die Echtheit von Websites zu überprüfen und keine vertraulichen Informationen auf ungesicherten Websites preiszugeben.

Phishing-E-Mails identifizieren

Die Identifizierung von Phishing-E-Mails erfordert ein gewisses Maß an Aufmerksamkeit und Kenntnisse darüber, worauf man achten sollte. Hier sind einige Tipps, um Phishing-E-Mails zu erkennen:

Absenderadresse überprüfen
Überprüfen Sie die E-Mail-Adresse des Absenders sorgfältig. Phishing-E-Mails verwenden oft gefälschte oder leicht abgewandelte Absenderadressen, die denen vertrauenswürdiger Organisationen ähneln, aber kleine Unterschiede aufweisen können, wie z. B. Rechtschreibfehler oder ungewöhnliche Domainnamen.

Ungewöhnliche Anreden
Legitime Unternehmen verwenden in der Regel Ihren Namen oder Ihren Benutzernamen in ihren E-Mails. Wenn Sie jedoch eine allgemeine Anrede wie "Sehr geehrter Kunde" oder "Geschätzter Benutzer" sehen, sollten Sie vorsichtig sein.

Dringlichkeit oder Bedrohung
Phishing-E-Mails versuchen oft, Druck auszuüben, indem sie eine dringende Handlung erfordern, wie z. B. das sofortige Aktuali-

sieren von Informationen oder das Klicken auf einen Link, um ein Problem zu beheben. Seien Sie misstrauisch gegenüber E-Mails, die mit Begriffen wie "sofort handeln" oder "Ihr Konto ist in Gefahr" kommen.

Aufforderungen zur Preisgabe vertraulicher Informationen

Legitime Unternehmen fordern niemals vertrauliche Informationen wie Passwörter, Kontonummern oder Sozialversicherungsnummern per E-Mail an. Seien Sie skeptisch gegenüber E-Mails, die Sie dazu auffordern, persönliche oder finanzielle Daten preiszugeben.

Links und Anhänge überprüfen

Klicken Sie nicht blind auf Links oder öffnen Sie Anhänge in verdächtigen E-Mails. Überprüfen Sie die URL-Adresse, indem Sie den Mauszeiger über den Link bewegen (ohne darauf zu klicken), um zu sehen, wohin der Link führt. Achten Sie auch auf Dateianhänge mit verdächtigen Dateinamen oder Formaten, die Malware enthalten könnten.

Grammatik- und Rechtschreibfehler

Phishing-E-Mails enthalten oft Grammatikfehler, Rechtschreibfehler oder ungewöhnliche Phrasen. Legitime Unternehmen achten normalerweise auf die Qualität ihrer Kommunikation und veröffentlichen keine fehlerhaften Nachrichten.

Authentifizierung überprüfen

Einige legitime E-Mails enthalten Logos oder Marken von Unternehmen. Überprüfen Sie jedoch, ob diese Logos echt aussehen. Oft verwenden Phishing-E-Mails gefälschte oder unscharfe Bilder, um einen legitimen Eindruck zu erwecken.

Überprüfen Sie die Informationen

Wenn Sie Zweifel haben, ob eine E-Mail echt ist, kontaktieren Sie das Unternehmen oder die Organisation direkt über ihre offizielle Website oder telefonisch, um die Echtheit der Nachricht zu bestätigen.

Wenn Sie diese Tipps berücksichtigen und kritisch überprüfen, können Sie potenzielle Phishing-E-Mails identifizieren und verhindern, Opfer von Betrug zu werden.

Warnzeichen zu potenziellen Phishing-Versuch

Unpersönliche Anrede

Phishing-E-Mails verwenden oft allgemeine Anreden wie „Sehr geehrter Kunde" oder „Geschätzter Benutzer" anstelle Ihres Namens oder Benutzernamens. Dies geschieht häufig, weil Phishing-Angreifer nicht über spezifische Informationen verfügen, die für eine personalisierte Ansprache notwendig wären. Eine unpersönliche Anrede kann darauf hinweisen, dass die E-Mail massenhaft verschickt wurde und nicht speziell für Sie erstellt wurde.

Dringlichkeit

Phishing-E-Mails versuchen oft, Druck auszuüben, indem sie eine dringende Handlung erfordern, wie z. B. das sofortige Aktualisieren von Kontoinformationen oder das Klicken auf einen Link, um ein Problem zu beheben. Diese Dringlichkeit soll dazu führen, dass Sie impulsiv handeln und dabei möglicherweise sicherheitsrelevante Schritte übersehen. Phishing-Angreifer setzen auf Ihre Angst oder Panik, um Sie dazu zu bringen, ihre Anweisungen zu befolgen.

Ungewöhnliche Anfragen nach persönlichen Informationen

Legitime Unternehmen fordern normalerweise keine vertraulichen Informationen wie Passwörter, Kontonummern oder Sozialversicherungsnummern per E-Mail an. Seien Sie daher misstrauisch gegenüber E-Mails, die solche sensiblen Informationen anfordern. Seriöse Organisationen nutzen sichere Kanäle oder geschützte Webportale für solche Anfragen und niemals ungesicherte E-Mails.

Grammatik- und Rechtschreibfehler

Phishing-E-Mails enthalten oft Grammatik- oder Rechtschreibfehler sowie ungewöhnliche Phrasen. Legitime Unternehmen achten normalerweise auf die Qualität ihrer Kommunikation und veröffentlichen keine fehlerhaften Nachrichten. Fehlerhafte Sprache kann ein Hinweis darauf sein, dass die E-Mail nicht von einem professionellen oder vertrauenswürdigen Absender stammt.

Ungewöhnliche Absenderadresse

Überprüfen Sie die E-Mail-Adresse des Absenders sorgfältig. Phishing-E-Mails verwenden oft gefälschte oder leicht abgewandelte Absenderadressen, die denen vertrauenswürdiger Organisationen ähneln, aber kleine Unterschiede aufweisen können. Diese Unterschiede können von einem zusätzlichen Buchstaben bis hin zu einer anderen Domain-Endung reichen. Achten Sie auf solche subtile Abweichungen, die auf einen möglichen Betrug hinweisen können.

Unverlangte Anhänge oder Links

Seien Sie vorsichtig beim Öffnen von Anhängen oder Klicken auf Links in E-Mails, insbesondere wenn Sie die Quelle nicht kennen oder nicht darauf gewartet haben. Anhänge können schadhafte Software oder Viren enthalten, und Links können Sie auf betrügerische Websites führen, die darauf abzielen, Ihre persönlichen Daten zu stehlen.

Ungewöhnliche URL-Adressen

Überprüfen Sie die URL-Adresse, indem Sie den Mauszeiger über den Link bewegen (ohne darauf zu klicken), um zu sehen, wohin der Link führt. Phishing-Links führen oft zu gefälschten Websites mit einer abweichenden Domain oder Subdomain. Diese gefälschten Domains können fast identisch mit der echten Domain aussehen, enthalten jedoch oft kleine Unterschiede, die leicht zu übersehen sind.

Verdächtige Inhalte oder Angebote

Seien Sie skeptisch gegenüber E-Mails, die unerwartete oder unrealistische Angebote enthalten, wie z. B. Gewinnbenachrichtigungen, kostenlose Produkte oder unerwartete Geldtransfers. Phishing-Angreifer versuchen oft, Sie mit verlockenden Angeboten zu ködern, um Sie dazu zu bringen, auf Links zu klicken oder persönliche Informationen preiszugeben.

Fehlende persönliche Informationen

Legitime Unternehmen enthalten normalerweise persönliche Informationen über Sie oder Ihre Konten in ihren E-Mails. Wenn eine E-Mail keine solchen Informationen enthält oder allgemein gehalten ist, könnte es sich um einen Phishing-Versuch handeln. Das Fehlen personalisierter Details kann ein Hinweis darauf sein, dass die E-Mail nicht authentisch ist.

Aufforderung zur Weiterleitung

Phishing-E-Mails fordern manchmal dazu auf, die Nachricht an andere Personen weiterzuleiten. Legitime Unternehmen bitten normalerweise nicht um Weiterleitungen von E-Mails. Die Aufforderung zur Weiterleitung kann darauf abzielen, die Reichweite des Phishing-Angriffs zu erweitern und mehr Personen in den Betrug einzubeziehen.

Achten Sie auf diese Warnzeichen und seien Sie misstrauisch gegenüber verdächtigen E-Mails, dann können Sie sich besser vor Phishing-Versuchen schützen und verhindern, Opfer von Betrug zu werden.

Umgang mit persönlichen Informationen in E-Mails

Identitätsdiebstahl

Es ist äußerst wichtig, keine persönlichen oder vertraulichen Informationen in verdächtigen E-Mails preiszugeben, da dies zu schwerwiegenden Konsequenzen führen kann. Wenn Sie persönliche oder vertrauliche Informationen wie Passwörter, Kontonummern oder Sozialversicherungsnummern preisgeben, können Betrüger diese Informationen nutzen, um Ihre Identität zu stehlen. Mit diesen Informationen haben sie die Möglichkeit, in Ihrem Namen Konten zu eröffnen, Kreditkarten zu beantragen oder bestehende Konten zu plündern. Identitätsdiebstahl kann zu ernsthaften rechtlichen und finanziellen Problemen führen, da Betrüger Ihre Daten für illegale Aktivitäten verwenden können, die Ihre Kreditwürdigkeit beeinträchtigen und komplexe rechtliche Schritte zur Wiederherstellung Ihrer Identität erfordern.

Finanzieller Verlust

Durch die Offenlegung von finanziellen Informationen wie Kreditkartennummern oder Bankkontodaten können Betrüger direkten Zugang zu Ihrem Geld erhalten. Sie können Ihre Konten leeren, oder betrügerische Transaktionen in Ihrem Namen durchführen, was zu erheblichen finanziellen Verlusten führen kann. Diese Art von Betrug kann schwer rückgängig gemacht werden und erfordert oft umfangreiche Anstrengungen, um Ihre Finanzen zu sichern und Ihre Gelder zurückzuerhalten. Banken und Kreditkartenunternehmen haben möglicherweise Schutzmaßnahmen, aber der Prozess zur Rückerstattung und zur Behebung der Schäden kann langwierig und kompliziert sein.

Missbrauch persönlicher Informationen

Persönliche Informationen, die in falsche Hände geraten, können für eine Vielzahl von Missbräuchen verwendet werden. Dazu gehören Belästigungen, bei denen Ihre persönlichen Daten verwendet werden, um Sie zu belästigen oder zu bedrohen, sowie

Rufschädigung, bei der Ihre Informationen genutzt werden, um Ihren guten Namen zu schädigen. In sozialen Medien können Ihre Daten verwendet werden, um gefälschte Profile zu erstellen oder Sie in betrügerische Aktivitäten einzubeziehen. Diese Formen des Missbrauchs können langfristige negative Auswirkungen auf Ihr persönliches und berufliches Leben haben und erfordern oft erhebliche Anstrengungen zur Wiederherstellung Ihres Rufs und Ihrer Sicherheit.

Sicherheitsverletzungen

Die Offenlegung vertraulicher Informationen kann erhebliche Sicherheitsrisiken mit sich bringen. Betrüger können solche Informationen nutzen, um Zugang zu Ihren Online-Konten zu erhalten, Ihre Computer oder Mobilgeräte zu hacken oder sogar Malware auf Ihren Systemen zu installieren. Dies kann zu Datenverlust, Systemausfällen oder weiteren Sicherheitsverletzungen führen. Sicherheitsverletzungen erfordern oft komplexe Maßnahmen zur Behebung einschließlich der möglicherweise notwendigen Unterstützung durch IT-Experten, um Ihre Systeme zu sichern und zukünftige Angriffe zu verhindern.

Phishing-Angriffe

Wenn Sie persönliche Informationen in verdächtigen E-Mails preisgeben, können Sie Ziel von Phishing-Angriffen werden. Phishing ist eine Technik, bei der Betrüger versuchen, durch gefälschte E-Mails oder Websites an Ihre vertraulichen Informationen zu gelangen. Indem Sie auf solche E-Mails reagieren und Ihre persönlichen Daten preisgeben, unterstützen Sie aktiv die betrügerischen Absichten der Angreifer. Phishing-Angriffe können zu einem umfassenden Datenverlust und zu weiterführenden Betrugsversuchen führen, bei denen Ihre Informationen in einer Vielzahl von betrügerischen Szenarien verwendet werden können.

Maßnahmen zum Schutz vor Phishing-Angriffen

Es gibt verschiedene Maßnahmen, die ergriffen werden können, um sich wirksam vor Phishing-Angriffen zu schützen. Hier sind einige wichtige Schritte:

Sensibilisierung und Schulung

Schulen Sie sich und Ihre Mitarbeiter über die verschiedenen Arten von Phishing-Angriffen und die damit verbundenen Risiken. Schulungsprogramme können helfen, das Bewusstsein zu schärfen und die Fähigkeit zu verbessern, verdächtige E-Mails zu erkennen.

Kritische Überprüfung von E-Mails

Seien Sie skeptisch gegenüber E-Mails, insbesondere solchen, die unerwartete Anfragen nach persönlichen oder vertraulichen Informationen enthalten. Überprüfen Sie die Absenderadresse sorgfältig und prüfen Sie, ob die Anfrage authentisch ist, bevor Sie darauf reagieren.

Vermeiden Sie das Klicken auf verdächtige Links

Klicken Sie nicht auf Links in verdächtigen E-Mails, insbesondere wenn sie unaufgefordert sind oder von unbekannten Absendern stammen. Überprüfen Sie die URL-Adresse, indem Sie den Mauszeiger über den Link bewegen (ohne darauf zu klicken), um zu sehen, wohin er führt.

Verwenden Sie eine sichere Internetverbindung

Stellen Sie sicher, dass Sie eine sichere Internetverbindung verwenden, insbesondere wenn Sie persönliche oder vertrauliche Informationen online übertragen. Vermeiden Sie die Nutzung öffentlicher WLAN-Netzwerke für sensible Transaktionen oder die Übermittlung vertraulicher Daten.

Aktualisieren Sie Ihre Sicherheitssoftware

Halten Sie Ihre Sicherheitssoftware wie Antivirenprogramme und Firewalls auf dem neuesten Stand, um sich vor Malware und anderen Bedrohungen zu schützen, die in Phishing-E-Mails enthalten sein könnten.

Verwenden Sie Zwei-Faktor-Authentifizierung (2FA)

Aktivieren Sie die Zwei-Faktor-Authentifizierung für Ihre Online-Konten, wenn diese Option verfügbar ist. Dies stellt eine zusätzliche Sicherheitsebene dar und erschwert es Betrügern, auf Ihre Konten zuzugreifen, selbst wenn sie Ihr Passwort kennen.

Überprüfen Sie regelmäßig Ihre Konten

Überprüfen Sie regelmäßig Ihre Bankkonten, Kreditkartenabrechnungen und andere Online-Konten auf verdächtige Aktivitäten. Melden Sie verdächtige Transaktionen oder Aktivitäten sofort Ihrer Bank oder dem entsprechenden Dienstleister.

Verwenden Sie sichere Passwörter

Verwenden Sie starke, einzigartige Passwörter für Ihre Online-Konten und ändern Sie diese regelmäßig. Verwenden Sie keine einfach zu erratenden Passwörter wie "123456" oder "Passwort".

Verifizieren Sie Anfragen

Wenn Sie eine verdächtige Anfrage erhalten, kontaktieren Sie das betreffende Unternehmen oder die Organisation direkt über eine vertrauenswürdige Kommunikationsmethode, um die Echtheit der Anfrage zu überprüfen.

Melden Sie verdächtige Aktivitäten

Wenn Sie eine verdächtige E-Mail erhalten, melden Sie diese an das Unternehmen oder die Organisation, die angeblich die Nachricht gesendet hat. Viele Unternehmen haben Mechanismen zur Meldung von Phishing-Angriffen und können Maßnahmen ergreifen, um andere Benutzer zu schützen.

Durch die Umsetzung dieser Maßnahmen können Sie Ihr Risiko minimieren, Opfer von Phishing-Angriffen zu werden, und Ihre persönlichen und finanziellen Informationen vor betrügerischen Aktivitäten schützen.

Authentizität von Links in E-Mails prüfen

Schutz vor Phishing

Es ist wichtig, die Authentizität von Links in E-Mails zu überprüfen, da Phishing-Angriffe häufig darauf abzielen, Benutzer dazu zu verleiten, auf bösartige Links zu klicken. Phishing-Angreifer verwenden oft gefälschte Links, um Benutzer auf betrügerische Websites zu lenken, die in ihrer Gestaltung legitimen Websites ähneln. Diese gefälschten Seiten können dazu verwendet werden, persönliche Informationen zu stehlen oder schädliche Software auf dem Computer des Opfers zu installieren. Durch die sorgfältige Überprüfung von Links können Benutzer solche betrügerischen Versuche erkennen und verhindern, indem sie sicherstellen, dass die Links zu vertrauenswürdigen und sicheren Websites führen.

Identifizierung von Spoofing

Spoofing ist eine Technik, bei der Angreifer die Absenderadresse einer E-Mail fälschen, um den Eindruck zu erwecken, dass die Nachricht von einer vertrauenswürdigen Quelle stammt. Solche gefälschten E-Mails enthalten oft Links zu gefährlichen oder betrügerischen Websites. Durch die Überprüfung der Links können Benutzer die Authentizität der E-Mails prüfen und verdächtige Nachrichten identifizieren. Ein genauer Blick auf die Links kann dabei helfen, zu erkennen, ob die E-Mail tatsächlich von der behaupteten Quelle stammt oder ob es sich um einen Versuch handelt, Benutzer zu täuschen.

Vermeidung von Malware

Ein Klick auf einen bösartigen Link in einer E-Mail kann dazu führen, dass Malware auf das Gerät des Benutzers heruntergeladen wird. Diese Malware kann eine Reihe von schädlichen Aktivitäten ausführen, wie die Entwendung persönlicher Daten, die Beschädigung von Dateien oder sogar die Übernahme der Kontrolle über das gesamte System. Um das Risiko einer Malware-Infektion zu minimieren, ist es entscheidend, Links vor dem Klicken sorgfältig zu überprüfen. Das Erkennen und Vermeiden von verdächtigen Links schützt vor potenziellen Malware-Bedrohungen und sorgt dafür, dass die Integrität des Systems gewahrt bleibt.

Schutz der Privatsphäre

Einige Links in E-Mails können auf Tracking- oder Spionage-Websites führen, die dazu verwendet werden, das Online-Verhalten des Benutzers zu überwachen oder persönliche Informationen zu sammeln. Diese Websites können dazu beitragen, detaillierte Profile über das Verhalten und die Vorlieben der Benutzer zu erstellen, was eine Verletzung der Privatsphäre darstellt. Durch die Überprüfung der Links können Benutzer verhindern, dass ihre Privatsphäre durch unbefugtes Tracking oder Datensammlung beeinträchtigt wird. Dies ist besonders wichtig, um die Kontrolle über persönliche Daten und Online-Aktivitäten zu behalten.

Sicherheit für Unternehmen

In geschäftlichen Umgebungen können gefälschte Links in E-Mails erhebliche Sicherheitsrisiken darstellen, wie etwa Datenlecks oder finanzielle Verluste. Unternehmen sind besonders anfällig für solche Angriffe, da sie oft sensible Informationen und finanzielle Ressourcen verwalten. Die Implementierung von Richtlinien zur Überprüfung von Links und die Schulung der Mitarbeiter über die Gefahren von Phishing und bösartigen Links können dazu beitragen, die Sicherheitsinfrastruktur eines Unternehmens zu stärken. Indem Unternehmen ihre Mitarbeiter in der Erkennung und Vermeidung von gefälschten Links schulen, können sie das Risiko von Sicherheitsverletzungen erheblich reduzieren und ihre Daten sowie ihre finanziellen Interessen schützen.

Schulung der Mitarbeiter

Sensibilisierung für Phishing: Die Sensibilisierung der Mitarbeiter für Phishing ist der erste Schritt in der Schulung zur Vermeidung solcher Angriffe. Mitarbeiter sollten umfassend darüber informiert werden, was Phishing ist, wie es funktioniert und welche Risiken damit verbunden sind. Schulungsprogramme sollten Beispiele für verschiedene Arten von Phishing-Angriffen und die häufigsten Taktiken enthalten, die von Angreifern verwendet werden, um Mitarbeiter zu täuschen. Dies kann die Darstellung von gefälschten E-Mails, betrügerischen Websites und Phishing-Scams umfassen, um ein besseres Verständnis für die Bedrohung zu vermitteln.

Erkennung von Phishing-E-Mails: Ein wesentlicher Bestandteil der Schulung ist das Erlernen, wie man verdächtige E-Mails erkennt. Mitarbeiter sollten darauf geschult werden, Anzeichen von Phishing zu identifizieren, wie unerwartete oder ungewöhnliche Anfragen, verdächtige Links oder Anhänge, sowie Fehler in der Rechtschreibung oder Grammatik. Auch ungewöhnliche Absenderadressen oder unsachgemäße Nutzung von Unternehmensnamen können Hinweise auf Phishing-Versuche sein. Diese Schulung hilft den Mitarbeitern, ihre Aufmerksamkeit auf potenzielle Bedrohungen zu lenken und präventiv zu handeln.

Simulation von Phishing-Angriffen: Um die Schulung effektiver zu gestalten, können Unternehmen Phishing-Simulationsübungen durchführen. Dabei werden den Mitarbeitern gefälschte Phishing-E-Mails gesendet, um sie in einer kontrollierten Umgebung auf die Probe zu stellen. Diese simulierten Angriffe ermöglichen es den Mitarbeitern, ihre Reaktionsfähigkeit zu testen und zu lernen, wie sie korrekt auf Phishing-Versuche reagieren sollten, ohne tatsächlich einem echten Angriff ausgesetzt zu sein. Dies fördert das praktische Verständnis und stärkt die Fähigkeit zur Erkennung von Bedrohungen.

Schulungen in regelmäßigen Abständen

Da sich Phishing-Methoden und -Taktiken ständig weiterentwickeln, ist es wichtig, dass Schulungen regelmäßig aktualisiert und wiederholt werden. Regelmäßige Schulungen stellen sicher, dass die Mitarbeiter über die neuesten Bedrohungen informiert sind und auf dem neuesten Stand bleiben. Dies kann durch monatliche oder vierteljährliche Auffrischungskurse, Updates zu aktuellen Phishing-Trends und kontinuierliche Lernressourcen erreicht werden, um sicherzustellen, dass alle Mitarbeiter stets vorbereitet sind.

Best Practices für E-Mail-Sicherheit

Ein weiterer wichtiger Bestandteil der Schulung ist die Vermittlung bewährter Praktiken für die E-Mail-Sicherheit. Mitarbeiter sollten lernen, wie sie Links und Anhänge vor dem Öffnen überprüfen, sensible Informationen nicht per E-Mail weitergeben und verdächtige E-Mails umgehend an die IT-Abteilung melden. Diese Best Practices helfen, die Sicherheit zu verbessern und reduzieren das Risiko, dass Phishing-Angriffe erfolgreich sind, indem sie verhindern, dass sensible Daten durch unsachgemäßen Umgang preisgegeben werden.

Belohnungssysteme

Unternehmen können Anreize schaffen, um Mitarbeiter zu ermutigen, verdächtige Phishing-E-Mails zu melden. Ein Belohnungssystem kann dabei helfen, eine Kultur der Wachsamkeit zu fördern und die Sicherheit des Unternehmens zu stärken. Mitarbeiter, die regelmäßig verdächtige E-Mails melden und so zur Sicherheitsüberwachung beitragen, können durch Anerkennung oder kleine Belohnungen motiviert werden. Dies trägt dazu bei, dass Phishing-Versuche schneller entdeckt und abgewehrt werden.

Bereitstellung von Ressourcen

Unternehmen sollten ihren Mitarbeitern leicht zugängliche Ressourcen zur Verfügung stellen, die sie beim Schutz vor Phishing-Angriffen unterstützen. Dies kann in Form von Handbüchern, Schulungsvideos, Infografiken oder Online-Kursen geschehen. Solche Ressourcen bieten den Mitarbeitern wertvolle Informationen und Werkzeuge, um sich effektiv gegen Phishing-Angriffe zu schützen und ihre Kenntnisse kontinuierlich aufzufrischen.

Schulung aller Mitarbeiter

Es ist von entscheidender Bedeutung, dass alle Mitarbeiter, unabhängig von ihrer Position oder Abteilung, in die Schulung einbezogen werden. Phishing-Angriffe können jeden treffen, vom CEO bis zum Praktikanten. Durch eine umfassende Schulung aller Mitarbeiter wird sichergestellt, dass jeder im Unternehmen die erforderlichen Kenntnisse hat, um Phishing-Angriffe zu erkennen und zu verhindern, wodurch die allgemeine Sicherheitslage des Unternehmens verbessert wird.

Technischen Lösungen und HIlfe bei Phishing-Angriffen

E-Mail-Filter und Anti-Phishing-Tools

Spam-Filter spielen eine wesentliche Rolle bei der Erkennung und Blockierung von Phishing-E-Mails. Diese Filter sind in den meisten E-Mail-Clients integriert und verwenden komplexe Algorithmen, um verdächtige Nachrichten zu identifizieren und in den Spam-Ordner zu verschieben. Sie analysieren verschiedene Kriterien wie Absenderadressen, E-Mail-Inhalte und Header-Informationen, um potenziell gefährliche E-Mails herauszufiltern.

Anti-Phishing-Software geht einen Schritt weiter, indem sie spezialisierte Techniken nutzt, um Phishing-Versuche zu erkennen und zu blockieren. Diese Software kann auf bekannten Phishing-Mustern und -Techniken basieren und verwendet oft Datenbanken, die regelmäßig mit neuen Phishing-Schemata aktualisiert werden. Diese Maßnahmen helfen dabei, die Wahrscheinlichkeit zu reduzieren, dass Phishing-E-Mails den Posteingang erreichen.

Domain-Based Message Authentication, Reporting & Conformance (DMARC)

DMARC ist ein Authentifizierungsprotokoll, das zusammen mit SPF (Sender Policy Framework) und DKIM (DomainKeys Identified Mail) verwendet wird, um die Authentizität von E-Mail-Absendern zu überprüfen. DMARC hilft dabei, sicherzustellen, dass E-Mails tatsächlich von den angegebenen Absendern stammen, indem es die E-Mail-Authentifizierung prüft und sicherstellt, dass Phishing-E-Mails nicht in den Posteingang gelangen. Durch die Implementierung von DMARC können Unternehmen den Schutz ihrer E-Mail-Kommunikation erheblich verbessern und die Anzahl erfolgreicher Phishing-Angriffe reduzieren.

Web-Filter

Webfilter sind spezielle Tools, die den Zugriff auf bekannte Phishing-Websites blockieren. Diese Filter nutzen regelmäßig aktualisierte Datenbanken, um sicherzustellen, dass Benutzer beim Besuch von Websites, die als gefährlich identifiziert wurden, gewarnt oder blockiert werden. Webfilter können auch in Unternehmensnetzwerken implementiert werden, um den Zugriff auf verdächtige URLs zu verhindern und so das Risiko von Phishing-Angriffen zu minimieren.

SSL/TLS-Zertifikate

SSL/TLS-Zertifikate sind entscheidend für die Sicherheit von Webseiten. Sichere Webseiten verwenden HTTPS, das durch ein SSL/TLS-Zertifikat angezeigt wird, um die Kommunikation zwischen dem Browser und der Website zu verschlüsseln. Browser kennzeichnen ungesicherte Webseiten oft als unsicher, was Benutzern hilft, potenziell gefährliche Phishing-Seiten zu erkennen. SSL/TLS-Zertifikate gewährleisten, dass die von Ihnen besuchten Websites sicher sind und keine Phishing-Angriffe durchführen.

Browser-Schutzfunktionen

Moderne Browser bieten integrierte Phishing-Schutzfunktionen, die Benutzer warnen oder blockieren, wenn sie versuchen, auf bekannte Phishing-Seiten zuzugreifen. Diese Funktionen basieren auf Listen von bekannten Phishing-Websites und nutzen Echtzeit-Daten, um Benutzer vor Bedrohungen zu schützen. Browser-Updates und Sicherheitsverbesserungen sorgen dafür, dass diese Schutzfunktionen stets aktuell bleiben und effektiven Schutz bieten.

Multi-Faktor-Authentifizierung (MFA)

Multi-Faktor-Authentifizierung (MFA) erhöht die Sicherheit von Konten erheblich, indem sie einen zusätzlichen Verifizierungsschritt erfordert, um Zugang zu erhalten. Selbst wenn Anmeldedaten kompromittiert werden, schützt MFA den Zugriff auf Konten durch zusätzliche Faktoren wie SMS-Codes, Authentifizierungs-Apps oder biometrische Daten. Dieser zusätzliche Schutzmechanismus verringert die Wahrscheinlichkeit, dass Phishing-Angriffe erfolgreich sind, da Angreifer zusätzlich zu den kompromittierten Anmeldedaten weitere Hürden überwinden müssen.

Security Information and Event Management (SIEM)

SIEM-Systeme sammeln und analysieren sicherheitsrelevante Daten in Echtzeit, um ungewöhnliches Verhalten zu erkennen, das auf einen Phishing-Angriff hindeuten könnte. Diese Systeme bieten umfassende Überwachungs- und Analysefunktionen, die es Unternehmen ermöglichen, potenzielle Sicherheitsvorfälle frühzeitig zu erkennen und darauf zu reagieren. SIEM-Systeme integrieren Daten aus verschiedenen Quellen und nutzen fortschrittliche Analysen, um verdächtige Aktivitäten zu identifizieren.

User Behavior Analytics (UBA)

User Behavior Analytics (UBA) Technologien überwachen und analysieren das Verhalten von Benutzern, um Abweichungen zu erkennen, die auf Phishing hinweisen könnten. UBA-Systeme erstellen Verhaltensprofile für Benutzer und erkennen Anomalien, die auf potenziell schädliche Aktivitäten hinweisen. Durch die Analyse des Benutzerverhaltens können ungewöhnliche Muster identifiziert werden, die auf Phishing-Versuche oder andere Sicherheitsbedrohungen hindeuten.

Machine Learning und Künstliche Intelligenz (Ki)

Machine Learning und Künstliche Intelligenz (KI) bieten fortschrittliche Lösungen zur Erkennung von Phishing-Angriffen. KI-basierte Systeme analysieren große Datenmengen, um Muster und Anomalien zu erkennen, die auf Phishing hinweisen könnten. Diese Systeme nutzen Algorithmen und Modelle, um präzise Bedrohungen zu identifizieren und zu blockieren, indem sie kontinuierlich lernen und sich an neue Phishing-Techniken anpassen.

Threat Intelligence Services

Threat Intelligence Services sammeln und analysieren Informationen über aktuelle Bedrohungen, einschließlich Phishing-Angriffen. Diese Dienste bieten wertvolle Einblicke in neue und sich entwickelnde Bedrohungen, sodass Unternehmen ihre Sicherheitsmaßnahmen proaktiv anpassen können. Durch den Zugang zu aktuellen Bedrohungsdaten können Unternehmen ihre Abwehrstrategien verbessern und sich besser gegen Phishing-Angriffe schützen.

Email Authentication Reporting and Conformance (DMARC)

DMARC Reports bieten Unternehmen detaillierte Informationen über verdächtige Aktivitäten in ihren E-Mail-Systemen. Diese Berichte helfen dabei, Auffälligkeiten und mögliche Phishing-Versuche zu identifizieren und entsprechende Maßnahmen zu ergreifen. Durch die Analyse von DMARC-Berichten können Unternehmen gezielt auf Sicherheitsvorfälle reagieren und ihre E-Mail-Sicherheitsrichtlinien weiter optimieren.

Training und Bewusstsein

Regelmäßige Schulungen und simulierte Phishing-Angriffe sind entscheidend, um das Bewusstsein der Mitarbeiter zu schärfen und deren Fähigkeit zu verbessern, Phishing-Versuche zu erkennen und zu melden. Durch kontinuierliche Schulungsmaßnahmen werden Mitarbeiter besser auf die Identifizierung und Handhabung von Phishing-Angriffen vorbereitet, was die allgemeine Sicherheitslage des Unternehmens stärkt.

5. Schutz vor Malware und Viren

Malware und Viren unterscheiden

Malware und Viren sind zwei Arten von schädlicher Software, die auf Computern und anderen elektronischen Geräten Schaden anrichten können. Obwohl sie oft synonym verwendet werden, gibt es einige Unterschiede zwischen ihnen.

Malware ist ein Sammelbegriff, der alle Arten von schädlicher Software umfasst, die entwickelt wurde, um unerwünschte oder schädliche Aktivitäten auf einem Computersystem auszuführen. Dies kann die Beschädigung von Dateien, das Ausspionieren von Benutzeraktivitäten, das Entführen von Systemressourcen oder das Infizieren anderer Dateien umfassen. Malware kann verschiedene Formen annehmen, darunter Viren, Trojaner, Spyware, Ransomware, Würmer und mehr.

Viren sind eine spezifische Art von Malware, die sich dadurch auszeichnet, dass sie sich selbst replizieren und andere Dateien infizieren kann, indem sie ihren eigenen Code in sie einschleust. Viren verbreiten sich, indem sie sich an andere ausführbare Dateien oder Programme anhängen und sich dann beim Ausführen dieser Dateien aktivieren. Einmal im System eines Benutzers, kann ein Virus verschiedene schädliche Aktionen ausführen, wie z. B. das Löschen von Dateien, das Verlangsamen des Systems, das Ausspionieren von Benutzeraktivitäten oder das Verbreiten sich über das Netzwerk.

Der Hauptunterschied zwischen Malware und Viren besteht darin, dass Malware ein übergeordneter Begriff ist, der alle Arten von schädlicher Software umfasst, während Viren eine spezifische Art von Malware sind, die sich durch ihre Fähigkeit zur Selbstreplikation und Infektion anderer Dateien auszeichnet.

Wir müssen verstehen, dass sowohl Malware als auch Viren erhebliche Sicherheitsrisiken für Computer und Netzwerke darstellen können. Daher ist es wichtig, angemessene Sicherheitsvorkehrungen zu treffen, wie z. B. die Verwendung von Antivirensoftware, regelmäßige Sicherheitsupdates und die Schulung von Benutzern, um sich vor diesen Bedrohungen zu schützen.

Woher kommen Malware und Viren

Infizierte Dateien und Programme

Eine der häufigsten Methoden, durch die Malware und Viren auf Computer und andere Geräte gelangen, ist der Download und die Ausführung von infizierten Dateien oder Programmen aus unsicheren Quellen. Diese Quellen können E-Mail-Anhänge, Dateifreigabe-Plattformen, Torrent-Websites oder unsichere Websites im Internet sein. Wenn ein Benutzer eine solche Datei oder ein Programm herunterlädt und ausführt, kann die Malware aktiviert werden und das System infizieren. Besonders riskant sind Dateien, die von unbekannten oder nicht vertrauenswürdigen Quellen stammen, da sie häufig Schadsoftware enthalten, die beim Öffnen des Dokuments oder beim Starten des Programms in das System eindringt.

Drive-by-Downloads

Drive-by-Downloads stellen eine weitere verbreitete Methode dar, wie Malware auf Computer gelangen kann. Bei einem Drive-by-Download wird Malware auf einen Computer heruntergeladen, wenn ein Benutzer eine infizierte Website besucht oder auf einen manipulierten Link klickt. Oft geschieht dies unbemerkt im Hintergrund, ohne dass der Benutzer aktiv eingreifen muss. Diese Art des Angriffs nutzt Schwachstellen im Webbrowser oder in dessen Plugins aus, um Schadcode automatisch herunterzuladen und zu installieren, sobald die Website besucht wird.

E-Mail-Anhänge

Phishing-E-Mails sind eine häufige Quelle für Malware, insbesondere durch infizierte Anhänge. Diese Anhänge können als legitime Dateien oder Programme getarnt sein, wie zum Beispiel Rechnungen, Dokumente oder Software-Updates. Wenn Benutzer auf solche Anhänge klicken und sie öffnen, kann die enthaltene Malware aktiviert werden. Die E-Mails sind oft so gestaltet, dass sie Dringlichkeit oder Autorität vermitteln, um Benutzer dazu zu bewegen, den Anhang ohne weiteres zu öffnen und auszuführen.

USB-Geräte und Wechselmedien

USB-Geräte, externe Festplatten und andere Wechselmedien können ebenfalls eine Quelle für Malware sein. Malware kann sich auf diesen Geräten befinden und wird auf einen Computer übertragen, sobald das infizierte Medium angeschlossen wird. Dies geschieht oft ohne Wissen des Benutzers, da viele Betriebssysteme automatisch versuchen, die angeschlossenen Geräte zu öffnen oder zu scannen. Wenn das Wechselmedium Malware enthält, kann diese in das System des Computers eindringen und dort Schaden anrichten.

Schwachstellen in Software und Betriebssystemen

Sicherheitslücken in Software und Betriebssystemen sind ebenfalls ein häufiges Einfallstor für Malware. Angreifer nutzen Schwachstellen aus, die in nicht gepatchten Versionen von Software oder Betriebssystemen vorhanden sind, um Schadcode auf das System zu übertragen. Dies kann durch das Ausnutzen von Fehlkonfigurationen oder unsicheren Netzwerken geschehen. Regelmäßige Updates und Sicherheitspatches sind entscheidend, um solche Schwachstellen zu schließen und das Risiko einer Infektion zu minimieren.

Social Engineering

Social Engineering umfasst Techniken, bei denen Angreifer versuchen, Benutzer dazu zu verleiten, schädliche Programme her-

unterzuladen oder sensible Informationen preiszugeben. Dies
kann durch gefälschte Pop-up-Warnungen, gefälschte Support-
Anrufe oder andere manipulative Taktiken geschehen. Die Benutzer werden oft gezielt angesprochen, um ihnen den Eindruck zu
vermitteln, dass sie handeln müssen, um ein Problem zu beheben
oder einen dringenden Bedarf zu erfüllen. Diese Techniken setzen auf die menschliche Psychologie und können effektiv sein,
um Malware zu verbreiten, wenn Benutzer nicht vorsichtig sind.

Peer-to-Peer-Netzwerke

Peer-to-Peer-Netzwerke (P2P) sind eine weitere potenzielle
Quelle für Malware. Beim Austausch von Dateien über P2P-
Netzwerke besteht die Gefahr, dass Benutzer infizierte Dateien
herunterladen. Da diese Netzwerke oft weniger reguliert und
überwacht werden, können Schadsoftware und andere gefährliche
Dateien leichter verbreitet werden. Benutzer, die Dateien aus solchen Netzwerken herunterladen, laufen Gefahr, Malware auf ihre
Geräte zu bringen, die dann im System installiert und aktiviert
werden kann.

Der Schutz vor Malware und Viren erfordert eine proaktive Herangehensweise. Benutzer und Organisationen sollten sicherstellen, dass sie Antivirensoftware nutzen, nur vertrauenswürdige
Quellen für Downloads verwenden, regelmäßig Software und Betriebssysteme aktualisieren und Benutzer über sicheres Online-
Verhalten schulen. Durch diese Maßnahmen kann das Risiko einer Infektion durch Malware und Viren erheblich reduziert werden.

Schäden durch Malware und Viren

Datenverlust und Beschädigung

Eine der gravierendsten Auswirkungen von Malware ist die Beschädigung oder der Verlust von Daten. Malware kann gezielt darauf abzielen, wichtige Dateien und Programme zu zerstören, in-

dem sie sie beschädigt, löscht oder verschlüsselt. Verschlüsselungstrojaner, wie Ransomware, können Daten auf Festplatten und in Cloud-Speichern unzugänglich machen, indem sie sie verschlüsseln und einen Schlüssel zur Wiederherstellung verlangen. Dies kann zu erheblichen Problemen führen, da die Wiederherstellung verlorener oder beschädigter Daten oft komplex, zeitaufwendig und teuer ist. In einigen Fällen sind die Daten möglicherweise sogar endgültig verloren, was insbesondere für Unternehmen verheerende Auswirkungen haben kann.

Systeminstabilität und -absturz

Malware kann auch das Betriebssystem und andere wesentliche Systemdateien angreifen, was zu erheblicher Systeminstabilität führt. Dies kann sich in Form von häufigen Abstürzen, systemweiten Fehlermeldungen und allgemeiner Leistungsverschlechterung äußern. Ein Computer, der von Malware betroffen ist, kann langsam reagieren, sich unerwartet herunterfahren oder sogar komplett abstürzen. Diese Instabilität kann die tägliche Nutzung des Geräts stark beeinträchtigen und dazu führen, dass produktive Arbeit gestört wird oder wichtige Aufgaben nicht mehr ausgeführt werden können.

Identitätsdiebstahl

Eine besonders besorgniserregende Folge von Malware-Infektionen ist der Identitätsdiebstahl. Bestimmte Arten von Malware, wie Keylogger oder Spyware, sind darauf ausgelegt, vertrauliche Informationen wie Benutzernamen, Passwörter, Kreditkarteninformationen und andere persönliche Daten zu sammeln. Diese Informationen können von Angreifern genutzt werden, um sich illegal Zugang zu Konten zu verschaffen, Identitätsdiebstahl zu begehen oder finanzielle Betrügereien durchzuführen. Die Folgen können erheblich sein und reichen von finanziellen Verlusten bis hin zu einem langfristigen Schaden für die persönliche oder geschäftliche Identität.

Finanzielle Verluste

Malware kann erhebliche finanzielle Schäden verursachen, indem sie Bankdaten stiehlt oder betrügerische Aktivitäten durchführt. Beispielsweise können Angreifer Malware verwenden, um Online-Banking-Transaktionen zu manipulieren oder Zahlungsinformationen von Online-Einkäufen abzufangen. Dies kann direkte finanzielle Verluste für Einzelpersonen und Unternehmen zur Folge haben. In einigen Fällen können die Angreifer die gestohlenen Bankdaten verwenden, um Geld von Konten zu transferieren oder unautorisierte Käufe zu tätigen, was zu erheblichen finanziellen Belastungen führt.

Netzwerk- und Datenschutzverletzungen

Malware hat das Potenzial, sich durch Netzwerke zu verbreiten und andere Geräte und Systeme zu infizieren. Dies kann zu umfangreichen Datenschutzverletzungen führen, bei denen vertrauliche Unternehmens- oder Kundendaten kompromittiert werden. Wenn Malware in ein Netzwerk eindringt, kann sie sensible Informationen sammeln, die dann an Dritte weitergegeben oder für weitere Angriffe verwendet werden können. Datenschutzverletzungen können nicht nur zu rechtlichen und finanziellen Konsequenzen führen, sondern auch das Vertrauen in die betroffenen Organisationen erheblich schädigen.

Ransomware-Angriffe

Ransomware ist eine besonders zerstörerische Art von Malware, die Daten auf einem infizierten Computer verschlüsselt und dann ein Lösegeld fordert, um die Daten wieder freizugeben. Dieser Angriffstyp kann zu erheblichen finanziellen Verlusten und Betriebsunterbrechungen führen, da die betroffenen Unternehmen gezwungen sein könnten, hohe Lösegeldsummen zu zahlen oder den Betrieb vollständig einzustellen, bis die Daten wiederhergestellt werden können. Selbst wenn das Lösegeld gezahlt wird, gibt es keine Garantie, dass die Angreifer die Daten tatsächlich wieder entschlüsseln oder dass keine weitere Schadsoftware installiert wurde.

Ausnutzung des Systems für weitere Angriffe

Ein infizierter Computer kann von Angreifern als Plattform für weitergehende Angriffe genutzt werden. Zum Beispiel kann die Malware auf dem infizierten System verwendet werden, um Spam-E-Mails zu versenden, DDoS-Angriffe durchzuführen oder zusätzliche schädliche Software auf anderen Geräten im Netzwerk zu installieren. Diese Art der Ausnutzung kann die Auswirkungen des ursprünglichen Angriffs vervielfachen und zu weiteren Sicherheitsvorfällen und Systemkompromittierungen führen.

Reputationsschäden

Für Unternehmen und Organisationen kann ein Malware-Angriff erhebliche Reputationsschäden verursachen. Wenn bekannt wird, dass Kundendaten oder vertrauliche Unternehmensinformationen kompromittiert wurden, kann das Vertrauen in die Organisation erheblich leiden. Kunden und Geschäftspartner könnten die Zusammenarbeit einstellen oder ihre Verträge kündigen, was zu langfristigen geschäftlichen und finanziellen Einbußen führen kann. Die Wiederherstellung des beschädigten Ansehens kann viel Zeit und Ressourcen in Anspruch nehmen und ist oft eine der schwierigsten Herausforderungen nach einem erfolgreichen Angriff.

Malware und Viren können weitreichende und schwerwiegende Schäden an Computern und anderen Geräten verursachen. Die Auswirkungen reichen von Datenverlust und Systeminstabilität bis hin zu Identitätsdiebstahl, finanziellen Verlusten und Reputationsschäden. Angesichts dieser potenziellen Schäden ist es unerlässlich, präventive Maßnahmen zu ergreifen und sicherzustellen, dass sowohl Einzelpersonen als auch Organisationen über geeignete Sicherheitsvorkehrungen und Schutzmaßnahmen verfügen, um sich vor Malware- und Virusangriffen zu schützen.

Vorkehrungen um Malware-Infektionen zu verhindern

Um Malware-Infektionen zu verhindern, können verschiedene Vorkehrungen getroffen werden, um die Sicherheit von Computersystemen und anderen Geräten zu erhöhen. Hier sind einige bewährte Praktiken und Sicherheitsmaßnahmen:

Installieren Sie Antivirensoftware

Verwenden Sie eine zuverlässige Antivirensoftware und halten Sie sie regelmäßig auf dem neuesten Stand. Antivirenprogramme können Malware erkennen, blockieren und entfernen, bevor sie Schaden anrichten können.

Aktualisieren Sie Ihre Software

Halten Sie Ihr Betriebssystem, Ihre Anwendungen und Ihre Sicherheitssoftware auf dem neuesten Stand, indem Sie regelmäßig Updates und Patches installieren. Softwarehersteller veröffentlichen häufig Updates, um Sicherheitslücken zu schließen und Schwachstellen zu beheben, die von Malware ausgenutzt werden könnten.

Öffnen von E-Mail-Anhängen und Links

Öffnen Sie keine E-Mail-Anhänge oder klicken Sie nicht auf Links in E-Mails von unbekannten oder verdächtigen Absendern. Diese könnten Phishing-E-Mails oder Malware enthalten. Überprüfen Sie die Echtheit von E-Mails, insbesondere wenn sie unerwartete Anhänge oder Links enthalten.

Verwenden Sie sichere Passwörter

Verwenden Sie starke und einzigartige Passwörter für Ihre Konten und ändern Sie diese regelmäßig. Verwenden Sie keine einfach zu erratenden Passwörter wie "123456" oder "Passwort". Ein sicheres Passwort sollte aus einer Kombination von Groß- und Kleinbuchstaben, Zahlen und Sonderzeichen bestehen.

Nutzen Sie eine Firewall

Aktivieren Sie eine Firewall auf Ihrem Computer, um unerwünschten Netzwerkverkehr zu blockieren und Ihren Computer
vor Angriffen aus dem Internet zu schützen. Eine Firewall kann
helfen, den Zugriff auf Ihr System zu kontrollieren und potenziell
schädlichen Datenverkehr zu blockieren.

Sichern Sie regelmäßig Ihre Daten

Erstellen Sie regelmäßig Backups Ihrer wichtigen Dateien und
Daten auf externen Speichermedien oder in der Cloud. Im Falle
einer Malware-Infektion oder anderer Datenverluste können Sie
Ihre Daten aus den Backups wiederherstellen, ohne dass sie dauerhaft verloren gehen.

Seien Sie vorsichtig beim Herunterladen von Dateien

Laden Sie keine Dateien aus unsicheren oder verdächtigen Quellen herunter. Vermeiden Sie das Herunterladen von Dateien aus
Peer-to-Peer-Netzwerken oder von Websites, die verdächtige
oder illegale Inhalte anbieten.

Verwenden Sie eingeschränkte Benutzerkonten

Verwenden Sie auf Ihrem Computer eingeschränkte Benutzerkonten anstelle von Administratorkonten für den täglichen Gebrauch. Dadurch wird das Risiko verringert, dass Malware sich im
System ausbreitet, da sie nicht die gleichen Berechtigungen hat
wie ein Administrator.

Bildung und Sensibilisierung

Schulen Sie sich und Ihre Mitarbeiter über die Risiken von Malware und die gängigen Methoden, mit denen sie verbreitet wird,
wie z. B. Phishing-Angriffe. Sensibilisierungskampagnen können
dazu beitragen, das Bewusstsein für Cybersicherheit zu schärfen
und die Wahrscheinlichkeit von Infektionen zu verringern.

Verwenden Sie eine Content-Filterung

Implementieren Sie Content-Filter auf Ihrem Netzwerk, um den Zugriff auf schädliche Websites und Inhalte zu blockieren. Content-Filter können dabei helfen, den Zugriff auf potenziell gefährliche Websites, Anwendungen und Dateien einzuschränken, die Malware enthalten könnten.

Durch die Umsetzung dieser Maßnahmen können Organisationen und Einzelpersonen ihre Systeme besser schützen und das Risiko von Malware-Infektionen minimieren. Es ist wichtig, proaktiv zu sein und eine ganzheitliche Sicherheitsstrategie zu entwickeln, um sich effektiv gegen diese Bedrohungen zu verteidigen.

Antivirenprogramme beim Schutz vor Malware und Viren

Erkennung von Malware

Antivirenprogramme sind darauf spezialisiert, schädliche Software zu erkennen und zu bekämpfen. Sie führen regelmäßige Scans durch, um Dateien, Programme und das gesamte System auf Anzeichen von Malware zu überprüfen. Diese Programme verwenden eine Kombination aus Signaturerkennung, die bekannte Malware-Signaturen identifiziert, und heuristischen Analysen, die verdächtiges Verhalten oder Muster aufspüren, die auf neue oder unbekannte Bedrohungen hindeuten könnten. Durch diese Erkennungsmethoden können Antivirenprogramme eine Vielzahl von Bedrohungen, wie Viren, Trojaner, Würmer, Spyware und Ransomware, aufdecken und verhindern, dass diese Schaden anrichten.

Blockierung schädlicher Dateien

Einmal erkannte Malware wird von Antivirenprogrammen sofort blockiert. Wenn eine schädliche Datei oder ein infiziertes Programm entdeckt wird, greift das Antivirenprogramm ein, um den Zugriff auf diese Datei zu verhindern. Diese Blockierung verhindert, dass die Malware weiteren Schaden anrichtet oder sich im System verbreitet. Durch die Blockierung von schädlichen Dateien schützt das Antivirenprogramm nicht nur das System, sondern minimiert auch das Risiko einer weiteren Infektion oder Ausbreitung der Malware.

Entfernung von Malware

Neben der Erkennung und Blockierung von Malware haben Antivirenprogramme auch die Fähigkeit, bereits vorhandene Malware zu entfernen. Wenn eine Infektion entdeckt wird, isoliert das Antivirenprogramm die betroffenen Dateien, verschiebt sie in Quarantäne oder löscht sie vollständig. Dieser Prozess stellt sicher, dass die Malware unschädlich gemacht wird und das System von potenziellen Bedrohungen befreit wird. Die Möglichkeit, Malware sicher zu entfernen, ist entscheidend, um das System zu reinigen und eine erneute Infektion zu verhindern.

Echtzeitschutz

Viele Antivirenprogramme bieten einen Echtzeitschutz, der das System kontinuierlich überwacht. Dieser Schutzmechanismus analysiert laufend alle Aktivitäten, um verdächtiges Verhalten oder schädliche Aktionen sofort zu erkennen. Durch den Echtzeitschutz können Malware-Infektionen in gleichen Moment erkannt und blockiert werden, wenn sie auftreten, bevor sie die Möglichkeit haben, Schaden anzurichten. Dieser proaktive Ansatz ist entscheidend für den Schutz vor dynamischen und sich schnell entwickelnden Bedrohungen.

Automatische Updates

Antivirenprogramme benötigen regelmäßige Updates, um gegen die neuesten Bedrohungen gewappnet zu sein. Diese Updates beinhalten neue Virusdefinitionen und Sicherheitspatches, die es dem Programm ermöglichen, aktuelle und sich entwickelnde Bedrohungen zu erkennen. Automatische Updates gewährleisten, dass die Antivirensoftware stets auf dem neuesten Stand ist und somit effektiv gegen neue Malware-Varianten und Sicherheitsrisiken schützt.

Scannen von E-Mail-Anhängen und Downloads

Ein weiterer wichtiger Aspekt der Antivirenprogramme ist das Scannen von E-Mail-Anhängen und Downloads. Diese Funktionen überprüfen Dateien, die über E-Mail empfangen oder aus dem Internet heruntergeladen werden, um sicherzustellen, dass keine schädlichen Elemente in das System gelangen. Durch das Scannen von E-Mail-Anhängen und Downloads wird das Risiko verringert, dass Malware durch diese häufigen Verbreitungswege auf das System gelangt.

Benutzerfreundlichkeit

Moderne Antivirenprogramme sind darauf ausgelegt, eine benutzerfreundliche Erfahrung zu bieten. Sie verfügen über intuitive Benutzeroberflächen und einfach zu bedienende Konfigurationsoptionen, die es auch Nutzern ohne tiefgehende technische Kenntnisse ermöglichen, effektiven Schutz zu gewährleisten. Benutzer können automatische Scans planen, individuelle Scaneinstellungen anpassen und Berichte über erkannte Bedrohungen einsehen. Diese Benutzerfreundlichkeit ist entscheidend, um sicherzustellen, dass die Antivirenprogramme von den Nutzern effektiv genutzt werden und eine umfassende Sicherheit bieten.

Antivirenprogramme sind unverzichtbar für den Schutz von Computern und anderen Geräten vor Malware und Viren. Sie bieten umfassende Schutzfunktionen, darunter die Erkennung und Blockierung von Schadsoftware, die Entfernung von Infektionen, Echtzeitschutz, automatische Updates, das Scannen von E-Mail-Anhängen und Downloads sowie eine benutzerfreundliche Oberfläche. Durch regelmäßige Aktualisierungen und die Aktivierung aller Sicherheitsfunktionen können Antivirenprogramme eine wesentliche Rolle in einer umfassenden Sicherheitsstrategie spielen und dabei helfen, das Risiko von Malware- und Virusangriffen zu minimieren.

Dateien und Anhänge auf Malware überprüfen

Antivirenprogramme verwenden
Eine der einfachsten und effektivsten Methoden zur Überprüfung verdächtiger Dateien ist die Verwendung eines zuverlässigen Antivirenprogramms. Diese Programme verfügen über integrierte Funktionen zum Scannen von Dateien auf Malware und können verdächtige Dateien identifizieren, isolieren und entfernen. Antivirenprogramme bieten oft Echtzeitschutz und regelmäßige Updates, um den Schutz gegen die neuesten Bedrohungen zu gewährleisten. Die regelmäßige Nutzung solcher Programme hilft, die Sicherheit von Computern und anderen Geräten aufrechtzuerhalten.

Online-Scandienst
Es gibt verschiedene Online-Scandienste, die es Benutzern ermöglichen, verdächtige Dateien hochzuladen und auf Malware zu überprüfen. Diese Dienste verwenden mehrere Antiviren-Engines und heuristische Analysen, um verdächtige Dateien zu scannen und potenzielle Bedrohungen zu erkennen. Online-Scandienste bieten den Vorteil, dass sie oft aktuelle Datenbanken von Malware-Signaturen nutzen und eine schnelle Überprüfung ohne Installation zusätzlicher Software ermöglichen.

Dateien mit mehreren Antivirenprogrammen scannen
Wenn ein Antivirenprogramm eine verdächtige Datei nicht erkennt, kann es hilfreich sein, die Datei mit mehreren Antivirenprogrammen zu scannen, um eine gründlichere Überprüfung durchzuführen. Es gibt spezielle Dienste und Tools, die es Benutzern ermöglichen, eine Datei gleichzeitig mit mehreren Antiviren-Engines zu scannen. Diese Methode erhöht die Wahrscheinlich-

keit, dass selbst neuartige oder weniger bekannte Malware erkannt wird, da verschiedene Antivirenprogramme unterschiedliche Erkennungstechniken und Datenbanken verwenden.

Heuristische Analysen

Einige Antivirenprogramme verfügen über heuristische Analysefunktionen, die verdächtige Dateien anhand von Verhaltensmustern und Charakteristika identifizieren können, auch wenn sie keine spezifische Malware-Signatur erkennen. Diese Funktionen
sind besonders nützlich, um neue und unbekannte Malware-Varianten zu erkennen. Durch die Analyse des Verhaltens und der
Struktur einer Datei können Antivirenprogramme potenzielle Bedrohungen aufspüren, die auf den ersten Blick harmlos erscheinen könnten.

Sandboxing

Sandboxing ist eine Methode, bei der verdächtige Dateien in einer isolierten Umgebung ausgeführt oder geöffnet werden, um
ihr Verhalten zu überwachen und potenzielle schädliche Aktivitäten zu identifizieren. Diese Technik wird häufig von Sicherheits-
forschern und Unternehmen eingesetzt, um Malware-Analysen
durchzuführen, ohne das Hauptbetriebssystem zu gefährden.
Durch das Testen der Datei in einer sicheren Umgebung können
Analysten feststellen, ob die Datei schädliche Aktivitäten ausführt, ohne das Risiko einzugehen, das System zu infizieren.

Datei-Metadaten prüfen

Die Metadaten einer Datei können Hinweise darauf geben, ob
sie authentisch ist oder potenziell schädliche Elemente enthält.
Überprüfen Sie die Metadaten der Datei auf verdächtige Eigenschaften wie ungewöhnliche Dateinamen, Dateigrößen oder Er-
stellungsdaten. Oft können Manipulationen oder unregelmäßige
Metadaten auf eine Infektion oder Fälschung hindeuten. Die Analyse der Metadaten kann zusätzliche Hinweise auf die Herkunft
und den Zweck der Datei liefern.

MD5- oder SHA1-Hash-Überprüfung

Vergleichen Sie den MD5- oder SHA1-Hash-Wert der verdächtigen Datei mit bekannten, vertrauenswürdigen Hash-Werten.
Wenn die Hash-Werte übereinstimmen, ist die Datei wahrscheinlich legitim. Abweichungen können jedoch auf eine potenzielle
Manipulation oder Veränderung hinweisen. Die Hash-Überprü-
fung ist ein effektives Verfahren zur Validierung von Dateiintegri-
tät und kann helfen, manipulierte oder gefälschte Dateien zu
identifizieren.

Datei in einer virtuellen Umgebung ausführen

Verwenden Sie eine virtuelle Maschine oder eine Sandbox, um
verdächtige Dateien in einer isolierten Umgebung auszuführen.
Dies ermöglicht es Ihnen, das Verhalten der Datei zu überwachen, ohne das Hauptbetriebssystem zu gefährden. Virtuelle
Umgebungen bieten einen sicheren Raum für das Testen von Dateien, insbesondere wenn Unsicherheit über deren Sicherheit besteht. Sie verhindern, dass potenziell schädliche Dateien das
eigentliche System infizieren oder beschädigen.

Datei manuell analysieren

Erfahrene Benutzer können verdächtige Dateien manuell analysieren, indem sie den Code oder die Struktur der Datei überprüfen. Diese Methode erfordert jedoch fortgeschrittene Kenntnisse
über Malware und Computersicherheit. Durch die manuelle Analyse können spezifische Merkmale oder Code-Segmente identifiziert werden, die auf Malware hindeuten. Diese Technik ist besonders nützlich für Sicherheitsforscher, die detaillierte Informationen über die Funktionsweise einer Bedrohung erhalten möchten.

Konsultation von Sicherheitsexperten

Bei besonders verdächtigen Dateien oder komplexen Malware-
Angriffen ist es ratsam, sich an Sicherheitsexperten oder IT-Si-
cherheitsprofis zu wenden, die über die erforderliche Expertise
und die richtigen Tools verfügen, um eine gründliche Analyse

durchzuführen und geeignete Gegenmaßnahmen zu empfehlen. Experten können tiefgreifende Untersuchungen durchführen, fortgeschrittene Analysetools nutzen und spezifische Sicherheitsstrategien entwickeln, um sicherzustellen, dass alle potenziellen Bedrohungen korrekt identifiziert und behandelt werden.

Software und Betriebssysteme regelmäßig zu aktualisieren

Schließung von Sicherheitslücken

Software- und Betriebssystemaktualisierungen enthalten oft Patches und Fixes für bekannte Sicherheitslücken und Schwachstellen. Diese Updates sind entscheidend, um potenzielle Einfallstore für Hacker und Malware zu schließen. Durch die Installation dieser Sicherheitsupdates wird das Risiko von Angriffen verringert und die Sicherheit des Systems erheblich verbessert.

Schutz vor Malware und Exploits

Veraltete Software und Betriebssysteme sind anfälliger für Malware-Infektionen und Exploits. Dies liegt daran, dass sie bekannte Sicherheitslücken aufweisen, die von Angreifern ausgenutzt werden können. Regelmäßige Updates schließen diese Schwachstellen, wodurch das Risiko von Malware-Infektionen und anderen Exploits erheblich reduziert wird.

Verbesserung der Leistung und Stabilität

Software- und Betriebssystemaktualisierungen enthalten oft Leistungsverbesserungen und Fehlerbehebungen, die die Stabilität und Leistungsfähigkeit des Systems erhöhen können. Diese Updates helfen, Probleme wie Abstürze, Systemfehler und allgemeine Leistungsprobleme zu beheben, wodurch das System effizienter und zuverlässiger arbeitet.

Kompatibilität mit neuen Technologien

Aktualisierte Software und Betriebssysteme sind oft besser auf neue Technologien und Standards abgestimmt. Dies gewährleistet eine reibungslose Integration mit neuen Geräten, Anwendungen und Diensten. Durch die Aktualisierung wird verhindert, dass Kompatibilitätsprobleme auftreten, die bei der Nutzung veralteter Software entstehen könnten.

Einhaltung von Compliance-Anforderungen

In einigen Branchen und Organisationen sind regelmäßige Software- und Betriebssystemaktualisierungen erforderlich, um Compliance-Anforderungen zu erfüllen und rechtliche Vorschriften einzuhalten. Die Einhaltung dieser Anforderungen ist wichtig, um Bußgelder zu vermeiden und das Vertrauen der Kunden in die Sicherheit der Systeme zu stärken.

Schutz vor bekannten Bedrohungen

Sicherheitsupdates adressieren spezifische Bedrohungen, die zuvor identifiziert wurden. Durch die Installation dieser Updates können Benutzer und Organisationen sich vor bekannten Bedrohungen schützen, die gezielt auf ihre Systeme abzielen. Dies trägt dazu bei, die Sicherheit und Integrität des Systems aufrechtzuerhalten.

Erweiterung der Lebensdauer von Geräten

Durch regelmäßige Updates bleiben Software und Betriebssysteme sicherer und zuverlässiger. Dies verlängert die Lebensdauer von Geräten, da sie länger unterstützt werden und deren Leistungsfähigkeit erhalten bleibt. Dies reduziert die Notwendigkeit, häufig neue Hardware anzuschaffen, und sorgt für eine kosteneffiziente Nutzung der bestehenden Geräte.

Die regelmäßige Aktualisierung von Software und Betriebssystemen ist eine wesentliche Maßnahme, um die Sicherheit, Leistung und Stabilität von Computersystemen und anderen Geräten zu

gewährleisten. Durch die Installation von Updates können potenzielle Sicherheitsrisiken minimiert und die Effizienz der Systeme
verbessert werden.

Herunterladen von Dateien aus unsicheren Quellen

Malware-Infektionen

Das Herunterladen von Dateien aus unsicheren Quellen kann zu
Malware-Infektionen führen. Diese Dateien können Viren, Trojaner, Ransomware und Spyware enthalten, die das betroffene System infiltrieren. Solche Malware kann dazu führen, dass das System Daten stiehlt, es beschädigt oder sogar die Kontrolle über
das System übernimmt. Die Malware kann schwerwiegende Folgen haben, wie Datenverlust, Systemausfälle und die unbefugte
Nutzung von Systemressourcen.

Identitätsdiebstahl

Dateien aus unsicheren Quellen können verwendet werden, um
persönliche oder vertrauliche Informationen zu stehlen. Diese Informationen können dann für Identitätsdiebstahl verwendet werden. Dies kann zu finanziellen Verlusten führen, da gestohlene
Daten für betrügerische Aktivitäten wie Kreditkartenmissbrauch
oder Kontoüberweisungen verwendet werden können. Zusätzlich
kann der Ruf des Opfers erheblich geschädigt werden, was langfristige, negative Auswirkungen auf seine persönliche und berufliche Reputation haben kann.

Phishing-Angriffe

Dateien aus unsicheren Quellen können auch als Träger für
Phishing-Angriffe dienen. Solche Dateien können dazu führen,
dass Benutzer auf gefälschte Websites weitergeleitet werden oder
in betrügerische E-Mails verwickelt werden. Diese betrügerischen
Kommunikationen fordern oft vertrauliche Informationen wie
Passwörter, Kreditkarteninformationen oder andere persönliche

Daten an. Das Opfer kann unabsichtlich diese sensiblen Informationen preisgeben, was zu einem erhöhten Risiko von Betrug und finanziellen Verlusten führt.

Systeminstabilität

Dateien aus unsicheren Quellen können fehlerhaft sein oder bösartigen Code enthalten, der das System instabil macht. Dies kann zu verschiedenen Problemen führen, wie häufigen Systemabstürzen, Fehlermeldungen und allgemeinen Leistungsproblemen. Die Stabilität des Systems wird beeinträchtigt, was zu einer schlechten Benutzererfahrung führt und möglicherweise zu Datenverlust oder -beschädigung führen kann.

Verlust von persönlichen Daten

Der Download von Dateien aus unsicheren Quellen kann dazu führen, dass persönliche oder vertrauliche Daten kompromittiert werden. Dies kann zu einem erheblichen Verlust von persönlichen Informationen führen, die für Identitätsdiebstahl oder andere Formen des Missbrauchs verwendet werden können. Die Folgen können schwerwiegend sein, einschließlich finanzieller Verluste und erheblichem Stress für den betroffenen Benutzer.

Verletzung der Privatsphäre

Dateien aus unsicheren Quellen können die Privatsphäre des Benutzers gefährden. Solche Dateien können unbefugten Zugriff auf persönliche Daten ermöglichen oder den Benutzer überwachen, ohne dessen Wissen oder Zustimmung. Dies kann zu einer Verletzung der Privatsphäre führen, da private Informationen gesammelt und missbraucht werden können, um persönliche Daten zu kompromittieren oder unerlaubte Aktivitäten durchzuführen.

Um die Risiken beim Herunterladen von Dateien aus unsicheren Quellen zu minimieren, sollten Benutzer stets vorsichtig sein. Es ist ratsam, nur Dateien von vertrauenswürdigen und seriösen Quellen herunterzuladen und Antiviren- sowie Antimalware-Programme zu verwenden, um verdächtige Dateien zu scannen und zu überprüfen. Sicherheitsbewusstsein ist ebenfalls wichtig, um verdächtige Aktivitäten oder ungewöhnliches Verhalten des Systems frühzeitig zu erkennen und entsprechende Maßnahmen zu ergreifen.

Malware-Infektionen erkennen und entfernen

Antiviren- und Antimalware-Software

Antiviren- und Antimalware-Programme sind speziell entwickelte Tools, die zur Erkennung, Isolierung und Entfernung von Malware konzipiert sind. Diese Programme arbeiten durch regelmäßiges Scannen des gesamten Systems sowie aller eingehenden Dateien und Downloads. Sie suchen nach verdächtigem Verhalten oder bekannten Malware-Signaturen, um potenzielle Bedrohungen zu identifizieren. Wenn eine Infektion erkannt wird, bietet die Software dem Benutzer die Möglichkeit, die Malware zu entfernen oder in Quarantäne zu verschieben, um die weitere Verbreitung und Schäden zu verhindern. Moderne Antiviren- und Antimalware-Programme verfügen oft über Echtzeitschutzfunktionen, die kontinuierlich nach neuen Bedrohungen suchen und sofort eingreifen, um das System zu schützen.

Manuelle Überprüfun

Fortgeschrittene Benutzer haben die Möglichkeit, verdächtige Dateien oder Prozesse manuell zu überprüfen und zu entfernen. Dies erfordert jedoch ein tiefes Verständnis des Systems und der typischen Verhaltensweisen von Malware. Manuelle Überprüfungen können die Untersuchung von Systemprozessen, Registrierungsdateien und Netzwerkeinstellungen umfassen, um Anomalien zu identifizieren. Es ist wichtig, bei dieser Methode äußerste Vorsicht walten zu lassen, da das versehentliche Löschen von wichtigen Systemdateien oder -einträgen zu schwerwiegenden

Problemen führen kann. Diese Methode sollte in der Regel nur von erfahrenen Benutzern oder IT-Profis durchgeführt werden.

Sicherheits- und Wiederherstellungstools

Einige Sicherheits- und Wiederherstellungstools bieten spezialisierte Funktionen zur Erkennung und Entfernung von Malware. Diese Tools können im abgesicherten Modus oder von einem bootfähigen Medium aus gestartet werden, um das System gründlicher zu überprüfen. Sie sind oft darauf ausgelegt, Malware zu isolieren oder zu entfernen, indem sie das System in einem Zustand arbeiten lassen, in dem Malware nicht aktiv ist. Solche Tools können auch erweiterte Optionen zur Systemreparatur und -wiederherstellung bieten, um die Auswirkungen einer Infektion zu minimieren und das System wiederherzustellen.

Systemwiederherstellung

In einigen Fällen kann die Systemwiederherstellung auf einen früheren Zeitpunkt vor der Malware-Infektion eine effektive Methode sein, um das System in einen sauberen Zustand zurückzuversetzen. Diese Methode nutzt vorhandene Systemwiederherstellungspunkte, um das System auf einen Zustand zurückzusetzen, in dem die Malware noch nicht vorhanden war. Es ist jedoch wichtig zu beachten, dass dabei möglicherweise persönliche Dateien und benutzerdefinierte Einstellungen verloren gehen können. Um Datenverlust zu vermeiden, ist es ratsam, regelmäßig Backups durchzuführen und Wiederherstellungspunkte zu erstellen.

Professionelle Hilfe

Bei schwerwiegenden Malware-Infektionen oder wenn andere Methoden zur Entfernung der Malware nicht erfolgreich sind, kann die Unterstützung durch professionelle IT-Sicherheitsexperten oder Computer-Techniker erforderlich sein. Diese Fachleute verfügen über spezialisierte Kenntnisse und Werkzeuge, um komplexe Infektionen zu identifizieren, zu entfernen und das System umfassend wiederherzustellen. Sie können detaillierte Analysen durchführen, um die Ausbreitung der Malware zu stoppen und das System zu sichern, um zukünftige Infektionen zu verhindern.

Die Entfernung von Malware ist ein kontinuierlicher Prozess, der sowohl präventive Maßnahmen als auch eine schnelle Reaktion auf auftretende Bedrohungen erfordert. Benutzer sollten ihre Sicherheitssoftware regelmäßig aktualisieren, verdächtige Aktivitäten überwachen und sicherstellen, dass ihre Systeme und Daten regelmäßig gesichert werden. Durch die Kombination dieser Methoden können die potenziellen Schäden durch Malware minimiert und die Sicherheit des Systems aufrechterhalten werden.

Maßnahmen von Malware-Infektionen minimieren

Regelmäßige Sicherung von Daten

Eine der wichtigsten Maßnahmen zur Minimierung der Auswirkungen von Malware-Infektionen ist die regelmäßige Sicherung wichtiger Daten. Durch regelmäßige Backups kann sichergestellt werden, dass im Falle einer Infektion Daten wiederhergestellt werden können, ohne dass es zu einem dauerhaften Verlust kommt. Backups sollten an einem sicheren Ort aufbewahrt werden, der vor Malware geschützt ist. Ideal sind externe Festplatten oder Cloud-Speicherlösungen, die durch starke Passwörter und Verschlüsselung gesichert sind. Die Backup-Strategie sollte auch regelmäßige Überprüfungen und Tests der Wiederherstellbarkeit beinhalten, um sicherzustellen, dass die Daten im Notfall schnell und vollständig wiederhergestellt werden können.

Verwendung von Sicherheitssoftware

Der Einsatz von Antiviren- und Antimalware-Software ist entscheidend, um Malware-Infektionen zu verhindern oder frühzeitig zu erkennen. Diese Programme scannen regelmäßig das gesamte System sowie eingehende Dateien und Downloads nach verdächtigem Verhalten und bekannten Malware-Signaturen. Es ist wichtig, dass Sicherheitssoftware stets auf dem neuesten Stand gehalten wird, um den bestmöglichen Schutz zu gewährleisten. Automatische Updates und regelmäßige Scans sollten konfiguriert werden, um potenzielle Bedrohungen zu erkennen und zu beseitigen, bevor sie größeren Schaden anrichten können.

Regelmäßige Systemupdates

Software- und Betriebssystemupdates spielen eine zentrale Rolle beim Schutz vor Malware-Infektionen. Diese Updates enthalten oft Patches und Sicherheitsaktualisierungen, die bekannte Sicherheitslücken schließen und das Risiko von Malware-Infektionen verringern. Daher ist es wichtig, Systeme regelmäßig auf verfügbare Updates zu überprüfen und diese zeitnah zu installieren. Diese Praxis hilft dabei, Schwachstellen zu schließen, die von Angreifern ausgenutzt werden könnten, und trägt zur Stabilität und Sicherheit des Systems bei.

Einschränkung von Benutzerrechten

Die Einschränkung der Benutzerrechte kann wesentlich dazu beitragen, die Auswirkungen von Malware-Infektionen zu minimieren. Benutzer sollten nur die notwendigen Rechte erhalten, um ihre Aufgaben auszuführen. Administratorrechte sollten nur dann vergeben werden, wenn es unbedingt erforderlich ist. Diese Maßnahme reduziert das Risiko von unautorisiertem Zugriff und Schadenspotenzial, da Malware oft Administratorrechte benötigt, um sich umfassend auszubreiten und Schaden anzurichten. Durch das Prinzip der geringsten Privilegien wird das Risiko reduziert, dass Malware systemweite Schäden verursacht.

Sicherheitsbewusstsein schärfen

Ein effektiver Schutz vor Malware umfasst auch die Schulung der Benutzer im Umgang mit Sicherheitsrisiken und Phishing-Angriffen. Benutzer sollten für verdächtige E-Mails, Links und Downloads sensibilisiert werden und darüber informiert werden, wie sie sich vor solchen Bedrohungen schützen können. Sicherheitsbewusstsein kann durch regelmäßige Schulungen, Sicherheitsrichtlinien und simulierte Phishing-Angriffe gefördert werden. Durch informierte und aufmerksame Benutzer kann das Risiko von Infektionen durch unbedachte Klicks oder das Öffnen schadhafter Dateien erheblich reduziert werden.

Isolation infizierter Systeme

Wenn ein System infiziert ist, sollte es sofort isoliert werden, um eine weitere Ausbreitung der Malware im Netzwerk zu verhindern. Dies kann durch das Trennen des infizierten Systems vom Netzwerk erfolgen oder durch den Einsatz von Firewalls und Netzwerksegmentierung, um die Kommunikation mit anderen Systemen zu blockieren. Eine schnelle Isolation verhindert, dass sich die Malware auf andere Geräte ausbreitet und ermöglicht eine gezielte Untersuchung und Bereinigung des betroffenen Systems, ohne das gesamte Netzwerk zu gefährden.

Schnelle Reaktion und Schadensbegrenzung

Im Falle einer Malware-Infektion ist eine schnelle Reaktion entscheidend, um den Schaden zu begrenzen. Betroffene Systeme sollten umgehend untersucht und bereinigt werden. Es ist wichtig, die Ursachen der Infektion zu identifizieren und die Malware zu entfernen. Zusätzlich sollten Benutzer und Stakeholder über den Vorfall informiert werden, um koordinierte Maßnahmen zur Schadensbegrenzung und Wiederherstellung einzuleiten. Eine proaktive Reaktion kann verhindern, dass sich die Situation verschärft und hilft dabei, die Auswirkungen auf das Unternehmen oder den Einzelnen zu minimieren.

Professionelle Hilfe in Anspruch nehmen

Bei schwerwiegenden Malware-Infektionen oder wenn Unsicherheiten über die richtige Vorgehensweise bestehen, sollte professionelle Hilfe in Anspruch genommen werden. IT-Sicherheitsexperten oder Computer-Techniker verfügen über die erforderliche Expertise und spezialisierte Werkzeuge, um komplexe Infektionen zu analysieren, zu entfernen und das System umfassend wiederherzustellen. Diese Fachleute können eine detaillierte Untersuchung durchführen, um alle Spuren der Malware zu beseitigen und Sicherheitslücken zu schließen, die von der Infektion ausgenutzt wurden.

Durch die Umsetzung dieser Maßnahmen können die Auswirkungen von Malware-Infektionen erheblich minimiert und das Risiko für zukünftige Angriffe reduziert werden. Regelmäßige Backups, der Einsatz aktueller Sicherheitssoftware, Systemupdates, Einschränkungen der Benutzerrechte, Sicherheitsbewusstsein, schnelle Reaktionen und professionelle Unterstützung sind wesentliche Elemente einer umfassenden Sicherheitsstrategie, die dazu beiträgt, die Integrität und Sicherheit von Computersystemen zu gewährleisten.

6. Sichere Nutzung öffentlicher WLAN-Netzwerke

Sicherheitsrisiko

Risiken öffentlicher WLAN-Netzwerke

Öffentliche WLAN-Netzwerke stellen ein erhebliches Sicherheitsrisiko dar, da sie oft unverschlüsselt und von vielen Benutzern gleichzeitig genutzt werden. Dies erleichtert es Angreifern, den Datenverkehr abzufangen und sensible Informationen zu stehlen. In solchen Netzwerken ist der Datenverkehr häufig nicht verschlüsselt, was bedeutet, dass Angreifer relativ leicht auf die übertragenen Daten zugreifen können. Dies umfasst persönliche Informationen, Passwörter und andere vertrauliche Daten, die durch ungesicherte Verbindungen gefährdet sind.

Gefahren öffentlicher WLAN-Netzwerke

Die Gefahren, die mit öffentlichen WLAN-Netzwerken verbunden sind, umfassen insbesondere Man-in-the-Middle-Angriffe. Bei solchen Angriffen können Angreifer den Datenverkehr zwischen einem Benutzer und dem Internet abfangen und manipulieren. Dies ermöglicht es ihnen, Daten zu stehlen oder zu verändern, bevor sie den Benutzer erreichen. Zudem besteht das Risiko, dass nicht verschlüsselte persönliche oder geschäftliche Daten von Dritten eingesehen werden können, was die Privatsphäre und Sicherheit erheblich gefährdet.

Mögliches Abfangen von Daten

Daten in öffentlichen WLAN-Netzwerken können durch Sniffing-Tools oder Man-in-the-Middle-Angriffe abgefangen werden. Angreifer nutzen spezielle Software, um den Datenverkehr, der über das Netzwerk gesendet wird, mitzuschneiden und auszuwerten. Dies ermöglicht ihnen, sensible Informationen wie Anmeldedaten, Kreditkarteninformationen oder persönliche Nachrichten zu extrahieren. Die Tatsache, dass öffentliche WLAN-Netzwerke oft nicht über angemessene Sicherheitsmaßnahmen verfügen, macht sie zu einem bevorzugten Ziel für solche Angriffe.

Sicherheitsmaßnahmen in öffentlichen WLAN-Netzwerken

Um die Sicherheit in öffentlichen WLAN-Netzwerken zu erhöhen, sollten Benutzer mehrere Maßnahmen ergreifen. Der Einsatz von VPNs (Virtual Private Networks) kann die Verbindung verschlüsseln und somit den Datenverkehr vor Abhörversuchen schützen. Zudem ist es ratsam, ausschließlich HTTPS-Verbindungen zu nutzen, um sicherzustellen, dass die Kommunikation zwischen dem Browser und dem Server verschlüsselt ist. Öffentliche WLAN-Netzwerke sollten möglichst nur für nicht-sensible Aktivitäten verwendet werden, und automatische Verbindungseinstellungen sollten deaktiviert werden, um sich nicht versehentlich mit unsicheren Netzwerken zu verbinden.

Bedeutung verschlüsselter Verbindungen

Verschlüsselte Verbindungen sind entscheidend für die Sicherheit der Datenübertragung. Sie stellen sicher, dass alle Informationen, die zwischen dem Benutzer und dem Server ausgetauscht werden, verschlüsselt und somit vor Abhörversuchen geschützt sind. Verschlüsselung erschwert es Angreifern erheblich, die übertragenen Daten zu lesen oder zu manipulieren. Durch den Einsatz von HTTPS und anderen Verschlüsselungstechnologien wird die Integrität und Vertraulichkeit der übertragenen Informationen gewährleistet.

Rolle eines VPN

Ein VPN (Virtual Private Network) spielt eine zentrale Rolle bei der Sicherung der Internetverbindung in öffentlichen WLAN-Netzwerken. Es verschlüsselt den gesamten Datenverkehr eines Benutzers und leitet ihn über einen sicheren Tunnel zu einem entfernten VPN-Server um. Dadurch wird der Datenverkehr vor Abhörversuchen geschützt und die Privatsphäre des Benutzers gewahrt. VPNs bieten eine zusätzliche Sicherheitsebene und machen es Angreifern wesentlich schwieriger, auf die übermittelten Informationen zuzugreifen.

Schutz vor Man-in-the-Middle-Angriffen

Benutzer können sich vor Man-in-the-Middle-Angriffen schützen, indem sie auf verschlüsselte Verbindungen achten und VPNs verwenden. Es ist auch wichtig, sich über verdächtiges Verhalten des Netzwerks zu informieren und keine sensiblen Informationen über unsichere Kanäle zu übertragen. Regelmäßige Überprüfungen der Netzwerksicherheit und das Bewusstsein für mögliche Angriffsmethoden tragen ebenfalls dazu bei, das Risiko von Man-in-the-Middle-Angriffen zu minimieren.

Risiken automatischer Verbindung

Das automatische Verbinden mit öffentlichen WLAN-Netzwerken birgt das Risiko, dass ein Benutzer sich versehentlich mit einem gefälschten oder unsicheren Netzwerk verbindet. Dies kann zu Datenkompromittierungen oder anderen Sicherheitsproblemen führen, da das Gerät möglicherweise mit einem Netzwerk verbunden ist, das von Angreifern kontrolliert wird. Daher ist es ratsam, die automatische Verbindung zu deaktivieren und sich nur bewusst und gezielt mit vertrauenswürdigen Netzwerken zu verbinden.

Vermeidung sensibler Transaktionen

Sensible Transaktionen und Datenverkehr sollten vermieden werden, wenn man mit öffentlichen WLAN-Netzwerken verbunden ist. Diese Netzwerke sind anfälliger für Abhörversuche und Datenkompromittierungen, was zu finanziellen Verlusten oder Datenschutzverletzungen führen kann. Wenn sensible Aktivitäten erforderlich sind, sollte eine sichere Verbindung verwendet werden, wie z. B. ein VPN oder eine vertrauenswürdige, verschlüsselte Verbindung.

Alternativen zu öffentlichen WLAN-Netzwerken

Als Alternative zur Nutzung öffentlicher WLAN-Netzwerke können mobile Datenverbindungen verwendet werden, die in der Regel sicherer sind. Eine weitere Option ist das Einrichten eines persönlichen Hotspots mit einem sicheren Passwort. Auch das Warten auf eine sichere und vertrauenswürdige WLAN-Verbindung kann eine sinnvolle Maßnahme sein, um sensible Aktivitäten durchzuführen. Diese Alternativen bieten eine höhere Sicherheit und schützen vor den Risiken, die mit öffentlichen WLAN-Netzwerken verbunden sind.

Gefahren

Datenabhörung

Der Einsatz von öffentlichen WLAN-Netzwerken birgt erhebliche Risiken im Bereich der Datenabhörung. Oft sind diese Netzwerke unverschlüsselt oder verwenden schwache Verschlüsselungsmethoden, was es Angreifern ermöglicht, den gesamten Datenverkehr abzuhören. Angreifer können so sensible Informationen wie Benutzernamen, Passwörter, Bankdaten oder persönliche Nachrichten stehlen. Diese Art von Datenabhörung kann besonders gefährlich sein, da die gestohlenen Informationen für Identitätsdiebstahl, Finanzbetrug oder andere bösartige Aktivitäten verwendet werden können.

Man-in-the-Middle-Angriffe

In einem öffentlichen WLAN-Netzwerk können Angreifer einen sogenannten "Man-in-the-Middle"-Angriff durchführen. Bei diesem Angriff positioniert sich der Angreifer zwischen dem Benutzer und dem Internet, wodurch er den gesamten Datenverkehr überwachen und manipulieren kann. Dies ermöglicht es dem Angreifer, sensible Informationen wie Log-in-Daten abzufangen und zu nutzen. Solche Angriffe sind besonders gefährlich, da sie es ermöglichen, die Kommunikation zwischen dem Benutzer und verschiedenen Online-Diensten zu kompromittieren.

Falsche WLAN-Hotspots

Eine weitere Gefahr in öffentlichen WLAN-Netzwerken sind gefälschte WLAN-Hotspots. Hacker können Hotspots einrichten, die den Namen bekannter öffentlicher Netzwerke verwenden, um Benutzer zu täuschen. Wenn sich Benutzer mit diesen gefälschten Hotspots verbinden, hat der Angreifer die Kontrolle über den gesamten Datenverkehr. Dies kann zu einer Kompromittierung der Daten und der persönlichen Sicherheit führen, da alle über diesen gefälschten Hotspot übertragenen Informationen vom Angreifer eingesehen werden können.

Malware-Verbreitung

Öffentliche WLAN-Netzwerke können auch als Plattform für die Verbreitung von Malware dienen. Angreifer können bösartige Software in das Netzwerk einschleusen und infizierte Dateien an die Geräte anderer Benutzer übertragen. Diese Malware kann dann die Geräte der Benutzer infizieren, persönliche Daten stehlen, das System beschädigen oder sogar zusätzliche Schadsoftware installieren. Das Risiko einer Malware-Infektion ist besonders hoch, wenn Benutzer ohne zusätzliche Sicherheitsmaßnahmen auf öffentliche Netzwerke zugreifen.

Identitätsdiebstahl

Der Zugriff auf unsichere öffentliche WLAN-Netzwerke kann auch zu Identitätsdiebstahl führen. Angreifer können die gesammelten Daten nutzen, um sich als jemand anderes auszugeben und illegale Aktivitäten durchzuführen. Dies kann zu erheblichen finanziellen Verlusten, Betrug und Rufschädigung für die betroffenen Personen führen. Identitätsdiebstahl kann weitreichende Folgen haben, einschließlich der unbefugten Nutzung von Bankkonten, Kreditkarten und anderen persönlichen Konten.

Social Engineering-Angriffe

Öffentliche WLAN-Netzwerke bieten Angreifern auch eine Plattform für Social Engineering-Angriffe. Diese Angriffe können durch das Erstellen gefälschter Hotspots oder das Versenden täuschender Warnmeldungen erfolgen. Angreifer versuchen oft, Benutzer dazu zu verleiten, sensible Informationen preiszugeben oder schädliche Dateien herunterzuladen. Social Engineering kann besonders effektiv sein, da es die menschliche Psyche ausnutzt und Benutzer dazu bringt, Sicherheitsprotokolle zu ignorieren.

Unsichere Router und Infrastruktur

Die Sicherheit von öffentlichen WLAN-Netzwerken hängt stark von der Qualität der Netzwerkinfrastruktur ab. Oft sind die Router, die in öffentlichen Netzwerken verwendet werden, unsicher oder veraltet und bieten nicht die notwendige Sicherheit. Fehlen Sicherheitsupdates oder ist die Software nicht auf dem neuesten Stand, entstehen Schwachstellen, die von Angreifern ausgenutzt werden können. Solche unsicheren Infrastrukturen stellen ein erhöhtes Risiko für alle Benutzer dar, die sich mit diesen Netzwerken verbinden.

Schutzmaßnahmen

Um sich vor den Gefahren öffentlicher WLAN-Netzwerke zu schützen, sollten Benutzer zusätzliche Sicherheitsvorkehrungen treffen. Die Verwendung von VPNs (Virtual Private Networks) kann den Datenverkehr verschlüsseln und so die Privatsphäre der Benutzer schützen. Das Deaktivieren von Dateifreigaben und das Aktivieren von Firewall-Software kann ebenfalls dazu beitragen, das Risiko von Angriffen zu verringern. Schließlich sollten Benutzer den Zugriff auf sensible Daten oder Transaktionen über öffentliche Netzwerke vermeiden, um ihre Sicherheit zu gewährleisten.

Datenraub

Sniffing

Sniffing bezeichnet das Abhören von Datenverkehr in einem WLAN-Netzwerk durch spezialisierte Programme, die als Sniffer bekannt sind. Diese Programme können die Datenpakete, die zwischen den Geräten im Netzwerk übertragen werden, erfassen und analysieren. Angreifer nutzen Sniffer, um sensible Informationen wie Benutzernamen, Passwörter und persönliche Daten zu extrahieren. Da diese Programme in der Lage sind, alle Datenpakete zu erfassen, die durch das Netzwerk gesendet werden, können sie potenziell eine große Menge vertraulicher Informationen aufdecken.

Man-in-the-Middle-Angriffe (MitM)

Bei einem Man-in-the-Middle-Angriff platziert sich der Angreifer zwischen dem Benutzer und dem Zielserver, indem er den gesamten Datenverkehr über sein eigenes System leitet. Dies ermöglicht dem Angreifer, den Datenverkehr abzufangen, zu manipulieren oder sogar Datenpakete zu modifizieren. Im schlimmsten Fall kann der Angreifer Malware auf das Gerät des Benutzers herunterladen, indem er bösartige Daten in den Datenstrom einfügt. Diese Art von Angriff kann äußerst gefährlich sein, da der Angreifer vollständigen Zugriff auf alle übertragenen Daten hat und die Integrität der Kommunikation gefährden kann.

ARP Spoofing

ARP Spoofing ist ein Angriff, bei dem gefälschte ARP-Pakete (Address Resolution Protocol) in ein Netzwerk gesendet werden, um die Zuordnung zwischen IP-Adressen und physischen MAC-Adressen zu manipulieren. Durch diese Manipulation kann der Angreifer den Datenverkehr umleiten und abfangen, indem er sich als ein anderes Gerät im Netzwerk ausgibt. Die Benutzer bemerken oft nicht, dass ihre Daten umgeleitet werden, da der Angriff im Hintergrund stattfindet und die Netzwerkinfrastruktur täuscht.

Evil Twin

Ein Evil Twin ist ein gefälschter WLAN-Hotspot, der erstellt wird, um Benutzer dazu zu verleiten, sich damit zu verbinden. Dieser gefälschte Hotspot kann den Namen eines bekannten öffentlichen WLANs imitieren, um Benutzer zu täuschen. Sobald sich Benutzer mit diesem Hotspot verbinden, hat der Angreifer die Möglichkeit, den gesamten Datenverkehr abzufangen und sensible Informationen zu stehlen. Evil Twins sind besonders gefährlich, da sie oft keine besonderen Hinweise auf ihre Gefährlichkeit bieten und Benutzer dazu bringen können, ihre Daten unwissentlich preiszugeben.

Unsichere Netzwerkdienste

In einem öffentlich zugänglichen WLAN-Netzwerk können unsichere Netzwerkdienste wie unverschlüsselte Dateifreigaben oder offene Ports ein erhebliches Sicherheitsrisiko darstellen. Wenn ein Netzwerk nicht ordnungsgemäß konfiguriert ist, können diese Dienste von Angreifern ausgenutzt werden, um auf das Netzwerk zuzugreifen und Daten abzufangen. Solche unsicheren Dienste können ungeschützte Datenübertragungen ermöglichen, die von Angreifern leicht abgefangen und manipuliert werden können.

Unverschlüsselte Kommunikation

Viele Websites und Anwendungen nutzen standardmäßig keine Verschlüsselung für die Übertragung von Daten. Dies bedeutet, dass Informationen wie Anmeldeinformationen, persönliche Daten und andere sensible Informationen im Klartext über das Netzwerk gesendet werden. Angreifer können diesen unverschlüsselten Datenverkehr abhören und die übertragenen Informationen lesen. Die fehlende Verschlüsselung stellt ein erhebliches Risiko dar, da vertrauliche Daten ohne großen Aufwand kompromittiert werden können.

Schwache Verschlüsselung

Selbst wenn ein öffentliches WLAN-Netzwerk Verschlüsselung verwendet, kann eine schwache Verschlüsselung es Angreifern ermöglichen, die Verschlüsselung zu brechen und auf die darin enthaltenen Daten zuzugreifen. Schwache Verschlüsselungsalgorithmen bieten nicht den nötigen Schutz gegen moderne Angriffstechniken, und Angreifer können spezielle Werkzeuge und Methoden einsetzen, um die Daten zu entschlüsseln. Daher ist es wichtig, starke und aktuelle Verschlüsselungsprotokolle zu verwenden, um die Sicherheit der Daten zu gewährleisten.

Schutzmaßnahmen

Um sich vor dem Abfangen von Daten in öffentlichen WLAN-Netzwerken zu schützen, sollten Benutzer eine Reihe von Sicherheitsmaßnahmen ergreifen. Die Verwendung von VPNs (Virtual Private Networks) kann den Datenverkehr verschlüsseln und die Privatsphäre der Benutzer schützen. Es ist auch ratsam, sensible Transaktionen zu vermeiden, wenn man mit öffentlichen Netzwerken verbunden ist. Darüber hinaus sollten Benutzer die Authentizität von WLAN-Hotspots überprüfen, bevor sie sich verbinden, um sicherzustellen, dass sie nicht auf gefälschte Netzwerke zugreifen. Durch diese Vorsichtsmaßnahmen können die Risiken des Datenabfangens in öffentlichen WLAN-Netzwerken erheblich reduziert werden.

Sicherheit

Verwendung eines VPNs

Ein Virtual Private Network (VPN) bietet eine verschlüsselte Verbindung zwischen dem Gerät des Benutzers und einem VPN-Server. Diese Verschlüsselung schützt den gesamten Datenverkehr vor dem Zugriff durch Dritte, indem sie sicherstellt, dass alle gesendeten und empfangenen Daten vor Angreifern verborgen bleiben. Selbst in unsicheren oder öffentlichen WLAN-Netzwerken bleibt der Datenverkehr durch das VPN geschützt. Das VPN erstellt einen sicheren Tunnel, durch den die Daten übertragen werden, und verhindert so, dass Unbefugte den Datenverkehr abhören oder manipulieren können. Die Nutzung eines VPNs ist eine der effektivsten Methoden, um sich vor den Risiken öffentlicher WLAN-Netzwerke zu schützen.

Aktivierung der Firewall

Die Firewall auf einem Gerät fungiert als eine erste Verteidigungslinie gegen unerwünschten Datenverkehr und potenzielle Angriffe. Sie überwacht und kontrolliert den ein- und ausgehenden Netzwerkverkehr basierend auf festgelegten Sicherheitsregeln. Durch die Aktivierung der Firewall können Benutzer verhindern, dass schadhafter Datenverkehr in ihr System gelangt und das Gerät vor potenziellen Angriffen geschützt wird. Eine gut konfigurierte Firewall kann dazu beitragen, viele Arten von Netzwerkangriffen zu blockieren und die Sicherheitslage zu verbessern.

Deaktivierung von Dateifreigaben

Durch das Deaktivieren von Dateifreigaben auf einem Gerät wird verhindert, dass sensible Dateien oder Ordner für andere Benutzer im gleichen Netzwerk zugänglich sind. In öffentlichen WLAN-Netzwerken besteht das Risiko, dass andere Netzwerkbenutzer auf freigegebene Dateien zugreifen können. Das Deaktivieren dieser Funktion reduziert das Risiko, dass persönliche oder geschäftliche Daten von unbefugten Dritten eingesehen werden. Diese Maßnahme schützt die Privatsphäre des Benutzers und reduziert das Risiko von Datenlecks.

Vermeidung von sensiblen Transaktionen

Es ist ratsam, sensible Transaktionen wie Online-Banking oder das Zugreifen auf vertrauliche Daten zu vermeiden, wenn man mit einem öffentlichen WLAN-Netzwerk verbunden ist. In öffentlichen Netzwerken ist die Sicherheit oft nicht gewährleistet, und es besteht ein höheres Risiko, dass persönliche Daten abgefangen oder kompromittiert werden. Die Durchführung solcher Transaktionen sollte nur über sichere und vertrauenswürdige Netzwerke erfolgen, um die Integrität und Vertraulichkeit der Daten zu schützen.

Überprüfung der Netzwerkverbindungen

Vor der Verbindung zu einem öffentlichen WLAN-Netzwerk sollten Benutzer sicherstellen, dass sie sich mit einem legitimen und vertrauenswürdigen WLAN-Hotspot verbinden. Dazu gehört die Überprüfung des Netzwerknamens und, falls erforderlich, des Passworts, um sicherzustellen, dass es sich nicht um einen gefälschten Hotspot handelt. Bekannte und vertrauenswürdige Netzwerke sind weniger anfällig für Angriffe und bieten ein höheres Maß an Sicherheit. Diese Vorsichtsmaßnahme hilft, sich vor potenziellen Risiken zu schützen, die von betrügerischen Netzwerken ausgehen könnten.

Regelmäßige Aktualisierung von Software und Betriebssystem

Regelmäßige Updates von Software und Betriebssystem sind entscheidend, um Sicherheitslücken zu schließen, die von Angreifern ausgenutzt werden könnten. Software-Updates enthalten oft wichtige Sicherheits-Patches, die bekannte Schwachstellen beheben und somit den Schutz des Geräts verbessern. Ein veraltetes System oder nicht aktualisierte Software kann anfällig für Angriffe sein, da bekannte Sicherheitslücken nicht geschlossen werden. Das regelmäßige Aktualisieren der Software stellt sicher, dass das System gegen die neuesten Bedrohungen geschützt ist.

Verwendung von HTTPS

Beim Surfen im Internet sollten Benutzer darauf achten, dass Websites das HTTPS-Protokoll verwenden. HTTPS (Hypertext Transfer Protocol Secure) verschlüsselt die Verbindung zwischen dem Browser des Benutzers und der Website, wodurch die Sicherheit der übermittelten Daten gewährleistet wird. Diese Verschlüsselung schützt die Daten vor dem Zugriff durch Dritte und verhindert, dass sensible Informationen wie Anmeldeinformationen und persönliche Daten während der Übertragung abgefangen werden. Die Verwendung von HTTPS ist eine wichtige Sicherheitsmaßnahme beim Online-Browsen.

Vorsicht bei der Nutzung von öffentlichen Computern

Das Einloggen in persönliche Konten oder die Eingabe sensibler Daten auf öffentlichen Computern sollte vermieden werden, da diese möglicherweise mit Malware infiziert sind oder überwacht werden könnten. Öffentliche Computer, wie die in Internetcafés oder Bibliotheken, können Sicherheitsrisiken bergen, da sie möglicherweise nicht regelmäßig gewartet oder auf Sicherheitsanfälligkeiten überprüft werden. Die Nutzung solcher Computer kann das Risiko erhöhen, dass persönliche Daten gestohlen oder kompromittiert werden.

Achtung vor gefälschten Hotspots

Benutzer sollten besonders vorsichtig sein, sich nicht mit gefälschten WLAN-Hotspots zu verbinden, die von Angreifern eingerichtet wurden. Diese gefälschten Hotspots imitieren häufig bekannte und vertrauenswürdige Netzwerke, um Benutzer zu täuschen. Wenn sich Benutzer mit diesen gefälschten Netzwerken verbinden, kann der Angreifer den gesamten Datenverkehr überwachen und sensible Informationen stehlen. Die Verwendung bekannter und überprüfter Netzwerke ist daher entscheidend, um solche Sicherheitsrisiken zu vermeiden.

Aktivierung von Zwei-Faktor-Authentifizierung

Die Zwei-Faktor-Authentifizierung (2FA) bietet eine zusätzliche Sicherheitsebene für Online-Konten, indem sie einen zweiten Identitätsnachweis erfordert, zusätzlich zum Passwort. Selbst wenn ein Angreifer das Passwort kennt, kann er ohne den zweiten Authentifizierungsfaktor nicht auf das Konto zugreifen. Die Aktivierung von 2FA erhöht die Sicherheit erheblich und schützt Konten vor unautorisierten Zugriffen. Diese zusätzliche Schutzmaßnahme ist besonders wichtig für Konten, die vertrauliche oder sensible Informationen enthalten.

Verschlüsselte Verbindungen beachten

Datenschutz

Verschlüsselte Verbindungen sind von entscheidender Bedeutung für den Schutz der Privatsphäre der Benutzer. Sie verhindern, dass Dritte den Datenverkehr abhören oder einsehen können, indem sie die übertragenen Daten in eine unlesbare Form umwandeln. Ohne Verschlüsselung können sensible Informationen wie Anmeldeinformationen, persönliche Daten, Bankdaten oder medizinische Aufzeichnungen von Angreifern leicht abgefangen und missbraucht werden. Durch die Verschlüsselung wird sichergestellt, dass nur die beabsichtigten Empfänger Zugriff auf die sensiblen Daten haben, was einen wesentlichen Beitrag zum Schutz der Privatsphäre leistet.

Verhinderung von Datenmanipulation

Verschlüsselte Verbindungen schützen auch vor der Manipulation von Daten während der Übertragung. Die Verschlüsselung stellt sicher, dass die gesendeten Daten während des Übertragungsprozesses nicht verändert oder verfälscht werden können. Dies bedeutet, dass die Daten, die vom Absender gesendet werden, in exakt derselben Form beim Empfänger ankommen. Eine solche Datenintegrität ist entscheidend, um sicherzustellen, dass die übermittelten Informationen zuverlässig und unverändert bleiben, was insbesondere bei geschäftskritischen Daten und Kommunikationen wichtig ist.

Sicherheit bei Online-Transaktionen

Bei Online-Transaktionen, wie dem Einkaufen oder dem Online-Banking, ist die Verwendung von verschlüsselten Verbindungen unerlässlich. Diese Verbindungen schützen die vertraulichen Finanzdaten der Benutzer vor Diebstahl und Missbrauch durch Cyberkriminelle. Durch die Verschlüsselung wird gewährleistet, dass Zahlungsinformationen, Kontodaten und andere finanzielle Details sicher übertragen werden, ohne dass Unbefugte Zugriff darauf haben. Dies schützt nicht nur vor finanziellen Verlusten, sondern auch vor möglichen Identitätsdiebstählen und betrügerischen Aktivitäten.

Schutz vor Identitätsdiebstahl

Verschlüsselte Verbindungen spielen eine wichtige Rolle beim Schutz vor Identitätsdiebstahl. Durch die Verschlüsselung werden sensible persönliche Informationen wie Benutzernamen, Passwörter oder Sozialversicherungsnummern vor dem Zugriff durch Angreifer geschützt. Wenn Daten während der Übertragung verschlüsselt sind, können sie nicht ohne Weiteres abgefangen und entschlüsselt werden, was das Risiko reduziert, dass diese Informationen für betrügerische Zwecke verwendet werden. Der Schutz vor Identitätsdiebstahl ist besonders wichtig für die Sicherheit der individuellen Identität und persönlichen Daten.

Einhaltung von Datenschutzbestimmungen

Viele Länder und Branchen haben Datenschutzbestimmungen und -gesetze erlassen, die die sichere Übertragung und Speicherung von sensiblen Daten vorschreiben. Die Verwendung von verschlüsselten Verbindungen ist eine wesentliche Maßnahme, um die Einhaltung dieser gesetzlichen Anforderungen zu gewährleisten. Durch die Implementierung von Verschlüsselungstechnologien können Organisationen sicherstellen, dass sie den rechtlichen Anforderungen entsprechen und mögliche rechtliche Konsequenzen vermeiden. Diese Einhaltung ist nicht nur gesetzlich vorgeschrieben, sondern auch entscheidend für das Vertrauen der Kunden und Partner.

Vertrauenswürdige Kommunikation

Verschlüsselte Verbindungen dienen auch als Indikator für vertrauenswürdige Kommunikation. Benutzer können erkennen, dass eine Website eine verschlüsselte Verbindung verwendet, wenn sie das "https" in der URL und ein Schlosssymbol in der Adressleiste des Browsers sehen. Diese visuelle Bestätigung signalisiert, dass die Kommunikation zwischen dem Benutzer und der Website sicher ist und dass die Daten geschützt sind. Vertrauenswürdige Kommunikation ist besonders wichtig für das Vertrauen in Online-Dienste und die Wahrnehmung der Sicherheitsstandards einer Website.

Die Verwendung von verschlüsselten Verbindungen ist ein wesentlicher Bestandteil der digitalen Sicherheit. Sie bietet einen effektiven Schutzmechanismus, um die Vertraulichkeit, Integrität und Verfügbarkeit von Daten zu gewährleisten. Durch die Sicherstellung, dass Daten während der Übertragung geschützt sind, können Benutzer sicher sein, dass ihre sensiblen Informationen vor unbefugtem Zugriff und Manipulation geschützt werden, was zu einer sichereren und vertrauenswürdigeren Online-Erfahrung führt.

VPN in öffentlichen WLAN-Netzwerken

Verschlüsselung des Datenverkehrs

Ein VPN (Virtual Private Network) verschlüsselt den gesamten Datenverkehr zwischen dem Gerät des Benutzers und dem VPN-Server. Diese Verschlüsselung sorgt dafür, dass der Datenverkehr für Dritte, einschließlich potenzieller Angreifer im öffentlichen WLAN-Netzwerk, nicht lesbar oder manipulierbar ist. Selbst wenn ein Angreifer den Datenverkehr abfangen kann, bleibt der Inhalt aufgrund der Verschlüsselung unzugänglich und sicher. Diese Maßnahme schützt vor dem unbefugten Zugriff auf persönliche und sensible Daten, die während der Internetnutzung übertragen werden.

Anonymität und Datenschutz

Durch die Nutzung eines VPNs wird die IP-Adresse des Benutzers durch die IP-Adresse des VPN-Servers ersetzt. Dies verschleiert die tatsächliche Identität des Benutzers und schützt seine Privatsphäre. Websites und Online-Dienste können die wahre Identität des Benutzers nicht mehr nachvollziehen oder dessen Standort ermitteln. Die Anonymität, die ein VPN bietet, ist entscheidend für den Schutz der Privatsphäre, da sie das Tracking und die Überwachung durch Dritte erschwert und somit die Sicherheit des Benutzers erhöht.

Umgehung von geografischen Beschränkungen

Ein VPN ermöglicht es Benutzern, geografische Beschränkungen zu umgehen. Indem es den Internetverkehr über Server in verschiedenen Ländern leitet, können Benutzer auf Inhalte und Dienste zugreifen, die in ihrer Region normalerweise gesperrt oder eingeschränkt sind. Dies ist besonders hilfreich, wenn man auf Reisen ist und auf lokale Inhalte oder Dienste zugreifen möchte, die in dem Land, in dem man sich befindet, nicht verfügbar sind. Die Fähigkeit, geografische Beschränkungen zu umgehen, bietet zusätzlichen Komfort und Zugang zu einer breiteren Palette von Online-Ressourcen.

Schutz vor Man-in-the-Middle-Angriffen

Man-in-the-Middle-Angriffe stellen eine ernsthafte Bedrohung in öffentlichen WLAN-Netzwerken dar, bei denen Angreifer den Datenverkehr zwischen dem Gerät des Benutzers und dem Internet abfangen und manipulieren können. Ein VPN schützt vor solchen Angriffen, indem es den gesamten Kommunikationsweg zwischen dem Gerät des Benutzers und dem VPN-Server verschlüsselt. Diese Verschlüsselung erschwert es Angreifern, den Datenverkehr abzufangen und zu manipulieren, was die Wirksamkeit von Man-in-the-Middle-Angriffen erheblich verringert und die Sicherheit der Kommunikation erhöht.

Sicheres Surfen

Ein VPN bietet eine zusätzliche Sicherheitsebene beim Surfen im Internet, insbesondere in unsicheren öffentlichen WLAN-Netzwerken, die ein erhöhtes Risiko für Cyberangriffe darstellen. Durch die Verschlüsselung des Datenverkehrs und die Anonymisierung der IP-Adresse trägt ein VPN dazu bei, die Sicherheit und Privatsphäre des Benutzers zu gewährleisten. Dies reduziert das Risiko von Datenlecks und schützt vor potenziellen Cyberbedrohungen, indem es eine sichere und private Verbindung zum Internet aufrechterhält.

VPN spielt eine wesentliche Rolle bei der Sicherung der Internetverbindung in öffentlichen WLAN-Netzwerken. Es bietet umfassenden Schutz durch Datenverschlüsselung, Anonymisierung der IP-Adresse, Umgehung von geografischen Beschränkungen und Schutz vor Man-in-the-Middle-Angriffen. Diese Funktionen tragen dazu bei, die Sicherheit und Privatsphäre der Benutzer erheblich zu verbessern und sie vor potenziellen Risiken und Bedrohungen im Internet zu schützen.

Schutz vor Man-in-the-Middle

Verwendung eines VPNs

Die Nutzung eines VPNs (Virtual Private Network) stellt eine der effektivsten Methoden dar, um sich vor Man-in-the-Middle-Angriffen in öffentlichen WLAN-Netzwerken zu schützen. Ein VPN verschlüsselt den gesamten Datenverkehr zwischen dem Gerät des Benutzers und dem VPN-Server. Diese Verschlüsselung macht es für Angreifer nahezu unmöglich, den Datenverkehr abzuhören oder zu manipulieren. Selbst wenn ein Angreifer es schafft, den Datenverkehr abzufangen, sind die Informationen aufgrund der starken Verschlüsselung unlesbar. Ein VPN schützt somit vor der Ausspähung und Manipulation von Daten, die während der Internetnutzung übertragen werden.

Verwendung von sicheren Websites

Um sich vor Man-in-the-Middle-Angriffen zu schützen, sollten Benutzer darauf achten, nur sichere und vertrauenswürdige Websites zu besuchen. Besonders wichtig ist dies, wenn sensible Informationen übertragen oder Transaktionen durchgeführt werden. Websites, die HTTPS verwenden, bieten eine zusätzliche Sicherheitsebene, da das HTTPS-Protokoll eine verschlüsselte Verbindung zwischen dem Browser des Benutzers und der Website herstellt. Das Vorhandensein des „https://" in der URL und des Schlosssymbols in der Adressleiste des Browsers signalisiert, dass die Kommunikation verschlüsselt ist und vor Abhörversuchen geschützt wird.

Überprüfung der Netzwerkverbindung

Eine wesentliche Maßnahme zum Schutz vor Man-in-the-Middle-Angriffen ist die sorgfältige Überprüfung der Netzwerkverbindung. Benutzer sollten sicherstellen, dass sie mit dem richtigen WLAN-Netzwerk verbunden sind und nicht versehentlich einem gefälschten oder bösartigen Netzwerk beigetreten sind. Es ist ratsam, bekannte und vertrauenswürdige WLAN-Netzwerke zu verwenden und bei der Verbindung zu öffentlichen WLAN-Netzwerken besonders vorsichtig zu sein. Wenn die Netzwerkverbindung nicht sicher erscheint oder verdächtige Merkmale aufweist, sollte man die Verbindung abbrechen und nach einem vertrauenswürdigen Netzwerk suchen.

Aktivierung von Zwei-Faktor-Authentifizierung

Die Aktivierung der Zwei-Faktor-Authentifizierung (2FA) ist eine zusätzliche Sicherheitsmaßnahme, die auch bei einem Kompromittieren der Zugangsdaten durch einen Man-in-the-Middle-Angriff Schutz bietet. Bei der Zwei-Faktor-Authentifizierung wird ein zusätzlicher Bestätigungsschritt eingeführt, wie beispielsweise ein Einmalpasswort, das per SMS oder Authentifizierungs-App gesendet wird. Diese zusätzliche Sicherheitsebene sorgt dafür, dass selbst bei Diebstahl der Zugangsdaten ein zusätzlicher Authentifizierungsschritt erforderlich ist, um auf das Konto zuzugreifen.

Regelmäßige Software-Updates

Regelmäßige Updates von Software und Betriebssystemen sind entscheidend für den Schutz vor Man-in-the-Middle-Angriffen. Software-Updates schließen Sicherheitslücken, die von Angreifern ausgenutzt werden könnten. Indem Benutzer sicherstellen, dass ihre Geräte und Anwendungen immer auf dem neuesten

Stand sind, minimieren sie das Risiko, dass bekannte Schwachstellen ausgenutzt werden. Die regelmäßige Aktualisierung von Sicherheitssoftware und Systempatches trägt zur Verbesserung der allgemeinen Sicherheit und zum Schutz vor Angriffen bei.

Vermeidung sensibler Transaktionen

Es ist ratsam, sensible Transaktionen und Datenübertragungen in öffentlichen WLAN-Netzwerken zu vermeiden, wenn keine zusätzlichen Sicherheitsmaßnahmen wie die Nutzung eines VPNs oder einer sicheren Verbindung implementiert sind. Der Austausch vertraulicher Informationen sollte idealerweise nur in einem sicheren und vertrauenswürdigen Netzwerk stattfinden. Wenn es unbedingt notwendig ist, sensible Daten zu übertragen, sollte dies nur erfolgen, wenn man sicherstellen kann, dass die Verbindung ausreichend geschützt ist.

Sensibilisierung für Sicherheitsrisiken

Eine erhöhte Sensibilisierung für die Risiken von Man-in-the-Middle-Angriffen ist eine wichtige Maßnahme zum Schutz der eigenen Sicherheit in öffentlichen WLAN-Netzwerken. Benutzer sollten sich der potenziellen Gefahren bewusst sein und entsprechende Schulungen oder Trainings zur Internetsicherheit absolvieren. Eine gute Kenntnis der Sicherheitsrisiken und der besten Praktiken kann dazu beitragen, das Risiko von Sicherheitsvorfällen zu minimieren und die allgemeine Sicherheit im Umgang mit öffentlichen WLAN-Netzwerken zu verbessern.

Durch die Anwendung dieser bewährten Sicherheitspraktiken können Benutzer ihre Sicherheit und Privatsphäre in öffentlichen WLAN-Netzwerken effektiv schützen und das Risiko von Man-in-the-Middle-Angriffen erheblich reduzieren.

Automatisches Verbinden

Man-in-the-Middle-Angriffe

Automatisches Verbinden mit öffentlichen WLAN-Netzwerken erhöht das Risiko für Man-in-the-Middle-Angriffe erheblich. In einem solchen Angriff positioniert sich ein Angreifer zwischen dem Benutzer und dem Internet, indem er ein gefälschtes WLAN-Netzwerk einrichtet, das dem Namen eines legitimen öffentlichen Hotspots ähnelt. Sobald ein Benutzer automatisch eine Verbindung zu diesem gefälschten Netzwerk herstellt, hat der Angreifer die Möglichkeit, den gesamten Datenverkehr des Benutzers abzuhören. Diese Technik ermöglicht es dem Angreifer nicht nur, die Kommunikation zu überwachen, sondern auch, die übermittelten Daten zu manipulieren, was zu erheblichen Sicherheitsrisiken führen kann.

Abfangen von Daten und Spionage

Durch das automatische Verbinden mit öffentlichen WLAN-Netzwerken können Angreifer leicht auf den Datenverkehr zugreifen, der über diese Netzwerke gesendet wird. Dies schließt sensible Informationen wie Benutzernamen, Passwörter, persönliche Nachrichten und Finanzdaten ein. Da diese Netzwerke oft nicht ausreichend gesichert sind, können solche Informationen abgefangen und für schädliche Zwecke wie Identitätsdiebstahl, Finanzbetrug oder andere Arten von Missbrauch verwendet werden. Diese Art von Abfangen von Daten kann besonders gefährlich sein, da sie oft unbemerkt bleibt, bis es zu spät ist.

Unsichere Netzwerkinfrastruktur

Öffentliche WLAN-Netzwerke sind nicht immer mit der neuesten Sicherheitstechnologie ausgestattet. Einige dieser Netzwerke können eine unsichere Infrastruktur aufweisen, die es Angreifern erleichtert, auf den Datenverkehr zuzugreifen und Schwachstellen auszunutzen. Solche Sicherheitsmängel können durch unzureichende Schutzmaßnahmen des Netzwerkbetreibers, veraltete Software oder ungesicherte Netzwerkgeräte entstehen. Diese

Mängel machen das Netzwerk anfällig für Angriffe und Daten-lecks.

Bösartige Hotspots

Angreifer können auch bösartige WLAN-Hotspots einrichten, die darauf ausgelegt sind, Benutzer zum automatischen Verbinden zu verleiten. Diese Hotspots können verwendet werden, um Malware auf die Geräte der Benutzer zu übertragen, Phishing-Angriffe durchzuführen oder sensible Informationen zu stehlen. Da diese Hotspots wie legitime Netzwerke erscheinen können, ist es für Benutzer schwierig, deren Authentizität zu überprüfen, was das Risiko eines erfolgreichen Angriffs erhöht.

Netzwerküberlastung

In stark frequentierten öffentlichen WLAN-Netzwerken kann das automatische Verbinden zu Netzwerküberlastungen führen. Wenn viele Benutzer gleichzeitig verbunden sind, wird die verfügbare Bandbreite aufgeteilt, was zu einer langsamen und instabilen Internetverbindung führen kann. Dies beeinträchtigt nicht nur die Benutzererfahrung, sondern kann auch die Leistung und Zuverlässigkeit des Netzwerks verringern, was zu weiteren Problemen bei der Nutzung führt.

Maßnahmen zur Risikominderung

Um die Risiken des automatischen Verbindens mit öffentlichen WLAN-Netzwerken zu minimieren, sollten Benutzer verschiedene Sicherheitspraktiken anwenden. Dazu gehört die Verwendung eines VPNs (Virtual Private Network), das den Datenverkehr verschlüsselt und so die Gefahr von Abhörungen reduziert. Die Überprüfung der Authentizität des Netzwerks vor dem Verbinden ist ebenfalls wichtig, um sicherzustellen, dass keine gefälschten Netzwerke genutzt werden. Darüber hinaus sollten Benutzer ihre Firewall- und Antivirensoftware aktivieren, sensible Transaktionen vermeiden, wenn sie sich in einem öffentlichen Netzwerk befinden, und ihre Software und Betriebssysteme regelmäßig aktualisieren, um Sicherheitslücken zu schließen. Durch die

Umsetzung dieser Maßnahmen können Benutzer ihre Sicherheit und Privatsphäre beim Surfen in öffentlichen WLAN-Netzwerken erheblich verbessern.

Transaktionen und Datenverkehr

Mögliche Abfangen von Daten

Öffentliche WLAN-Netzwerke sind häufig ungesichert oder bieten nur schwache Sicherheitsmaßnahmen. Dies macht es Angreifern relativ einfach, den Datenverkehr, der durch das Netzwerk fließt, abzufangen. Wenn Benutzer sensible Transaktionen wie Online-Banking, Kreditkartenzahlungen oder das Versenden persönlicher Daten durchführen, können diese Informationen von Angreifern erfasst und gestohlen werden. Ohne angemessene Sicherheitsvorkehrungen wie Verschlüsselung können solche Daten leicht in die falschen Hände geraten und für betrügerische Aktivitäten genutzt werden.

Risiko von Man-in-the-Middle-Angriffen

Man-in-the-Middle-Angriffe sind eine ernsthafte Bedrohung in öffentlichen WLAN-Netzwerken. Bei einem solchen Angriff platziert sich ein Angreifer zwischen dem Benutzer und dem beabsichtigten Ziel, um den gesamten Datenverkehr abzufangen und gegebenenfalls zu manipulieren. Dies bedeutet, dass sensible Informationen wie Benutzernamen, Passwörter und Kreditkarteninformationen während der Übertragung über das Netzwerk kompromittiert werden können. Der Benutzer ist oft nicht in der Lage zu erkennen, dass seine Daten von einem Angreifer überwacht oder verändert werden.

Phishing-Gefahr

Phishing-Angriffe sind in öffentlichen WLAN-Netzwerken besonders gefährlich. Angreifer können gefälschte Websites oder gefälschte Netzwerk-Anmeldeportale einrichten, um Benutzer zu täuschen. Diese gefälschten Seiten können täuschend echt aussehen und dazu führen, dass Benutzer ihre Anmeldedaten oder andere vertrauliche Informationen eingeben. Oft bemerken Benutzer nicht, dass sie Opfer eines Phishing-Angriffs geworden sind, bis ihre Daten missbraucht werden.

Unsichere Netzwerkinfrastruktur

Die Infrastruktur vieler öffentlicher WLAN-Netzwerke ist oft mangelhaft gesichert. Dies kann bedeuten, dass Netzwerkgeräte wie Router und Access Points veraltet sind oder nicht richtig konfiguriert wurden. Solche Schwächen können von Angreifern ausgenutzt werden, um auf den gesamten Datenverkehr im Netzwerk zuzugreifen. Wenn die Netzwerkinfrastruktur nicht angemessen gesichert ist, besteht ein erhöhtes Risiko, dass vertrauliche Informationen gestohlen oder kompromittiert werden.

Unbekannte Netzwerkbenutzer

In öffentlichen WLAN-Netzwerken teilen sich viele unbekannte Benutzer das gleiche Netzwerk. Einige dieser Benutzer könnten bösartige Absichten haben. Die gemeinsame Nutzung eines Netzwerks mit potenziell gefährlichen Akteuren erhöht das Risiko von Angriffen und Datendiebstahl erheblich. Da die Identität und die Absichten der anderen Benutzer nicht immer bekannt sind, kann das Risiko für alle verbundenen Benutzer steigen.

Maßnahmen zur Risikominderung

Um das Risiko von Sicherheitsverletzungen zu minimieren, sollten sensible Transaktionen und Datenübertragungen vermieden werden, wenn man mit öffentlichen WLAN-Netzwerken verbunden ist. Es ist ratsam, auf sicherere Verbindungen wie persönliche Mobilfunknetzwerke (3G/4G/5G) oder ein Virtual Private Network (VPN) zurückzugreifen, um sensible Informationen zu übertragen. Zudem sollten Benutzer darauf achten, nur auf sichere Websites zuzugreifen, die HTTPS-Verbindungen verwenden. Eine regelmäßige Überprüfung und Anpassung der Sicherheitseinstellungen des Geräts kann ebenfalls dazu beitragen, die persönliche Sicherheit und Privatsphäre zu gewährleisten.

Alternativen zur Sicherheit

Mobiles Datennetzwerk (3G/4G/5g)

Anstelle der Verbindung zu öffentlichen WLAN-Netzwerken können Benutzer ihr eigenes mobiles Datennetzwerk nutzen. Die Nutzung von 3G, 4G oder 5G über den Mobilfunkanbieter bietet eine sichere Verbindung, da der Datenverkehr über ein geschütztes Netzwerk des Mobilfunkanbieters läuft. Diese Art der Verbindung reduziert das Risiko von Sicherheitsverletzungen im Vergleich zu offenen öffentlichen WLAN-Netzwerken, da Mobilfunknetze in der Regel besser gesichert sind und weniger anfällig für Abhörversuche oder Man-in-the-Middle-Angriffe.

Virtual Private Network (VPN)

Die Verwendung eines Virtual Private Network (VPN) ist eine besonders effektive Methode, um die Sicherheit zu gewährleisten, wenn es notwendig ist, öffentliche WLAN-Netzwerke zu nutzen. Ein VPN verschlüsselt den gesamten Datenverkehr zwischen dem Gerät des Benutzers und dem VPN-Server, wodurch die Daten vor dem Abhören oder der Manipulation durch Dritte geschützt werden. Selbst wenn der Datenverkehr von einem Angreifer abgefangen wird, bleiben die Daten durch die starke Verschlüsselung des VPNs sicher.

Persönlicher Hotspot

Viele moderne Smartphones und Mobilgeräte ermöglichen die Einrichtung eines persönlichen Hotspots. Benutzer können ihr Mobilgerät als drahtlosen Zugangspunkt verwenden, um eine sichere Internetverbindung für andere Geräte bereitzustellen. Diese Methode nutzt das mobile Datennetzwerk des Mobilgeräts, was im Vergleich zu öffentlichen WLAN-Netzwerken eine sicherere Alternative darstellt. Ein persönlicher Hotspot schützt vor den Risiken öffentlicher Netzwerke, indem er eine private Verbindung über das Mobilfunknetz bietet.

Gesicherte Netzwerke von vertrauenswürdigen Orten

In einigen Fällen bieten vertrauenswürdige Orte wie Cafés, Restaurants oder Bibliotheken gesicherte WLAN-Netzwerke an, die durch Passwortschutz oder andere Sicherheitsmaßnahmen abgesichert sind. Diese Netzwerke sind in der Regel sicherer als viele offene öffentliche WLAN-Hotspots. Benutzer sollten sicherstellen, dass sie sich nur mit Netzwerken verbinden, die ihnen vertraut erscheinen und angemessene Sicherheitsvorkehrungen getroffen haben.

Verwendung von mobilen Daten-SIM-Karten

Für Benutzer, die viel unterwegs sind und eine zuverlässige Internetverbindung benötigen, kann die Verwendung einer separaten mobilen Daten-SIM-Karte eine praktische Option sein. Diese SIM-Karten bieten Zugang zum mobilen Datennetzwerk des Mobilfunkanbieters und ermöglichen es, eine sichere Internetverbindung aufzubauen, ohne auf öffentliche WLAN-Netzwerke angewiesen zu sein. Sie bieten eine zusätzliche Sicherheitsebene und verhindern das Risiko, das mit unsicheren öffentlichen Netzwerken verbunden ist.

Zusätzliche Sicherheitspraktiken

Unabhängig von der gewählten Methode ist es wichtig, grundlegende Sicherheitspraktiken zu beachten. Dazu gehört das Vermeiden des Zugriffs auf sensible Informationen über unsichere Websites und die regelmäßige Aktualisierung der Sicherheitssoftware auf dem Gerät. Auch bei der Nutzung von sicheren Alternativen sollten Benutzer wachsam bleiben und sicherstellen, dass ihre Sicherheitsvorkehrungen immer auf dem neuesten Stand sind.

7. Datensicherheit in sozialen Netzwerken

Sammeln von persönlichen Daten in sozialen Netzwerken

Soziale Netzwerke sammeln eine Vielzahl von persönlichen Daten ihrer Nutzer, um ihre Dienste zu personalisieren, gezielte Werbung zu schalten und die Benutzererfahrung zu verbessern. Die gesammelten Daten umfassen typischerweise:

Grundlegende Profildaten

Name und Benutzername: Vollständiger Name, Benutzername oder Spitzname.

Geburtsdatum: Informationen über das Alter oder das genaue Geburtsdatum des Nutzers.

Geschlecht: Geschlecht des Nutzers.

Kontaktinformationen: E-Mail-Adresse, Telefonnummer, physische Adresse.

Demografische Daten

Wohnort und Heimatstadt: Aktuelle Wohnadresse, Stadt oder Region.

Bildung und Beruf: Informationen über die Schul- und Universitätsausbildung, Arbeitsplätze und berufliche Erfahrungen.

Beziehungsstatus: Angaben zum Beziehungsstatus, wie verheiratet, in einer Beziehung oder Single.

Interessen und Vorlieben

Likes und Abonnements: Informationen über Seiten, Beiträge und Personen, die der Nutzer mit „Gefällt mir" markiert oder abonniert hat.

Gruppen und Gemeinschaften: Mitgliedschaften in bestimmten Gruppen oder Online-Communities.

Hobbys und Interessen: Angaben zu persönlichen Interessen, Hobbys und Freizeitaktivitäten.

Verhaltens- und Nutzungsdaten

Beiträge und Interaktionen: Informationen über gepostete Inhalte, Kommentare, geteilte Inhalte und Reaktionen auf Beiträge anderer.

Suchverlauf: Daten über durchgeführte Suchanfragen innerhalb der Plattform.

Gerätenutzung: Informationen über die genutzten Geräte und deren Betriebssysteme, von denen aus die Plattform verwendet wird.

Standortdaten

Standortdienste: Informationen über den aktuellen geografischen Standort, oft gesammelt über GPS oder IP-Adresse.

Check-ins: Daten über Orte, an denen sich der Nutzer eingeloggt oder „eingecheckt" hat.

Fotos und Videos

Hochgeladene Medien: Fotos, Videos und andere multimediale Inhalte, die vom Nutzer hochgeladen oder geteilt wurden.

Metadaten: Informationen in den Metadaten von Fotos und Videos wie Aufnahmeort und -Zeit.

Verbindungen und Netzwerke

Freundesliste: Informationen über die Kontakte und Freundesliste des Nutzers.

Interaktionsnetzwerk: Daten darüber, wie häufig und intensiv der Nutzer mit bestimmten Personen interagiert.

Kommunikationsinhalte

Nachrichten und Chats: Inhalte von privaten Nachrichten und Chats, die auf der Plattform geführt werden.

Anrufprotokolle: Informationen über geführte Sprach- und Videoanrufe, einschließlich Dauer und Zeitpunkt.

Finanzielle Daten

Zahlungsinformationen: Daten über Kreditkarteninformationen, Bankdaten oder andere Zahlungsinformationen, die für Käufe oder Abonnements auf der Plattform verwendet werden.

Transaktionsverlauf: Historie von Käufen und finanziellen Transaktionen, die über die Plattform abgewickelt wurden.

Einstellungen und Präferenzen

Datenschutzeinstellungen: Präferenzen bezüglich Datenschutz, Sichtbarkeit und Datenfreigabe.

Benachrichtigungseinstellungen: Einstellungen für Benachrichtigungen und Kommunikationspräferenzen.

Diese umfangreiche Sammlung persönlicher Daten ermöglicht es sozialen Netzwerken, detaillierte Profile der Nutzer zu erstellen und ihre Dienste zu optimieren. Gleichzeitig birgt sie jedoch auch Risiken für die Privatsphäre und Sicherheit der Nutzer, weshalb es wichtig ist, die Datenschutzeinstellungen sorgfältig zu verwalten und nur notwendige Informationen zu teilen.

Datenschutz in sozialen Netzwerken

Das Kapitel "Datensicherheit in sozialen Netzwerken" ist von zentraler Bedeutung, da soziale Netzwerke einen großen Teil unseres digitalen Lebens ausmachen. Hier sind einige wichtige Aspekte, die dieses Kapitel abdecken sollte:

Überblick über soziale Netzwerke

Definition und Beispiele: Soziale Netzwerke sind Plattformen, die es Nutzern ermöglichen, miteinander zu kommunizieren und Inhalte zu teilen. Beispiele sind Facebook, Twitter, Instagram und LinkedIn.

Zweck und Nutzen: Diese Plattformen dienen der Vernetzung, dem Austausch von Informationen, der Unterhaltung und der beruflichen Vernetzung.

Arten von persönlichen Daten in sozialen Netzwerken

Grundlegende Profildaten: Name, Geburtsdatum, Geschlecht und Kontaktinformationen.

Demografische Daten: Wohnort, Bildung, Beruf und Beziehungsstatus.

Interessen und Vorlieben: Likes, Abonnements, Gruppenmitgliedschaften und Hobbys.

Verhaltens- und Nutzungsdaten: Beiträge, Kommentare, Suchverlauf und Gerätenutzung.

Standortdaten: GPS-Daten und Check-ins.

Fotos und Videos: Hochgeladene Medien und deren Metadaten.

Verbindungen und Netzwerke: Freundeslisten und Interaktionsnetzwerke.

Kommunikationsinhalte: Private Nachrichten und Anrufprotokolle.

Finanzielle Daten: Zahlungsinformationen und Transaktionsverlauf.

Einstellungen und Präferenzen: Datenschutz- und Benachrichtigungseinstellungen.

Risiken und Gefahren in sozialen Netzwerken

Datenschutzverletzungen: Risiko, dass persönliche Daten ohne Zustimmung weitergegeben oder gehackt werden.

Identitätsdiebstahl: Kriminelle können gestohlene Informationen nutzen, um sich als andere Personen auszugeben.

Cybermobbing: Belästigung und Mobbing durch andere Nutzer.

Phishing und Social Engineering: Betrügerische Versuche, sensible Informationen zu erlangen.

Ungewollte Sichtbarkeit: Private Informationen können ungewollt öffentlich werden.

Sicherheitsmaßnahmen und Datenschutzstrategien

Starke Passwörter: Verwendung komplexer, einzigartiger Passwörter für jedes Konto.

Zwei-Faktor-Authentifizierung (2FA): Zusätzliche Sicherheitsstufe durch Bestätigung eines zweiten Faktors.

Datenschutzeinstellungen: Anpassung der Sichtbarkeit von Beiträgen, Freundeslisten und Profilinformationen.

Eingeschränkte Freigabe persönlicher Daten: Zurückhaltender Umgang mit sensiblen Informationen.

Regelmäßige Überprüfung der Kontosicherheit: Überprüfung von Login-Aktivitäten und verbundenen Apps.

Bewusstsein für Phishing: Misstrauen gegenüber verdächtigen Nachrichten und Links.

Technische Schutzmaßnahmen

Verschlüsselung: Nutzung von Ende-zu-Ende-Verschlüsselung für Nachrichten und Daten.

Sichere Verbindungen: Verwendung von HTTPS und VPNs (Virtual Private Networks) für sichere Datenübertragungen.

Antiviren- und Anti-Malware-Software: Schutz vor Schadsoftware und Angriffen.

Verantwortung der Plattformbetreiber

Datenschutzrichtlinien: Transparente und faire Datenschutzrichtlinien.

Sicherheitstools: Bereitstellung von Sicherheitsfeatures wie 2FA, Aktivitätsprotokollen und Datenschutzkontrollen.

Reaktionsfähigkeit: Schnelle Reaktion auf Sicherheitsvorfälle und Datenschutzverletzungen.

Rechtliche Aspekte und Nutzerrechte

Datenschutzgesetze: Einhaltung von Datenschutzgesetzen wie der DSGVO (Datenschutz-Grundverordnung) in der EU.

Nutzerrechte: Recht auf Zugang, Berichtigung und Löschung persönlicher Daten.

Praktische Tipps für Nutzer

Skepsis bei Freundschaftsanfragen: Vorsicht bei Anfragen von unbekannten Personen.

Überlegtes Posten: Bewusster Umgang mit der Veröffentlichung persönlicher Informationen.

Informiert bleiben: Regelmäßige Aktualisierung des Wissens über neue Bedrohungen und Schutzmaßnahmen.

Wichtigkeit der Datensicherheit

In sozialen Netzwerken ist es essenziell, Datenschutz und Sicherheit ernst zu nehmen, um persönliche Daten zu schützen und sich vor Bedrohungen zu schützen.

Durch die umfassende Betrachtung dieser Aspekte bietet das Kapitel eine fundierte Grundlage für den sicheren Umgang mit sozialen Netzwerken und erhöht das Bewusstsein für potenzielle Gefahren und Schutzmöglichkeiten.

Weitergabe persönlicher Informationen

Die Weitergabe persönlicher Informationen in sozialen Netzwerken kann zahlreiche Risiken mit sich bringen. Diese Risiken betreffen sowohl die Privatsphäre als auch die Sicherheit der Nutzer. Hier sind die wichtigsten Risiken im Detail beschrieben:

Identitätsdiebstahl

Identitätsdiebstahl ist ein ernstes Risiko, wenn persönliche Informationen in sozialen Netzwerken geteilt werden. Cyberkriminelle können diese Informationen nutzen, um sich als die betroffene Person auszugeben und unbefugt auf deren Konten zuzugreifen oder finanzielle Transaktionen durchzuführen. Dazu gehören Informationen wie Geburtsdatum, Adresse und sogar Bilder, die leicht missbraucht werden können.

Phishing und Social Engineering

Phishing-Angriffe und Social Engineering sind gängige Methoden, um persönliche Informationen zu stehlen. Betrüger können sich als vertrauenswürdige Kontakte ausgeben und Nutzer dazu bringen, sensible Informationen preiszugeben oder auf schädliche Links zu klicken. Diese Angriffe werden oft durch Informationen erleichtert, die in sozialen Netzwerken öffentlich zugänglich sind.

Cybermobbing und Belästigung

Persönliche Informationen können dazu verwendet werden, Nutzer zu belästigen oder zu mobben. Cybermobbing kann in Form von beleidigenden Nachrichten, dem Veröffentlichen von peinlichen Fotos oder der Verbreitung falscher Gerüchte erfolgen. Diese Art von Belästigung kann erhebliche psychologische Auswirkungen auf die Betroffenen haben.

Berufliche und soziale Konsequenzen

Informationen, die in sozialen Netzwerken geteilt werden, können negative Auswirkungen auf das berufliche und soziale Leben haben. Arbeitgeber und Kollegen können auf öffentlich geteilte Informationen zugreifen, was zu Missverständnissen oder negativen Urteilen führen kann. Unangemessene oder kontroverse Inhalte können die beruflichen Chancen und das soziale Ansehen beeinträchtigen.

Unbefugter Zugriff und Datenschutzverletzungen

Soziale Netzwerke sind häufig Ziel von Datenschutzverletzungen. Wenn persönliche Informationen in einem solchen Netzwerk gespeichert werden, besteht immer die Gefahr, dass diese Daten durch Sicherheitslücken oder Hackerangriffe kompromittiert werden. Dies kann dazu führen, dass sensible Informationen in die falschen Hände geraten.

Überwachung und Datenprofiling

Durch die Weitergabe persönlicher Informationen ermöglichen Nutzer den Betreibern sozialer Netzwerke und Dritten, detaillierte Profile über ihre Vorlieben, Verhaltensweisen und sozialen Interaktionen zu erstellen. Diese Profile können für gezielte Werbung verwendet werden, aber auch das Risiko erhöhen, dass diese Daten für andere Zwecke missbraucht werden, wie zum Beispiel politische Beeinflussung oder Diskriminierung.

Unfreiwillige Bekanntgabe sensibler Daten

Viele Nutzer sind sich nicht immer bewusst, welche Informationen sie teilen und wer darauf zugreifen kann. Dies führt dazu, dass oft mehr preisgegeben wird, als beabsichtigt. Sensible Daten wie Standorte, Reisepläne oder private Gespräche können so ungewollt öffentlich werden und Missbrauchspotenzial bieten.

Sicherheitsrisiken durch Standortdaten

Die Veröffentlichung von Standortdaten, wie zum Beispiel Check-ins oder Geo-Tags in Fotos, kann erhebliche Sicherheitsrisiken bergen. Einbrecher könnten die Informationen nutzen, um herauszufinden, wann jemand nicht zu Hause ist, während Stalker oder andere Personen unerwünschten Zugriff auf den Aufenthaltsort eines Nutzers erhalten.

Missbrauch durch Dritte

Dritte, wie Apps oder Werbepartner, können auf persönliche Informationen zugreifen, die in sozialen Netzwerken geteilt werden. Dies kann dazu führen, dass Daten ohne das Wissen oder die Zustimmung des Nutzers weitergegeben oder verkauft werden, was das Risiko eines Missbrauchs erhöht.

Rechtliche Konsequenzen

In einigen Fällen kann die Weitergabe bestimmter Informationen rechtliche Konsequenzen haben. Dies gilt besonders für vertrauliche oder geschützte Informationen, die gegen Datenschutzgesetze oder Unternehmensrichtlinien verstoßen könnten.

Maßnahmen zur Risikominimierung

Datenschutzeinstellungen überprüfen: Nutzer sollten regelmäßig ihre Datenschutzeinstellungen überprüfen und anpassen, um zu kontrollieren, wer Zugriff auf ihre Informationen hat.

Bewusster Umgang mit persönlichen Informationen: Es ist ratsam, persönliche und sensible Informationen nicht öffentlich zu teilen und vorsichtig mit der Preisgabe von Details zu sein.

Zwei-Faktor-Authentifizierung (2FA): Die Aktivierung von 2FA kann die Sicherheit von Konten erheblich erhöhen.

Regelmäßige Sicherheitsüberprüfungen: Nutzer sollten regelmäßig überprüfen, welche Apps und Dienste Zugriff auf ihre sozialen Netzwerke haben und diesen Zugriff bei Bedarf entziehen.

Skepsis bei Freundschaftsanfragen: Freundschaftsanfragen von unbekannten Personen sollten mit Vorsicht behandelt werden, um potenzielle Bedrohungen zu vermeiden.

Durch das Bewusstsein dieser Risiken und das Ergreifen entsprechender Schutzmaßnahmen können Nutzer die Sicherheit ihrer persönlichen Daten in sozialen Netzwerken erheblich verbessern.

Datenschutzeinstellungen optimieren

Die Optimierung der Datenschutzeinstellungen in sozialen Netzwerken ist ein wichtiger Schritt, um die persönliche Privatsphäre und die Sicherheit der eigenen Daten zu schützen. Hier sind detaillierte Schritte und Maßnahmen, die Nutzer ergreifen können, um ihre Datenschutzeinstellungen zu verbessern:

Überprüfung der Datenschutzeinstellungen

Jedes soziale Netzwerk bietet eine Vielzahl von Datenschutzeinstellungen, die regelmäßig überprüft und angepasst werden sollten. Hierzu gehören:

Privatsphäre-Einstellungen

Stellen Sie sicher, dass Ihre Beiträge und persönlichen Informationen nur für Ihre Freunde oder eine ausgewählte Gruppe sichtbar sind.

Profilinformationen: Begrenzen Sie die Sichtbarkeit von Informationen wie Geburtsdatum, E-Mail-Adresse und Telefonnummer.

Freundeslisten und Kontaktmanagement

Freundeslisten verwalten: Organisieren Sie Ihre Freunde in Listen oder Gruppen, um gezielt zu steuern, wer welche Inhalte sehen kann.

Freundschaftsanfragen sorgfältig prüfen: Akzeptieren Sie nur Anfragen von Personen, die Sie kennen, um das Risiko von Phishing und anderen Bedrohungen zu minimieren.

Sichtbarkeit von Beiträgen und Aktivitäten

Post-Einstellungen: Legen Sie fest, wer Ihre Beiträge sehen kann. Nutzen Sie die Optionen wie „Freunde", „Nur ich" oder „Benutzerdefiniert".

Aktivitätenprotokoll: Überprüfen Sie regelmäßig Ihr Aktivitätenprotokoll und entfernen Sie unerwünschte Beiträge oder Markierungen.

App- und Webseiten-Berechtigungen

Verbundene Apps und Websites: Gehen Sie Ihre Liste der verbundenen Apps und Websites durch und entfernen Sie den Zugriff für solche, die Sie nicht mehr verwenden.

Berechtigungen einschränken: Stellen Sie sicher, dass nur die notwendigen Berechtigungen erteilt werden. Viele Apps und Websites verlangen Zugriff auf mehr Informationen als nötig.

Zwei-Faktor-Authentifizierung (2FA)

2FA aktivieren: Schützen Sie Ihr Konto durch die Aktivierung der Zwei-Faktor-Authentifizierung. Dies fügt eine zusätzliche Sicherheitsebene hinzu, indem ein zweiter Verifizierungsschritt erforderlich ist.

Verifizierungsoptionen wählen: Nutzen Sie Authentifizierungs-Apps, SMS oder andere verifizierte Methoden für die 2FA.

Sichtbarkeit von Standortdaten

Standortfreigabe einschränken: Deaktivieren Sie die Standortfreigabe in Ihren Posts und Profilinformationen. Nutzen Sie Standortdaten nur, wenn unbedingt nötig.

Geo-Tags vermeiden: Vermeiden Sie es, Geo-Tags in Fotos und Beiträgen zu verwenden, um Ihren Standort nicht preiszugeben.

Einstellungen für Werbung und Tracking

Werbeeinstellungen anpassen: Kontrollieren Sie die Personalisierung von Werbung durch die Anpassung der Werbeeinstellungen. Reduzieren Sie die Anzahl der Informationen, die für zielgerichtete Werbung verwendet werden.

Tracking einschränken: Nutzen Sie die Einstellungen zur Einschränkung des Trackings durch Drittanbieter und soziale Netzwerke.

Benachrichtigungen und Alarme

Sicherheitsbenachrichtigungen aktivieren: Aktivieren Sie Benachrichtigungen für ungewöhnliche Anmeldeversuche oder sicherheitsrelevante Aktivitäten auf Ihrem Konto.

Alarm für verdächtige Aktivitäten: Richten Sie Alarme ein, die Sie über verdächtige Aktivitäten informieren, um schnell reagieren zu können.

Verwaltung von Markierungen und Kommentaren

Markierungen überprüfen: Aktivieren Sie die Überprüfung von Markierungen, bevor sie in Ihrem Profil erscheinen.

Kommentarberechtigungen: Begrenzen Sie, wer Ihre Beiträge kommentieren oder markieren kann, um Spam und Belästigungen zu vermeiden.

Regelmäßige Sicherheitsüberprüfungen

Sicherheitscheck durchführen: Nutzen Sie die von den sozialen Netzwerken angebotenen Sicherheits- und Privatsphäre-Checks, um sicherzustellen, dass Ihre Einstellungen auf dem neuesten Stand sind.

Einstellungen aktualisieren: Passen Sie Ihre Einstellungen regelmäßig an neue Funktionen und Bedrohungen an.

Die Optimierung der Datenschutzeinstellungen in sozialen Netzwerken erfordert ein proaktives Vorgehen und regelmäßige Überprüfungen. Indem Nutzer ihre Einstellungen anpassen und die oben genannten Maßnahmen umsetzen, können sie ihre persönlichen Daten besser schützen und ihre Privatsphäre in der digitalen Welt bewahren. Die Kenntnis über verfügbare Einstellungen und deren gezielte Nutzung ist entscheidend, um ein sicheres und privates Online-Erlebnis zu gewährleisten.

Datenschutzrichtlinien und Datensicherheit

Datenschutzrichtlinien spielen eine entscheidende Rolle bei der Datensicherheit in sozialen Netzwerken. Diese Richtlinien legen fest, wie persönliche Daten gesammelt, gespeichert, verwendet und geschützt werden. Sie haben sowohl positive als auch negative Auswirkungen auf die Datensicherheit. Hier sind einige wichtige Aspekte, die die Auswirkungen von Datenschutzrichtlinien auf die Datensicherheit in sozialen Netzwerken beleuchten:

Schutz der Privatsphäre und persönlichen Daten

Datenschutzrichtlinien sind darauf ausgelegt, die Privatsphäre der Nutzer zu schützen, indem sie klare Regeln für die Sammlung, Verarbeitung und Speicherung persönlicher Daten festlegen.

Das bedeutet:

Minimierung der Datenerhebung: Netzwerke dürfen nur die Daten sammeln, die für ihren Service notwendig sind.

Zweckbindung: Daten dürfen nur für den angegebenen Zweck verwendet werden.

Aufbewahrungsfristen: Daten müssen nach einer bestimmten Zeit gelöscht oder anonymisiert werden.

Diese Maßnahmen tragen dazu bei, die Menge an Daten, die für potenzielle Angriffe anfällig sind, zu reduzieren und die Privatsphäre der Nutzer zu schützen.

Transparenz und Benutzerkontrolle
Datenschutzrichtlinien erhöhen die Transparenz, indem sie den Nutzern klare Informationen darüber geben, wie ihre Daten verwendet werden.

Dies umfasst:
Informationen über Datennutzung: Nutzer werden darüber informiert, welche Daten gesammelt werden und wie sie verwendet werden.
Kontrolle über persönliche Daten: Nutzer erhalten Werkzeuge und Optionen, um ihre Daten zu verwalten, einschließlich der Möglichkeit, Daten zu löschen oder den Zugriff darauf zu beschränken.

Transparenz und Benutzerkontrolle stärken das Vertrauen der Nutzer und ermöglichen es ihnen, informierte Entscheidungen über ihre Daten zu treffen.

Sicherheitsmaßnahmen und -protokolle
Datenschutzrichtlinien verpflichten soziale Netzwerke zur Implementierung angemessener Sicherheitsmaßnahmen, um die Integrität und Vertraulichkeit der Nutzerdaten zu gewährleisten.

Dazu gehören:
Datenverschlüsselung: Verschlüsselung von Daten während der Übertragung und Speicherung, um sie vor unbefugtem Zugriff zu schützen.
Sicherheitsupdates: Regelmäßige Updates und Patches, um Sicherheitslücken zu schließen.
Zugangskontrollen: Beschränkung des Zugriffs auf persönliche Daten auf autorisiertes Personal.

Diese Maßnahmen tragen dazu bei, das Risiko von Datenverlusten, Hacks und anderen Sicherheitsverletzungen zu minimieren.

Rechtsdurchsetzung und Compliance

Datenschutzrichtlinien setzen soziale Netzwerke unter rechtlichen Druck, die festgelegten Standards einzuhalten.

Dies bedeutet:

Regulierungen und Gesetze: Einhaltung von Datenschutzgesetzen wie der Datenschutz-Grundverordnung (DSGVO) in der EU oder dem California Consumer Privacy Act (CCPA) in den USA.

Strafen und Bußgelder: Bei Nichteinhaltung drohen hohe Strafen, was Unternehmen motiviert, strenge Datenschutzmaßnahmen zu implementieren.

Rechtsdurchsetzung stellt sicher, dass soziale Netzwerke ihre Verantwortung ernst nehmen und ihre Systeme entsprechend sichern.

Vertrauensbildung und Nutzerbindung

Strenge Datenschutzrichtlinien helfen sozialen Netzwerken, das Vertrauen ihrer Nutzer zu gewinnen und zu halten. Wenn Nutzer glauben, dass ihre Daten sicher und ihre Privatsphäre respektiert wird, sind sie eher geneigt, den Dienst weiterhin zu nutzen und persönliche Informationen zu teilen.

Dies führt zu:

Erhöhte Nutzeraktivität: Nutzer fühlen sich sicherer und interagieren häufiger mit der Plattform.

Längere Nutzerbindung: Vertrauen und Sicherheit fördern die langfristige Nutzung und Loyalität der Nutzer.

Grenzen und Herausforderungen

Trotz der positiven Aspekte gibt es auch Herausforderungen:

Umfang der Einhaltung: Große soziale Netzwerke können Schwierigkeiten haben, alle Datenschutzanforderungen vollständig umzusetzen.

Technologische Entwicklungen: Neue Technologien und Methoden der Datensammlung stellen immer wieder neue Herausforderungen für die Einhaltung der Datenschutzrichtlinien dar.

Nutzerverhalten: Nicht alle Nutzer sind sich der Möglichkeiten bewusst oder nutzen sie, um ihre Privatsphäre zu schützen.

Datenschutzrichtlinien sind ein wesentliches Instrument zum Schutz der Datensicherheit in sozialen Netzwerken. Sie legen klare Regeln für den Umgang mit persönlichen Daten fest und verpflichten die Unternehmen zur Implementierung strenger Sicherheitsmaßnahmen. Während sie die Transparenz und Kontrolle für die Nutzer erhöhen und rechtliche Rahmenbedingungen schaffen, gibt es dennoch Herausforderungen, die kontinuierlich angegangen werden müssen. Insgesamt tragen Datenschutzrichtlinien wesentlich dazu bei, das Vertrauen der Nutzer zu stärken und die Sicherheit in sozialen Netzwerken zu gewährleisten.

Verfügbarkeit von eigenen Informationen

Die Identifikation und Verwaltung der Informationen, die über Benutzer in sozialen Netzwerken verfügbar sind, ist ein entscheidender Schritt zur Wahrung der Privatsphäre und Sicherheit. Hier sind detaillierte Schritte und Methoden, die Benutzer anwenden können, um zu überprüfen, welche Informationen über sie in sozialen Netzwerken zugänglich sind:

Durchsuchen des eigenen Profils
Der erste und offensichtlichste Schritt besteht darin, das eigene Profil gründlich zu überprüfen:

Profilinformationen: Durchsehen aller Abschnitte des Profils, einschließlich persönlicher Informationen, Kontaktinformationen, Arbeits- und Ausbildungsdetails sowie Interessen und Hobbys.

Posts und Aktivitäten: Überprüfen der eigenen Beiträge, Fotos, Videos und anderer Aktivitäten, die öffentlich oder mit Freunden geteilt wurden.

Freundesliste: Überprüfen der Freundesliste und der damit verbundenen Informationen.

Nutzung der „Anzeigen als"-Funktion

Viele soziale Netzwerke bieten eine Funktion, mit der Benutzer ihr Profil aus der Sicht anderer Benutzer anzeigen können:

„Anzeigen als"-Funktion: Diese Funktion ermöglicht es Benutzern, ihr Profil so zu sehen, wie es für die Öffentlichkeit, Freunde oder bestimmte Personen erscheint. Dies hilft zu verstehen, welche Informationen für verschiedene Zielgruppen sichtbar sind.

Datenschutzeinstellungen überprüfen und anpassen

Benutzer sollten regelmäßig ihre Datenschutzeinstellungen überprüfen und anpassen:

Privatsphäre-Einstellungen: Anpassen, wer welche Informationen sehen kann (öffentlich, Freunde, nur ich, benutzerdefiniert).

App- und Webseiten-Berechtigungen: Überprüfen und verwalten, welche Drittanbieter-Apps und Webseiten Zugriff auf das Profil und die Daten haben.

Chronik- und Markierungseinstellungen: Festlegen, wer Inhalte in der Chronik sehen und wer den Benutzer in Beiträgen markieren darf.

Aktivitätprotokoll und Daten-Download

Viele soziale Netzwerke bieten ein Aktivitätsprotokoll und die Möglichkeit, eine Kopie aller gesammelten Daten herunterzuladen:

Aktivitätsprotokoll: Überprüfen aller Aktivitäten wie Likes, Kommentare, Suchanfragen und geteilte Inhalte.

Daten-Download: Eine Kopie der gespeicherten Daten anfordern, um alle Informationen zu sehen, die das soziale Netzwerk über den Benutzer hat.

Einstellungen für Werbung und Personalisierung

Benutzer sollten sich der Informationen bewusst sein, die für personalisierte Werbung verwendet werden:

Werbepräferenzen: Überprüfen und anpassen, welche Informationen für die Personalisierung von Anzeigen verwendet werden.

Interessen und Kategorien: Anzeigen und entfernen von Interessen und Kategorien, die das Netzwerk über den Benutzer gespeichert hat.

Suche und Prüfung durch Suchmaschinen

Benutzer können ihren eigenen Namen und relevante Informationen in Suchmaschinen eingeben:

Suchmaschinen-Suche: Suchen nach dem eigenen Namen und anderen persönlichen Informationen, um zu sehen, welche Daten von sozialen Netzwerken und anderen Webseiten indexiert wurden.

Google Alerts: Einrichten von Benachrichtigungen, um informiert zu werden, wenn neue Informationen über den Benutzer online erscheinen.

Überprüfung der Datenschutzerklärungen und Nutzungsbedingungen

Benutzer sollten die Datenschutzerklärungen und Nutzungsbedingungen der sozialen Netzwerke lesen:

Datenschutzerklärungen: Verstehen, wie Daten gesammelt, verwendet und weitergegeben werden.

Nutzungsbedingungen: Informieren, welche Rechte das soziale Netzwerk an den geteilten Inhalten hat.

Verwendung von Privacy-Check-Tools

Es gibt verschiedene Tools und Webseiten, die helfen können, die Privatsphäre zu überwachen:

Privacy-Check-Tools: Tools wie „Ghostery", „Privacy Badger" oder browserbasierte Privatsphäre-Scanner, die zeigen, welche Tracker und Drittanbieter auf die Daten zugreifen.

Regelmäßige Überprüfung und Aktualisierung

Datenschutz ist ein kontinuierlicher Prozess:

Regelmäßige Überprüfungen: Mindestens einmal im Quartal die Datenschutzeinstellungen und veröffentlichten Informationen überprüfen.

Aktualisierungen: Änderungen in den Netzwerkeinstellungen und der eigenen Online-Präsenz anpassen.

Wenn Benutzer proaktiv und regelmäßig ihre Profile, Datenschutzeinstellungen und die über sie gesammelten Daten überprüfen, können sie besser kontrollieren, welche Informationen in sozialen Netzwerken verfügbar sind. Die Nutzung der vorhandenen Werkzeuge und Funktionen zur Verwaltung der Privatsphäre ist entscheidend, um die eigene Sicherheit und Privatsphäre im digitalen Raum zu wahren.

Kontensicherheit in sozialen Netzwerken erhöhen

Um die Sicherheit von Konten in sozialen Netzwerken zu erhöhen, können verschiedene Maßnahmen ergriffen werden. Diese Maßnahmen helfen, das Risiko von Kontoübernahmen, Datenlecks und anderen Sicherheitsvorfällen zu minimieren. Hier sind einige wichtige Schritte und Best Practices:

Starke und einzigartige Passwörter verwenden

Komplexität: Ein sicheres Passwort sollte mindestens 12 Zeichen lang sein und eine Kombination aus Groß- und Kleinbuchstaben, Zahlen und Sonderzeichen enthalten.

Einzigartigkeit: Für jedes soziale Netzwerk sollte ein einzigartiges Passwort verwendet werden, um zu verhindern, dass ein Kompromiss eines Kontos zu weiteren Sicherheitsvorfällen führt. Passwort-Manager: Nutzen Sie einen Passwort-Manager, um starke Passwörter zu generieren und sicher zu speichern.

Mehrfaktor-Authentifizierung (MFA) aktivieren

Zusätzliche Sicherheitsschicht: MFA erfordert neben dem Passwort einen zusätzlichen Nachweis der Identität, wie z. B. einen Code, der per SMS oder über eine Authentifizierungs-App gesendet wird.

Authentifizierungs-Apps: Verwenden Sie bevorzugt Authentifizierungs-Apps wie Google Authenticator oder Authy, da diese sicherer sind als SMS-basierte Codes.

Regelmäßige Überprüfung der Anmeldeaktivitäten

Aktivitätprotokoll: Viele soziale Netzwerke bieten ein Protokoll der Anmeldeaktivitäten. Überprüfen Sie regelmäßig, ob ungewöhnliche oder unerwartete Anmeldungen erfolgt sind.

Benachrichtigungen: Aktivieren Sie Benachrichtigungen für neue Anmeldungen, um sofort informiert zu werden, wenn sich jemand von einem unbekannten Gerät oder Standort aus anmeldet.

Datenschutzeinstellungen anpassen

Profilinformationen: Überprüfen und begrenzen Sie die Sichtbarkeit Ihrer Profilinformationen. Stellen Sie sicher, dass nur vertrauenswürdige Personen Zugriff auf sensible Daten haben.

App-Berechtigungen: Überprüfen und entfernen Sie regelmäßig Drittanbieter-Apps, die Zugriff auf Ihr Konto haben und die Sie nicht mehr verwenden.

Vorsicht bei Phishing-Angriffen

Misstrauen: Seien Sie misstrauisch gegenüber unerwarteten Nachrichten oder E-Mails, die nach persönlichen Informationen fragen oder Links zu unbekannten Webseiten enthalten.

URL-Überprüfung: Überprüfen Sie immer die URL der Anmeldeseite, bevor Sie Ihre Zugangsdaten eingeben, um sicherzustellen, dass es sich um die echte Webseite handelt.

Software und Geräte aktuell halten

Updates: Stellen Sie sicher, dass Ihre Betriebssysteme, Browser und alle installierten Anwendungen regelmäßig aktualisiert werden, um Sicherheitslücken zu schließen.

Sicherheitssoftware: Verwenden Sie aktuelle Antiviren- und Anti-Malware-Software, um Ihr Gerät vor Schadsoftware zu schützen.

Bewusster Umgang mit persönlichen Informationen

Teilen: Seien Sie vorsichtig, welche Informationen Sie in sozialen Netzwerken teilen, insbesondere solche, die für Sicherheitsfragen oder die Kontowiederherstellung verwendet werden könnten.

Vertraulichkeit: Vermeiden Sie die Veröffentlichung von sensiblen Daten wie Adressen, Telefonnummern und finanziellen Informationen.

Regelmäßige Passwortänderungen

Zeitplan: Ändern Sie Ihre Passwörter regelmäßig, um das Risiko zu minimieren, dass ein gestohlenes Passwort langfristig verwendet wird.

Benachrichtigung: Nutzen Sie Dienste, die Sie benachrichtigen, wenn Ihre Zugangsdaten in bekannten Datenlecks auftauchen, um sofortige Maßnahmen ergreifen zu können.

Sicherheitsfragen

Schwierige Fragen: Verwenden Sie Sicherheitsfragen, deren Antworten schwer zu erraten sind und die nicht öffentlich zugänglich oder leicht zu erraten sind.

Alternative Antworten: Erwägen Sie, alternative Antworten zu verwenden, die nur Sie kennen, um die Sicherheit weiter zu erhöhen.

Abmeldung von nicht verwendeten Geräten

Geräteverwaltung: Überprüfen und entfernen Sie regelmäßig alte oder nicht mehr verwendete Geräte, die mit Ihrem Konto verknüpft sind.

Sitzungen beenden: Melden Sie sich nach der Nutzung immer ab, insbesondere wenn Sie öffentliche oder gemeinsam genutzte Computer verwenden.

Nutzung von VPNs

Sichere Verbindung: Verwenden Sie ein Virtual Private Network (VPN), um Ihre Internetverbindung zu verschlüsseln und Ihre Daten bei der Nutzung öffentlicher WLAN-Netzwerke zu schützen.

Bildung und Bewusstsein

Schulungen: Bleiben Sie über aktuelle Bedrohungen und Sicherheitspraktiken informiert. Nehmen Sie an Schulungen oder Webinaren zu Cybersicherheit teil.

Informationsquellen: Folgen Sie vertrauenswürdigen Sicherheitsblogs und -seiten, um über die neuesten Entwicklungen im Bereich der Kontosicherheit informiert zu bleiben.

Durch die Umsetzung dieser Maßnahmen können Benutzer die Sicherheit ihrer Konten in sozialen Netzwerken erheblich verbessern und sich besser gegen mögliche Angriffe und Sicherheitsvorfälle schützen.

Gefahr bei sozialen Netzwerken

In der heutigen digitalen Ära bieten soziale Netzwerke eine Plattform für den Austausch von Informationen und die Verbindung mit anderen Menschen. Allerdings birgt die Annahme von Freundschaftsanfragen und das Teilen von Inhalten auch erhebliche Risiken. Hier sind die Hauptgründe, warum Vorsicht in diesen Bereichen so wichtig ist:

Schutz der Privatsphäre
Unbekannte Identitäten
Gefälschte Profile: Cyberkriminelle erstellen oft gefälschte Profile, um sich Zugang zu persönlichen Informationen zu verschaffen. Diese Profile können wie echte Freunde oder Bekannte erscheinen.
Identitätsdiebstahl: Durch die Akzeptanz solcher Anfragen können Kriminelle persönliche Daten sammeln, die sie für Identitätsdiebstahl nutzen können.

Privatsphäre-Einstellungen
Eingeschränkte Sichtbarkeit: Es ist wichtig, die Sichtbarkeit persönlicher Informationen durch Privatsphäre-Einstellungen zu begrenzen. Nur vertrauenswürdige Freunde und Kontakte sollten Zugang zu sensiblen Informationen haben.

Sicherheit vor Cyberangriffen
Phishing-Angriffe
Bösartige Links: Cyberkriminelle nutzen Freundschaftsanfragen und geteilte Inhalte, um Phishing-Links zu verbreiten. Diese Links können zu gefälschten Websites führen, die persönliche Daten stehlen.
Malware-Verbreitung: Akzeptierte Anfragen können als Ausgangspunkt für die Verbreitung von Malware dienen. Dateien und Links, die von vermeintlich vertrauenswürdigen Quellen stammen, können Schadsoftware enthalten.

Vermeidung von Social Engineering
Manipulation durch Social Engineering
Informationssammlung: Durch angenommene Freundschaftsanfragen können Angreifer mehr über die Zielperson erfahren und gezielte Social Engineering-Angriffe planen.

Vertrauensmissbrauch: Angreifer können das Vertrauen, das durch soziale Netzwerke aufgebaut wurde, ausnutzen, um an sensible Informationen zu gelangen oder betrügerische Handlungen durchzuführen.

Schutz der persönlichen und beruflichen Reputation

Inhalte und Kommentare

Unüberlegte Posts: Einmal geteilte Inhalte können weit verbreitet und schwer zu löschen sein. Dies kann zu langfristigen Auswirkungen auf die persönliche und berufliche Reputation führen.

Berufliche Konsequenzen: Arbeitgeber und Kollegen können Zugriff auf geteilte Inhalte erhalten. Unangemessene oder kontroverse Posts können negative Auswirkungen auf die Karriere haben.

Vorbeugung vor Belästigung und Mobbing

Online-Belästigung

Stalking: Akzeptierte Anfragen von Unbekannten können das Risiko von Online-Stalking erhöhen.

Cybermobbing: Unbekannte Kontakte können zu Cybermobbing beitragen, indem sie beleidigende oder bedrohliche Nachrichten senden.

Sicherung der persönlichen Daten

Datenminimierung

Weniger Angriffsfläche: Durch die Einschränkung der Anzahl von Freunden und Kontakten wird die Angriffsfläche reduziert. Weniger Personen haben Zugriff auf persönliche Informationen.

Datenmissbrauch: Fremde könnten Ihre Daten für Zwecke missbrauchen, die Sie nicht genehmigt haben, wie zum Beispiel gezielte Werbung oder Betrug.

Schutz vor finanziellen Betrügereien

Betrügerische Aktivitäten

Fake-Anfragen: Betrüger können vorgeben, Freunde zu sein, um Vertrauen zu gewinnen und dann finanzielle Hilfe zu erbitten oder Investitionsbetrug zu begehen.

Identitätsbetrug: Gestohlene Informationen können verwendet werden, um finanzielle Betrügereien zu begehen, wie zum Beispiel das Eröffnen von Konten oder das Beantragen von Krediten im Namen des Opfers.

Bewusstsein für psychische Gesundheit

Mentale Belastung

Belastende Inhalte: Fremde oder flüchtige Bekanntschaften könnten Inhalte teilen, die psychisch belastend oder verstörend sind.

Sozialer Druck: Das Bedürfnis, in sozialen Netzwerken präsent und aktiv zu sein, kann sozialen Druck und Stress verursachen.

Vorsicht bei der Annahme von Freundschaftsanfragen und dem Teilen von Inhalten in sozialen Netzwerken ist entscheidend für den Schutz der Privatsphäre, die Vermeidung von Cyberangriffen und Social Engineering, die Sicherung der persönlichen und beruflichen Reputation, den Schutz vor Belästigung und Mobbing, den Schutz persönlicher Daten, die Vermeidung finanzieller Betrügereien und das Bewusstsein für die psychische Gesundheit. Diese Maßnahmen tragen dazu bei, eine sicherere und verantwortungsvollere Nutzung sozialer Netzwerke zu gewährleisten.

Social-Engineering-Angriffe

Skeptisch sein

Benutzer sollten stets skeptisch gegenüber unbekannten Kontakten und verdächtigen Nachrichten sein. Wenn eine Nachricht oder Anfrage ungewöhnlich oder unerwartet erscheint, ist es ratsam, nicht sofort zu reagieren oder auf Links zu klicken. Ein gesundes Maß an Vorsicht hilft, potenzielle Social-Engineering-Angriffe frühzeitig zu erkennen und zu vermeiden.

Überprüfen Sie Identitäten

Es ist wichtig, die Identität von Personen zu bestätigen, die Freundschaftsanfragen senden oder Nachrichten schicken, insbesondere wenn sie nach persönlichen oder vertraulichen Informationen fragen. Verifizieren Sie die Identität der Person gegebenenfalls durch andere Kommunikationskanäle, wie z. B. durch ein Telefonat oder eine separate Nachricht an eine bekannte Telefonnummer. Dies hilft, die Authentizität der Anfrage sicherzustellen und potenziellen Betrug zu verhindern.

Begrenzen Sie persönliche Informationen

Die Menge an persönlichen Informationen, die in Ihrem Profil und Ihren Beiträgen veröffentlicht wird, sollte auf ein Minimum beschränkt werden. Je weniger Informationen über Sie öffentlich zugänglich sind, desto schwieriger wird es für Angreifer, gezielte Social-Engineering-Angriffe durchzuführen. Vermeiden Sie es, detaillierte persönliche Daten, wie Geburtsdaten oder Adressen, öffentlich zu teilen.

Angemessene Privatsphäre-Einstellungen

Überprüfen Sie regelmäßig Ihre Datenschutzeinstellungen in sozialen Netzwerken und passen Sie diese an, um Ihre Informationen vor unbefugtem Zugriff zu schützen. Stellen Sie sicher, dass nur vertrauenswürdige Freunde und Kontakte Zugriff auf Ihre Beiträge und Informationen haben. Nutzen Sie die verfügbaren Optionen zur Anpassung Ihrer Sichtbarkeit, um Ihre Privatsphäre zu schützen.

Starke Passwörter und Zwei-Faktor-Authentifizierung

Schützen Sie Ihr Konto durch die Verwendung eines starken und einzigartigen Passworts. Zusätzlich sollten Sie die Zwei-Faktor-Authentifizierung aktivieren, um eine zusätzliche Sicherheitsschicht hinzuzufügen. Diese Maßnahme erschwert es Angreifern erheblich, unbefugten Zugriff auf Ihr Konto zu erhalten, selbst wenn sie Ihr Passwort kennen.

Seien Sie vorsichtig beim Öffnen von Anhängen und Links

Seien Sie besonders vorsichtig beim Öffnen von Anhängen oder Klicken auf Links in Nachrichten von unbekannten Absendern. Diese Anhänge oder Links könnten Malware enthalten oder auf gefälschte Websites führen, die darauf abzielen, Ihre persönlichen Daten zu stehlen. Vermeiden Sie es, verdächtige Links oder Dateien zu öffnen, und nutzen Sie Sicherheitssoftware, um potenzielle Bedrohungen zu erkennen.

Schulung und Sensibilisierung

Bildung ist ein Schlüssel zur Prävention von Social-Engineering-Angriffen. Informieren Sie sich über verschiedene Social-Engineering-Techniken und -Taktiken und sensibilisieren Sie sich sowie andere in Ihrem Netzwerk für diese Risiken. Regelmäßige Schulungen und Aufklärungskampagnen können helfen, das Bewusstsein zu schärfen und die Benutzer für potenzielle Bedrohungen zu sensibilisieren.

Melden Sie verdächtige Aktivitäten

Wenn Sie verdächtige Aktivitäten oder Anfragen in sozialen Netzwerken bemerken, melden Sie diese umgehend an die entsprechenden Plattformen. Durch das Melden solcher Aktivitäten tragen Sie dazu bei, andere Benutzer zu schützen und die Plattformen bei der Bekämpfung von Betrugsversuchen zu unterstützen.

Durch die konsequente Umsetzung dieser Maßnahmen können Benutzer ihre Sicherheit in sozialen Netzwerken erheblich erhöhen und sich wirksam vor Social-Engineering-Angriffen schützen. Es ist wichtig, stets wachsam zu sein und die eigenen Sicherheitsvorkehrungen regelmäßig zu überprüfen, um potenziellen Angriffen frühzeitig entgegenzuwirken.

8. Datenschutz und Privatsphäre im Internet

Wichtigste Prinzipien des Datenschutzes

Zweckbindung

Personenbezogene Daten dürfen nur für festgelegte, eindeutige und legitime Zwecke erhoben und verarbeitet werden. Die Erhebung und Verarbeitung von Daten muss klar definiert sein und darf nicht für andere Zwecke verwendet werden, die mit diesen ursprünglichen Zwecken unvereinbar sind. Dies bedeutet, dass Organisationen und Unternehmen einen klaren und spezifischen Grund angeben müssen, warum sie Daten sammeln und verwenden, und dass diese Zwecke den betroffenen Personen vorab kommuniziert werden müssen.

Einwilligung

Personen sollten informiert sein und ihre Einwilligung zur Erhebung, Verarbeitung und Nutzung ihrer persönlichen Daten geben. Diese Einwilligung muss freiwillig, spezifisch, informiert und eindeutig sein. Das bedeutet, dass Benutzer wissen müssen, welche Daten gesammelt werden, zu welchem Zweck sie verwendet werden und wie lange sie gespeichert werden. Zudem müssen Benutzer die Möglichkeit haben, ihre Einwilligung jederzeit zu widerrufen, ohne dass ihnen dadurch Nachteile entstehen.

Transparenz

Organisationen und Unternehmen sollten transparent sein und Benutzer darüber informieren, wie ihre persönlichen Daten erhoben, verwendet, weitergegeben und geschützt werden. Datenschutzrichtlinien und -bedingungen müssen klar und verständlich formuliert sein, sodass Benutzer die Informationen leicht verstehen können. Transparenz fördert das Vertrauen der Benutzer und ermöglicht es ihnen, informierte Entscheidungen über die Weitergabe ihrer Daten zu treffen.

Datensparsamkeit

Es sollten nur die Daten erhoben werden, die für den festgelegten Zweck erforderlich sind. Organisationen sollten vermeiden, übermäßige oder unnötige persönliche Informationen zu sammeln, um die Privatsphäre der Benutzer zu schützen. Dies bedeutet, dass nur die minimal notwendigen Daten gesammelt werden dürfen, die zur Erreichung des festgelegten Zwecks erforderlich sind, und dass keine zusätzlichen Daten ohne triftigen Grund erfasst werden sollten.

Richtigkeit

Personenbezogene Daten sollten genau und aktuell sein. Organisationen sind verpflichtet, angemessene Maßnahmen zu ergreifen, um sicherzustellen, dass die Daten korrekt und auf dem neuesten Stand sind. Dazu gehört, dass Benutzer die Möglichkeit haben, ihre Daten zu überprüfen und zu aktualisieren, und dass regelmäßig überprüft wird, ob die gespeicherten Daten noch korrekt und relevant sind.

Sicherheit

Organisationen müssen angemessene technische und organisatorische Maßnahmen ergreifen, um die Sicherheit personenbezogener Daten zu gewährleisten. Dies umfasst Schutzmaßnahmen gegen unbefugten Zugriff, Verlust, Missbrauch oder Offenlegung von Daten. Sicherheitsmaßnahmen können unter anderem Verschlüsselung, Zugangskontrollen und regelmäßige Sicherheitsüberprüfungen umfassen, um sicherzustellen, dass die Daten sicher und geschützt sind.

Integrität und Vertraulichkeit

Personenbezogene Daten sollten vor unbefugter Verarbeitung oder Zerstörung geschützt werden. Organisationen müssen sicherstellen, dass die Daten vor Manipulation, Beschädigung oder unbefugter Änderung geschützt sind. Dazu gehört auch die Implementierung von Verfahren und Technologien, die verhindern, dass Daten unbefugt verändert oder gelöscht werden, und dass die Datenintegrität zu jeder Zeit gewahrt bleibt.

Rechenschaftspflicht

Organisationen sind dafür verantwortlich, die Einhaltung der Datenschutzgrundsätze zu gewährleisten und die Rechte der betroffenen Personen zu respektieren. Sie müssen Mechanismen zur Überprüfung und Durchsetzung dieser Grundsätze implementieren und sicherstellen, dass sie mit den geltenden Datenschutzgesetzen und -vorschriften übereinstimmen. Dies umfasst die regelmäßige Überprüfung der Datenschutzpraktiken, die Durchführung von Datenschutz-Audits und die Schulung der Mitarbeiter in Datenschutzbestimmungen.

Diese Prinzipien bilden die Grundlage für den Schutz der Privatsphäre und persönlichen Daten im Internet und dienen als Leitfaden für die Entwicklung und Umsetzung von Datenschutzrichtlinien und -praktiken. Durch die Einhaltung dieser Prinzipien können Organisationen das Vertrauen der Benutzer gewinnen und sicherstellen, dass ihre Daten angemessen geschützt und respektiert werden.

Sammeln von persönlichen Daten

Persönliche Daten und deren Erfassung

Im Internet werden täglich zahlreiche persönliche Daten von verschiedenen Organisationen, Plattformen und Diensten erfasst, analysiert und genutzt. Diese Datenerhebung erfolgt oft im Hintergrund, wenn Nutzer online interagieren, sei es durch die Anmeldung bei einem Dienst, das Durchsuchen von Websites oder den Kauf von Produkten. Die gesammelten Daten können vielfältige Formen annehmen und jede Datengruppe wird für spezifische Zwecke verwendet, die von der Personalisierung von Inhalten bis zur Durchführung von Online-Transaktionen reichen.

Identifikationsdaten

Zu den häufigsten gesammelten Daten zählen Identifikationsdaten wie Vor- und Nachname, Geburtsdatum, Geschlecht, Adresse, Telefonnummer und E-Mail-Adresse. Diese Informationen sind oft erforderlich, um ein Konto zu erstellen, sich bei einem Dienst anzumelden oder Bestellungen abzuwickeln. Zusätzlich werden häufig Benutzernamen und Passwörter erfasst, die zur Authentifizierung bei der Nutzung von Online-Diensten benötigt werden. Diese Daten dienen nicht nur der Identifizierung, sondern auch der Sicherstellung der Zugriffsrechte und der Verwaltung von Benutzerkonten.

Demografische Daten

Neben den reinen Identifikationsdaten spielen demografische Daten eine wichtige Rolle. Hierzu zählen Angaben wie Alter, Geschlecht, Familienstand, Bildungsstand und Beruf. Diese Daten werden von Organisationen verwendet, um ein genaueres Bild der Benutzer zu erstellen und zielgerichtete Werbung oder maßgeschneiderte Inhalte zu bieten. Werbetreibende und Plattformen können so Benutzersegmente bilden und personalisierte Werbeanzeigen schalten, die auf den demografischen Merkmalen der Nutzer basieren.

Finanzdaten

Ein weiterer sensibler Bereich der Datenerhebung betrifft Finanzdaten, zu denen Kreditkarteninformationen, Bankkontodaten und der Transaktionsverlauf gehören. Diese Daten werden von E-Commerce-Websites, Banken und Zahlungsdienstleistern für Abrechnungszwecke und Online-Zahlungen verwendet. Aufgrund der hohen Sensibilität dieser Informationen sind sie häufig Ziel von Cyberkriminellen, was die Notwendigkeit eines starken Schutzes dieser Daten unterstreicht. Sicherheitsmaßnahmen und

Verschlüsselung sind daher von entscheidender Bedeutung, um Finanzdaten zu schützen.

Geografische Daten

Geografische Daten gehören ebenfalls zu den häufig gesammelten Informationen. Mithilfe von GPS-Daten oder der Analyse von IP-Adressen wird der Standort des Nutzers erfasst. Diese Informationen werden verwendet, um standortbezogene Dienste wie lokale Suchergebnisse, Wettervorhersagen oder Angebote in der Nähe bereitzustellen. Plattformen können dadurch individuelle Erlebnisse schaffen, die auf den Aufenthaltsort des Nutzers zugeschnitten sind. Die genaue Standortverfolgung ermöglicht personalisierte Empfehlungen und gezielte lokale Werbung.

Browsing-Verlauf und Aktivitätsdaten

Ein besonders großer Teil der Datenerhebung im Internet dreht sich um den Browsing-Verlauf und Aktivitätsdaten. Dazu gehören Informationen über die besuchten Websites, durchgeführte Suchanfragen, das Klickverhalten und Interaktionen auf sozialen Medien. Auch welche Videos angeschaut und welche Artikel gelesen wurden, wird erfasst. Diese Daten werden verwendet, um Benutzerprofile zu erstellen und personalisierte Inhalte sowie zielgerichtete Werbung anzuzeigen. Die Analyse dieser Daten hilft, die Benutzererfahrung zu verbessern und relevante Inhalte anzubieten.

Soziale Daten

Ein spezifischer und oft weniger beachteter Bereich betrifft soziale Daten, die aus den Interaktionen in sozialen Netzwerken entstehen. Diese Daten umfassen Freundschaftsbeziehungen, geteilte Inhalte, Gruppenmitgliedschaften und die Interaktionen mit anderen Nutzern. Plattformen nutzen diese Daten, um soziale Netzwerke und Verbindungen besser zu verstehen, was ebenfalls zu personalisierter Werbung oder Empfehlungen führt. Die Analyse sozialer Daten ermöglicht es, gezielte Vorschläge und Verbindungen basierend auf den Interaktionen der Nutzer zu machen.

Gesundheitsdaten

Auch Gesundheitsdaten werden im Internet häufig erfasst. Diese Informationen können sensible Details über Krankheiten, medizinische Behandlungen, den Einsatz von Medikamenten und den allgemeinen Gesundheitszustand umfassen. Solche Daten werden vor allem von Gesundheits-Apps oder medizinischen Websites gesammelt und genutzt, um personalisierte Gesundheitsdienste oder Empfehlungen bereitzustellen. Die Erfassung von Gesundheitsdaten erfordert besondere Sicherheitsvorkehrungen und Datenschutzmaßnahmen aufgrund der sensiblen Natur dieser Informationen.

Interessen und Vorlieben

Zusätzlich werden Informationen zu den Interessen und Vorlieben der Nutzer gesammelt. Dazu gehören Hobbys, Lebensstil, Lieblingsaktivitäten oder auch das Kaufverhalten. Diese Daten sind besonders für Marketingunternehmen wertvoll, da sie damit gezielte Produktvorschläge und personalisierte Werbeanzeigen erstellen können, die auf die individuellen Interessen der Nutzer abgestimmt sind. Das Sammeln dieser Daten hilft Unternehmen, relevante und ansprechende Werbung zu präsentieren.

Biometrische Daten

Eine relativ neue, aber immer häufiger genutzte Form der Datenerhebung betrifft biometrische Daten. Hierzu gehören Fingerabdrücke, Gesichts- und Stimmerkennung sowie andere einzigartige körperliche Merkmale. Diese Informationen werden hauptsächlich zum Zweck der Authentifizierung genutzt, zum Beispiel beim Entsperren von Smartphones oder dem Zugang zu sicheren Systemen. Biometrische Daten bieten eine zusätzliche Sicherheitsebene, aber ihre Erfassung und Speicherung erfordert besondere Schutzmaßnahmen.

Nutzerverhaltensdaten

Schließlich werden auch umfangreiche Nutzerverhaltensdaten gesammelt, die sich mit der Art und Weise beschäftigen, wie Nutzer mit Websites, Apps oder Online-Werbung interagieren. Unternehmen analysieren diese Daten, um das Verhalten ihrer Nutzer zu verstehen, Produkte und Dienstleistungen zu optimieren und detaillierte Berichte zu erstellen. Die Analyse von Nutzerverhalten hilft, Trends zu erkennen und die Benutzererfahrung kontinuierlich zu verbessern.

Schlussfolgerung

Die Sammlung all dieser Daten ermöglicht es Unternehmen und Plattformen, die Benutzererfahrung zu personalisieren und gezielte Inhalte anzubieten. Dennoch birgt die Erhebung und Verarbeitung persönlicher Daten erhebliche Risiken, besonders im Hinblick auf die Privatsphäre. Es ist daher von entscheidender Bedeutung, sich der gesammelten Daten bewusst zu sein und geeignete Maßnahmen zu ergreifen, um die eigene Privatsphäre im Internet zu schützen. Datenschutzbewusstsein und -maßnahmen sind essenziell, um die persönlichen Informationen sicher und geschützt zu halten.

Preisgabe persönlicher Daten im Internet

Identitätsdiebstahl

Die Preisgabe persönlicher Daten im Internet kann erhebliche Risiken mit sich bringen, die sowohl die Privatsphäre als auch die Sicherheit und finanzielle Stabilität der betroffenen Personen gefährden. Ein zentrales Risiko ist der Identitätsdiebstahl. Kriminelle können durch die Offenlegung sensibler Informationen wie Sozialversicherungsnummern, Geburtsdaten oder Bankdaten die Identität einer Person stehlen. Mit diesen gestohlenen Daten können sie betrügerische Aktivitäten wie das Eröffnen von Bankkonten, das Abschließen von Krediten oder das Durchführen illegaler Transaktionen im Namen des Opfers durchführen. In vielen Fällen bleibt das Opfer im Unklaren über den Missbrauch, bis erheblicher Schaden angerichtet wurde.

Phishing-Angriffe

Ein weiteres gängiges Risiko sind Phishing-Angriffe, bei denen Angreifer gezielt E-Mails versenden, um persönliche Daten zu stehlen oder Schadsoftware zu installieren. Durch die Preisgabe von E-Mail-Adressen und anderen Kontaktinformationen sind Benutzer anfälliger für solche Angriffe. Bei Phishing-Angriffen werden Benutzer häufig zur Eingabe vertraulicher Informationen wie Passwörtern oder Kreditkartendaten verleitet, oft durch gefälschte Websites oder betrügerische Nachrichten, die täuschend echt wirken.

Identitätsmissbrauch

Neben Identitätsdiebstahl und Phishing besteht auch die Gefahr des Identitätsmissbrauchs. Hierbei verwenden Kriminelle persönliche Daten, um gefälschte Profile zu erstellen. Diese gefälschten Identitäten werden oft für betrügerische Aktivitäten genutzt, beispielsweise um andere Personen zu täuschen oder den Ruf des Opfers zu schädigen. Die Erstellung von gefälschten Profilen kann zu weitreichenden Problemen führen, wie dem Missbrauch der Reputation oder dem Verursachen von Schäden im persönlichen oder geschäftlichen Umfeld.

Rufschädigung

Rufschädigung kann ebenfalls eine Folge der Preisgabe persönlicher Daten sein, insbesondere in sozialen Medien. Unvorsichtige Offenlegung von Informationen oder das Veröffentlichen sensibler Inhalte kann nicht nur das persönliche, sondern auch das berufliche Ansehen einer Person dauerhaft beeinträchtigen. Wenn unangemessene oder private Informationen öffentlich werden, kann dies zu langfristigen Schäden im sozialen und beruflichen Umfeld führen, einschließlich des Verlusts von Beziehungen und beruflichen Chancen.

Überwachung und Tracking

Darüber hinaus eröffnet die Weitergabe persönlicher Daten die Möglichkeit zur Überwachung und zum Tracking. Unternehmen und Regierungen können das Verhalten von Nutzern im Internet überwachen und detaillierte persönliche Profile erstellen, die für gezielte Werbung oder andere Zwecke verwendet werden. Dies führt zu einem erheblichen Verlust an Privatsphäre, da Nutzer nicht mehr die Kontrolle darüber haben, wie ihre Daten gesammelt und verwendet werden.

Verlust der Privatsphäre

Der Verlust der Privatsphäre ist generell ein großes Risiko im Internet. Mit jeder Preisgabe von Daten verlieren Benutzer die Kontrolle darüber, wer Zugang zu ihren Informationen hat. Dies kann nicht nur unerwünschte Überwachung, sondern auch Belästigung oder sogar Diskriminierung zur Folge haben. Die ständige Sammlung und Auswertung persönlicher Daten kann das Gefühl der Sicherheit und die persönliche Freiheit erheblich beeinträchtigen.

Finanzielle Schäden

Schließlich kann die Offenlegung von Finanzinformationen zu erheblichen finanziellen Schäden führen. Kriminelle können Kreditkarten- oder Bankdaten nutzen, um unbefugte Transaktionen durchzuführen oder Konten zu plündern. Dies kann oft zu erheblichen finanziellen Verlusten führen, die schwerwiegende Auswirkungen auf die finanzielle Stabilität der betroffenen Personen haben können.

Schutzmaßnahmen

Um diese vielfältigen Risiken zu minimieren, ist es entscheidend, persönliche Daten durch Maßnahmen wie die Nutzung starker Passwörter, die regelmäßige Überprüfung und Anpassung von Datenschutzeinstellungen sowie den Einsatz von Sicherheitstools wie VPNs zu schützen. Wachsamkeit gegenüber verdächtigen Aktivitäten und Phishing-Versuchen ist ebenfalls von großer Bedeutung, um einen umfassenden Schutz der eigenen Privatsphäre und Sicherheit zu gewährleisten. Regelmäßige Überprüfungen der Konten und der Datensicherheit können helfen, potenzielle Risiken frühzeitig zu erkennen und zu mitigieren.

Datenschutzrichtlinien beim Schutz der Privatsphäre

Transparenz

Datenschutzrichtlinien und -gesetze sind zentral für den Schutz der Privatsphäre im Internet, da sie spezifische Regeln und Vorschriften festlegen, wie persönliche Daten gesammelt, verwendet, gespeichert und weitergegeben werden dürfen. Eine wesentliche Funktion dieser Richtlinien ist die Transparenz. Sie verpflichten Unternehmen dazu, offen zu legen, welche persönlichen Daten sie sammeln, wie diese Daten verwendet werden und mit wem sie geteilt werden. Diese Offenlegung ermöglicht den Nutzern, informierte Entscheidungen über ihre Daten zu treffen und besser zu verstehen, wie ihre Informationen genutzt werden. Transparenz ist entscheidend, um Vertrauen aufzubauen und den Nutzern eine klare Vorstellung davon zu geben, wie ihre Daten behandelt werden.

Einwilligung

Ein weiterer wichtiger Aspekt ist die Einwilligung. Viele Datenschutzgesetze verlangen, dass Unternehmen die ausdrückliche Zustimmung der Nutzer einholen, bevor sie deren persönliche Daten erheben oder verwenden dürfen. Die Benutzer müssen darüber informiert werden, wie ihre Daten verwendet werden, und sie haben die Möglichkeit, dieser Nutzung zuzustimmen oder sie abzulehnen. Diese Regelung sorgt dafür, dass Daten nur mit dem Wissen und der Zustimmung der betroffenen Personen verarbeitet werden. Die Einwilligung muss freiwillig, spezifisch, informiert und eindeutig sein, um sicherzustellen, dass die Nutzer ihre Entscheidung bewusst treffen können.

Zweckbindung

Zweckbindung ist ein weiteres Prinzip, das von Datenschutzgesetzen gefordert wird. Es besagt, dass Daten nur für die Zwecke verwendet werden dürfen, für die sie ursprünglich gesammelt wurden. Die Verwendung der Daten für andere, nicht vereinbarte Zwecke ist nicht erlaubt, um die Daten der Nutzer zu schützen und deren Missbrauch zu verhindern. Dieses Prinzip stellt sicher, dass persönliche Daten nicht für unzulässige oder unerwartete Zwecke verwendet werden, was zur Wahrung der Privatsphäre der Nutzer beiträgt.

Datensicherheit

Die Datensicherheit ist ein weiterer wichtiger Bestandteil der Datenschutzrichtlinien. Diese Richtlinien legen fest, welche Sicherheitsmaßnahmen getroffen werden müssen, um persönliche Daten vor unbefugtem Zugriff, Missbrauch oder Diebstahl zu schützen. Dazu gehören Maßnahmen wie die Verschlüsselung von Daten, Zugriffskontrollen und spezifische Datensicherheitsrichtlinien. Diese Maßnahmen sind darauf ausgelegt, sicherzustellen, dass Daten sicher gespeichert und verarbeitet werden, und sie helfen, potenzielle Sicherheitsrisiken zu minimieren.

Nutzerrechte

Datenschutzgesetze gewähren den Nutzern auch bestimmte Rechte in Bezug auf ihre Daten. Dazu gehören das Recht auf Zugang zu den eigenen Daten, das Recht auf Berichtigung von fehlerhaften Informationen und das Recht auf Löschung der eigenen Daten. Diese Rechte helfen den Nutzern, die Kontrolle über ihre persönlichen Informationen zu behalten und sicherzustellen, dass ihre Daten korrekt und aktuell sind. Indem diese Rechte gewährt werden, können Nutzer aktiv Einfluss auf die Verwendung ihrer Daten nehmen und sicherstellen, dass ihre Privatsphäre respektiert wird.

Haftung und Durchsetzung

Haftung und Durchsetzung sind weitere wesentliche Elemente von Datenschutzgesetzen. Diese Gesetze legen fest, welche Konsequenzen Unternehmen drohen, die gegen Datenschutzbestimmungen verstoßen. Aufsichtsbehörden haben die Befugnis, Verstöße zu untersuchen, Bußgelder zu verhängen und rechtliche Schritte einzuleiten, um sicherzustellen, dass Unternehmen die Datenschutzvorschriften einhalten. Diese Durchsetzungsmaßnahmen sind entscheidend, um die Einhaltung der Datenschutzbestimmungen zu gewährleisten und die Rechte der Nutzer zu schützen.

Internationale Zusammenarbeit

Da das Internet global genutzt wird, fördern Datenschutzgesetze auch die internationale Zusammenarbeit. Dies hilft, einheitliche Standards für den Datenschutz zu schaffen und den sicheren Austausch von Daten über nationale Grenzen hinweg zu ermöglichen. Diese Zusammenarbeit ist entscheidend, um sicherzustellen, dass Datenschutzbestimmungen in einem globalen Kontext effektiv umgesetzt werden und dass internationale Unternehmen die unterschiedlichen Datenschutzanforderungen in verschiedenen Ländern erfüllen.

Zusammenfassend tragen Datenschutzrichtlinien und -gesetze entscheidend dazu bei, das Vertrauen der Verbraucher in die Verarbeitung ihrer persönlichen Daten im Internet zu stärken. Sie schaffen klare Regeln und Standards, die sicherstellen, dass die Daten der Nutzer sicher und verantwortungsbewusst behandelt werden und deren Privatsphäre respektiert wird. Durch die Implementierung und Einhaltung dieser Richtlinien wird ein umfassender Schutz der persönlichen Daten gewährleistet, was für das Vertrauen und die Sicherheit der Nutzer von entscheidender Bedeutung ist.

Privatsphäre online schützen

Stärke der Passwörter

Benutzer können ihre Privatsphäre online wirksam schützen, indem sie eine Reihe von bewährten Maßnahmen und Tools anwenden. Eine der grundlegendsten Maßnahmen ist die Stärke der Passwörter. Es ist wichtig, für jeden Online-Account ein starkes, einzigartiges Passwort zu verwenden. Diese Passwörter sollten eine Kombination aus Groß- und Kleinbuchstaben, Zahlen und Sonderzeichen enthalten und möglichst lang sein, um sie schwer zu knacken. Ein starkes Passwort ist entscheidend, um den unbefugten Zugriff auf persönliche Konten zu verhindern und die Sicherheit der Online-Daten zu gewährleisten.

Passwort-Management-Tools

Zusätzlich können Passwort-Management-Tools verwendet werden, um die Sicherheit weiter zu erhöhen. Diese Tools helfen dabei, sichere Passwörter zu generieren, zu speichern und zu verwalten, und bieten oft die Möglichkeit, Passwörter zwischen verschiedenen Geräten zu synchronisieren. Passwort-Manager können komplexe und einzigartige Passwörter für jeden Dienst erstellen und speichern, wodurch das Risiko von Passwortwiederverwendung und -missbrauch minimiert wird. Die Verwendung eines Passwort-Managers erleichtert die Verwaltung zahlreicher Passwörter und trägt erheblich zur Verbesserung der Sicherheitspraktiken bei.

Mehrfaktor-Authentifizierung (MFA)

Die Mehrfaktor-Authentifizierung (MFA) stellt eine weitere wichtige Sicherheitsmaßnahme dar. Wo immer möglich, sollte die MFA aktiviert werden. Diese Methode fügt eine zusätzliche Sicherheitsebene hinzu, indem sie neben dem Passwort eine weitere Authentifizierungsmethode erfordert. Dies kann ein Einmalcode sein, der an das Mobiltelefon gesendet wird, oder eine biometrische Verifizierung wie ein Fingerabdruck. MFA macht es für Angreifer erheblich schwieriger, auf Konten zuzugreifen, da sie zusätzlich zum Passwort einen weiteren Nachweis der Identität benötigen.

Datenschutzeinstellungen regelmäßig überprüfen

Es ist auch ratsam, die Datenschutzeinstellungen regelmäßig zu überprüfen und anzupassen. Durch das Beschränken der Sichtbarkeit persönlicher Informationen und Beiträge auf die Personen, die sie tatsächlich sehen sollen, kann die Kontrolle über die eigenen Daten gewahrt werden. Die regelmäßige Überprüfung dieser Einstellungen hilft dabei, ungewollte Offenlegungen von Informationen zu vermeiden und sicherzustellen, dass persönliche Daten nur den beabsichtigten Empfängern zugänglich sind.

Vorsicht bei der Freigabe persönlicher Informationen

Die Vorsicht bei der Freigabe persönlicher Informationen ist ebenfalls entscheidend. Sensible Daten wie Adresse, Telefonnummer, Sozialversicherungsnummer oder finanzielle Informationen sollten nicht in öffentlichen Foren oder sozialen Netzwerken veröffentlicht werden. Diese Informationen können von Kriminellen für Identitätsdiebstahl, Betrug oder andere schädliche Aktivitäten missbraucht werden. Es ist wichtig, sich der Risiken bewusst zu sein und persönliche Daten nur in vertrauenswürdigen und geschützten Umgebungen weiterzugeben.

Regelmäßige Updates

Regelmäßige Updates sind ein weiterer wichtiger Schritt zum Schutz der Privatsphäre. Es ist unerlässlich, Software, Betriebssysteme und Sicherheitsanwendungen stets auf dem neuesten Stand zu halten, um Sicherheitslücken zu schließen und Geräte vor Angriffen zu schützen. Updates enthalten oft Sicherheits-Patches, die bekannte Schwachstellen beheben und somit die Gefahr von Angriffen durch Malware oder Hacker verringern. Die automatische Installation von Updates sollte aktiviert werden, um sicherzustellen, dass keine sicherheitsrelevanten Aktualisierungen versäumt werden.

Verschlüsselung

Die Verschlüsselung sollte besonders bei sensiblen Transaktionen wie Online-Banking oder dem Austausch vertraulicher Dokumente genutzt werden. Verschlüsselte Kommunikations- und Dateiübertragungsprotokolle bieten zusätzlichen Schutz, indem sie sicherstellen, dass die Daten nur von autorisierten Empfängern gelesen werden können. Verschlüsselungstechnologien sind entscheidend für die Wahrung der Vertraulichkeit und Integrität von Informationen und verhindern, dass sensible Daten während der Übertragung abgefangen oder manipuliert werden.

Virtual Private Network (VPN)

Ein Virtual Private Network (VPN) kann ebenfalls zur Wahrung der Privatsphäre beitragen. Ein VPN verschlüsselt den Datenverkehr, insbesondere bei der Nutzung öffentlicher WLAN-Netzwerke, und schützt so vor neugierigen Blicken. Dies hilft, die Privatsphäre zu wahren und sicherzustellen, dass persönliche Daten nicht von Dritten eingesehen oder abgefangen werden können. VPNs bieten zusätzliche Sicherheit, indem sie die IP-Adresse des Nutzers verbergen und eine sichere Verbindung zum Internet herstellen.

Phishing-Angriffe vermeiden

Um Phishing-Angriffe zu vermeiden, sollten Benutzer stets vorsichtig gegenüber verdächtigen E-Mails, Links und Anhängen sein. Persönliche oder finanzielle Informationen sollten nur dann preisgegeben werden, wenn die Anfrage als absolut legitim bestätigt ist. Phishing-Angriffe versuchen oft, Benutzer zu täuschen, um vertrauliche Informationen zu erlangen oder Malware zu verbreiten. Durch vorsichtige Prüfung von Absendern und Inhalten können viele dieser Angriffe erkannt und vermieden werden.

Sicheres Surfen

Sicheres Surfen umfasst auch das Vermeiden des Besuchs unsicherer Websites und das Klicken auf verdächtige Links. Sicherheitserweiterungen für den Browser können helfen, sich vor schädlichen Inhalten und Phishing-Versuchen zu schützen. Durch die Nutzung von vertrauenswürdigen Websites und das Vermeiden von unsicheren Links können Benutzer das Risiko von Sicherheitsproblemen und Datenverlusten reduzieren.

Aktuelle Datenschutzpraktiken

Schließlich ist es wichtig, die Datenschutzpraktiken auf dem neuesten Stand zu halten und sich über aktuelle Risiken zu informieren. Das Lesen der Datenschutzrichtlinien von Websites und Diensten vor der Preisgabe von Daten kann dazu beitragen, informierte Entscheidungen zu treffen und die eigene Privatsphäre zu wahren. Die Kenntnis der Datenschutzpraktiken und -richtlinien hilft, Risiken besser einzuschätzen und bewusste Entscheidungen über die Weitergabe persönlicher Daten zu treffen.

Durch die Anwendung dieser Maßnahmen können Benutzer ihre Privatsphäre online effektiv schützen und sich vor vielen gängigen Bedrohungen im digitalen Raum absichern. Die Kombination aus starken Passwörtern, regelmäßigen Updates, Verschlüsselung, Vorsicht beim Teilen von Informationen und der Nutzung von Sicherheitswerkzeugen trägt entscheidend zur Wahrung der persönlichen Sicherheit und Privatsphäre im Internet bei.

Welche persönliche Daten sind über ein Internet verfügbar

Schutz der Privatsphäre

Es ist von großer Bedeutung, sich darüber im Klaren zu sein, welche persönlichen Daten über einen im Internet verfügbar sind, da dies direkte Auswirkungen auf die Privatsphäre und Sicherheit einer Person hat. Das Bewusstsein über diese Daten ist essenziell aus mehreren Gründen. Es ermöglicht den Schutz der Privatsphäre. Wenn man genau weiß, welche Daten über einen im Internet zu finden sind, kann man gezielt steuern, wer Zugang zu diesen Informationen hat. Dieses Wissen hilft dabei, die Privatsphäre aktiv zu schützen und sicherzustellen, dass persönliche Daten nur von autorisierten Personen eingesehen werden. Indem man kontrolliert, welche Informationen öffentlich verfügbar sind, kann man verhindern, dass private Details unbefugt genutzt werden.

Prävention von Identitätsdiebstahl

Das Bewusstsein über die eigenen Daten spielt eine wichtige Rolle bei der Prävention von Identitätsdiebstahl. Wer sich der im Internet verfügbaren persönlichen Informationen bewusst ist, kann potenzielle Risiken erkennen und geeignete Maßnahmen ergreifen, um sich zu schützen. Dazu gehört beispielsweise das Anpassen der Datenschutzeinstellungen auf sozialen Netzwerken oder das regelmäßige Überprüfen von Online-Konten auf verdächtige Aktivitäten. Durch diese Maßnahmen kann man verhindern, dass persönliche Informationen für betrügerische Zwecke verwendet werden, und frühzeitig reagieren, wenn es Anzeichen für einen möglichen Identitätsdiebstahl gibt.

Schutz vor Online-Betrug

Dieses Wissen schützt vor Online-Betrug. Wenn man weiß, welche Informationen öffentlich zugänglich sind, kann man besser einschätzen, wenn diese Daten von Kriminellen missbraucht werden könnten. Öffentlich verfügbare Informationen können genutzt werden, um gezielte Phishing-Angriffe zu starten oder gefälschte Identitäten zu erstellen, weshalb ein hohes Bewusstsein über die eigenen Daten entscheidend ist. Indem man sich der Art und des Umfangs der öffentlich zugänglichen Informationen bewusst ist, kann man präventive Maßnahmen ergreifen, um sich vor Betrugsversuchen zu schützen.

Wahrung des digitalen Rufs

Die Kenntnis über die eigenen Daten trägt zur Wahrung des digitalen Rufs bei. Durch ein aktives Management der Online-Präsenz kann man sicherstellen, dass der digitale Ruf nicht durch unerwünschte oder unangemessene Inhalte beschädigt wird. Das Bewusstsein über die im Internet verfügbaren Informationen ermöglicht es, diese Inhalte zu kontrollieren und gegebenenfalls zu korrigieren. Ein gepflegter und kontrollierter digitaler Auftritt kann dazu beitragen, ein positives Bild zu bewahren und sich vor negativen Auswirkungen auf die persönliche und berufliche Reputation zu schützen.

Schutz persönlicher und beruflicher Beziehungen

Schließlich hilft das Bewusstsein über die Verfügbarkeit persönlicher Daten, persönliche und berufliche Beziehungen zu schützen. Indem man sensiblen Informationen nur vertrauenswürdigen Quellen anvertraut, kann man das Risiko von Missbrauch oder Manipulation reduzieren und so die Integrität dieser Beziehungen wahren. Die bewusste Handhabung von Daten trägt dazu bei, das Vertrauen in persönliche und berufliche Interaktionen zu erhalten und mögliche Konflikte oder Missverständnisse zu vermeiden.

Zusammenfassend trägt das Wissen darüber, welche Daten über einen im Internet verfügbar sind, entscheidend dazu bei, die Kontrolle über die eigene Privatsphäre zu behalten und sich vor potenziellen Risiken zu schützen. Es fördert eine proaktive Herangehensweise an den Datenschutz und unterstützt ein sicheres und verantwortungsbewusstes Online-Verhalten. Durch ein fundiertes Verständnis der im Internet verfügbaren Daten kann man informierte Entscheidungen treffen und geeignete Maßnahmen zum Schutz der eigenen Privatsphäre ergreifen.

Privatsphäre in sozialen Netzwerken verbessern

Überprüfung und Anpassung der Datenschutzeinstellungen

Es gibt mehrere Maßnahmen, die Sie ergreifen können, um Ihre Privatsphäre in sozialen Netzwerken und auf Websites zu verbessern. Der erste Schritt besteht darin, die Datenschutzeinstellungen in Ihren sozialen Netzwerken und Online-Konten zu überprüfen und anzupassen. Dies umfasst die Kontrolle darüber, wer Ihre Beiträge sehen kann, wer Sie kontaktieren kann und welche Informationen für die Öffentlichkeit zugänglich sind. Stellen Sie sicher, dass Sie nur die minimal notwendigen Informationen freigeben und die Sichtbarkeit Ihrer Daten auf ein erforderliches Minimum beschränken. Durch das Anpassen der Datenschutzeinstellungen können Sie besser steuern, wer auf Ihre persönlichen Informationen zugreifen kann und verhindern, dass diese Informationen von unbefugten Personen eingesehen oder verwendet werden.

Begrenzung der Freigabe persönlicher Informationen

Eine weitere wichtige Maßnahme ist die Begrenzung der Freigabe persönlicher Informationen. Seien Sie selektiv bei der Weitergabe von Informationen in sozialen Netzwerken und auf Websites. Vermeiden Sie es, sensible Daten wie Ihre Adresse, Telefonnummer oder finanzielle Informationen preiszugeben, es sei denn, es ist unbedingt erforderlich. Diese Vorsicht schützt Sie vor potenziellen Risiken wie Identitätsdiebstahl oder Belästigung. Indem Sie persönliche Informationen nur dann teilen, wenn es notwendig ist, reduzieren Sie das Risiko, dass Ihre Daten missbraucht oder für unerwünschte Zwecke verwendet werden.

Vermeidung von Standortdaten

Zusätzlich sollten Sie darauf achten, Standortdaten zu vermeiden. Deaktivieren Sie die Standortfreigabe in sozialen Netzwerken und Apps, wenn Sie nicht ausdrücklich Ihren Standort teilen möchten. Die Veröffentlichung von Standortdaten kann Ihre Privatsphäre gefährden und Sie einem höheren Risiko für Überwachung und Belästigung aussetzen. Es ist ratsam, Ihren Standort nur dann preiszugeben, wenn es unbedingt notwendig ist und Sie den Empfänger oder die Plattform gut kennen. Standortdaten können verwendet werden, um Ihre Bewegungen nachzuvollziehen, und könnten in den falschen Händen zu einem Sicherheitsrisiko werden.

Verwendung starker Passwörter

Verwenden Sie starke Passwörter für Ihre Online-Konten, um diese vor unbefugtem Zugriff zu schützen. Jedes Passwort sollte einzigartig und komplex sein, wobei eine Kombination aus Groß- und Kleinbuchstaben, Zahlen und Sonderzeichen verwendet werden sollte. Es ist ebenfalls wichtig, Passwörter regelmäßig zu aktualisieren und nicht für mehrere Konten dasselbe Passwort zu verwenden. Durch die Verwendung starker Passwörter und regelmäßige Updates schützen Sie Ihre Konten vor möglichen Angriffen und reduzieren das Risiko eines unbefugten Zugriffs.

Einstellung des Profils auf privat

Erwägen Sie, Ihr soziales Netzwerkprofil auf privat zu setzen, um Ihre Beiträge und Informationen nur für ausgewählte Personen sichtbar zu machen. Öffentliche Profile machen es Fremden leichter, auf Ihre persönlichen Informationen zuzugreifen und diese möglicherweise zu missbrauchen. Eine private Einstellung bietet einen zusätzlichen Schutz vor unerwünschtem Zugriff und Missbrauch. Indem Sie Ihr Profil nur für Freunde und Bekannte sichtbar machen, schützen Sie Ihre persönlichen Daten vor einem breiten Publikum.

Verwendung von Pseudonymen

Ein weiteres hilfreiches Mittel ist die Verwendung von Pseudonymen oder Spitznamen anstelle Ihres echten Namens in sozialen Netzwerken und Online-Communities. Dies kann es schwieriger machen, Ihre Identität online nachzuverfolgen, und trägt dazu bei, Ihre Privatsphäre zu schützen, indem es Ihre persönlichen Daten weniger direkt zugänglich macht. Pseudonyme bieten einen zusätzlichen Schutz, insbesondere in Foren oder sozialen Netzwerken, wo Sie möglicherweise nicht vollständig kontrollieren können, wie Ihre Daten verwendet werden.

Überprüfung von Datenschutzrichtlinien

Es ist ebenfalls ratsam, regelmäßig die Datenschutzrichtlinien und Nutzungsbedingungen von Websites und Online-Diensten zu überprüfen. Nehmen Sie sich die Zeit, diese Richtlinien zu lesen und zu verstehen, insbesondere wie Ihre persönlichen Daten gesammelt, verwendet und weitergegeben werden. Ein fundiertes Verständnis dieser Richtlinien hilft Ihnen, informierte Entscheidungen über Ihre Online-Aktivitäten zu treffen. Indem Sie sich über die Datenschutzpraktiken der Websites informieren, können Sie besser einschätzen, wie Ihre Daten behandelt werden und ob die Plattform Ihren Datenschutzanforderungen entspricht.

Nutzung von Datenschutz-Tools

Nutzen Sie zusätzlich Tools zum Schutz der Privatsphäre, wie Tracking-Blocker, Werbeblocker und Browser-Erweiterungen. Diese Tools können dazu beitragen, Ihre Online-Aktivitäten vor unerwünschter Überwachung und Datensammlung zu schützen und Ihre Privatsphäre beim Surfen im Internet zu wahren. Durch die Installation und Nutzung solcher Tools können Sie das Tracking durch Dritte verhindern und Ihre Daten sicherer im Internet bewegen.

Vorsicht bei Freundschaftsanfragen

Seien Sie auch vorsichtig bei der Annahme von Freundschaftsanfragen von unbekannten Personen in sozialen Netzwerken. Überprüfen Sie die Profile und Informationen der Personen, bevor Sie sie als Freunde hinzufügen. Dies kann helfen, potenzielle Risiken zu minimieren und zu verhindern, dass Sie von unzuverlässigen oder betrügerischen Konten kontaktiert werden. Ein gründlicher Check kann verhindern, dass Sie sich in Kontakt mit möglichen Betrügern oder unerwünschten Personen begeben.

Reaktion auf Datenschutzverletzungen

Schließlich sollten Sie auf Datenschutzverletzungen und Sicherheitsvorfälle aufmerksam sein. Bleiben Sie informiert über mögliche Sicherheitsrisiken und nehmen Sie sofort Maßnahmen, um

Ihre Konten zu schützen, wenn Sie von einem Vorfall erfahren. Dies kann die Änderung von Passwörtern oder das Überprüfen auf unbefugte Aktivitäten umfassen. Schnelles Handeln bei Verdacht auf eine Sicherheitsverletzung kann dazu beitragen, den Schaden zu begrenzen und Ihre persönlichen Daten zu schützen.

Wenn Sie diese Maßnahmen umsetzen und Ihre Online-Privatsphäre proaktiv schützen, tragen Sie dazu bei, Ihre persönlichen Daten und Ihre digitale Identität vor unbefugtem Zugriff und Missbrauch zu bewahren. Ein verantwortungsvoller Umgang mit Ihren Daten und ein aktives Management Ihrer Online-Präsenz sind entscheidend, um Ihre Privatsphäre im digitalen Raum zu sichern.

Cookies: Grundlagen und Funktionen

Cookies sind kleine Textdateien, die von Websites auf deinem Gerät gespeichert werden, wenn du diese besuchst. Sie enthalten Informationen über deine Interaktionen mit der Website, wie etwa deine Einstellungen, Anmeldedaten oder Vorlieben. Cookies ermöglichen es der Website, sich an dich zu erinnern und dir eine personalisierte Erfahrung zu bieten, indem sie deine bevorzugten Einstellungen und Präferenzen speichern. Dies kann beispielsweise dazu führen, dass du beim nächsten Besuch der Website automatisch eingeloggt bist oder dass dir Inhalte angezeigt werden, die auf deinen bisherigen Besuchen basieren. Cookies erleichtern die Nutzung der Website, indem sie deine früheren Aktivitäten berücksichtigen und eine konsistente Benutzererfahrung bieten.

Tracking-Mechanismen: Überblick und Typen

Tracking-Mechanismen umfassen eine breitere Palette von Technologien, die darauf abzielen, das Verhalten von Nutzern im Internet zu überwachen und zu analysieren. Neben Cookies gehören zu diesen Mechanismen auch Pixel, Web Beacons und Gerätekennungen. Diese Technologien sammeln Daten über dein

Surfverhalten, einschließlich der von dir besuchten Websites, deiner Klicks, Suchanfragen und Interaktionen mit Werbung. Die gesammelten Daten werden häufig genutzt, um personalisierte Werbung zu schalten, Nutzerverhalten zu analysieren und Produkte sowie Dienstleistungen zu verbessern. Tracking-Mechanismen können sowohl von den Websites selbst als auch von Drittanbietern, wie etwa Werbenetzwerken und Analysetools, verwendet werden. Die Nutzung dieser Technologien ermöglicht es Unternehmen, detaillierte Einblicke in das Nutzerverhalten zu gewinnen und ihre Angebote gezielt anzupassen.

Datenschutzrisiken durch Cookies

Datenschutzrisiken sind ein zentrales Anliegen, wenn es um Cookies geht. Cookies werden oft verwendet, um detaillierte Informationen über das Surfverhalten von Nutzern zu sammeln. Diese Informationen können von Werbetreibenden und anderen Dritten genutzt werden, um präzise Nutzerprofile zu erstellen. Diese Profile ermöglichen es, gezielte Werbung zu schalten, die auf den spezifischen Interessen und Aktivitäten eines Nutzers basiert. Während dies zu personalisierten Erlebnissen führen kann, birgt es auch das Risiko einer Verletzung der Privatsphäre. Sensible Daten könnten ohne deine ausdrückliche Zustimmung gesammelt und verwendet werden, was zu einem Verlust der Kontrolle über persönliche Informationen führen kann. Die kontinuierliche Sammlung und Analyse deiner Daten kann dazu führen, dass du weniger Kontrolle darüber hast, wer welche Informationen über dich hat.

Umfassende Nachverfolgung durch Tracking-Mechanismen

Tracking-Mechanismen können auch das Verhalten von Nutzern über verschiedene Websites hinweg verfolgen. Diese umfassende Nachverfolgung kann dazu führen, dass extrem detaillierte Profile über deine Online-Aktivitäten erstellt werden. Solche Profile ermöglichen es Unternehmen, gezielte Werbung zu platzieren, können aber auch zu Preisgestaltungsdiskriminierung und anderen potenziellen Missbräuchen führen. Darüber hinaus könnte die gesammelte Datenmenge für Überwachungszwecke genutzt werden, das zusätzliche Risiken für die Privatsphäre birgt. Die detaillierte Verfolgung über verschiedene Websites hinweg kann dazu führen, dass deine Online-Aktivitäten umfassend analysiert werden, was wiederum Auswirkungen auf dein Verhalten und deine Entscheidungsfreiheit haben kann.

Sicherheitsrisiken durch Cookies und Tracking-Mechanismen

Sicherheitsrisiken sind ebenfalls zu berücksichtigen. Einige Cookies und Tracking-Mechanismen können von bösartigen Akteuren ausgenutzt werden, um deine Online-Aktivitäten zu verfolgen. Diese Informationen könnten verwendet werden, um Phishing-Angriffe durchzuführen, Identitätsdiebstahl zu begehen oder andere Formen von Cyberkriminalität zu betreiben. Daher ist es wichtig, wachsam zu sein und Sicherheitsvorkehrungen zu treffen, um sich gegen solche Bedrohungen zu schützen. Bösartige Akteure können Cookies und Tracking-Daten nutzen, um gezielt Angriffe auf dich durchzuführen, indem sie Informationen über dein Surfverhalten und deine Vorlieben verwenden.

Auswirkungen auf die Website-Leistung und das Nutzererlebnis

Darüber hinaus können Cookies und Tracking-Mechanismen die Leistung von Websites und das Nutzererlebnis beeinträchtigen. Eine übermäßige Anzahl von Cookies kann zu einer erhöhten Datenmenge führen, die von deinem Browser verarbeitet werden muss, und die Ladezeiten von Websites verlangsamen kann. Dies kann dazu führen, dass du häufiger auf störende Werbung, Popups und andere unerwünschte Inhalte stößt, die dein Surferlebnis negativ beeinflussen können. Die Ansammlung von Cookies kann auch zu einer Überlastung des Browsers führen, was die allgemeine Nutzerfreundlichkeit und Geschwindigkeit beeinträchtigen kann.

Rechtliche Aspekte und Datenschutzbestimmungen

Schließlich gibt es rechtliche Aspekte, die berücksichtigt werden müssen. In vielen Regionen gibt es Gesetze und Datenschutzbestimmungen, die den Umgang mit Cookies und Tracking-Mechanismen regeln. Diese Vorschriften sollen sicherstellen, dass die Erfassung und Verarbeitung personenbezogener Daten transparent und im Einklang mit den Datenschutzrechten der Nutzer erfolgt. Es ist wichtig, diese gesetzlichen Anforderungen zu beachten, um rechtliche Konsequenzen zu vermeiden und das Vertrauen der Nutzer zu wahren. Die Einhaltung von Datenschutzbestimmungen und die transparente Kommunikation über die Verwendung von Cookies sind entscheidend, um den gesetzlichen Anforderungen gerecht zu werden und die Privatsphäre der Nutzer zu respektieren.

Maßnahmen zum Schutz der Privatsphäre

Indem du dich der Funktionsweise von Cookies und Tracking-Mechanismen bewusst wirst und entsprechende Maßnahmen ergreifst, kannst du deine Privatsphäre und Sicherheit im Internet besser schützen. Dies kann beinhalten, dass du regelmäßig deine Datenschutzeinstellungen überprüfst, Tracking-Tools nutzt und bei Bedarf Maßnahmen ergreifst, um unerwünschte Überwachung zu verhindern. Tools wie Cookie-Manager und Tracking-Blocker können dabei helfen, den Zugriff auf deine Daten zu kontrollieren und deine Privatsphäre zu wahren. Durch proaktive Schritte und bewusste Entscheidungen kannst du das Risiko von Datenschutzverletzungen und unerwünschtem Tracking minimieren.

Datenmissbrauch von Dritten im Internet

Datenschutzeinstellungen überprüfen

Zu den grundlegenden Maßnahmen, die Benutzer ergreifen sollten, gehört die Überprüfung und Anpassung der Datenschutzeinstellungen auf den von ihnen genutzten Websites und Online-

Diensten. Diese Einstellungen bieten die Möglichkeit, zu kontrollieren, welche Informationen geteilt werden und mit wem. Durch
sorgfältige Anpassung der Datenschutzeinstellungen kann man sicherstellen, dass nur die gewünschten Informationen weitergegeben werden und die Sichtbarkeit der Daten auf ein notwendiges
Minimum beschränkt ist. Es ist wichtig, regelmäßig die Daten-
schutzoptionen zu überprüfen, da sich Websites und deren Richtlinien ändern können.

Sicherer Browser nutzen
Der Einsatz eines sicheren Browsers ist ein weiterer wichtiger
Schritt im Datenschutz. Ein sicherer Browser bietet Schutz vor
verschiedenen Arten von Tracking und Datenmissbrauch. Moderne Browser integrieren Funktionen wie Tracker-Blocker und
Werbeblocker, die verhindern, dass unerwünschte Datensammlung stattfindet und das Surfen im Internet sicherer gestalten.
Diese Sicherheitsfeatures helfen dabei, persönliche Daten vor unbefugtem Zugriff zu schützen und das Risiko von Datenmissbrauch zu minimieren.

Datenschutz-Tools und Browser-Erweiterungen verwenden
Benutzer sollten verschiedene Datenschutz-Tools und Browser-
Erweiterungen nutzen, um ihre Privatsphäre zu wahren. Zu diesen Tools gehören Virtual Private Networks (VPNs), die eine sichere und verschlüsselte Verbindung zum Internet herstellen und
die Online-Aktivitäten anonymisieren. Ad-Blocker blockieren
Werbung und Tracking-Elemente, um die Menge der gesammelten Daten zu reduzieren. Passwort-Manager erstellen und verwalten sichere, einzigartige Passwörter für verschiedene Konten, wodurch das Risiko eines unbefugten Zugriffs erheblich gesenkt
wird.

Vorsicht beim Teilen persönlicher Daten
Vorsicht beim Teilen persönlicher Daten ist entscheidend für
den Datenschutz. Benutzer sollten sorgfältig abwägen, welche Informationen sie online preisgeben und nur die Daten weiterge-

ben, die unbedingt notwendig sind. Es ist ratsam, sich der potenziellen Verwendungen der eigenen Daten bewusst zu sein und zu überprüfen, wer Zugriff auf diese Daten hat. Eine bewusste Entscheidung über die Weitergabe von Informationen kann dazu beitragen, Risiken wie Identitätsdiebstahl und Belästigung zu vermeiden.

Datenschutzrichtlinien lesen

Das Lesen der Datenschutzrichtlinien von Websites und Diensten vor der Übermittlung persönlicher Informationen ist von großer Bedeutung. Diese Richtlinien bieten Informationen darüber, wie die gesammelten Daten verwendet werden, ob sie mit Dritten geteilt werden und welche Maßnahmen zum Schutz der Daten getroffen werden. Ein gründliches Verständnis dieser Richtlinien hilft Benutzern, informierte Entscheidungen zu treffen und sicherzustellen, dass ihre Daten gemäß den eigenen Erwartungen und Datenschutzstandards behandelt werden.

Starke Passwörter verwenden

Starke Passwörter sind ein wesentlicher Schutzmechanismus gegen unbefugten Zugriff. Benutzer sollten sichere und einzigartige Passwörter für ihre Online-Konten verwenden und diese regelmäßig aktualisieren. Ein starkes Passwort besteht aus einer Kombination von Groß- und Kleinbuchstaben, Zahlen und Sonderzeichen. Durch die regelmäßige Aktualisierung der Passwörter kann das Risiko von Kontenkompromittierungen reduziert werden und die Sicherheit persönlicher Daten erhöht werden.

Privatsphäre-Einstellungen in sozialen Medien überprüfen

In sozialen Medien ist es wichtig, die Privatsphäre-Einstellungen regelmäßig zu überprüfen. Benutzer sollten sicherstellen, dass nur die gewünschten Personen Zugriff auf ihre Beiträge und persönlichen Informationen haben. Durch das Anpassen der Sichtbarkeitseinstellungen können Nutzer ihre Privatsphäre schützen und verhindern, dass sensible Informationen von unbefugten Personen eingesehen werden. Eine regelmäßige Überprüfung und Anpassung der Privatsphäre-Einstellungen hilft, das Risiko von Missbrauch und unerwünschtem Zugriff zu minimieren.

Bewusstsein für Datenschutzbedrohungen

Schließlich sollten Benutzer sich der Risiken des Datenmissbrauchs im Internet bewusst sein und sich regelmäßig über neue Datenschutzbedrohungen und Sicherheitsrisiken informieren. Ein erhöhtes Bewusstsein für potenzielle Gefahren ermöglicht es Benutzern, proaktive Maßnahmen zu ergreifen, um ihre Online-Sicherheit zu verbessern. Durch das Verfolgen aktueller Entwicklungen im Bereich Datenschutz können Benutzer besser auf neue Bedrohungen reagieren und ihre Sicherheitsstrategien entsprechend anpassen.

Zusammenfassung und Schutzmaßnahmen

Durch die konsequente Umsetzung dieser Maßnahmen können Benutzer einen effektiven Schutz für ihre Privatsphäre und Sicherheit im Internet gewährleisten. Die Kombination aus sorgfältiger Verwaltung von Datenschutzeinstellungen, Einsatz sicherer Technologien und ständiger Wachsamkeit trägt dazu bei, das Risiko des Datenmissbrauchs zu minimieren und die persönliche Sicherheit zu verbessern. Indem Benutzer sich proaktiv um ihren Datenschutz kümmern, können sie sich vor den vielen Risiken schützen, die im digitalen Raum lauern.

Rechtliche Schritte zum Schutz der Privatsphäre

Kenntnis der Datenschutzgesetze

Um die Privatsphäre im Internet rechtlich zu schützen, sollten Benutzer sich zunächst mit den geltenden Datenschutzgesetzen in ihrem Land vertraut machen. Viele Länder verfügen über umfassende Datenschutzgesetze, die den Schutz personenbezogener Daten regeln. Diese Gesetze bieten den Benutzern bestimmte Rechte, darunter das Recht auf Zugang zu ihren Daten, das Recht auf Berichtigung fehlerhafter Daten und das Recht auf Löschung von Daten. Es ist wichtig, dass Benutzer diese gesetzlichen Rechte kennen und gegebenenfalls geltend machen, um sicherzustellen, dass Unternehmen und Organisationen ihre Daten gemäß den gesetzlichen Anforderungen behandeln.

Beschwerden bei Datenschutzbehörden

Wenn Benutzer der Meinung sind, dass ihre Datenschutzrechte verletzt wurden, können sie Beschwerden bei den zuständigen Datenschutzbehörden einreichen. Diese Behörden sind dafür verantwortlich, die Einhaltung der Datenschutzgesetze zu überwachen. Sie haben die Befugnis, Untersuchungen durchzuführen und Maßnahmen gegen Unternehmen oder Organisationen zu ergreifen, die gegen die gesetzlichen Bestimmungen verstoßen haben. Die Maßnahmen der Behörden können von der Verhängung von Bußgeldern bis hin zu Anordnungen zur Behebung der Verstöße reichen. Die Einreichung einer Beschwerde kann ein wichtiges Mittel sein, um Datenschutzverletzungen zu melden und rechtliche Schritte einzuleiten.

Rechtliche Schritte bei Datenschutzverletzungen

In Fällen von Datenschutzverletzungen haben Benutzer auch die Möglichkeit, rechtliche Schritte einzuleiten. Wenn persönliche Daten ohne Zustimmung verwendet oder missbraucht wurden, können Benutzer Klagen einreichen, um Schadenersatz oder andere rechtliche Erleichterungen zu erhalten. Diese rechtlichen Schritte umfassen oft die Einreichung von Klagen vor Gericht gegen die verantwortlichen Parteien. Durch das Einleiten rechtlicher Schritte können Benutzer versuchen, Wiedergutmachung für den Missbrauch ihrer Daten zu erhalten und rechtliche Konsequenzen für die Täter herbeizuführen.

Vertragliche Vereinbarungen zum Datenschutz

Darüber hinaus können Benutzer vertragliche Vereinbarungen mit Unternehmen oder Organisationen treffen, um sicherzustellen, dass ihre Daten angemessen geschützt werden. Solche Vereinbarungen können Datenschutzklauseln in Verträgen umfassen oder spezifische Datenschutzbedingungen festlegen, die die Art und Weise regeln, wie ihre Daten verwendet und geschützt werden. Die Einbeziehung von Datenschutzklauseln in Verträge kann ein effektiver Weg sein, um zusätzliche Garantien für den Schutz der persönlichen Daten zu erhalten und die Verantwortlichkeit der Vertragspartner zu gewährleisten.

Nutzung von Datenschutztools

Die Nutzung von Datenschutztools ist eine weitere wichtige Maßnahme zum Schutz der Privatsphäre. Es gibt verschiedene Technologien, die Benutzern helfen können, ihre Privatsphäre im Internet zu schützen. Virtual Private Networks (VPNs) stellen eine sichere und verschlüsselte Verbindung zum Internet her und schützen so die Online-Aktivitäten der Benutzer vor unerwünschtem Zugriff. Verschlüsselte Messaging-Apps sichern die Kommunikation, indem sie Daten verschlüsseln und so den Inhalt vor unbefugtem Zugriff schützen. Browser-Erweiterungen können Tracker und Werbung blockieren, was dazu beiträgt, die Menge der gesammelten Daten zu reduzieren und die Privatsphäre zu wahren.

Aufklärung und Sensibilisierung

Ein wesentlicher Bestandteil des rechtlichen Schutzes ist auch die Aufklärung und Sensibilisierung der Öffentlichkeit über Datenschutzrechte und -risiken. Bildung und Information spielen eine zentrale Rolle dabei, Benutzern zu helfen, informierte Entscheidungen über ihre Privatsphäre zu treffen. Durch Aufklärung über Datenschutzrisiken und Rechte können Benutzer besser verstehen, wie sie sich vor Datenschutzverletzungen schützen können und welche Maßnahmen sie ergreifen sollten, um ihre Daten zu sichern.

Aktive Verteidigung der Datenschutzrechte

Indem Benutzer diese rechtlichen Schritte ergreifen und ihre Datenschutzrechte aktiv verteidigen, können sie dazu beitragen, ihre Privatsphäre im Internet zu schützen. Die aktive Verteidigung der Datenschutzrechte beinhaltet sowohl das Nutzen der gesetzlichen Möglichkeiten zur Wahrung der Rechte als auch das Ergreifen zusätzlicher Maßnahmen zum Schutz der persönlichen Daten. Durch proaktive Maßnahmen und informierte Entscheidungen können Benutzer sicherstellen, dass ihre Daten angemessen verwaltet und geschützt werden.

9. Identitätsdiebstahl verhindern

Identitätsdiebstahl was ist das

Definition von Identitätsdiebstahl

Identitätsdiebstahl ist ein schwerwiegendes Verbrechen, bei dem ein Angreifer persönliche Daten einer Person stiehlt oder betrügerisch verwendet, um sich als diese Person auszugeben und so finanzielle oder andere Vorteile zu erlangen. Die betroffenen Daten können eine Vielzahl sensibler Informationen umfassen, darunter Name, Geburtsdatum, Sozialversicherungsnummer, Kreditkarteninformationen, Bankkontonummern und Passwörter. Der Missbrauch dieser Daten kann schwerwiegende Folgen für die Opfer haben und zu erheblichen finanziellen und persönlichen Schäden führen.

Phishing als Methode

Eine häufige Methode des Identitätsdiebstahls ist das Phishing. Dabei nutzen Angreifer gefälschte E-Mails, Textnachrichten oder Websites, um Opfer dazu zu bringen, persönliche Informationen preiszugeben. Die Angreifer geben sich dabei oft als vertrauenswürdige Organisationen aus, wie zum Beispiel Banken oder Regierungsbehörden. Die Phishing-Nachrichten sind häufig so gestaltet, dass sie den Eindruck erwecken, dass eine dringende Aktion erforderlich ist, um Konten zu schützen oder Sicherheitsprobleme zu beheben, was die Opfer dazu verleitet, sensible Informationen preiszugeben.

Datenlecks und ihre Risiken

Datenlecks stellen ein weiteres erhebliches Risiko für Identitätsdiebstahl dar. Wenn Unternehmen oder Organisationen Opfer eines Hacks werden und die persönlichen Daten ihrer Kunden oder Mitarbeiter gestohlen werden, können diese Daten von Kriminellen für betrügerische Zwecke verwendet werden. Die gestohlenen Daten werden oft auf Dark-Web-Märkten verkauft oder direkt für betrügerische Aktivitäten verwendet. Unternehmen sind daher gefordert, ihre Sicherheitsmaßnahmen zu verstärken, um Datenlecks zu verhindern und den Schutz personenbezogener Daten zu gewährleisten.

Skimming und Kartendiebstahl

Beim Skimming werden die Magnetstreifen von Kredit- oder Debitkarten an Geldautomaten, Verkaufsstellen oder anderen Zahlungsterminals mit speziellen Geräten kopiert. Diese Geräte, oft als Skimmer bezeichnet, erfassen die Kartendaten, die dann verwendet werden können, um unautorisierte Transaktionen durchzuführen. Die gestohlenen Kartendaten können zu erheblichen finanziellen Verlusten führen, da die Angreifer die Kartendaten für ihre eigenen Zwecke nutzen.

Physischer Diebstahl von Dokumenten und Geräten

Physischer Diebstahl ist eine weitere Methode, mit der Identitätsdiebstahl begangen werden kann. Hierbei stehlen Angreifer persönliche Dokumente oder Geräte, die sensible Informationen enthalten, wie Geldbörsen, Ausweise oder Computer. Diese gestohlenen Informationen können dann für betrügerische Zwecke verwendet werden. Der Diebstahl von persönlichen Dokumenten kann es Kriminellen ermöglichen, sich als das Opfer auszugeben und Zugang zu weiteren sensiblen Informationen oder Konten zu erhalten.

Social Engineering als Manipulationstechnik

Social Engineering ist eine Technik, bei der Angreifer versuchen, Menschen zu manipulieren, um an ihre persönlichen Informationen zu gelangen. Sie geben sich beispielsweise als vertrauenswürdige Personen aus oder verwenden gefälschte Identitäten, um die Opfer zur Preisgabe sensibler Informationen zu bewegen. Diese Methode beruht oft auf psychologischen Tricks und Manipulationen, um das Vertrauen der Opfer zu gewinnen und sie dazu zu bringen, vertrauliche Informationen preiszugeben.

Verwendung gestohlener Daten

Nachdem persönliche Daten gestohlen wurden, können sie für verschiedene betrügerische Zwecke verwendet werden. Dazu gehört die Eröffnung von betrügerischen Bankkonten oder Kreditkarten, die Durchführung unautorisierter Transaktionen im Namen des Opfers sowie die Beantragung von Krediten oder Darlehen. Auch Betrug im Zusammenhang mit Versicherungen oder Sozialleistungen kann vorkommen. Die gestohlenen Daten ermöglichen es Kriminellen, in vielen Bereichen des Finanzsystems aktiv zu werden und so finanziellen Schaden anzurichten.

Auswirkungen von Identitätsdiebstahl

Die Auswirkungen von Identitätsdiebstahl können erheblich und weitreichend sein. Opfer können finanzielle Verluste erleiden, da unautorisierte Transaktionen durchgeführt oder Kredite in ihrem Namen aufgenommen werden. Neben finanziellen Schäden kann auch der Ruf des Opfers beeinträchtigt werden, insbesondere wenn die gestohlenen Daten für betrügerische Aktivitäten verwendet werden, die öffentlich werden. Zudem kann der rechtliche und bürokratische Aufwand, der mit der Behebung der Folgen des Identitätsdiebstahls verbunden ist, erheblich sein.

Schutzmaßnahmen gegen Identitätsdiebstahl

Um sich vor Identitätsdiebstahl zu schützen, sollten Benutzer verschiedene präventive Maßnahmen ergreifen. Dazu gehört, beim Umgang mit persönlichen Informationen vorsichtig zu sein und nur die notwendigsten Daten weiterzugeben. Die Verwendung starker und einzigartiger Passwörter für Online-Konten sowie die regelmäßige Überwachung von Finanztransaktionen sind ebenfalls wichtige Schutzmaßnahmen. Zudem sollten Benutzer sich über gängige Betrugsmethoden informieren und auf verdächtige Aktivitäten in Bank- und Kreditkartenkonten achten. Bei Anzeichen von Identitätsdiebstahl sollten umgehend Maßnahmen ergriffen werden, um den Schaden zu begrenzen und die eigene Identität zu schützen.

Was suchen Identitätsdiebe

Gesuchte persönliche Informationen von Identitätsdieben

Identitätsdiebe sind auf der ständigen Suche nach verschiedenen Arten von persönlichen Informationen, die ihnen ermöglichen, die Identität einer Person zu übernehmen oder betrügerische Aktivitäten durchzuführen. Zu den spezifischen Informationen, die von Identitätsdieben gesucht werden, gehören:

Vollständiger Name

Der vollständige Name einer Person ist ein grundlegendes Element ihrer Identität. Identitätsdiebe nutzen diesen Namen häufig, um betrügerische Konten zu eröffnen oder Transaktionen durchzuführen. Der Name wird in vielen Fällen benötigt, um den Eindruck einer legitimen Identität zu vermitteln und sich Zugang zu weiteren sensiblen Daten zu verschaffen. Ein vollständiger Name allein reicht oft aus, um andere Informationen zu verifizieren oder weitere Daten zu erlangen.

Geburtsdatum

Das Geburtsdatum ist ein weiteres wichtiges Detail, das oft verwendet wird, um die Identität einer Person zu verifizieren oder um Zugang zu vertraulichen Informationen zu erhalten. Identitätsdiebe suchen nach Geburtsdaten, um betrügerische Profile zu erstellen oder bestehende Identitätsprüfungen zu umgehen. Das Geburtsdatum wird häufig in Kombination mit anderen Informationen verwendet, um Sicherheitsfragen zu beantworten oder Identitätsüberprüfungen zu bestehen.

Sozialversicherungsnummer (oder ähnliche Identifikationsnummern)

Die Sozialversicherungsnummer ist ein einzigartiger Identifikator, der häufig für finanzielle Transaktionen und Identitätsprüfungen verwendet wird. Diese Nummer ist besonders wertvoll für Identitätsdiebe, da sie es ihnen ermöglicht, betrügerische Konten zu eröffnen, Kredite aufzunehmen oder sich als eine andere Person auszugeben. Ähnliche Identifikationsnummern, wie die Steueridentifikationsnummer oder nationale ID-Nummern, können ebenfalls verwendet werden, um illegale Aktivitäten durchzuführen.

Adresse und Kontaktdaten

Die Adresse und Kontaktdaten einer Person sind wichtige Informationen, die von Identitätsdieben genutzt werden können, um betrügerische Post zu empfangen oder um die Identität einer Person zu überprüfen. Diese Daten können auch dazu verwendet werden, den Eindruck von Glaubwürdigkeit und Legitimität zu erwecken. Die Adresse kann auch in Kombination mit anderen Informationen verwendet werden, um Identitätsdiebstahl zu erleichtern oder um betrügerische Bestellungen zu tätigen.

Finanzinformationen

Zu den Finanzinformationen zählen Kreditkartennummern, Bankkontoinformationen, Kreditberichte und andere finanzielle Daten. Identitätsdiebe suchen nach diesen sensiblen Informationen, um unautorisierte Transaktionen durchzuführen, Gelder zu stehlen oder Zugang zu finanziellen Mitteln zu erhalten. Diese Daten ermöglichen es den Dieben, finanzielle Schäden zu verursachen und im Namen des Opfers auf Finanzressourcen zuzugreifen.

Passwörter und Zugangsdaten

Passwörter und Zugangsdaten für Online-Konten sind besonders wertvoll für Identitätsdiebe, da sie damit unbefugten Zugriff auf persönliche Informationen erlangen oder betrügerische Aktivitäten durchführen können. Diese Daten sind oft das Tor zu verschiedenen anderen sensiblen Informationen und ermöglichen den Dieben, in Online-Dienste einzudringen, private E-Mails zu lesen oder auf Bankkonten zuzugreifen.

Medizinische Informationen

Auch medizinische Informationen können von Identitätsdieben angepeilt werden. Diese Daten können genutzt werden, um betrügerische Ansprüche bei Krankenversicherungen geltend zu machen, Zugang zu verschreibungspflichtigen Medikamenten zu erhalten oder medizinische Behandlungen in Anspruch zu nehmen. Der Missbrauch medizinischer Daten kann nicht nur zu finanziellen Schäden führen, sondern auch die medizinische Versorgung des Opfers gefährden.

Methoden zur Beschaffung von Informationen

Identitätsdiebe verwenden verschiedene Methoden, um an diese sensiblen Informationen zu gelangen. Dazu gehören Phishing-Angriffe, bei denen gefälschte E-Mails oder Websites verwendet werden, um persönliche Daten zu sammeln. Auch Datenlecks aus gehackten Datenbanken stellen ein Risiko dar, da gestohlene Daten in den Händen von Kriminellen landen können. Der Diebstahl physischer Dokumente oder Geräte sowie Social Engineering, bei dem Menschen manipuliert werden, um ihre Daten preiszugeben, sind ebenfalls gängige Methoden.

Schutzmaßnahmen gegen Identitätsdiebstahl

Um sich vor Identitätsdiebstahl zu schützen, ist es wichtig, sensible Informationen sicher aufzubewahren und geeignete Vorsichtsmaßnahmen zu treffen. Dazu gehören die Verwendung starker, einzigartiger Passwörter, die regelmäßige Überwachung von Finanzkonten, das Bewusstsein für Phishing-Methoden und die Sicherstellung, dass persönliche Dokumente und Geräte sicher aufbewahrt werden. Es ist auch ratsam, regelmäßig Sicherheitsüberprüfungen durchzuführen und bei Verdacht auf einen möglichen Identitätsdiebstahl sofortige Maßnahmen zu ergreifen, um den Schaden zu begrenzen und die eigene Identität zu schützen.

Identitätsdiebstahl und seine Risiken

Finanzielle Verluste

Identitätsdiebstahl stellt eine ernsthafte Bedrohung dar, die erhebliche finanzielle Risiken für die Opfer mit sich bringen kann. Identitätsdiebe haben die Möglichkeit, im Namen des Opfers Kredite aufzunehmen, Bankkonten zu plündern oder betrügerische Konten zu eröffnen. Diese Aktivitäten können zu erheblichen finanziellen Schäden führen, die das Opfer stark belasten. In vielen Fällen müssen die Opfer diese finanziellen Verluste selbst tragen oder sich in komplizierten Verfahren um Rückerstattungen bemühen. Die finanziellen Konsequenzen können dabei weitreichend sein und das Opfer in eine prekäre wirtschaftliche Lage bringen.

Beeinträchtigung der Kreditwürdigkeit

Ein weiteres bedeutendes Risiko von Identitätsdiebstahl ist die Beeinträchtigung der Kreditwürdigkeit. Wenn Identitätsdiebe Kredite aufnehmen und diese nicht zurückzahlen oder andere finanzielle Verpflichtungen nicht erfüllen, hat das direkte Auswirkungen auf das Kredit-Rating des Opfers. Ein beeinträchtigter Kredit kann die Fähigkeit des Opfers erheblich einschränken, zukünftige Kredite zu erhalten oder andere finanzielle Transaktionen durchzuführen. Die Auswirkungen auf die Kreditwürdigkeit können langfristige Probleme verursachen und es dem Opfer erschweren, finanzielle Ziele zu erreichen.

Rechtliche Probleme

Opfer von Identitätsdiebstahl können auch mit rechtlichen Problemen konfrontiert werden. Sie könnten für betrügerische Handlungen verantwortlich gemacht werden, die unter ihrem Namen durchgeführt wurden. Dies kann umfangreiche rechtliche Schritte erfordern, um den eigenen Namen reinzuwaschen und die Verantwortlichkeit für die betrügerischen Aktivitäten zu klären. Die Notwendigkeit, Zeit und Ressourcen in die Behebung rechtlicher Konsequenzen zu investieren, kann erheblichen Stress und zusätzliche Kosten verursachen.

Missbrauch der Identität

Der Missbrauch der Identität ist ein weiteres schwerwiegendes Risiko. Identitätsdiebe können die gestohlenen persönlichen Informationen nutzen, um sich als das Opfer auszugeben und verschiedene betrügerische Aktivitäten zu begehen. Dies kann zu erheblichen Schäden für die Reputation und das Ansehen des Opfers führen. Die Wiederherstellung des öffentlichen Anschens, aber auch das Aufklären der betrügerischen Handlungen kann kompliziert und langwierig sein.

Emotionale Belastungen

Zusätzlich kann Identitätsdiebstahl erhebliche emotionale Belastungen verursachen. Die Erfahrung, Opfer eines Identitätsdiebstahls zu werden, und die damit verbundenen Schritte zur Bewältigung der Situation können zu erheblichem Stress und emotionaler Belastung führen. Opfer fühlen sich oft hilflos, verletzt und ängstlich, was ihre Lebensqualität beeinträchtigen kann. Die emotionale Belastung kann auch Auswirkungen auf das persönliche Wohlbefinden und die psychische Gesundheit haben.

Verlust des Vertrauens in die Sicherheit persönlicher Daten

Ein weiteres Risiko besteht im Verlust des Vertrauens in die Sicherheit persönlicher Daten. Identitätsdiebstahl kann dazu führen, dass das Opfer misstrauisch gegenüber der Weitergabe von persönlichen Informationen wird. Dieses Misstrauen kann die Interaktion mit anderen einschränken und das Vertrauen in digitale Plattformen und Dienste untergraben. Der Verlust des Vertrauens kann zu einer generellen Skepsis gegenüber Online-Diensten und einer reduzierten Bereitschaft führen, digitale Transaktionen durchzuführen.

Aufwand für die Schadensbehebung

Der Umgang mit den Folgen des Identitätsdiebstahls erfordert häufig erhebliche Zeit- und Ressourcenaufwendungen. Opfer müssen möglicherweise Kreditüberwachungsdienste in Anspruch nehmen, Kontakt mit Kreditgebern und Behörden aufnehmen und sich um die Behebung der durch betrügerische Aktivitäten entstandenen Schäden kümmern. Der gesamte Prozess kann langwierig und komplex sein, was zusätzliche Belastungen und Kosten für das Opfer mit sich bringt.

Diese Risiken verdeutlichen die ernsthaften Folgen von Identitätsdiebstahl und betonen die Notwendigkeit, persönliche Daten umfassend zu schützen und präventive Maßnahmen zu ergreifen. Um sich vor Identitätsdiebstahl zu schützen, sollten individuelle Vorsichtsmaßnahmen getroffen und regelmäßige Überprüfungen der eigenen Sicherheitspraktiken durchgeführt werden.

Schutz persönlicher Informationen

Starke Passwörter verwenden

Benutzer können mehrere Maßnahmen ergreifen, um ihre persönlichen Informationen zu schützen und sich vor Identitätsdiebstahl zu bewahren. Eine grundlegende Schutzmaßnahme ist die Verwendung starker Passwörter. Starke Passwörter bestehen aus einer Kombination von Buchstaben, Zahlen und Sonderzeichen. Sie sollten einzigartig für jedes Online-Konto sein, um das Risiko eines umfassenden Datenlecks zu minimieren. Regelmäßige Aktualisierungen der Passwörter sind ebenfalls wichtig, um sicherzustellen, dass sie nicht veraltet sind und zusätzliche Sicherheit bieten.

Zwei-Faktor-Authentifizierung aktivieren

Ein weiterer wichtiger Schritt ist die Aktivierung der Zwei-Faktor-Authentifizierung (2FA). Diese zusätzliche Sicherheitsebene erhöht den Schutz, indem sie neben dem Passwort einen weiteren

Verifizierungsschritt erfordert. Dies kann ein Bestätigungscode sein, der per SMS gesendet oder über eine Authentifizierungs-App generiert wird. Der Einsatz von 2FA erschwert es unbefugten Personen, auf Konten zuzugreifen, selbst wenn sie das Passwort kennen, und schützt so vor unauthorisierten Zugriffsversuchen.

Vorsicht beim Teilen persönlicher Informationen

Beim Teilen persönlicher Informationen sollten Benutzer besonders vorsichtig sein. Es ist ratsam, nur die unbedingt notwendigen Informationen online weiterzugeben und die Datenschutzeinstellungen auf sozialen Medien und öffentlichen Websites sorgfältig zu überprüfen. Durch das Minimieren der offengelegten Daten kann das Risiko verringert werden, dass persönliche Informationen ungewollt veröffentlicht oder missbraucht werden.

Sichere Verbindungen verwenden

Benutzer sollten darauf achten, beim Surfen im Internet sichere Verbindungen zu nutzen, insbesondere wenn sie sensible Websites wie Online-Banking oder E-Mail-Dienste besuchen. Das Vorhandensein eines Schlosssymbols in der Adressleiste des Browsers zeigt an, dass eine HTTPS-Verbindung besteht, die eine verschlüsselte Datenübertragung gewährleistet und zusätzliche Sicherheit bietet.

Skepsis gegenüber Phishing-Versuchen

Skepsis ist erforderlich, wenn es um Phishing-Versuche geht. Verdächtige E-Mails, Nachrichten oder Anrufe, die nach persönlichen Informationen fragen oder auf verdächtige Links führen, sollten mit Vorsicht betrachtet werden. Phishing-Angriffe sind eine häufige Methode, um persönliche Daten zu stehlen. Benutzer sollten immer sicherstellen, dass sie den Ursprung der Kommunikation überprüfen, bevor sie Informationen preisgeben oder auf Links klicken.

Regelmäßige Überprüfung der Kreditberichte

Regelmäßige Überprüfungen der Kreditberichte sind ebenfalls wichtig, um frühzeitig verdächtige Aktivitäten zu erkennen. Durch die regelmäßige Kontrolle der eigenen Kreditberichte können potenzielle Anzeichen von Identitätsdiebstahl oder betrügerischen Aktivitäten identifiziert werden. Dies ermöglicht es Benutzern, umgehend geeignete Maßnahmen zu ergreifen, um Schäden zu begrenzen und ihre finanziellen Daten zu schützen.

Sicherheitssoftware installieren

Die Installation von Sicherheitssoftware, wie Antiviren- und Anti-Malware-Programmen, auf allen Geräten ist eine weitere wichtige Maßnahme zum Schutz vor schädlicher Software und Angriffen. Sicherheitssoftware hilft, Geräte vor Viren, Malware und anderen Bedrohungen zu schützen, die darauf abzielen, persönliche Informationen zu stehlen oder zu kompromittieren.

Durch die Befolgung dieser bewährten Praktiken und ein kontinuierliches Bewusstsein für potenzielle Risiken können Benutzer ihre persönlichen Informationen besser schützen und das Risiko eines Identitätsdiebstahls erheblich reduzieren. Ein proaktiver Ansatz zur Sicherheit und ein wachsamer Umgang mit persönlichen Daten sind entscheidend, um sich vor den Gefahren des Identitätsdiebstahls zu schützen.

Starke Passwörter als Schutz

Bedeutung starker Passwörter

Starke Passwörter sind von entscheidender Bedeutung, um sich effektiv vor Identitätsdiebstahl zu schützen. Sie stellen sicher, dass der Zugriff auf persönliche Konten und Daten für unbefugte Personen erheblich erschwert wird. Ein starkes Passwort besteht aus einer sorgfältig ausgewählten Kombination von Buchstaben, Zahlen und Sonderzeichen. Es hat in der Regel eine Mindestlänge von acht Zeichen. Diese Komplexität erhöht die

Schwierigkeit für Angreifer, das Passwort durch einfaches Erraten zu knacken.

Komplexität und Schwierigkeit

Die Vielzahl möglicher Zeichen und Kombinationen, die in ein starkes Passwort integriert werden, macht es wesentlich schwieriger, das richtige Passwort zu erraten. Eine höhere Passwortkomplexität bedeutet eine größere Anzahl möglicher Kombinationen. Dies macht es für Angreifer wesentlich aufwendiger, das Passwort zu erraten, da die Anzahl der möglichen Kombinationen exponentiell wächst.

Schutz vor Brute-Force-Angriffen

Ein wichtiges Sicherheitsmerkmal starker Passwörter ist ihre Fähigkeit, Brute-Force-Angriffe abzuwehren. Bei einem Brute-Force-Angriff probiert ein Angreifer systematisch verschiedene Passwortkombinationen aus, um das richtige Passwort zu finden. Starke Passwörter, die lang und komplex sind, machen diesen Angriffstyp deutlich schwieriger und zeitaufwendiger. Die exponentielle Zunahme der möglichen Kombinationen reduziert die Effektivität solcher Angriffe erheblich und bietet eine zusätzliche Schutzschicht.

Schutz vor Wörterbuchangriffen

Wörterbuchangriffe stellen eine weitere Bedrohung dar. Bei diesen Angriffen werden bekannte Wörter und Phrasen in verschiedenen Kombinationen ausprobiert, um das Passwort zu erraten. Starke Passwörter, die keine gebräuchlichen Wörter oder Phrasen enthalten und zufällig generiert sind, sind besonders widerstandsfähig gegenüber diesen Angriffen. Durch die Verwendung von zufälligen Zeichenfolgen und die Vermeidung leicht zu erratender Begriffe wird das Risiko eines erfolgreichen Wörterbuchangriffs minimiert.

Einzigartigkeit der Passwörter

Die Sicherheit wird weiter erhöht, wenn für jedes Online-Konto ein einzigartiges starkes Passwort verwendet wird. Dies bedeutet, dass selbst wenn ein Passwort kompromittiert wird, der Zugriff auf andere Konten nicht automatisch möglich ist. Die Verwendung eines unterschiedlichen Passworts für jedes Konto stellt sicher, dass ein einzelner Vorfall nicht zu einer weitreichenden Kompromittierung anderer persönlicher Daten führt. Dies hilft, die Sicherheit der gesamten Online-Präsenz zu gewährleisten.

Schutz vor Passwort-Diebstahl

Starke Passwörter bieten zudem Schutz vor Passwort-Diebstahl, der durch Phishing-Angriffe, Malware oder Datenlecks verursacht werden kann. Selbst wenn ein Angreifer ein Passwort abfängt, ist es bei starken Passwörtern unwahrscheinlicher, dass es erfolgreich entschlüsselt oder verwendet wird. Die Komplexität und Einzigartigkeit eines starken Passworts erhöhen die Sicherheit, indem sie es für Angreifer schwieriger machen, die gestohlenen Passwörter zu nutzen.

Bewährte Praktiken zur Passwortverwaltung

Durch die konsequente Verwendung starker Passwörter und die Beachtung bewährter Passwortverwaltungspraktiken können Benutzer ihre Konten und persönlichen Informationen effektiver schützen. Dies umfasst das regelmäßige Ändern von Passwörtern, die Nutzung eines Passwortmanagers zur sicheren Speicherung und Verwaltung von Passwörtern und die Vermeidung der Wiederverwendung von Passwörtern über verschiedene Konten hinweg. Solche Maßnahmen tragen dazu bei, das Risiko eines Identitätsdiebstahls erheblich zu verringern und die Sicherheit im digitalen Umfeld zu verbessern.

Verdächtige Aktivitäten

Regelmäßige Überprüfung von Kontoauszügen

Benutzer sollten regelmäßig ihre Kontoauszüge und Transaktionsverläufe überprüfen, um Anzeichen von Identitätsdiebstahl zu erkennen. Wenn auf einem Kontoauszug unbekannte oder ungewöhnliche Transaktionen auftauchen, wie unerklärliche Abbuchungen, Überweisungen oder Käufe, kann dies ein Hinweis auf Identitätsdiebstahl sein. Solche Transaktionen, die Sie nicht autorisiert haben, sollten umgehend überprüft und gemeldet werden, um weiteren Schaden zu verhindern.

Unbefugter Zugriff auf Online-Konten

Ein weiteres Signal für möglichen Identitätsdiebstahl ist der unbefugte Zugriff auf Ihre Online-Konten. Wenn Sie feststellen, dass jemand versucht hat, sich ohne Ihre Erlaubnis in Ihre Konten einzuloggen oder sich Zugang verschafft hat, könnte dies auf ein Sicherheitsproblem hinweisen. In einem solchen Fall ist es wichtig, sofort Maßnahmen zu ergreifen, um Ihr Konto zu schützen. Dazu gehört das Ändern von Passwörtern und das Melden des Vorfalls an den entsprechenden Anbieter.

Ungewohnte Rechnungen oder Mahnungen

Der Erhalt von Rechnungen oder Mahnungen für Produkte oder Dienstleistungen, die Sie nicht bestellt oder genutzt haben, ist ein weiteres Warnsignal. Wenn Ihnen solche Rechnungen zugestellt werden, sollten Sie diese ernst nehmen und überprüfen, ob möglicherweise jemand Ihre Identität missbraucht hat, um betrügerische Käufe zu tätigen. Es ist ratsam, Kontakt mit den betreffenden Unternehmen aufzunehmen und den Verdacht auf Identitätsdiebstahl zu melden.

Überprüfung der Kreditberichte

Regelmäßige Überprüfungen Ihrer Kreditberichte sind essenziell, um auffällige Änderungen zu erkennen. Neue Konten, unerwartete Kreditanfragen oder negative Einträge, die Sie nicht autorisiert haben, könnten darauf hindeuten, dass jemand Ihre Identität verwendet hat, um Kreditaufnahmen oder andere finanzielle Aktivitäten durchzuführen. Eine gründliche Überprüfung Ihres Kreditberichts kann helfen, Unregelmäßigkeiten frühzeitig zu erkennen und geeignete Maßnahmen zu ergreifen.

Ausbleiben wichtiger Post oder Mitteilungen

Das Ausbleiben wichtiger Post oder elektronischer Mitteilungen kann ebenfalls ein Anzeichen für Identitätsdiebstahl sein. Wenn Sie feststellen, dass Sie keine wichtigen Dokumente oder Nachrichten mehr erhalten, könnte dies darauf hindeuten, dass ein Dieb möglicherweise Ihre Adresse oder E-Mail-Adresse geändert hat, um relevante Informationen abzufangen. In einem solchen Fall sollten Sie Ihre Adress- und Kontaktdaten überprüfen und gegebenenfalls Kontakt mit den zuständigen Stellen aufnehmen.

Überprüfung von Kontoinformationen

Es ist wichtig, Ihre Kontoinformationen regelmäßig zu überprüfen, um sicherzustellen, dass keine unautorisierten Änderungen vorgenommen wurden. Dazu gehören Passwörter, Sicherheitsfragen und Kontaktdaten. Wenn Sie feststellen, dass diese Informationen ohne Ihre Zustimmung geändert wurden, könnte dies ein Zeichen für einen Angriff auf Ihre Konten sein. In diesem Fall sollten Sie sofort Maßnahmen ergreifen, um Ihre Konten zu sichern und den Vorfall zu melden.

Benachrichtigungen über gesperrte Konten oder abgelehnte Transaktionen

Benachrichtigungen über gesperrte Konten oder abgelehnte Transaktionen, die Sie nicht in Auftrag gegeben haben, sollten ebenfalls ernst genommen werden. Solche Benachrichtigungen könnten darauf hindeuten, dass Ihre Identität möglicherweise gestohlen wurde und jemand versucht, Ihre Konten zu missbrauchen. Es ist wichtig, sofort Kontakt mit dem betreffenden Dienstleister aufzunehmen, um die Situation zu klären und Schutzmaßnahmen einzuleiten.

Durch regelmäßige Überwachung und schnelles Handeln bei Verdacht auf verdächtige Aktivitäten können Benutzer die Auswirkungen von Identitätsdiebstahl begrenzen. Die Aufmerksamkeit auf diese Warnsignale und das sofortige Ergreifen von Maßnahmen zur Sicherung der Konten und persönlichen Daten sind entscheidend, um die Identität und finanzielle Sicherheit effektiv zu schützen.

Phishing-Angriffe und Identitätsdiebstahl

Misstrauen gegenüber unerwarteten Anfragen

Es ist von grundlegender Bedeutung, Misstrauen gegenüber unerwarteten E-Mails, Textnachrichten oder Anrufen zu bewahren, die Sie auffordern, sensible Informationen preiszugeben. Betrüger versuchen oft, mit gefälschten Nachrichten Zugang zu vertraulichen Daten wie Passwörtern, Kontodaten oder persönlichen Informationen zu erlangen. Auch wenn diese Nachrichten glaubwürdig erscheinen, ist Vorsicht geboten. Vertrauen Sie nicht sofort darauf, sondern hinterfragen Sie die Echtheit der Anfrage, insbesondere wenn es um sensible Informationen geht.

Sorgfältige Überprüfung der Absenderadresse

Ein weiterer wichtiger Schritt im Schutz gegen Phishing-Angriffe ist die genaue Überprüfung der E-Mail-Adresse des Absenders. Phishing-E-Mails nutzen oft Absenderadressen, die auf den ersten Blick seriös wirken, jedoch kleine Abweichungen aufweisen, z. B. Tippfehler oder ungewöhnliche Domain-Endungen. Eine gefälschte E-Mail-Adresse könnte etwa eine legitime Adresse nur leicht abwandeln, um authentisch zu wirken. Bevor Sie also auf einen Link klicken oder Informationen weitergeben, überprüfen Sie die Absenderadresse sorgfältig.

Keine Links in verdächtigen E-Mails anklicken

Phishing-Nachrichten enthalten häufig Links, die auf gefälschte Websites führen, die darauf ausgelegt sind, Anmeldeinformatio-

nen zu stehlen oder Schadsoftware auf Ihrem Gerät zu installieren. Klicken Sie niemals auf Links in E-Mails oder Nachrichten,
die Ihnen verdächtig vorkommen. Öffnen Sie nur dann einen
Link, wenn Sie sicher sind, dass die Quelle vertrauenswürdig ist.
Gehen Sie im Zweifel lieber direkt auf die Website des Anbieters,
indem Sie die Adresse manuell in die Adressleiste Ihres Browsers
eingeben.

Überprüfung der URL von Webseiten

Bevor Sie persönliche Daten auf einer Website eingeben, sollten
Sie immer die URL der Seite überprüfen. Phishing-Websites sehen oft wie die legitimen Seiten aus, auf die sie abzielen, aber die
Webadresse enthält häufig subtile Unterschiede. Achten Sie darauf, dass die Seite HTTPS verwendet (erkennbar am Schloss-
Symbol in der Adressleiste) und dass die Domain korrekt ist.
Phishing-Webseiten können zwar optisch authentisch wirken,
doch die URL gibt oft Aufschluss darüber, ob es sich um eine gefälschte Seite handelt.

Aktualisierung von Sicherheitssoftware

Ein wichtiger Schritt zum Schutz vor Phishing-Angriffen ist die
regelmäßige Aktualisierung Ihrer Sicherheitssoftware. Dazu gehören Programme wie Antiviren-Software, Anti-Malware-Tools sowie Firewalls. Diese Programme tragen dazu bei, schädliche Inhalte zu blockieren, verdächtige Aktivitäten zu erkennen und Ihr
Gerät vor Angriffen zu schützen. Viele moderne Sicherheitsprogramme bieten auch Echtzeitschutz gegen Phishing-Angriffe und
melden, wenn Sie potenziell gefährliche Websites besuchen.

Verwendung starker, einzigartiger Passwörter

Die Verwaltung von Passwörtern spielt eine zentrale Rolle im
Schutz vor Phishing-Angriffen. Verwenden Sie für jedes Online-
Konto starke und einzigartige Passwörter. Ein gutes Passwort besteht aus einer Kombination von Buchstaben, Zahlen und Sonderzeichen. Passwörter sollten regelmäßig geändert und niemals
für mehrere Konten wiederverwendet werden. Ein Passwort-Ma-

nager kann Ihnen dabei helfen, die Passwörter sicher zu verwalten, ohne sie sich merken zu müssen.

Bildung und Sensibilisierung
Phishing-Angriffe erfolgreich abzuwehren, erfordert nicht nur technische Maßnahmen, sondern auch Bildung und Sensibilisierung. Informieren Sie sich selbst und andere darüber, wie Phishing-Versuche aussehen und welche Vorsichtsmaßnahmen getroffen werden sollten. Aufklärung, Schulungen und Sensibilisierungsmaßnahmen, insbesondere in Unternehmen, helfen, das Bewusstsein für Phishing-Angriffe zu schärfen und die Wahrscheinlichkeit eines erfolgreichen Angriffs erheblich zu verringern.

Verdächtige Nachrichten melden
Sollten Sie eine verdächtige E-Mail oder Nachricht erhalten, ist es wichtig, diese umgehend zu melden. Viele Unternehmen und Dienstleister bieten spezielle Kontaktstellen für Phishing-Vorfälle an. Melden Sie solche Nachrichten auch bei den zuständigen Behörden. Dies hilft, den Angriff einzudämmen, andere potenzielle Opfer zu warnen und die Täter zu identifizieren. Ihr Handeln kann dazu beitragen, weitere Schäden zu verhindern und die Sicherheit im Internet insgesamt zu stärken.

Durch das Ergreifen dieser Vorsichtsmaßnahmen können Sie Ihr Risiko, Opfer eines Phishing-Angriffs zu werden, erheblich reduzieren. Die Kombination aus Misstrauen gegenüber unerwarteten Anfragen, technischer Sicherheit, Überprüfungen und Sensibilisierung ist ein starker Schutzschild gegen die Bedrohung durch Phishing und Identitätsdiebstahl. Wachsamkeit und ein proaktives Vorgehen sind dabei die Schlüssel zum Schutz Ihrer persönlichen Informationen.

Kreditberichte regelmäßig prüfen

Früherkennung von Identitätsdiebstahl und betrügerischen Aktivitäten

Es ist entscheidend, Ihre Kreditberichte regelmäßig zu überprüfen, um ungewöhnliche oder verdächtige Aktivitäten frühzeitig zu erkennen, die auf einen möglichen Identitätsdiebstahl hindeuten könnten. Zu solchen Aktivitäten zählen beispielsweise die Eröffnung neuer Konten in Ihrem Namen, Kreditanfragen, die Sie nicht autorisiert haben, oder unerklärliche Schwankungen in Ihrer Kreditwürdigkeit. Der regelmäßige Abgleich Ihrer Daten ermöglicht es Ihnen, potenzielle Sicherheitslücken oder betrügerische Vorgänge rechtzeitig zu erkennen. Eine frühzeitige Reaktion kann die negativen Folgen eines Identitätsdiebstahls deutlich verringern und dafür sorgen, dass Sie Maßnahmen ergreifen, bevor größere Schäden entstehen.

Korrektur von Fehlern und Ungenauigkeiten

Ein weiterer wichtiger Grund für die regelmäßige Überprüfung Ihrer Kreditberichte liegt in der Erkennung und Korrektur von Fehlern. Ungenauigkeiten in Ihrem Kreditbericht, wie falsche persönliche Daten, ungenaue Angaben zu bestehenden Krediten oder veraltete Informationen, können Ihre Kreditwürdigkeit beeinträchtigen. Diese Fehler haben das Potenzial, Ihre Fähigkeit zu erschweren, Kredite aufzunehmen oder gute Zinssätze zu erhalten. Die Überprüfung Ihres Berichts bietet die Möglichkeit, solche Ungenauigkeiten zu identifizieren und rechtzeitig zu korrigieren, bevor sie Ihre finanziellen Möglichkeiten einschränken.

Überwachung der Kreditwürdigkeit

Ihre Kreditwürdigkeit spiegelt wider, wie verantwortungsvoll Sie mit finanziellen Verpflichtungen umgehen. Im Laufe der Zeit kann sich Ihre Kreditwürdigkeit ändern – sei es durch die Rückzahlung von Schulden, die Aufnahme neuer Kredite oder Veränderungen in Ihrer finanziellen Situation. Durch regelmäßige Überprüfungen Ihres Kreditberichts haben Sie die Möglichkeit,

Ihre Kreditwürdigkeit im Auge zu behalten und gezielt Maßnahmen zu ergreifen, um diese zu verbessern oder zu stabilisieren. Dies ist besonders wichtig, wenn Sie in der Zukunft größere finanzielle Vorhaben wie den Kauf einer Immobilie oder die Aufnahme eines Autokredits planen.

Vorbereitung auf künftige Finanztransaktionen

Falls Sie beabsichtigen, in naher Zukunft eine größere finanzielle Transaktion durchzuführen, wie zum Beispiel die Beantragung eines Kredits oder einer Hypothek, ist es sinnvoll, Ihre Kreditberichte im Voraus zu überprüfen. So können Sie sicherstellen, dass Ihre Daten aktuell und fehlerfrei sind. Die rechtzeitige Identifikation und Behebung potenzieller Probleme in Ihrem Bericht stellt sicher, dass es keine unvorhergesehenen Hindernisse gibt, die Ihre Kreditgenehmigung oder die Konditionen negativ beeinflussen könnten. Eine saubere Kreditgeschichte steigert Ihre Chancen auf günstigere Zinssätze und bessere Kreditbedingungen.

Minimierung finanzieller Risiken

Unentdeckte Fehler oder Anzeichen von Identitätsdiebstahl in Ihrem Kreditbericht können schwerwiegende finanzielle Folgen haben. Diese reichen von finanziellen Verlusten über abgelehnte Kreditanträge bis hin zu langwierigen Streitigkeiten mit Banken oder Gläubigern, um Fehler zu korrigieren. Regelmäßige Überprüfungen helfen dabei, diese Risiken zu minimieren und bieten eine zusätzliche Schutzschicht für Ihre finanzielle Sicherheit. Sollte es zu einem Problem kommen, können Sie sofort handeln und sich vor möglichen finanziellen Schäden schützen.

Sicherung der finanziellen Gesundheit und des Betrugsschutzes

Zusammenfassend lässt sich sagen, dass die regelmäßige Überprüfung Ihrer Kreditberichte ein wesentlicher Bestandteil eines soliden finanziellen Managements ist. Diese Maßnahme unterstützt nicht nur den Erhalt Ihrer finanziellen Gesundheit, sondern trägt auch erheblich dazu bei, Betrugsversuche frühzeitig zu erkennen und zu verhindern. Indem Sie Ihre Kreditberichte regelmäßig durchsehen, schaffen Sie eine solide Grundlage für finanzielle Sicherheit und langfristigen Erfolg.

Persönlichen Informationen in Offline-Umgebungen schützen

Sicherer Aufbewahrungsort für wichtige Dokumente

Wichtige Dokumente wie Ausweise, Sozialversicherungskarten, Geburtsurkunden und Finanzunterlagen sollten an einem sicheren Ort aufbewahrt werden. Ein verschlossener Schrank oder Tresor, der speziell für die sichere Lagerung solcher sensiblen Dokumente konzipiert ist, bietet Schutz vor unbefugtem Zugriff. Vermeiden Sie leicht zugängliche Aufbewahrungsorte wie Schubladen oder offene Regale. Solche Sicherheitsvorkehrungen minimieren das Risiko eines Diebstahls oder Missbrauchs Ihrer persönlichen Informationen.

Vorsicht bei der Weitergabe persönlicher Informationen

Seien Sie äußerst vorsichtig, wenn Sie persönliche Daten wie Sozialversicherungsnummern, Kreditkartennummern oder Passwörter weitergeben. Stellen Sie sicher, dass der Anfrager legitim ist, bevor Sie sensible Informationen preisgeben, insbesondere bei Telefonaten, E-Mails oder in öffentlichen Bereichen. Verzichten Sie darauf, persönliche Informationen in ungesicherten Umgebungen weiterzugeben, um zu verhindern, dass diese in falsche Hände geraten.

Sichere Entsorgung sensibler Dokumente

Dokumente, die persönliche Informationen enthalten, sollten sicher entsorgt werden. Verwenden Sie einen Aktenvernichter, um Papierdokumente unwiederbringlich zu zerstören. Das bloße Entsorgen in den Mülleimer reicht nicht aus, da Dritte möglicherweise Zugang zu diesen Informationen erlangen könnten. Elektronische Kopien sollten ebenfalls sicher gelöscht werden, indem

spezielle Datenvernichtungssoftware verwendet wird, um sicherzustellen, dass die Daten nicht wiederhergestellt werden können.

Vermeidung der Nutzung öffentlicher Computer für sensible Daten

Die Eingabe persönlicher Informationen auf öffentlichen Computern, wie in Internetcafés oder Bibliotheken, stellt ein erhebliches Sicherheitsrisiko dar. Solche Geräte könnten veraltete Sicherheitssoftware haben oder mit Malware infiziert sein. Vermeiden Sie, auf diesen Geräten vertrauliche Daten wie Anmeldedaten oder Finanzinformationen einzugeben. Falls es sich nicht vermeiden lässt, verwenden Sie ein sicheres Netzwerk oder den privaten Browsermodus und löschen Sie nach Gebrauch alle Daten und Cookies.

Regelmäßige Überprüfung der Post

Überprüfen Sie Ihre Post regelmäßig und lassen Sie wichtige Dokumente wie Kreditkartenabrechnungen oder Bankauszüge nicht unbeaufsichtigt. Gestohlene oder verpasste Post kann leicht von Betrügern genutzt werden, um Identitätsdiebstahl zu begehen. Beim Umzug ist es wichtig, die Poststelle umgehend über Ihre neue Adresse zu informieren und einen Nachsendeauftrag einzurichten, damit Ihre Post sicher an die richtige Adresse weitergeleitet wird.

Kontrolle von Kontoauszügen auf verdächtige Aktivitäten

Regelmäßige Überprüfung von Kontoauszügen und Transaktionen hilft, verdächtige Aktivitäten frühzeitig zu erkennen. Unbefugte Transaktionen können ein Anzeichen für Identitätsdiebstahl sein. Sobald Sie Unregelmäßigkeiten feststellen, sollten Sie sofort Ihre Bank oder Ihr Kreditkartenunternehmen benachrichtigen, um mögliche Schäden zu minimieren und geeignete Maßnahmen zu ergreifen.

Schutz mobiler Geräte

Schützen Sie mobile Geräte wie Smartphones und Tablets mit starken Passwörtern, PIN-Codes oder biometrischen Sicherheitsmaßnahmen wie Fingerabdruck- oder Gesichtserkennung. Installieren Sie Sicherheits-Apps, die eine zusätzliche Schutzschicht bieten und Ihr Gerät im Falle eines Diebstahls oder Verlusts orten oder sperren können. Halten Sie Betriebssysteme und Apps stets auf dem neuesten Stand, um Sicherheitslücken zu schließen und potenzielle Bedrohungen zu minimieren.

Schlussfolgerung

Durch die konsequente Umsetzung dieser Maßnahmen können Sie Ihre persönlichen Informationen in Offline-Umgebungen effektiv schützen und das Risiko von Diebstahl oder Missbrauch erheblich reduzieren. Regelmäßige Überprüfung und eine sorgfältige Handhabung Ihrer Daten sind entscheidend, um Ihre Privatsphäre zu wahren und Ihre sensiblen Informationen sicher zu halten.

Identität wiederherstellen, entstandene Schäden minimieren

Meldung bei Behörden

Wenn Sie Opfer von Identitätsdiebstahl werden, sollten Sie den Vorfall umgehend den zuständigen Behörden melden. Dies umfasst die Anzeige bei der Polizei, in der Sie den Identitätsdiebstahl und alle bekannten Details schildern. Auch Verbraucherzentralen oder entsprechende Schutzorganisationen können wertvolle Unterstützung bieten. Diese offizielle Meldung ist entscheidend, um den Vorfall zu dokumentieren und einen rechtlichen Schutz zu erhalten.

Informierung der Finanzinstitute

Es ist wichtig, sofort Ihre Banken, Kreditkartenunternehmen und alle anderen relevanten Finanzinstitute zu informieren. Teilen Sie ihnen mit, dass Sie Opfer von Identitätsdiebstahl geworden sind. Fordern Sie neue Konten sowie Kredit- oder Debitkarten an und bitten Sie um eine Überwachung Ihrer bestehenden Konten auf verdächtige Aktivitäten. Finanzinstitute können zusätzliche Sicherheitsmaßnahmen einleiten, um weiteren Missbrauch zu verhindern.

Sperrung von Kreditberichten

Beantragen Sie bei den großen Kreditbüros wie Equifax, Experian und TransUnion eine Sperrung Ihrer Kreditberichte. Diese Maßnahme verhindert, dass in Ihrem Namen neue Kredite oder Konten eröffnet werden können, ohne dass Sie darüber informiert werden. Sie können auch einen "Fraud Alert" setzen lassen, der eine zusätzliche Überprüfung bei Kreditanfragen erfordert. Dies bietet Ihnen einen weiteren Schutzmechanismus.

Änderung von Passwörtern und Sicherheitsfragen

Es ist dringend notwendig, alle Passwörter und Sicherheitsfragen für Ihre Online-Konten, insbesondere die, die mit Finanzen oder E-Mails zu tun haben, zu ändern. Wählen Sie für jedes Konto starke und einzigartige Passwörter. Es ist ratsam, Passwörter regelmäßig zu aktualisieren und nicht für mehrere Konten das gleiche Passwort zu verwenden, um zukünftige Sicherheitsrisiken zu minimieren.

Regelmäßige Überwachung der Finanzdaten

Eine kontinuierliche Überprüfung Ihrer Kreditberichte, Kontoauszüge und Transaktionen ist unerlässlich. Achten Sie auf ungewöhnliche oder verdächtige Aktivitäten. Sollten unbefugte Transaktionen auffallen, informieren Sie sofort Ihre Bank oder Ihr Kreditkartenunternehmen, um weitere Schäden zu verhindern. Schnelles Handeln ist in solchen Fällen von großer Bedeutung.

Einrichtung von Betrugswarnungen und Kreditüberwachung

Es kann sinnvoll sein, Betrugswarnungen einzurichten oder Kreditüberwachungsdienste zu nutzen. Diese Dienste überwachen Ihre Kreditaktivitäten und können Sie frühzeitig über verdächtige Vorgänge informieren, sodass Sie schneller auf mögliche Probleme reagieren können.

Dokumentation aller Schritte

Führen Sie eine detaillierte Dokumentation aller Schritte, die Sie zur Bekämpfung des Identitätsdiebstahls unternehmen. Erstellen Sie ein Protokoll mit allen Telefonaten, Notizen, Datumsangaben und Kopien der Korrespondenz mit Behörden und Finanzinstituten. Eine solche Dokumentation hilft Ihnen, den Überblick zu behalten und die Ereignisse im Ernstfall besser nachvollziehen zu können.

Professionelle Beratung in Betracht ziehen

Falls erforderlich, sollten Sie eine professionelle Beratung in Erwägung ziehen. Ein Experte für Identitätsdiebstahl oder ein Rechtsanwalt kann Ihnen helfen, die Identität wiederherzustellen und die finanziellen sowie rechtlichen Konsequenzen zu bewältigen. Professionelle Unterstützung kann in komplexen Fällen entscheidend sein.

Schnelles und umfassendes Handeln

Zusammenfassend ist schnelles und umfassendes Handeln entscheidend, um die Folgen des Identitätsdiebstahls zu minimieren. Indem Sie sofort reagieren, Ihre Informationen schützen und die nötigen Schritte einleiten, tragen Sie wesentlich dazu bei, Ihre Identität wiederherzustellen und weiteren Schaden zu verhindern.

10. Sicherer Umgang mit persönlichen Daten

Persönlichen Daten die nicht geteilt werden sollten

Persönliche Daten, die online nicht geteilt werden sollten

Bestimmte persönliche Daten sind besonders sensibel und sollten niemals leichtfertig online geteilt werden. Dazu gehören die Sozialversicherungsnummer, Passwörter für Online-Konten, Bank- und Kreditkartendaten, medizinische Informationen, persönliche Identifikationsnummern (PINs) und ähnliche vertrauliche Angaben. Diese Daten können von Cyberkriminellen missbraucht werden, um Identitätsdiebstahl oder finanziellen Betrug zu begehen. Auch scheinbar harmlose Informationen, wie Geburtsdatum und Adresse, sollten nur mit Bedacht und auf vertrauenswürdigen Plattformen weitergegeben werden, da sie in Kombination mit anderen Daten missbraucht werden können.

Zurückhaltende Weitergabe persönlicher Daten in Online-Formularen

Wenn man sich auf Websites registriert oder Online-Formulare ausfüllt, ist es wichtig, vorsichtig mit der Weitergabe persönlicher Daten umzugehen. Durch unüberlegte Dateneingabe erhöht sich das Risiko von Identitätsdiebstahl, Datenmissbrauch und Betrug. Darüber hinaus können persönliche Daten, die auf unsicheren oder unzuverlässigen Seiten hinterlassen werden, für unerwünschte Werbemaßnahmen genutzt oder verkauft werden. Je weniger Informationen preisgegeben werden, desto besser lässt sich die Privatsphäre schützen. Besonders bei unbekannten oder kleineren Plattformen ist es ratsam, kritisch zu hinterfragen, welche Daten wirklich benötigt werden und ob die Plattform vertrauenswürdig ist.

Daten, die Cyberkriminellen helfen, Identitätsdiebstahl zu begehen

Cyberkriminelle benötigen oft nur wenige persönliche Informationen, um Identitätsdiebstahl zu begehen. Dazu gehören Name, Geburtsdatum, Sozialversicherungsnummer, Adresse, Telefonnummer, E-Mail-Adresse und Bank- oder Kreditkartendaten. Mit diesen Informationen können sie nicht nur betrügerische Konten eröffnen, sondern auch Anfragen für Kredite oder andere finanzielle Dienstleistungen in Ihrem Namen stellen. Daher sollten diese Daten besonders geschützt und niemals ohne Notwendigkeit offengelegt werden.

Sicheres Speichern und Übertragen von persönlichen Daten

Um persönliche Daten online sicher zu speichern und zu übertragen, sollten Benutzer auf mehrere Schutzmaßnahmen achten. Die Nutzung von verschlüsselten Verbindungen (wie HTTPS) für Webseiten und E-Mail-Dienste ist ein grundlegender Schritt. Darüber hinaus sollten sichere und einzigartige Passwörter für jedes Konto verwendet werden, um potenzielle Sicherheitslücken zu minimieren. Achten Sie darauf, nur vertrauenswürdige Zahlungsmethoden und Websites zu verwenden, um Finanzinformationen zu schützen. Es ist außerdem wichtig, keine sensiblen Daten in ungesicherten Netzwerken oder über öffentliche Computer preiszugeben, da diese Geräte anfällig für Malware oder Hackerangriffe sein könnten.

Bedeutung sicherer Kommunikationsmethoden

Wenn es um den Austausch sensibler Informationen geht, sind sichere Kommunikationsmethoden unerlässlich. Unverschlüsselte E-Mails oder Nachrichten können leicht von Dritten abgefangen werden. Durch die Verwendung von verschlüsselten E-Mail-Diensten, VPNs (virtuellen privaten Netzwerken) oder sicheren Messaging-Apps wird sichergestellt, dass die Informationen nur für den beabsichtigten Empfänger zugänglich sind. Solche Maßnahmen sind wichtig, um die Vertraulichkeit und Integrität der

Daten zu gewährleisten und das Risiko von Datenlecks oder Missbrauch zu minimieren.

Sicherheitsvorkehrungen für Cloud-Speicherdienste

Bei der Nutzung von Cloud-Speicherdiensten ist es wichtig, zusätzliche Sicherheitsvorkehrungen zu treffen. Eine der grundlegendsten Maßnahmen ist die Aktivierung von Zwei-Faktor-Authentifizierung (2FA), die sicherstellt, dass nur autorisierte Benutzer Zugriff auf die Daten haben. Zusätzlich sollten Benutzer sicherstellen, dass ihre Daten über verschlüsselte Verbindungen übertragen werden und bei einem vertrauenswürdigen Anbieter gespeichert sind. Regelmäßige Sicherheitsüberprüfungen sowie das Update von Passwörtern und Zugriffsschlüsseln tragen ebenfalls dazu bei, die Datensicherheit in der Cloud zu gewährleisten.

Schutz persönlicher Daten auf Social-Media-Plattformen

Soziale Netzwerke bieten eine Plattform für die öffentliche Interaktion, bergen jedoch auch Risiken, wenn es um den Schutz persönlicher Daten geht. Benutzer können verhindern, dass ihre Daten von Social-Media-Plattformen missbraucht werden, indem sie die Datenschutzeinstellungen sorgfältig konfigurieren. So können Sie beispielsweise festlegen, wer Ihre Beiträge sehen kann, und sensible Informationen wie Wohnort, Telefonnummer oder Geburtsdatum verbergen. Achten Sie auch auf verdächtige Anfragen oder Kontakte und überprüfen Sie regelmäßig die Privatsphäre-Einstellungen, um sicherzustellen, dass keine unnötigen Informationen öffentlich geteilt werden.

Bewusstsein über online verfügbare persönliche Daten

Es ist wichtig, dass Benutzer sich bewusst sind, welche persönlichen Daten im Internet über sie verfügbar sind. Viele Websites und Plattformen sammeln und teilen Daten, oft ohne dass dies den Nutzern voll bewusst ist. Regelmäßige Überprüfungen, z. B. durch Suchmaschinen, können helfen, potenzielle Risiken zu erkennen. Diese Informationen können von Dritten genutzt werden, um Datenschutzverletzungen zu begehen. Durch das Bewusstsein über die eigenen Daten können geeignete Maßnahmen zum Schutz der Privatsphäre ergriffen werden, wie das Entfernen unnötiger Daten oder das Anpassen der Einstellungen.

Rolle von Datenschutzrichtlinien

Datenschutzrichtlinien spielen eine zentrale Rolle beim Schutz persönlicher Daten online. Diese Richtlinien legen fest, wie Unternehmen und Plattformen mit den Daten ihrer Nutzer umgehen, welche Informationen zu welchem Zweck gesammelt werden. Eine klare und transparente Datenschutzrichtlinie gibt dem Benutzer die Kontrolle über seine Daten und ermöglicht es ihm, fundierte Entscheidungen darüber zu treffen, welche Informationen er teilen möchte. Indem Unternehmen sich an Datenschutzbestimmungen halten, wie z. B. die Datenschutz-Grundverordnung (DSGVO) in Europa, wird die Privatsphäre der Nutzer besser geschützt.

Schutz persönlicher Daten in E-Mails und digitalen Kommunikationsformen

Benutzer können sicherstellen, dass ihre persönlichen Daten in E-Mails und anderen digitalen Kommunikationsformen geschützt sind, indem sie nur sichere und verschlüsselte E-Mail-Dienste verwenden. Besonders beim Austausch sensibler Informationen ist es wichtig, auf verschlüsselte Verbindungen (SSL/TLS) zu achten, um zu verhindern, dass die Daten von Dritten abgefangen werden. Zusätzlich sollten Benutzer darauf achten, keine sensiblen Informationen über ungesicherte Netzwerke zu senden und Sicherheitssoftware zu verwenden, um Phishing-Angriffe zu blockieren.

Weitergabe von persönlichen Daten online

Beim Ausfüllen von Online-Formularen und der Registrierung auf Websites ist es besonders wichtig, vorsichtig und zurückhaltend mit der Weitergabe persönlicher Daten umzugehen. Dies schützt nicht nur die eigene Privatsphäre, sondern hilft auch, potenzielle Sicherheitsrisiken zu minimieren.

Schutz der Privatsphäre

Der Schutz der Privatsphäre ist ein zentrales Anliegen im digitalen Zeitalter. Persönliche Daten wie Name, Adresse, Geburtsdatum oder Finanzinformationen gehören zu den sensibelsten Informationen, die leicht missbraucht werden können. Sobald diese Daten in falsche Hände geraten, besteht das Risiko, dass sie für kriminelle Aktivitäten wie Identitätsdiebstahl oder betrügerische Transaktionen verwendet werden. Daher sollte jede Weitergabe solcher Daten gut überlegt sein, insbesondere auf Webseiten, deren Sicherheit nicht gewährleistet ist.

Risiko des Datenmissbrauchs

Daten, die online erhoben werden, können von Unternehmen für verschiedene Zwecke genutzt werden, oft ohne das volle Wissen oder die ausdrückliche Zustimmung des Nutzers. Diese Unternehmen verwenden persönliche Informationen häufig zu Marketingzwecken, was zu unerwünschten Werbemaßnahmen führen kann. In einigen Fällen werden diese Daten an Drittparteien verkauft oder weitergegeben, was die Kontrolle über die eigenen Informationen weiter verringert. Der Missbrauch der Daten kann gravierende Folgen haben, da Nutzer nicht immer wissen, wie und von wem ihre Daten letztlich verwendet werden.

Sicherheitsrisiken bei der Online-Dateneingabe

Die Eingabe persönlicher Daten auf unsicheren Websites birgt erhebliche Sicherheitsrisiken. Cyberkriminelle nutzen Schwachstellen in Websites oder Netzwerken aus, um Daten abzufangen oder zu hacken. Durch sogenannte „Phishing"-Angriffe oder andere Betrugsmethoden können auch gutgläubige Benutzer dazu verleitet werden, sensible Informationen preiszugeben. Unsichere Datenspeicherung und fehlende Verschlüsselungstechnologien bei der Übertragung persönlicher Informationen erhöhen das Risiko von Datenlecks und Hackerangriffen. In diesen Fällen gelangen die Daten in unbefugte Hände und können für betrügerische Zwecke genutzt werden.

Gefahr des Identitätsdiebstahls

Eine der gravierendsten Folgen der unbedachten Weitergabe persönlicher Daten ist der Identitätsdiebstahl. Wenn Kriminelle Zugang zu Informationen wie Sozialversicherungsnummern, Bankkontodaten oder Kreditkarteninformationen erhalten, können sie die Identität des Betroffenen stehlen. Identitätsdiebe nutzen diese Daten, um unbefugte Konten zu eröffnen, auf bestehende Konten zuzugreifen oder sogar betrügerische Kreditanfragen zu stellen. Die Folgen für die Opfer sind oft schwerwiegend und umfassen finanzielle Verluste, langwierige Rechtsstreitigkeiten und die Wiederherstellung der eigenen Identität.

Vertrauen in Websites und deren Glaubwürdigkeit

Das Vertrauen der Nutzer spielt eine entscheidende Rolle beim Teilen von persönlichen Daten online. Wenn eine Website unseriös erscheint oder keine angemessenen Sicherheitsmaßnahmen wie HTTPS-Verschlüsselung bietet, sollten Nutzer vorsichtig sein und keine sensiblen Informationen eingeben. Eine nicht vertrauenswürdige Plattform kann dazu führen, dass persönliche Daten missbraucht oder verkauft werden. Darüber hinaus leidet auch die Glaubwürdigkeit solcher Seiten, was zur Folge hat, dass weniger Benutzer bereit sind, sich zu registrieren oder ihre Informationen preiszugeben.

Vorsichtsmaßnahmen und Schutzmaßnahmen

Um die oben genannten Risiken zu minimieren, sollten Benutzer beim Ausfüllen von Online-Formularen immer vorsichtig sein. Grundsätzlich gilt: Geben Sie nur die notwendigsten Informationen weiter und stellen Sie sicher, dass die Website vertrauenswürdig ist. Ein Blick auf die Datenschutzrichtlinien der Seite gibt Aufschluss darüber, wie Ihre Daten verwendet und geschützt werden. Achten Sie auf Zertifikate wie SSL (erkennbar am Schloss-Symbol in der Adressleiste), die anzeigen, dass die Seite verschlüsselt ist und Daten sicher übertragen werden. Darüber hinaus ist es ratsam, auf den Einsatz von Zwei-Faktor-Authentifizierung zu achten, wenn sensible Daten eingegeben werden.

Die Auseinandersetzung mit diesen Vorsichtsmaßnahmen ist unerlässlich, um persönliche Daten effektiv zu schützen und die eigene Online-Sicherheit zu gewährleisten.

Cyberkriminellen helfen

Cyberkriminelle haben es auf eine Vielzahl von Informationen abgesehen, um Identitätsdiebstahl zu begehen und betrügerische Aktivitäten durchzuführen. Jede Art von Daten, die sie erlangen, kann auf verschiedene Weise missbraucht werden. Hier sind die häufigsten Informationen, die für Cyberkriminelle besonders wertvoll sind:

Persönliche Identifikationsdaten
Zu den am meisten gesuchten Informationen gehören grundlegende persönliche Identifikationsdaten wie Name, Geburtsdatum, Sozialversicherungsnummer, Personalausweisnummer und Führerscheinnummer. Diese Informationen ermöglichen es Kriminellen, eine bestehende Identität zu stehlen oder gefälschte Identitäten zu erstellen. Mit diesen Daten können sie betrügerische Konten eröffnen, Kredite beantragen und Identitätsmissbrauch begehen. Opfer solcher Verbrechen können monatelang oder sogar jahrelang mit den Folgen zu kämpfen haben, da es oft sehr schwer ist, die eigene Identität wiederherzustellen und die damit verbundenen Schäden zu beheben.

Kontoinformationen
Bankkontonummern, Kreditkartennummern, Debitkartendaten, PIN-Codes und Passwörter sind für Cyberkriminelle besonders attraktiv. Mit diesen Informationen können sie auf Bankkonten zugreifen, Geld abheben oder betrügerische Transaktionen

durchführen. Schlimmstenfalls übernehmen sie sogar die Kontrolle über das Konto des Opfers, was zu erheblichen finanziellen Schäden führt. Kreditkartenbetrug und nicht autorisierte Abbuchungen sind häufige Folgen des Diebstahls solcher Informationen.

Adressdaten

Die aktuelle Wohnadresse einer Person mag auf den ersten Blick harmlos erscheinen, doch auch diese Daten sind für Cyberkriminelle von großem Wert. Mithilfe von Adressdaten können sie betrügerische Konten eröffnen, gefälschte Dokumente erstellen oder unerlaubte Post versenden, um weitere Informationen zu sammeln. Adressdaten helfen dabei, eine glaubwürdige gefälschte Identität zu schaffen und erleichtern es Kriminellen, Identitätsdiebstahl durchzuführen, ohne dass das Opfer sofort Verdacht schöpft.

Medizinische Informationen

Medizinische Daten, einschließlich Patientenakten, Krankenversicherungsinformationen oder Informationen zu bestehenden Gesundheitszuständen, sind ebenfalls ein beliebtes Ziel für Cyberkriminelle. Diese Daten können für betrügerische medizinische Rechnungen verwendet werden oder dazu dienen, medizinische Leistungen unrechtmäßig zu beanspruchen. Opfer können mit erheblichen gesundheitlichen und finanziellen Folgen konfrontiert werden, wenn zum Beispiel ihre Krankenakte durch falsche Informationen ergänzt wird.

Berufliche Informationen

Auch berufliche Informationen wie Angaben zum Arbeitgeber, Gehaltsabrechnungen oder berufliche Lizenzen können missbraucht werden. Cyberkriminelle könnten diese Informationen nutzen, um betrügerische Handlungen im beruflichen Kontext durchzuführen. Dazu gehören der Missbrauch beruflicher Ressourcen oder die Fälschung von Dokumenten, um sich Zugang zu sensiblen Firmendaten zu verschaffen oder Geld zu stehlen.

Online-Kontoinformationen

Benutzernamen, E-Mail-Adressen und Passwörter von Online-Konten sind von besonderem Interesse für Cyberkriminelle. Mit diesen Daten können sie auf persönliche Online-Konten zugreifen, darunter E-Mails, soziale Netzwerke und sogar Online-Banking-Dienste. Dadurch haben Kriminelle nicht nur Zugang zu weiteren sensiblen Informationen, sondern können sich auch in sozialen Netzwerken als das Opfer ausgeben, um noch mehr Informationen zu erlangen oder andere Personen zu betrügen.

Soziale Sicherheitsinformationen

Daten über Familienmitglieder und enge Beziehungen, wie z. B. die Namen von Eltern oder Geschwistern, können von Cyberkriminellen genutzt werden, um Identitäten zu stehlen oder betrügerische Sozialleistungen zu beantragen. Diese Informationen helfen Kriminellen, sich als jemand anderes auszugeben oder Zugriff auf bestimmte Vorteile zu erhalten, die eigentlich dem Opfer zustehen. Besonders im Bereich der Sozialleistungen kann dies zu großen finanziellen und administrativen Problemen führen.

Methoden zur Erlangung dieser Informationen

Cyberkriminelle setzen eine Vielzahl von Methoden ein, um an die gewünschten Informationen zu gelangen. Eine der am häufigsten verwendeten Methoden ist Phishing. Dabei werden gefälschte E-Mails oder Nachrichten versendet, die den Anschein erwecken, von einer vertrauenswürdigen Quelle zu stammen, und das Ziel verfolgen, den Empfänger dazu zu bringen, sensible Daten preiszugeben. Hacking ist eine weitere Methode, bei der Sicherheitslücken in Websites, Netzwerken oder Systemen ausgenutzt werden, um auf große Datenmengen zuzugreifen. Eine besonders gefährliche Methode ist Social Engineering, bei dem Täuschung und Manipulation verwendet werden, um Menschen dazu zu bringen, freiwillig Informationen herauszugeben. Auch der Diebstahl von Papierdokumenten oder das Abfangen von Post kann zur Sammlung sensibler persönlicher Daten beitragen.

Schutzmaßnahmen und Vorsicht im Umgang mit persönlichen Daten

Um sich vor Identitätsdiebstahl und Datenmissbrauch zu schützen, ist es entscheidend, persönliche Informationen sorgfältig zu verwalten. Dies beginnt mit der Vorsicht beim Teilen sensibler Daten. Verwenden Sie immer starke, einzigartige Passwörter und ändern Sie diese regelmäßig. Zudem sollten Online-Daten nur über gesicherte Verbindungen (z. B. HTTPS) übermittelt werden. Achten Sie darauf, dass die Websites, auf denen Sie Ihre Daten eingeben, vertrauenswürdig sind und über entsprechende Sicherheitsmaßnahmen verfügen. Zwei-Faktor-Authentifizierung bietet zusätzlichen Schutz, indem sie es Kriminellen erschwert, sich in Online-Konten einzuloggen, selbst wenn sie im Besitz des Passworts sind.

Die wachsende Bedrohung durch Cyberkriminalität erfordert erhöhte Wachsamkeit und ein aktives Engagement, um persönliche Daten vor Missbrauch zu schützen. Indem Sie sich dieser Risiken bewusst sind und geeignete Vorsichtsmaßnahmen ergreifen, können Sie Ihre persönlichen Informationen und Ihre digitale Sicherheit effektiver schützen.

Persönlichen Daten online speichern

Benutzer können ihre persönlichen Daten online sicher speichern und übertragen, indem sie auf bewährte Sicherheitsmaßnahmen und Tools zurückgreifen. Hier sind einige wesentliche Schritte, um den Schutz zu gewährleisten:

Starke Passwörter

Ein grundlegender Schutz besteht darin, sichere und starke Passwörter zu erstellen. Passwörter sollten aus einer Kombination von Groß- und Kleinbuchstaben, Zahlen und Sonderzeichen bestehen und mindestens acht Zeichen umfassen. Vermeiden Sie es, Passwörter zu wählen, die leicht zu erraten sind, wie Geburtstage oder einfache Wörter. Ein weiterer wichtiger Aspekt ist, für jedes Konto ein einzigartiges Passwort zu verwenden. Wiederholen Sie dasselbe Passwort nicht auf mehreren Plattformen, da dies Cyberkriminellen den Zugang zu mehreren Konten erleichtern würde, falls ein Passwort kompromittiert wird.

Zwei-Faktor-Authentifizierung (2FA)

Eine weitere Sicherheitsmaßnahme ist die Aktivierung der Zwei-Faktor-Authentifizierung (2FA). Diese Methode fügt eine zusätzliche Sicherheitsebene hinzu, indem ein zweiter Verifizierungsschritt notwendig wird. Meistens handelt es sich dabei um einen Code, der per SMS verschickt oder über eine Authentifizierungs-App bereitgestellt wird. Selbst wenn jemand Ihr Passwort erbeutet, benötigt er den zweiten Faktor, um auf das Konto zuzugreifen. Dadurch wird das Risiko eines unbefugten Zugriffs erheblich reduziert.

Verschlüsselung von Daten

Ein wirksames Mittel zum Schutz sensibler Daten ist die Verschlüsselung. Verschlüsselungstools wandeln Ihre Daten in einen unlesbaren Code um, der nur mit einem speziellen Schlüssel entschlüsselt werden kann. Dies stellt sicher, dass selbst wenn die Daten abgefangen werden, sie für Unbefugte nicht zugänglich sind. Viele Online-Dienste bieten integrierte Verschlüsselungsfunktionen an, die eine sichere Übertragung und Speicherung gewährleisten.

Auswahl sicherer Online-Speicherdienste

Die Entscheidung für einen vertrauenswürdigen Cloud-Speicherdienst ist entscheidend. Achten Sie darauf, dass der Anbieter Ende-zu-Ende-Verschlüsselung, strikte Zugriffskontrollen und Datenschutzmaßnahmen bietet. Nur vertrauenswürdige Dienste, die umfassende Sicherheitsrichtlinien anwenden, sollten für die Speicherung sensibler Informationen verwendet werden. Es ist wichtig, die Datenschutzrichtlinien und Sicherheitsprotokolle des Anbieters sorgfältig zu prüfen.

Regelmäßige Sicherheitsüberprüfungen

Sicherheitsüberprüfungen sollten regelmäßig durchgeführt werden, um mögliche Bedrohungen frühzeitig zu erkennen. Überwachen Sie Ihre Online-Konten, prüfen Sie Transaktionsverläufe auf Unregelmäßigkeiten und ändern Sie regelmäßig Ihre Passwörter. Auch die Einstellungen und Sicherheitsvorkehrungen in Ihren Konten sollten überprüft und aktualisiert werden, um sicherzustellen, dass alle Schutzmaßnahmen aktiv sind.

Vermeidung öffentlicher Netzwerke

Öffentliche WLAN-Netzwerke sind besonders anfällig für Angriffe wie Man-in-the-Middle-Attacken. Verwenden Sie daher niemals solche Netzwerke für die Übertragung sensibler Daten. Stattdessen sollten Sie ein Virtual Private Network (VPN) nutzen, das eine verschlüsselte Verbindung herstellt und Ihre Daten vor dem Zugriff Dritter schützt. VPNs sind ein effektives Mittel, um sicherzustellen, dass Ihre Online-Aktivitäten und persönlichen Daten privat bleiben.

Vorsicht bei E-Mails und Links

Phishing-Angriffe sind eine gängige Methode, um persönliche Daten zu stehlen. Seien Sie daher vorsichtig beim Öffnen von E-Mails oder beim Klicken auf Links von unbekannten Absendern. Prüfen Sie die Legitimität von Nachrichten, insbesondere wenn sie nach sensiblen Informationen fragen. Achten Sie auf Warnsignale wie ungewöhnliche Absenderadressen oder verdächtige URLs.

Schutz der Geräte mit Sicherheitssoftware

Installieren Sie auf all Ihren Geräten aktuelle Antiviren- und Antimalware-Programme. Diese schützen Sie vor schädlicher Software und verhindern, dass Cyberkriminelle Zugang zu Ihren Daten erlangen. Zudem sollten Sie sicherstellen, dass Betriebssysteme und Software regelmäßig aktualisiert werden. Updates beheben oft bekannte Sicherheitslücken, die von Angreifern ausgenutzt werden könnten.

Durch die Anwendung dieser Sicherheitspraktiken können Benutzer ihre persönlichen Daten wirksam schützen. Von der Verwendung starker Passwörter über die Implementierung von Verschlüsselungstechnologien bis hin zur regelmäßigen Überprüfung ihrer Konten gibt es zahlreiche Maßnahmen, die ergriffen werden können, um die Wahrscheinlichkeit von Datenschutzverletzungen oder Identitätsdiebstahl erheblich zu reduzieren. Eine proaktive Herangehensweise an die Sicherheit ist unerlässlich, um die wachsenden Bedrohungen in der digitalen Welt abzuwehren.

Sichere Kommunikationsmethoden

Sichere Kommunikationsmethoden zu nutzen, ist entscheidend, um den Schutz sensibler Informationen sicherzustellen. Dabei geht es darum, die Vertraulichkeit, Integrität und Verfügbarkeit der Daten zu wahren. Hier sind ausführliche Gründe, warum dies so wichtig ist:

Vertraulichkeit der Informationen

Der Schutz der Vertraulichkeit ist besonders wichtig bei der Übermittlung sensibler Daten wie persönliche Informationen, Finanzdaten oder medizinische Aufzeichnungen. Unzureichender Schutz kann die Privatsphäre gefährden und die Rechte der betroffenen Personen beeinträchtigen. Durch die Verwendung sicherer Kommunikationsmethoden, wie z. B. Ende-zu-Ende-Verschlüsselung, wird sichergestellt, dass nur autorisierte Empfänger auf die gesendeten Informationen zugreifen können. Verschlüsselte Daten sind in einen unlesbaren Code umgewandelt, den nur der Empfänger mit dem richtigen Schlüssel entschlüsseln kann. Dies verhindert, dass Dritte die Daten einsehen oder missbrauchen, was das Risiko von Datenschutzverletzungen erheblich verringert.

Verhinderung von Datenlecks

Ein weiterer zentraler Aspekt sicherer Kommunikation ist die Verhinderung von Datenlecks. Unsichere Kommunikationskanäle, die keine Verschlüsselung oder andere Schutzmaßnahmen bieten, können von Cyberkriminellen leicht abgehört oder gehackt werden. Dies kann zu Datenverlusten oder -diebstählen führen, die verheerende Folgen haben. Wenn sensible Informationen von Unbefugten abgefangen werden, steigt das Risiko für Identitätsdiebstahl, Betrug oder andere böswillige Aktivitäten. Die Nutzung verschlüsselter Verbindungen und sicherer Kommunikationsprotokolle reduziert das Risiko solcher Vorfälle, indem sie sicherstellt, dass die Daten während des Transfers geschützt und nicht kompromittiert werden.

Wahrung der Integrität der Daten

Die Integrität der Daten spielt eine ebenso große Rolle. Sichere Kommunikationsmethoden gewährleisten, dass die übertragenen Informationen nicht verändert oder manipuliert werden können. Dies bedeutet, dass die empfangenen Daten den ursprünglich gesendeten genau entsprechen und keine Änderungen durch Dritte während der Übertragung erfolgt sind. In besonders sensiblen Bereichen wie Finanztransaktionen oder dem Gesundheitswesen ist die Wahrung der Integrität von höchster Bedeutung, da selbst kleine Änderungen schwerwiegende Konsequenzen haben könnten. Sichere Methoden schützen vor solchen Manipulationen.

Einhaltung gesetzlicher Datenschutzanforderungen

In vielen Ländern gibt es strenge Datenschutzbestimmungen, die regeln, wie sensible Informationen verarbeitet und übertragen werden müssen. Gesetze wie die Datenschutz-Grundverordnung (DSGVO) in Europa schreiben vor, dass personenbezogene Daten nur mit angemessenen Sicherheitsvorkehrungen verarbeitet werden dürfen. Wer diese gesetzlichen Vorgaben nicht einhält, riskiert rechtliche Konsequenzen, darunter hohe Geldstrafen und den Verlust von Vertrauen. Indem Unternehmen sichere Kommunikationsmethoden implementieren, stellen sie sicher, dass sie den gesetzlichen Anforderungen gerecht werden und gleichzeitig die Privatsphäre ihrer Kunden und Partner schützen.

Aufbau von Vertrauen und Glaubwürdigkeit

Die Verwendung sicherer Kommunikationsmethoden stärkt das Vertrauen von Kunden, Partnern und Mitarbeitern. Organisationen, die den Schutz sensibler Informationen ernst nehmen und durch klare Sicherheitsmaßnahmen untermauern, bauen Glaubwürdigkeit auf. Diese Maßnahmen zeigen, dass die Organisation die Verantwortung für den Schutz persönlicher Daten übernimmt. Dieses Sicherheitsbewusstsein kann das Vertrauen erhöhen und sich positiv auf die langfristigen Beziehungen mit den betroffenen Parteien auswirken. Ein starkes Sicherheitsprotokoll ist auch ein Wettbewerbsvorteil, da es zeigt, dass das Unternehmen datenschutzkonform arbeitet.

Reduzierung von Sicherheitsrisiken

Sichere Kommunikationsmethoden wie verschlüsselte E-Mails, sichere Messaging-Dienste und VPNs schützen vor verschiedenen Bedrohungen, darunter Phishing, Man-in-the-Middle-Angriffe und andere Formen des Datenmissbrauchs. Ohne diese Schutzmaßnahmen besteht ein erhöhtes Risiko, dass vertrauliche Informationen von Hackern gestohlen oder manipuliert werden. Unternehmen und Einzelpersonen, die auf unsicheren Wegen kommunizieren, setzen sich und ihre Daten unnötigen Risiken aus. Daher ist es entscheidend, dass sie sich auf sichere Tools und Methoden verlassen, um die Kommunikationskanäle vor Angriffen zu schützen.

Schutz der Verfügbarkeit der Daten

Neben Vertraulichkeit und Integrität ist auch die Verfügbarkeit der Informationen ein zentraler Punkt. Sichere Kommunikationsmethoden garantieren, dass die Daten stets zugänglich und intakt bleiben, wann immer sie benötigt werden. Bei unsicheren Kommunikationswegen besteht das Risiko, dass Daten unzugänglich werden oder verlorengehen, was schwerwiegende Auswirkungen haben kann, insbesondere in zeitkritischen Situationen. Sichere Übertragungssysteme und Protokolle stellen sicher, dass die Daten stets verfügbar und unversehrt sind, auch wenn Bedrohungen bestehen.

Sichere Kommunikationsmethoden sind unerlässlich, um die Vertraulichkeit, Integrität und Verfügbarkeit sensibler Informationen zu gewährleisten. Sie minimieren das Risiko von Datenlecks, unbefugtem Zugriff und Manipulationen. Gleichzeitig sorgen sie dafür, dass gesetzliche Datenschutzvorschriften eingehalten werden, und stärken das Vertrauen in die Sicherheitsmaßnahmen eines Unternehmens oder einer Person. Wer sichere Kommunikationsmethoden einsetzt, schützt nicht nur sich selbst, sondern auch die Daten derjenigen, mit denen er kommuniziert.

Persönlichen Daten in Cloud-Speicherdiensten

Um die Sicherheit Ihrer persönlichen Daten in Cloud-Speicherdiensten zu gewährleisten, sind umfassende und gut durchdachte Maßnahmen notwendig. Diese gewährleisten den Schutz sensibler Informationen und minimieren das Risiko von Datenlecks oder unbefugtem Zugriff. Hier sind detaillierte Maßnahmen, die Sie umsetzen sollten:

Starke und einzigartige Passwörter verwenden
 Ein grundlegender Schritt zur Sicherung Ihres Cloud-Kontos ist die Wahl eines starken Passworts. Ein sicheres Passwort besteht aus einer Mischung von Buchstaben (Groß- und Kleinschreibung), Zahlen und Sonderzeichen und sollte mindestens acht bis zwölf Zeichen umfassen. Vermeiden Sie leicht zu erratende Passwörter wie „123456" oder „Passwort". Darüber hinaus sollten Sie nicht dasselbe Passwort für verschiedene Dienste verwenden. Verwenden Sie für jedes Konto ein individuelles Passwort, um

das Risiko zu verringern, dass bei einem einzigen Sicherheitsvorfall mehrere Konten gefährdet werden.

Zwei-Faktor-Authentifizierung aktivieren

Die Zwei-Faktor-Authentifizierung (2FA) bietet eine zusätzliche Schutzschicht für Ihr Cloud-Konto. Neben Ihrem Passwort wird ein zweiter Faktor wie ein Einmalpasswort (OTP) oder eine biometrische Verifizierung (z. B. Fingerabdruck oder Gesichtserkennung) benötigt. Selbst wenn ein Angreifer Ihr Passwort kennt, verhindert die Zwei-Faktor-Authentifizierung, dass er ohne den zweiten Verifizierungsschritt auf Ihr Konto zugreifen kann. Viele Cloud-Dienste bieten diese Funktion an, und ihre Aktivierung erhöht den Schutz Ihrer Daten erheblich.

Verschlüsselung nutzen

Verschlüsselung ist eine zentrale Methode, um Ihre Daten zu schützen. Idealerweise sollten Sie einen Cloud-Speicherdienst wählen, der Ende-zu-Ende-Verschlüsselung anbietet. Diese Form der Verschlüsselung sorgt dafür, dass Ihre Dateien sowohl während der Übertragung als auch bei der Speicherung in der Cloud geschützt sind. Nur Sie und autorisierte Personen haben Zugriff auf den Entschlüsselungsschlüssel, wodurch die Daten vor unbefugtem Zugriff geschützt bleiben. Überprüfen Sie die Sicherheitsprotokolle Ihres Cloud-Dienstes und verwenden Sie bei Bedarf zusätzliche Verschlüsselungstools, um besonders sensible Daten vor dem Hochladen zu verschlüsseln.

Regelmäßige Sicherheitsüberprüfungen durchführen

Ein proaktiver Ansatz zur Datensicherheit besteht darin, regelmäßig Sicherheitsüberprüfungen durchzuführen. Überprüfen Sie Ihre Kontoeinstellungen, die Zugriffsrechte und die autorisierten Geräte oder Anwendungen, die auf Ihr Cloud-Konto zugreifen können. Entfernen Sie alle Einträge, die Sie nicht mehr benötigen, oder verdächtige Zugriffe, um potenzielle Sicherheitsrisiken zu minimieren. Darüber hinaus sollten Sie sicherstellen, dass Sie stets die neuesten Sicherheitsupdates und Funktionen des Anbieters nutzen, um den bestmöglichen Schutz zu gewährleisten.

Vertrauenswürdige Cloud-Dienste auswählen

Die Auswahl des richtigen Cloud-Speicherdienstes spielt eine entscheidende Rolle bei der Sicherheit Ihrer Daten. Achten Sie darauf, einen Anbieter zu wählen, der transparente Sicherheitsmaßnahmen und klar definierte Datenschutzrichtlinien bietet. Seriöse Cloud-Dienste bieten fortschrittliche Sicherheitsfunktionen wie Verschlüsselung, strikte Zugriffskontrollen und Datenschutzkonformität. Lesen Sie die Bewertungen des Anbieters und informieren Sie sich über dessen Sicherheitsprotokolle und Datenschutzstandards, bevor Sie sich für einen Dienst entscheiden.

Regelmäßige Backups erstellen

Auch wenn Cloud-Speicherdienste Ihre Daten sicher speichern, ist es wichtig, regelmäßige Backups zu erstellen. Diese sollten vorzugsweise außerhalb der Cloud gespeichert werden, z. B. auf einer externen Festplatte oder einem sicheren lokalen Speicher. Dies bietet Ihnen eine zusätzliche Sicherheitskopie, falls es zu Datenverlusten oder Sicherheitsverletzungen im Cloud-Dienst kommt. Mit einem Backup können Sie Ihre Daten im Notfall schnell wiederherstellen und verhindern, dass wertvolle Informationen unwiderruflich verloren gehen.

Sensible Daten vor dem Hochladen verschlüsseln

Eine weitere wichtige Maßnahme zur Erhöhung der Sicherheit ist das Verschlüsseln besonders sensibler oder vertraulicher Daten, bevor Sie diese in die Cloud hochladen. Diese zusätzliche Sicherheitsebene sorgt dafür, dass selbst wenn jemand unbefugten Zugriff auf Ihr Cloud-Konto erhält, die Dateien ohne den entsprechenden Entschlüsselungsschlüssel unlesbar bleiben. Tools zur manuellen Verschlüsselung ermöglichen es Ihnen, Ihre Dateien lokal zu verschlüsseln, bevor sie in die Cloud hochgeladen werden.

Schutz vor Datenlecks und unbefugtem Zugriff

Durch die konsequente Anwendung dieser Sicherheitsmaßnahmen wird das Risiko von Datenlecks, unbefugtem Zugriff oder Datenverlust erheblich reduziert. Starke Passwörter, Verschlüsselung und Zwei-Faktor-Authentifizierung bieten einen mehrschichtigen Schutz für Ihre persönlichen Daten und sorgen dafür, dass Ihre Informationen in der Cloud gut abgesichert sind.

Die Sicherung persönlicher Daten in Cloud-Speicherdiensten erfordert eine Kombination aus technischen Schutzmaßnahmen und einer regelmäßigen Überprüfung der Sicherheitsvorkehrungen. Mit starken Passwörtern, Zwei-Faktor-Authentifizierung, Verschlüsselung und vertrauenswürdigen Anbietern können Sie Ihre Daten vor den häufigsten Bedrohungen schützen. Regelmäßige Backups und Verschlüsselung sensibler Dateien sorgen für zusätzlichen Schutz und minimieren das Risiko von Datenverlust oder Missbrauch.

Persönlichen Daten und Social-Media

Um sicherzustellen, dass Ihre persönlichen Daten auf Social-Media-Plattformen nicht missbraucht werden, ist es wichtig, eine Reihe von Schutzmaßnahmen zu ergreifen. Diese Maßnahmen helfen, Ihre Informationen zu sichern und das Risiko von Datenschutzverletzungen zu minimieren.

Datenschutzeinstellungen regelmäßig überprüfen

Eine der grundlegendsten Maßnahmen zum Schutz Ihrer Daten besteht darin, Ihre Datenschutzeinstellungen regelmäßig zu überprüfen. Stellen Sie sicher, dass Sie nur die Informationen teilen, die Sie wirklich teilen möchten. Überprüfen Sie die Privatsphäre-Einstellungen Ihres Social-Media-Kontos, um den Zugriff auf Ihre persönlichen Daten und Beiträge auf ein Minimum zu beschränken. Passen Sie die Sichtbarkeit Ihrer Posts und Profilinformationen so an, dass nur engste Freunde und Familienmitglieder Zugang haben. Dies reduziert das Risiko, dass Unbefugte Ihre Informationen sehen oder darauf zugreifen können.

Selektiv bei Freundschaftsanfragen und Verbindungsanfragen sein

Seien Sie besonders vorsichtig bei der Annahme von Freundschaftsanfragen oder Verbindungsanfragen. Überprüfen Sie die Profile von Personen, die Sie hinzufügen möchten, und akzeptieren Sie nur Anfragen von Menschen, die Sie kennen oder mit denen Sie eine echte Verbindung haben. Dies hilft, Kontakte zu vermeiden, die möglicherweise nicht wohlmeinend sind oder die versuchen könnten, Ihre Daten zu missbrauchen.

Vorsicht bei der Weitergabe persönlicher Informationen

Vermeiden Sie es, persönliche Informationen wie Geburtsdatum, Adresse, Telefonnummer oder finanzielle Daten auf Social-Media-Plattformen weiterzugeben. Diese Informationen können von anderen Benutzern oder Dritten eingesehen werden, wenn Ihre Kontoeinstellungen nicht korrekt konfiguriert sind. Bevor Sie solche Details veröffentlichen, überlegen Sie, ob es wirklich notwendig ist, sie öffentlich zu teilen. In vielen Fällen können Sie auf die Angabe solcher Daten verzichten oder sie auf weniger auffällige Weise bereitstellen.

Freundesliste regelmäßig überprüfen

Überprüfen Sie Ihre Freundesliste regelmäßig und entfernen Sie Personen, die Sie nicht kennen oder mit denen Sie keine echte Verbindung haben. Dies kann das Risiko von Datenmissbrauch durch unbekannte oder unzuverlässige Kontakte erheblich verringern. Eine regelmäßige Überprüfung stellt sicher, dass nur vertrauenswürdige Kontakte Zugriff auf Ihre persönlichen Informationen haben.

Auf Anzeigen, Links und Nachrichten achten

Seien Sie vorsichtig im Umgang mit Anzeigen, Links und Nachrichten auf Social-Media-Plattformen. Achten Sie auf Anzeichen von Phishing-Versuchen oder betrügerischen Aktivitäten. Klicken Sie nicht auf verdächtige Links und geben Sie keine persönlichen Daten preis, ohne die Quelle und deren Vertrauenswürdigkeit zu überprüfen. Misstrauen Sie unerwarteten Nachrichten und überprüfen Sie immer, ob diese von einer verlässlichen Quelle stammen.

Datenschutzrichtlinien und Nutzungsbedingungen regelmäßig lesen

Informieren Sie sich regelmäßig über die Datenschutzrichtlinien und Nutzungsbedingungen der von Ihnen genutzten Social-Media-Plattformen. Diese Dokumente geben Auskunft über die Datenschutzpraktiken der Plattformen und mögliche Änderungen oder Aktualisierungen der Richtlinien. Halten Sie sich über diese Entwicklungen auf dem Laufenden und passen Sie Ihre Privatsphäre-Einstellungen entsprechend an, um Ihre Daten besser zu schützen.

Starke und einzigartige Passwörter verwenden

Ein weiterer wichtiger Schutzfaktor ist die Wahl von starken und einzigartigen Passwörtern für Ihr Social-Media-Konto. Ein sicheres Passwort sollte eine Mischung aus Buchstaben, Zahlen und Sonderzeichen enthalten und nicht leicht zu erraten sein. Aktivieren Sie zusätzlich die Zwei-Faktor-Authentifizierung (2FA), wenn sie verfügbar ist. Diese zusätzliche Sicherheitsmaßnahme schützt Ihr Konto durch einen weiteren Verifizierungsschritt, was den Zugang für potenzielle Angreifer erschwert.

Durch die konsequente Anwendung dieser Schutzmaßnahmen können Sie die Sicherheit Ihrer persönlichen Daten auf Social-Media-Plattformen erheblich verbessern. Eine Kombination aus sorgfältiger Verwaltung der Datenschutzeinstellungen, selektiver

Kontaktaufnahme, Vorsicht bei der Weitergabe persönlicher Informationen und regelmäßiger Überprüfung der Kontosicherheit trägt dazu bei, das Risiko von Datenmissbrauch oder Datenschutzverletzungen zu minimieren. Schützen Sie Ihre persönlichen Daten proaktiv und bleiben Sie wachsam, um Ihre Privatsphäre zu wahren.

Persönlichen Daten im Internet

Benutzer sollten sich umfassend darüber im Klaren sein, welche persönlichen Daten über sie im Internet verfügbar sind. Dies ist aus verschiedenen wesentlichen Gründen von großer Bedeutung:

Schutz der Privatsphäre

Ein grundlegender Grund für dieses Bewusstsein ist der Schutz der Privatsphäre. Wenn Benutzer wissen, welche Informationen öffentlich zugänglich sind, können sie gezielt Maßnahmen ergreifen, um ihre Privatsphäre zu wahren. Dieses Wissen ermöglicht es ihnen, zu erkennen, welche persönlichen Daten möglicherweise online einsehbar sind. Durch entsprechende Vorkehrungen können sie ihre sensiblen Informationen besser schützen und das Risiko von Datenschutzverletzungen minimieren. Dies umfasst das Anpassen der Datenschutzeinstellungen in sozialen Medien und das Vermeiden der Veröffentlichung unnötiger persönlicher Informationen.

Schutz der Identität

Ein weiterer wichtiger Aspekt ist der Schutz der Identität. Wenn Benutzer sich darüber im Klaren sind, welche persönlichen Informationen im Internet verfügbar sind, können sie besser verstehen, wie ihre Daten möglicherweise missbraucht werden könnten. Dieses Bewusstsein hilft, potenzielle Risiken wie Identitätsdiebstahl oder betrügerische Aktivitäten frühzeitig zu erkennen und zu verhindern. Ein informierter Benutzer kann proaktiver überwachen, ob seine Identität in irgendeiner Weise gefährdet ist und notwendige Maßnahmen ergreifen, um solche Risiken zu minimieren. Dazu gehört auch die Überwachung von Kreditberichten und die regelmäßige Überprüfung von Online-Konten auf verdächtige Aktivitäten.

Reputationsmanagement

Das Reputationsmanagement ist ein weiterer entscheidender Grund für das Bewusstsein über persönliche Daten im Internet. Wenn Benutzer wissen, welche Informationen über sie veröffentlicht sind, können sie aktiv ihr Online-Image steuern. Dies umfasst das Überprüfen und Verwalten von Inhalten, die ihren Ruf beeinflussen könnten. Ein bewusstes Management der eigenen Online-Präsenz hilft, sicherzustellen, dass die digitale Identität den persönlichen und beruflichen Zielen entspricht und keine Informationen vorhanden sind, die dem Ruf schaden könnten. Es kann auch hilfreich sein, regelmäßig nach eigenen Namen und damit verbundenen Informationen zu suchen, um negative Einträge oder falsche Darstellungen zu identifizieren und gegebenenfalls zu korrigieren.

Kontrolle über eigene Daten

Die Kontrolle über die eigenen Daten ist ein weiterer wichtiger Grund. Ein klares Bewusstsein darüber, welche persönlichen Informationen online zugänglich sind, ermöglicht es Benutzern, besser zu überwachen, wer Zugriff auf ihre Daten hat und wie diese verwendet werden. Dieses Wissen gibt ihnen die Möglichkeit, die Verbreitung ihrer Informationen zu kontrollieren und sicherzustellen, dass ihre Daten nur in dem Umfang genutzt werden, den sie für angemessen halten. Dies kann beinhalten, Anfragen zur Löschung oder Berichtigung von Informationen zu stellen oder die Nutzung von Datenschutzdiensten in Anspruch zu nehmen.

Einhaltung von Datenschutzgesetzen

Schließlich spielt die Einhaltung von Datenschutzgesetzen eine zentrale Rolle. Viele Länder haben spezifische Datenschutzgesetze erlassen, die Benutzer dazu verpflichten, ihre persönlichen Daten zu schützen und die Kontrolle darüber zu behalten. Durch das Bewusstsein über die im Internet verfügbaren Informationen können Benutzer sicherstellen, dass sie diesen gesetzlichen Anforderungen entsprechen. Sie können ihre Datenschutzpraktiken entsprechend anpassen und Maßnahmen ergreifen, um den gesetzlichen Verpflichtungen nachzukommen, wie etwa die Einhaltung der Datenschutz-Grundverordnung (DSGVO) in der Europäischen Union.

Es ist von entscheidender Bedeutung für Benutzer, sich bewusst zu sein, welche persönlichen Daten im Internet zugänglich sind. Dieses Wissen ermöglicht es ihnen, ihre Privatsphäre zu schützen, Identitätsdiebstahl zu verhindern, ihre Online-Reputation zu verwalten, die Kontrolle über ihre Daten zu behalten und die geltenden Datenschutzgesetze einzuhalten. Ein informierter Umgang mit den eigenen Daten trägt dazu bei, persönliche Sicherheit und Datenschutz in der digitalen Welt zu gewährleisten.

Datenschutzrichtlinien zum Schutz

Transparenz

Datenschutzrichtlinien spielen eine wesentliche Rolle beim Schutz persönlicher Daten im Internet, indem sie Transparenz bieten. Diese Richtlinien legen detailliert offen, welche Arten von persönlichen Daten von einer Website oder einem Online-Dienst gesammelt werden. Sie erläutern, wie diese Daten verwendet werden und mit wem sie geteilt werden können. Dies ermöglicht es den Benutzern, genau zu verstehen, welche Informationen sie bereitstellen und wie diese Informationen möglicherweise verwendet werden. Eine transparente Darstellung dieser Aspekte trägt dazu bei, das Vertrauen der Benutzer zu stärken und Missverständnisse zu vermeiden.

Einwilligung

Ein weiterer zentraler Aspekt von Datenschutzrichtlinien ist die Einwilligung. Die Richtlinien geben den Benutzern die Möglichkeit, ihre Zustimmung zur Sammlung, Verarbeitung und Weitergabe ihrer persönlichen Daten zu erteilen oder abzulehnen. Dies ermöglicht es den Benutzern, informierte Entscheidungen darüber zu treffen, welche Daten sie bereit sind zu teilen und welche nicht. Eine informierte Einwilligung ist entscheidend für den Schutz der persönlichen Privatsphäre, da sie den Benutzern Kontrolle über ihre Daten gibt und sie in die Lage versetzt, bewusst zu entscheiden, welche Informationen sie preisgeben möchten.

Sicherheitsmaßnahmen

Datenschutzrichtlinien legen auch die Sicherheitsmaßnahmen fest, die zum Schutz der persönlichen Daten der Benutzer erforderlich sind. Diese Sicherheitsmaßnahmen umfassen Verschlüsselung, Zugriffskontrollen und regelmäßige Datensicherungsverfahren. Sie helfen dabei, die Daten vor unbefugtem Zugriff, Diebstahl oder Missbrauch zu schützen. Die Implementierung solcher Sicherheitsprotokolle sorgt dafür, dass die Daten der Benutzer sicher sind und vor potenziellen Bedrohungen geschützt werden. Durch klare Vorgaben zu den Sicherheitsstandards können Benutzer sicher sein, dass ihre Informationen in einem geschützten Umfeld aufbewahrt werden.

Benutzerrechte

Darüber hinaus informieren Datenschutzrichtlinien die Benutzer über ihre Rechte in Bezug auf ihre persönlichen Daten. Diese Rechte umfassen das Recht auf Zugang zu den eigenen Daten, das Recht auf Korrektur fehlerhafter Informationen und das Recht auf Löschung der Daten, soweit dies gesetzlich vorgeschrieben ist. Diese Informationen ermöglichen es den Benutzern, ihre Daten effektiv zu verwalten und sicherzustellen, dass ihre persönlichen Informationen korrekt und aktuell sind. Die Möglichkeit, auf die eigenen Daten zuzugreifen und sie bei Bedarf zu korrigieren oder zu löschen, stärkt die Kontrolle der Benutzer über ihre persönlichen Informationen.

Gesetzliche Anforderungen

Schließlich sind Datenschutzrichtlinien oft gesetzlich vorgeschrieben und helfen Unternehmen, die geltenden Datenschutzgesetze einzuhalten. Durch die Einhaltung dieser Richtlinien können Unternehmen rechtliche Konsequenzen wie Geldstrafen oder rechtliche Haftung vermeiden. Die gesetzlichen Anforderungen fördern die Einhaltung von Datenschutzbestimmungen und tragen dazu bei, dass Unternehmen verantwortungsvoll mit den Daten ihrer Benutzer umgehen. Dies stellt sicher, dass die gesetzlichen Vorgaben eingehalten werden und dass der Datenschutz auf einem rechtlich fundierten Fundament steht.

Vertrauen und Datenschutz

Insgesamt stärken Datenschutzrichtlinien das Vertrauen der Benutzer in Online-Dienste, indem sie klare Erwartungen an den Umgang mit persönlichen Daten setzen und deren Schutz gewährleisten. Sie sind ein wesentlicher Bestandteil eines umfassenden Datenschutzrahmens, der darauf abzielt, die Privatsphäre und Sicherheit der Benutzer im Internet zu wahren. Durch die transparente Kommunikation von Datenschutzpraktiken, die Gewährleistung der Benutzerrechte und die Einhaltung gesetzlicher Anforderungen tragen Datenschutzrichtlinien dazu bei, ein sicheres und vertrauenswürdiges Online-Umfeld zu schaffen.

Schutz persönlicher Daten

Sichere Kommunikationskanäle

Um die Sicherheit persönlicher Daten in E-Mails und anderen digitalen Kommunikationsformen zu gewährleisten, ist es entscheidend, sichere Kommunikationskanäle zu nutzen. Dies umfasst die Verwendung von verschlüsselten E-Mail-Diensten, sicheren Messaging-Apps und verschlüsselten Dateiübertragungsprotokollen. Diese Kanäle bieten zusätzliche Schutzmaßnahmen, indem sie sicherstellen, dass Nachrichten und Dateien nur von den beabsichtigten Empfängern gelesen werden können. Verschlüsselte Kommunikation hilft, persönliche Daten vor unbefugtem Zugriff zu sichern und das Risiko von Datenlecks zu minimieren.

Verschlüsselung

Verschlüsselung ist eine weitere wesentliche Maßnahme zum Schutz von Daten. Die Nutzung von Ende-zu-Ende-Verschlüsselung stellt sicher, dass Daten während der Übertragung und Speicherung nur von den vorgesehenen Empfängern gelesen werden können. Durch die Verschlüsselung werden die Daten in einen unlesbaren Code umgewandelt, den nur der beabsichtigte Empfänger mit dem entsprechenden Schlüssel entschlüsseln kann. Dies schützt vor dem Abfangen und der unbefugten Einsichtnahme von Daten durch Dritte und bietet einen wichtigen Schutz gegen Datenmissbrauch.

Starke Passwörter

Die Verwendung starker Passwörter ist ebenfalls entscheidend. Benutzer sollten Passwörter erstellen, die eine Mischung aus Buchstaben, Zahlen und Sonderzeichen enthalten und mindestens acht Zeichen lang sind. Ein starkes Passwort sollte einzigartig für jedes Konto oder jede Plattform sein und regelmäßig geändert werden, um das Risiko eines unbefugten Zugriffs zu minimieren. Starke Passwörter sind schwer zu knacken und bieten eine solide Grundlage für die Sicherheit von Online-Konten.

Zwei-Faktor-Authentifizierung (2FA)

Die Zwei-Faktor-Authentifizierung (2FA) stellt eine zusätzliche Sicherheitsstufe dar. 2FA erfordert einen zweiten Verifizierungsschritt, zusätzlich zum Passwort, um auf ein Konto zuzugreifen. Dies kann ein Einmalpasswort sein, das per SMS gesendet wird, oder eine biometrische Überprüfung wie ein Fingerabdruck. Selbst wenn ein Angreifer das Passwort kennt, ist ohne den zweiten Authentifizierungsfaktor der Zugriff auf das Konto blockiert. 2FA reduziert erheblich das Risiko eines unbefugten Zugriffs auf Konten.

Vorsicht bei Anhängen und Links

Benutzer sollten besonders vorsichtig beim Öffnen von E-Mail-Anhängen und beim Klicken auf Links sein. Anhänge und Links, die von unbekannten oder verdächtigen Absendern stammen, können Malware enthalten oder zu Phishing-Websites führen, die darauf abzielen, persönliche Daten zu stehlen. Vor dem Öffnen von Anhängen oder dem Klicken auf Links sollte die Vertrauenswürdigkeit des Absenders überprüft werden. Dies verhindert, dass bösartige Software auf dem Gerät installiert wird oder sensible Informationen an betrügerische Websites weitergegeben werden.

Regelmäßige Aktualisierungen

Ein weiterer wichtiger Schutzaspekt ist die regelmäßige Aktualisierung der verwendeten Software. E-Mail-Programme und andere Kommunikationsanwendungen sollten immer auf dem neuesten Stand gehalten werden, um sicherzustellen, dass alle Sicherheitsupdates und Patches installiert sind. Diese Updates beheben bekannte Sicherheitslücken und schützen vor neuen Bedrohungen. Das regelmäßige Aktualisieren von Software trägt dazu bei, dass alle Sicherheitsanfälligkeiten geschlossen und die Daten der Benutzer besser geschützt werden.

Sicherheitsbewusstsein

Das Sicherheitsbewusstsein der Benutzer sollte geschärft werden. Es ist wichtig, sich über gängige Phishing-Taktiken und andere Betrugsversuche zu informieren und zu lernen, wie man verdächtige E-Mails erkennt. Benutzer sollten niemals persönliche Daten preisgeben, es sei denn, sie sind sich sicher, dass die Kommunikation legitim ist. Ein hohes Maß an Sicherheitsbewusstsein hilft, Betrugsversuche frühzeitig zu erkennen und zu verhindern.

Datensparsamkeit

Schließlich sollten Benutzer auf Datensparsamkeit achten, indem sie nur die unbedingt notwendigen persönlichen Informationen in E-Mails und anderen digitalen Kommunikationsformen übertragen. Durch die Begrenzung der Menge an geteilten Informationen wird das Risiko von Datenmissbrauch reduziert. Wenn nur notwendige Informationen weitergegeben werden, verringert sich die Möglichkeit, dass sensible Daten in die falschen Hände geraten.

Durch die konsequente Anwendung dieser Sicherheitsmaßnahmen können Benutzer ihre persönlichen Daten in E-Mails und anderen digitalen Kommunikationsformen effektiv schützen und das Risiko von Datenschutzverletzungen erheblich minimieren.

11. Verschlüsselungstechniken

Verschlüsselung, Sicherheit von Daten

Was ist Verschlüsselung und warum ist sie wichtig für die Sicherheit von Daten?

Verschlüsselung ist ein Prozess, bei dem Daten in eine unlesbare Form umgewandelt werden, um sie vor unbefugtem Zugriff zu schützen. Dieser Prozess stellt sicher, dass nur autorisierte Personen oder Systeme Zugang zu den ursprünglichen, lesbaren Daten haben. Verschlüsselung ist entscheidend, um die Vertraulichkeit, Integrität und Authentizität von Daten zu gewährleisten. Sie schützt Daten vor unbefugtem Zugriff, Datenlecks und anderen Bedrohungen, indem sie sicherstellt, dass nur berechtigte Personen die Daten entschlüsseln und nutzen können.

Welche Arten von Verschlüsselungstechniken werden im digitalen Bereich verwendet?

Im digitalen Bereich werden verschiedene Verschlüsselungstechniken verwendet, darunter:

Symmetrische Verschlüsselung: Hierbei wird derselbe Schlüssel sowohl zum Verschlüsseln als auch zum Entschlüsseln von Daten verwendet. Die Schnelligkeit dieser Methode macht sie für große Datenmengen geeignet.

Asymmetrische Verschlüsselung: Diese Technik verwendet zwei Schlüssel: einen öffentlichen Schlüssel zum Verschlüsseln der Daten und einen privaten Schlüssel zum Entschlüsseln. Dies ermöglicht einen sicheren Datenaustausch, ohne dass der Verschlüsselungsschlüssel vorher ausgetauscht werden muss.

Hash-Funktionen: Diese Funktionen erzeugen eine feste Länge von Zeichen, die aus den Eingabedaten berechnet werden. Hashes sind nicht umkehrbar und dienen der Datenintegrität, um sicherzustellen, dass die Daten nicht manipuliert wurden.

Public-Key-Infrastruktur (PKI): PKI verwendet ein Paar von Schlüsseln (öffentlich und privat) und digitale Zertifikate, um die Identität von Benutzern oder Systemen zu überprüfen und sichere Kommunikation zu ermöglichen.

Wie funktioniert symmetrische Verschlüsselung und welche Vor- und Nachteile hat sie?

Bei der symmetrischen Verschlüsselung wird ein einzelner Schlüssel sowohl zum Verschlüsseln als auch zum Entschlüsseln der Daten verwendet. Die Hauptvorteile sind die hohe Geschwindigkeit und Effizienz bei der Verarbeitung großer Datenmengen. Der Hauptnachteil ist die Notwendigkeit, den Schlüssel sicher zwischen den Kommunikationspartnern auszutauschen. Wenn der Schlüssel in die falschen Hände gerät, kann dies die Sicherheit der gesamten Kommunikation gefährden.

Was ist asymmetrische Verschlüsselung und wie unterscheidet sie sich von symmetrischer Verschlüsselung?

Asymmetrische Verschlüsselung verwendet ein Paar von Schlüsseln: einen öffentlichen Schlüssel zum Verschlüsseln der Daten und einen privaten Schlüssel zum Entschlüsseln. Der Hauptunterschied zur symmetrischen Verschlüsselung liegt darin, dass keine Notwendigkeit besteht, den Schlüssel für den Zugriff auf die Daten zu teilen. Dies erhöht die Sicherheit, da der private Schlüssel geheim gehalten wird und nur der öffentliche Schlüssel für die Verschlüsselung der Daten verwendet wird. Während asymmetrische Verschlüsselung sicherer ist, ist sie in der Regel langsamer als symmetrische Verschlüsselung und daher weniger effizient bei großen Datenmengen.

Warum ist die End-to-End-Verschlüsselung wichtig?

End-to-End-Verschlüsselung ist wichtig, um sicherzustellen, dass nur die beabsichtigten Empfänger Daten entschlüsseln können. Diese Methode schützt die Vertraulichkeit der Kommunikation, indem sie verhindert, dass Dritte, einschließlich der Dienstanbieter oder andere unbefugte Parteien, die Daten abfangen oder lesen können. Selbst wenn die Daten während der Übertragung abgefangen werden, bleiben sie für unbefugte Personen unlesbar.

Welche Rolle spielen digitale Zertifikate bei der Verschlüsselung.

Digitale Zertifikate spielen eine zentrale Rolle bei der Verschlüsselung, indem sie die Identität von Personen oder Organisationen authentifizieren. Sie sind Teil der Public-Key-Infrastruktur (PKI) und ermöglichen den sicheren Austausch von Verschlüsselungsschlüsseln. Ein digitales Zertifikat enthält Informationen wie den öffentlichen Schlüssel und die Identität des Zertifikatsinhabers, die von einer vertrauenswürdigen Zertifizierungsstelle überprüft und bestätigt wurden.

Welche Tools und Anwendungen bieten Verschlüsselungsfunktionen für den privaten Gebrauch?

Es gibt zahlreiche Tools und Anwendungen, die Verschlüsselungsfunktionen für den privaten Gebrauch anbieten. Dazu gehören Messaging-Apps wie Signal und WhatsApp, die Ende-zu-Ende-Verschlüsselung verwenden, sowie E-Mail-Dienste wie ProtonMail, die ebenfalls auf starke Verschlüsselung setzen. Verschlüsselungssoftware wie VeraCrypt bietet zusätzliche Sicherheitsmaßnahmen für die Verschlüsselung von Dateien und ganzen Festplatten.

Wie kann Verschlüsselung dazu beitragen, die Sicherheit von E-Mails, Nachrichten und anderen Datenübertragungen zu gewährleisten?

Verschlüsselung schützt die Sicherheit von E-Mails, Nachrichten und anderen Datenübertragungen, indem sie die Daten vor unbefugtem Zugriff schützt. Durch die Verschlüsselung wird sichergestellt, dass nur die autorisierten Empfänger die übermittelten Daten entschlüsseln und lesen können. Dies verhindert, dass die Daten während der Übertragung abgefangen oder manipuliert werden können.

Welche Rolle spielt die Verschlüsselung bei der Datenspeicherung und -übertragung in Cloud-Diensten?

Verschlüsselung spielt eine wesentliche Rolle bei der Datenspeicherung und -übertragung in Cloud-Diensten. Sie stellt sicher, dass Daten während der Übertragung und im Ruhezustand geschützt sind. Dies bedeutet, dass selbst wenn Daten in die Cloud hochgeladen werden, sie durch Verschlüsselung gesichert sind und nur autorisierte Benutzer Zugang zu den Daten haben. Verschlüsselung hilft dabei, die Vertraulichkeit und Integrität von Daten zu wahren und schützt vor unbefugtem Zugriff und Datenlecks.

Wie können Benutzer sicherstellen, dass ihre Daten mit starken Verschlüsselungsmethoden geschützt sind?

Benutzer können sicherstellen, dass ihre Daten mit starken Verschlüsselungsmethoden geschützt sind, indem sie sichere Passphrasen oder Passwörter verwenden, vertrauenswürdige Verschlüsselungssoftware und -dienste auswählen und regelmäßige Sicherheitsüberprüfungen durchführen, um mögliche Schwachstellen zu identifizieren. Es ist wichtig, aktuelle Verschlüsselungsstandards zu nutzen und darauf zu achten, dass die verwendeten

Tools und Anwendungen regelmäßig aktualisiert werden, um den neuesten Sicherheitsanforderungen gerecht zu werden.

Verschlüsselungstechniken

Im digitalen Bereich kommen verschiedene Verschlüsselungstechniken zum Einsatz, um Daten effektiv zu schützen. Diese Techniken sind von entscheidender Bedeutung für die Wahrung der Vertraulichkeit, Integrität und Sicherheit von Informationen. Hier sind einige der gängigsten Verschlüsselungstechniken detaillierter beschrieben:

Symmetrische Verschlüsselung

Diese Methode verwendet denselben Schlüssel sowohl für die Verschlüsselung als auch für die Entschlüsselung von Daten. Beide Kommunikationspartner müssen denselben geheimen Schlüssel besitzen, um die verschlüsselten Informationen lesen zu können. Ein weit verbreiteter Algorithmus für symmetrische Verschlüsselung ist der Advanced Encryption Standard (AES). AES ist bekannt für seine Effizienz und hohe Sicherheit und wird in zahlreichen modernen Anwendungen verwendet. Ein früher ebenfalls populärer Algorithmus war der Data Encryption Standard (DES). Aufgrund seiner begrenzten Schlüssellänge und den damit verbundenen Sicherheitsrisiken wird DES heutzutage jedoch als veraltet betrachtet und selten eingesetzt.

Asymmetrische Verschlüsselung

Diese Technik nutzt ein Paar von Schlüsseln: einen öffentlichen Schlüssel zum Verschlüsseln von Daten und einen privaten Schlüssel zum Entschlüsseln. Der öffentliche Schlüssel kann weit verbreitet werden, während der private Schlüssel geheim bleibt. Der RSA-Algorithmus ist ein bekanntes Beispiel für asymmetrische Verschlüsselung und bietet eine starke Sicherheit, wenn geeignete Schlüsselgrößen verwendet werden. Eine weitere Methode in dieser Kategorie ist die Elliptic Curve Cryptography (ECC),

die sich durch ihre Effizienz bei der Bereitstellung von Sicherheitsfunktionen mit kürzeren Schlüssellängen auszeichnet und zunehmend populär wird.

Hash-Funktionen

Diese kryptografischen Werkzeuge wandeln eine beliebig große
Datenmenge in einen festen, einzigartigen Hash-Wert um. Hash-
Werte sind nicht umkehrbar, was bedeutet, dass es praktisch unmöglich ist, von einem Hash-Wert auf die ursprünglichen Daten
zurückzuschließen. Hash-Funktionen werden häufig verwendet,
um die Integrität von Daten zu gewährleisten, indem sie überprüfen, ob Daten seit der Erstellung des Hashs verändert wurden.
Bekannte Hash-Funktionen sind SHA-256 und MD5, wobei
MD5 aufgrund von Sicherheitsanfälligkeiten nicht mehr empfohlen wird.

Public-Key-Infrastruktur (PKI)

PKI ist ein umfassendes System zur Verwaltung von digitalen
Zertifikaten, die zur Bestätigung der Identität von Benutzern oder
Organisationen dienen. Diese Zertifikate enthalten öffentliche
Schlüssel und werden von vertrauenswürdigen Zertifizierungsstellen (CAs) ausgestellt. PKI wird häufig in Verbindung mit
asymmetrischer Verschlüsselung verwendet, um sichere Kommunikation, digitale Signaturen und Vertrauenswürdigkeit in digitalen Transaktionen zu gewährleisten.

Ende-zu-Ende-Verschlüsselung

Diese Technik stellt sicher, dass Daten während ihrer gesamten
Übertragung zwischen Sender und Empfänger sicher verschlüsselt bleiben. Die Daten werden auf dem Gerät des Senders verschlüsselt und erst auf dem Gerät des Empfängers entschlüsselt.
Dies schützt die Daten vor unbefugtem Zugriff durch Dritte, die
während der Übertragung möglicherweise abfangen könnten. Ende-zu-Ende-Verschlüsselung wird häufig in Messaging-Apps wie
Signal und WhatsApp sowie in sicheren E-Mail-Diensten verwendet.

Diese Verschlüsselungstechniken können einzeln oder in Kombination verwendet werden, um eine umfassende Sicherheit für Daten in verschiedenen digitalen Anwendungen zu gewährleisten. Durch die richtige Implementierung dieser Methoden können Organisationen und Einzelpersonen sicherstellen, dass ihre sensiblen Informationen vor unbefugtem Zugriff und Manipulation geschützt sind.

Symmetrische Verschlüsselung

Funktionsweise

Schlüsselgenerierung: Der erste Schritt in der symmetrischen Verschlüsselung besteht darin, einen geheimen Schlüssel zu generieren. Dieser Schlüssel, auch als symmetrischer Schlüssel bezeichnet, ist ein geheimer Wert, der sowohl für die Verschlüsselung als auch für die Entschlüsselung von Daten verwendet wird. Der Schlüssel muss sicher zwischen den Kommunikationspartnern ausgetauscht werden. Dieser Austausch muss sorgfältig durchgeführt werden, um sicherzustellen, dass der Schlüssel nicht von unbefugten Dritten abgefangen oder kompromittiert wird.

Verschlüsselung: Sobald der geheime Schlüssel verfügbar ist, wird er zusammen mit einem Verschlüsselungsalgorithmus verwendet, um die Klartextdaten in eine unlesbare Form, den sogenannten Chiffretext, umzuwandeln. Dieser Prozess stellt sicher, dass die Daten nur von berechtigten Personen gelesen werden können, die über den entsprechenden Schlüssel verfügen.

Entschlüsselung: Um die verschlüsselten Daten wieder in ihre ursprüngliche Form zurückzuverwandeln, wird derselbe geheime Schlüssel verwendet. Der Empfänger, der im Besitz des geheimen Schlüssels ist, kann die verschlüsselten Daten entschlüsseln und so wieder lesbare Informationen erhalten. Die Entschlüsselung funktioniert nur, wenn der Schlüssel korrekt ist und mit dem verwendeten Verschlüsselungsalgorithmus übereinstimmt.

Vor- und Nachteile

Vorteile:
Schnelligkeit: Symmetrische Verschlüsselungsalgorithmen sind in der Regel sehr schnell und effizient in der Verarbeitung großer Datenmengen. Dies liegt daran, dass die verwendeten Algorithmen oft weniger komplex sind als ihre asymmetrischen Gegenstücke.

Einfachheit: Die Implementierung von symmetrischer Verschlüsselung ist oft weniger komplex als die von asymmetrischer Verschlüsselung. Der Algorithmus selbst ist in der Regel einfacher, da er nur einen einzigen Schlüssel verwendet.

Geringerer Overhead: Symmetrische Verschlüsselung erfordert weniger Rechenleistung und Ressourcen als asymmetrische Verschlüsselung. Dies macht sie besonders nützlich in Umgebungen mit begrenzten Ressourcen oder bei der Verarbeitung großer Datenmengen.

Nachteile:
Sichere Schlüsselverteilung: Ein wesentliches Problem bei der symmetrischen Verschlüsselung ist die sichere Verteilung des geheimen Schlüssels. Wenn der Schlüssel während des Austauschs abgefangen oder kompromittiert wird, können unbefugte Dritte auf die verschlüsselten Daten zugreifen. Daher ist der sichere Austausch des Schlüssels von größter Bedeutung.

Skalierbarkeit: Die Notwendigkeit, denselben geheimen Schlüssel an alle Kommunikationspartner weiterzugeben, kann bei einer großen Anzahl von Teilnehmern problematisch werden. Dies erschwert die Skalierung, da jeder zusätzliche Partner einen weiteren Schlüssel benötigt, was die Verwaltung und Verteilung der Schlüssel komplexer macht.

Mangelnde Authentifizierung: Symmetrische Verschlüsselung allein bietet keine Möglichkeit zur Überprüfung der Identität der Kommunikationspartner. Es schützt nicht vor Man-in-the-Middle-Angriffen, bei denen ein Angreifer sich zwischen Sender und Empfänger positionieren und die Kommunikation manipulieren könnte.

Symmetrische Verschlüsselung bietet eine schnelle und effiziente Methode zum Schutz von Daten durch die Nutzung eines einzigen geheimen Schlüssels für Verschlüsselung und Entschlüsselung. Trotz ihrer Vorteile, wie Geschwindigkeit und Einfachheit, ist sie auf die sichere Verteilung des Schlüssels angewiesen und bietet keine integrierten Mechanismen zur Authentifizierung der Kommunikationspartner. Aufgrund dieser Einschränkungen wird sie häufig in Kombination mit asymmetrischer Verschlüsselung und anderen Sicherheitsmechanismen verwendet, um ein umfassenderes Sicherheitsniveau zu gewährleisten.

Asymmetrische / symmetrischer Verschlüsselung

Asymmetrische Verschlüsselung, auch bekannt als Public-Key-Verschlüsselung, ist ein Verfahren zur Verschlüsselung von Daten, bei dem zwei verschiedene Schlüssel verwendet werden: ein öffentlicher Schlüssel zum Verschlüsseln von Daten und ein privater Schlüssel zum Entschlüsseln.

Hier ist eine Erklärung, wie asymmetrische Verschlüsselung funktioniert und wie sie sich von symmetrischer Verschlüsselung unterscheidet:

Funktionsweise:

Schlüsselgenerierung: Jeder Benutzer erzeugt ein Schlüsselpaar, bestehend aus einem öffentlichen und einem privaten Schlüssel. Der öffentliche Schlüssel wird frei verteilt, während der private Schlüssel geheim gehalten wird.

Verschlüsselung: Wenn ein Benutzer Daten für einen anderen Benutzer verschlüsseln möchte, verwendet er den öffentlichen Schlüssel des Empfängers, um die Daten zu verschlüsseln. Dieser öffentliche Schlüssel kann von jedem verwendet werden, um Daten zu verschlüsseln, aber nur der entsprechende private Schlüsselbesitzer kann sie entschlüsseln.

Entschlüsselung: Der Empfänger verwendet dann seinen privaten Schlüssel, um die verschlüsselten Daten zu entschlüsseln. Da der private Schlüssel geheim ist, kann nur der Empfänger die Daten entschlüsseln.

Unterschiede zur symmetrischen Verschlüsselung:

Schlüsselverwendung: Bei asymmetrischer Verschlüsselung werden zwei unterschiedliche Schlüssel verwendet (ein öffentlicher und ein privater Schlüssel), während bei symmetrischer Verschlüsselung derselbe Schlüssel sowohl zum Verschlüsseln als auch zum Entschlüsseln verwendet wird.

Sicherer Schlüsselaustausch: Bei asymmetrischer Verschlüsselung ist nur der öffentliche Schlüssel für die Datenverschlüsselung erforderlich, was den sicheren Austausch des Schlüssels erleichtert. Bei symmetrischer Verschlüsselung muss der geheime Schlüssel sicher zwischen den Kommunikationspartnern ausgetauscht werden.

Skalierbarkeit: Asymmetrische Verschlüsselung ist oft besser skalierbar als symmetrische Verschlüsselung, da nur der öffentliche Schlüssel verteilt werden muss, während bei symmetrischer Verschlüsselung jeder Kommunikationspartner denselben geheimen Schlüssel kennen muss.

Leistung: Asymmetrische Verschlüsselungsalgorithmen sind in der Regel langsamer als symmetrische Verschlüsselungsalgorithmen aufgrund der komplexen Berechnungen, die mit der Verwendung von Schlüsselpaaren verbunden sind.

Asymmetrische Verschlüsselung bietet eine sicherere Methode zur Verschlüsselung von Daten, insbesondere für den sicheren Austausch von Informationen über unsichere Kanäle wie das Internet. Es ist jedoch langsamer und rechenintensiver als symmetrische Verschlüsselung, weshalb oft eine Kombination beider Techniken verwendet wird, um die Vorteile beider Ansätze zu nutzen.

End-to-End-Verschlüsselung in der Kommunikation

End-to-End-Verschlüsselung ist ein Verfahren, das sicherstellt, dass nur die beabsichtigten Empfänger und Absender einer Nachricht die Inhalte lesen können. Diese Technik bietet einen hohen Schutz für Daten während der Übertragung und ist entscheidend für die Sicherstellung der Vertraulichkeit und Integrität von Kommunikation. Hier sind die Hauptgründe, warum End-to-End-Verschlüsselung so wichtig ist:

Datenschutz

End-to-End-Verschlüsselung gewährleistet den Datenschutz, indem sie die Vertraulichkeit von Nachrichten schützt. Die Verschlüsselung sorgt dafür, dass nur der Absender und der Empfänger die Nachrichten entschlüsseln und lesen können. Selbst wenn jemand den Datenverkehr zwischen diesen Parteien abfängt, bleibt der Inhalt der Nachricht durch Verschlüsselung unleserlich. Die Verschlüsselung erfolgt auf den Endgeräten der Kommunikationspartner, und nur diese Geräte verfügen über die notwendigen Schlüssel, um die Daten zu entschlüsseln. Somit können weder der Anbieter des Kommunikationsdienstes noch ein Hacker, der den Datenverkehr abfängt, die Inhalte verstehen.

Schutz vor Abhörangriffen

Ohne End-to-End-Verschlüsselung könnten Dritte wie Internet-dienstanbieter, Regierungsbehörden oder Hacker die Daten während der Übertragung abfangen und einsehen. Dies könnte zu einem erheblichen Sicherheitsrisiko führen. Mit End-to-End-Verschlüsselung jedoch sind die Daten geschützt. Selbst wenn jemand den Datenverkehr überwacht, bleibt der Inhalt der verschlüsselten Daten unleserlich, da diese nur für die vorgesehenen Empfänger entschlüsselt werden können. Dies stellt sicher, dass keine unbefugten Dritten Zugang zu den übermittelten Informationen erhalten.

Integritätsschutz

End-to-End-Verschlüsselung sorgt dafür, dass die Daten während der Übertragung nicht verändert werden können. Die Verschlüsselung beinhaltet Mechanismen, die sicherstellen, dass jede Manipulation der verschlüsselten Daten während der Übertragung erkannt wird. Falls jemand versucht, die verschlüsselten Daten zu verändern, wird die Entschlüsselung auf der Empfängerseite fehlschlagen. Dies zeigt an, dass die Daten manipuliert wurden, und stellt sicher, dass der Empfänger nur die originalen, unveränderten Informationen erhält. Dies ist entscheidend für die Gewährleistung der Datenintegrität.

Vertraulichkeit und Vertrauen

Durch den Schutz der Kommunikation vor unbefugtem Zugriff stärkt End-to-End-Verschlüsselung das Vertrauen der Benutzer in die Sicherheit ihrer Daten. Benutzer können sich darauf verlassen, dass nur die autorisierten Parteien Zugang zu den Informationen haben. Diese Vertrauensbasis ermöglicht eine freie und offene Kommunikation, ohne dass ständige Sorgen über mögliche unbefugte Zugriffe bestehen. Die Gewissheit, dass ihre Kommunikation sicher ist, fördert die Bereitschaft der Benutzer, sensible Informationen zu teilen.

Schutz vor Massenüberwachung

In Zeiten zunehmender Überwachung durch Regierungen und andere Organisationen bietet End-to-End-Verschlüsselung einen wichtigen Schutz. Sie hilft dabei, die Privatsphäre der Benutzer zu wahren und ihre Kommunikation vor unerlaubter Überwachung zu schützen. Dies ist besonders wichtig, um sicherzustellen, dass persönliche und sensible Informationen nicht in die falschen Hände geraten. Der Schutz vor Massenüberwachung trägt zur Wahrung der individuellen Freiheit und Sicherheit bei.

Zusammenfassend ist End-to-End-Verschlüsselung ein unverzichtbares Werkzeug für die Sicherstellung der Privatsphäre und Sicherheit in der Online-Kommunikation. Sie schützt Daten vor unbefugtem Zugriff, gewährleistet die Integrität der übermittelten Informationen und bietet Schutz gegen Abhörangriffe und Massenüberwachung. Durch die Anwendung dieser Technologie können Benutzer sicherstellen, dass ihre sensiblen Informationen sicher und geschützt bleiben.

Digitale Zertifikate bei der Verschlüsselung

Digitale Zertifikate spielen eine zentrale Rolle in der digitalen Sicherheit, insbesondere bei der asymmetrischen Verschlüsselung, die häufig zur Sicherung von Datenübertragungen verwendet wird. Hier sind die Hauptfunktionen und die Rolle digitaler Zertifikate im Detail:

Identitätsüberprüfung

Digitale Zertifikate sind essenziell für die Überprüfung der Identität von Parteien in einer Kommunikation. Diese Zertifikate werden von vertrauenswürdigen Zertifizierungsstellen (Certificate Authorities, CAs) ausgestellt und enthalten wichtige Informationen über den Zertifikatsinhaber, wie beispielsweise den Namen, die Organisation und andere Identifikationsmerkmale. Durch die

Verwendung digitaler Zertifikate können Benutzer sicherstellen, dass sie tatsächlich mit der beabsichtigten Person oder Organisation kommunizieren. Dies reduziert das Risiko von Identitätsbetrug und Phishing-Angriffen erheblich.

Schlüsselaustausch

Ein wesentliches Merkmal digitaler Zertifikate ist die Einbeziehung öffentlicher Schlüssel. Diese Schlüssel werden zur Verschlüsselung von Daten verwendet. Der öffentliche Schlüssel, der in einem digitalen Zertifikat enthalten ist, wird von der Zertifizierungsstelle signiert, was bedeutet, dass die Authentizität und Integrität des Schlüssels bestätigt sind. Der Austausch digitaler Zertifikate ermöglicht es Benutzern, sicherzustellen, dass sie die korrekten öffentlichen Schlüssel verwenden, um verschlüsselte Nachrichten zu senden. Diese Methode stellt sicher, dass nur die vorgesehenen Empfänger die Nachrichten entschlüsseln können.

Authentifizierung

Digitale Zertifikate ermöglichen eine robuste Authentifizierung zwischen Kommunikationspartnern. Wenn eine Partei ein digitales Zertifikat vorlegt, kann die andere Partei die Echtheit dieses Zertifikats überprüfen. Dies erfolgt durch die Verwendung des öffentlichen Schlüssels der Zertifizierungsstelle, um die digitale Signatur des Zertifikats zu validieren. Auf diese Weise kann überprüft werden, ob das Zertifikat von einer vertrauenswürdigen Quelle stammt und die vorgelegte Identität tatsächlich korrekt ist. Diese Authentifizierung ist entscheidend, um sicherzustellen, dass die Kommunikation nur mit vertrauenswürdigen Parteien erfolgt.

Sicherheit und Vertrauen

Die Verwendung digitaler Zertifikate trägt maßgeblich zur Verbesserung der Sicherheit und des Vertrauens in die Kommunikation bei. Durch die Gewährleistung, dass Daten verschlüsselt und nur von verifizierten Parteien gesendet werden, wird das Risiko von Datenmissbrauch oder unbefugtem Zugriff minimiert. Digitale Zertifikate sind besonders wichtig in sensiblen Umgebungen wie Online-Banking, bei der Übertragung vertraulicher Geschäftsdaten oder bei der Nutzung sicherer Webdienste. Sie gewährleisten, dass die Integrität und Vertraulichkeit der übermittelten Informationen geschützt ist.

Digitale Zertifikate spielen eine entscheidende Rolle bei der Sicherung und Authentifizierung von Datenübertragungen im Internet. Sie sind ein wesentlicher Bestandteil der asymmetrischen Verschlüsselung und ermöglichen es Benutzern, sich gegenseitig zu identifizieren, sicher zu kommunizieren und Vertrauen in die Integrität ihrer Daten zu haben. Durch die Verifizierung von Identitäten, den sicheren Austausch öffentlicher Schlüssel und die Authentifizierung der Kommunikationspartner tragen digitale Zertifikate wesentlich zur Verbesserung der digitalen Sicherheit bei.

Verschlüsselungsfunktionen für den privaten Gebrauch

Für den privaten Gebrauch stehen zahlreiche Tools und Anwendungen zur Verfügung, die umfassende Verschlüsselungsfunktionen bieten, um die Sicherheit von Daten zu gewährleisten. Hier sind einige der wichtigsten Optionen im Detail:

Signal
Signal ist eine hochgradig sichere Messaging-App, die sich durch ihre Ende-zu-Ende-Verschlüsselung auszeichnet. Diese Verschlüsselungstechnologie sorgt dafür, dass alle Textnachrichten, Sprachanrufe, Videogespräche und Dateiübertragungen ausschließlich für die beabsichtigten Empfänger lesbar sind. Signal verwendet modernste Verschlüsselungsstandards und schützt somit die Kommunikation vor unbefugtem Zugriff. Das bedeutet, dass weder Signal selbst noch Dritte die Inhalte der Kommunikation einsehen können.

WhatsApp

WhatsApp ist eine der weltweit am häufigsten verwendeten Messaging-Apps und bietet ebenfalls Ende-zu-Ende-Verschlüsselung. Diese Funktion gewährleistet, dass Nachrichten, Anrufe und gesendete Dateien nur von den vorgesehenen Empfängern entschlüsselt und gelesen werden können. WhatsApp verschlüsselt alle Nachrichten automatisch, ohne dass der Benutzer zusätzliche Einstellungen vornehmen muss, wodurch ein hoher Schutz vor unbefugtem Zugriff gewährleistet wird.

ProtonMail

ProtonMail ist ein E-Mail-Dienst, der speziell für den Schutz der Privatsphäre entwickelt wurde. Der Dienst verwendet Ende-zu-Ende-Verschlüsselung, um sicherzustellen, dass nur der Absender und der Empfänger die Inhalte der E-Mails und Anhänge lesen können. ProtonMail verschlüsselt E-Mails auf dem Server, bevor sie versendet werden, und entschlüsselt sie erst auf dem Endgerät des Empfängers. Diese Methode bietet einen hohen Schutz vor Überwachung und Datenmissbrauch.

VeraCrypt

VeraCrypt ist eine Open-Source-Software zur Verschlüsselung von Dateien, Laufwerken und Speichermedien. Die Software bietet eine starke Verschlüsselung, die es Benutzern ermöglicht, ihre Daten sicher zu speichern und zu übertragen. VeraCrypt kann auf verschiedene Arten von Speichermedien angewendet werden, einschließlich externer Festplatten und USB-Sticks. Diese Flexibilität macht es zu einem wertvollen Werkzeug für die Sicherung sensibler Daten vor unbefugtem Zugriff.

LastPass

LastPass ist ein Passwort-Manager, der Verschlüsselungstechnologien verwendet, um Ihre Passwörter und andere sensible Daten sicher zu speichern. LastPass ermöglicht es Benutzern, starke, einzigartige Passwörter zu generieren und diese in einem verschlüsselten Tresor zu speichern. Diese sichere Speicherung schützt Ihre Zugangsdaten vor Diebstahl oder Missbrauch und vereinfacht die Verwaltung und den Zugriff auf Ihre Passwörter.

BitLocker

BitLocker ist eine integrierte Verschlüsselungsfunktion in Windows-Betriebssystemen, die es ermöglicht, Laufwerke und Datenträger zu verschlüsseln. Mit BitLocker können Benutzer die Daten auf ihren Windows-PCs durch starke Verschlüsselung vor unbefugtem Zugriff schützen. Die Verschlüsselung wird auf die gesamte Festplatte angewendet, was eine umfassende Sicherheitslösung für die auf dem PC gespeicherten Informationen bietet.

FileVault

FileVault ist eine Verschlüsselungsfunktion, die speziell für Mac-Computer entwickelt wurde. Sie ermöglicht die vollständige Verschlüsselung von Festplatten und Dateisystemen. Durch die Anwendung von FileVault werden die Daten auf einem Mac-Computer vor unbefugtem Zugriff geschützt, indem die gesamte Festplatte verschlüsselt wird. Nur autorisierte Benutzer, die die richtigen Anmeldeinformationen besitzen, können auf die verschlüsselten Daten zugreifen.

Diese Tools und Anwendungen bieten verschiedene und effektive Möglichkeiten, Ihre Daten zu verschlüsseln und Ihre Privatsphäre zu schützen. Von sicheren Messaging-Apps und E-Mail-Diensten bis hin zu Passwort-Managern und Verschlüsselungssoftware für Laufwerke bieten sie benutzerfreundliche und leistungsstarke Optionen zur Sicherstellung einer zusätzlichen Sicherheitsebene für Ihre sensiblen Informationen. Durch die Verwendung dieser Werkzeuge können Sie Ihre Daten vor unbefugtem Zugriff schützen und Ihre digitale Kommunikation absichern.

Sicherheit von Datenübertragungen

Verschlüsselung ist ein fundamentales Element der Informations-sicherheit, das entscheidend zur Sicherheit von E-Mails, Nach-richten und anderen Datenübertragungen beiträgt. Durch die Umwandlung von Daten in einen unlesbaren Code, der nur von autorisierten Empfängern entschlüsselt werden kann, schützt Verschlüsselung vor unbefugtem Zugriff und gewährleistet die Vertraulichkeit und Integrität der Kommunikation. Hier sind eini-ge wesentliche Wege, wie Verschlüsselung zur Sicherheit beiträgt:

Ende-zu-Ende-Verschlüsselung

Die Ende-zu-Ende-Verschlüsselung ist eine Technik, bei der Daten direkt auf dem Gerät des Absenders verschlüsselt werden, bevor sie über Netzwerke gesendet werden. Diese Daten bleiben während der gesamten Übertragung in verschlüsselter Form und können erst vom autorisierten Empfänger auf dessen Gerät ent-schlüsselt werden. Ein wesentliches Merkmal dieser Technik ist, dass die verschlüsselten Daten selbst für den Dienstanbieter, der die Kommunikation ermöglicht, nicht lesbar sind. Dies bedeutet, dass weder der E-Mail-Provider noch der Messaging-Dienstan-bieter auf den Inhalt der Nachrichten zugreifen kann. Diese Me-thode gewährleistet ein hohes Maß an Privatsphäre und Sicher-heit, da sie es unbefugten Dritten unmöglich macht, auf den In-halt der Kommunikation zuzugreifen.

Schutz vor Abhörversuchen

Verschlüsselung schützt Daten vor dem Abfangen und Auslesen durch unbefugte Dritte, wie Hacker oder andere Cyberkriminelle. Wenn Daten während der Übertragung abgefangen werden, sind sie aufgrund der Verschlüsselung für den Angreifer unbrauchbar, da er den entsprechenden Entschlüsselungsschlüssel benötigt, um die Daten zu lesen. Dieser Schutzmechanismus ist entscheidend, um die Vertraulichkeit der Kommunikation zu wahren, selbst in unsicheren Netzwerken. Verschlüsselung bietet eine erste Verteidigungslinie gegen das Abhören und stellt sicher, dass sensible Informationen nicht in die falschen Hände geraten.

Datensicherheit in der Cloud

Die Verschlüsselung von Daten, die in Cloud-Diensten gespeichert werden, stellt sicher, dass die Daten auch dann geschützt bleiben, wenn die Cloud-Datenbank oder der Server kompromittiert wird. Auch wenn ein Angreifer physischen oder digitalen Zugang zu den Cloud-Servern erhält, bleiben die verschlüsselten Daten für unbefugte Personen unzugänglich. Diese zusätzliche Schutzebene ist entscheidend, um die gespeicherten Informationen vor Diebstahl oder unbefugtem Zugriff zu schützen. Durch die Verschlüsselung bleibt die Sicherheit der Daten in der Cloud gewahrt, selbst wenn die physische Sicherheit der Server infrage gestellt wird.

Schutz vor Datenmanipulation

Neben dem Schutz vor unbefugtem Lesen schützt Verschlüsselung auch vor der Manipulation von Daten. Wenn verschlüsselte Daten verändert werden, führt dies zu einer Fehlfunktion bei der Entschlüsselung oder liefert ein unlesbares Ergebnis. Diese Art der Fehlererkennung hilft, Manipulationsversuche frühzeitig zu erkennen, da die Integrität der Daten durch jede unautorisierte Veränderung beeinträchtigt wird. Verschlüsselung sorgt somit nicht nur für Vertraulichkeit, sondern auch für die Integrität der Daten, indem sie sicherstellt, dass die Informationen während der Übertragung nicht verändert werden.

Vertraulichkeit und Datenschutz

Verschlüsselung ermöglicht es Benutzern, ihre persönlichen und geschäftlichen Informationen durch sichere Kommunikation zu schützen. Indem Daten verschlüsselt werden, können Benutzer sicherstellen, dass ihre sensiblen Informationen vor unbefugtem Zugriff und Missbrauch geschützt sind. Diese Vertraulichkeit ist besonders wichtig in sensiblen Bereichen wie bei der Übermittlung von vertraulichen Geschäftsdaten oder persönlichen Informationen, wo ein hoher Schutzbedarf besteht. Verschlüsselung trägt dazu bei, das Vertrauen in die Sicherheit der Kommunikation zu stärken und schützt vor potenziellen Datenschutzverletzungen.

Die Verschlüsselung trägt wesentlich zur Gewährleistung der Sicherheit von E-Mails, Nachrichten und anderen Datenübertragungen bei. Sie schützt die Vertraulichkeit, Integrität und Authentizität der übertragenen Daten und ist ein unverzichtbares Element für die sichere Kommunikation. Verschlüsselung ist ein grundlegendes Instrument zur Verteidigung gegen eine Vielzahl von Cyber-Bedrohungen. Durch den Einsatz von Verschlüsselung können Benutzer und Organisationen sicherstellen, dass ihre Daten sicher übertragen und gespeichert werden, wodurch das Risiko von Datenlecks und Sicherheitsvorfällen erheblich reduziert wird.

Datenspeicherung und -übertragung in Cloud-Diensten

Verschlüsselung in Cloud-Diensten
Die Verschlüsselung spielt eine entscheidende Rolle bei der Datenspeicherung und -übertragung in Cloud-Diensten, um die Sicherheit und Vertraulichkeit sensibler Informationen zu gewährleisten. Hier sind einige wichtige Aspekte, wie Verschlüsselung in der Cloud genutzt wird:

Datenschutz und Vertraulichkeit
Die Verschlüsselung sorgt dafür, dass Daten bereits vor dem Hochladen in die Cloud verschlüsselt werden. Dieser Prozess wandelt die Daten in eine unlesbare Form um, die nur mit dem richtigen Entschlüsselungsschlüssel wieder in ihre ursprüngliche Form gebracht werden kann. Durch diese Maßnahme bleiben die Daten während der Speicherung auf den Servern des Cloud-

Dienstleisters geschützt. Selbst wenn ein Angreifer Zugang zu diesen Daten erhalten sollte, sei es durch unbefugten Zugriff oder durch eine Sicherheitslücke, bleiben die Daten ohne den Entschlüsselungsschlüssel wertlos und unlesbar. Die Verschlüsselung gewährleistet so, dass sensible Informationen sicher vor unerlaubtem Zugriff geschützt sind.

Ende-zu-Ende-Verschlüsselung

Einige Cloud-Dienste bieten eine Ende-zu-Ende-Verschlüsselung an. Hierbei erfolgt die Verschlüsselung bereits auf dem Gerät des Benutzers, bevor die Daten in die Cloud hochgeladen werden. Diese Methode stellt sicher, dass die Daten während ihrer gesamten Reise durch das Internet und bei der Speicherung in der Cloud verschlüsselt bleiben. Nur der autorisierte Empfänger, der über den entsprechenden Entschlüsselungsschlüssel verfügt, kann die Daten wieder entschlüsseln und auf den Inhalt zugreifen. Diese Technik schützt vor der Möglichkeit, dass Daten während der Übertragung durch Netzwerke oder von Cloud-Dienstanbietern selbst abgefangen und gelesen werden können, und erhöht somit die Sicherheit der Kommunikation erheblich.

Schutz vor Datenlecks und Angriffen

Verschlüsselung spielt eine wesentliche Rolle im Schutz vor Datenlecks und Cyberangriffen. Wenn Daten in der Cloud verschlüsselt sind, schützt dies vor verschiedenen Bedrohungen, einschließlich unbefugtem Zugriff durch Dritte. Selbst wenn ein Angreifer in der Lage ist, auf die Cloud-Datenbank oder den Speicherserver zuzugreifen, bleiben die verschlüsselten Daten für ihn unlesbar. Diese Schutzmaßnahme verhindert, dass sensible Informationen während eines Angriffs kompromittiert oder gestohlen werden können, und trägt so maßgeblich zur Datensicherheit bei.

Einhaltung von Datenschutzbestimmungen

Die Implementierung von Verschlüsselung in der Cloud hilft Unternehmen und Organisationen, gesetzliche Datenschutzanforderungen und -richtlinien einzuhalten. Viele Datenschutzgesetze und -vorschriften, wie die Datenschutz-Grundverordnung (DSGVO) in der Europäischen Union, verlangen, dass Unternehmen angemessene technische und organisatorische Maßnahmen ergreifen, um die Sicherheit personenbezogener Daten zu gewährleisten. Die Verschlüsselung ist ein wesentliches Mittel, um sicherzustellen, dass sensible Informationen vor unbefugtem Zugriff geschützt sind und die gesetzlichen Anforderungen erfüllt werden. Dies unterstützt Unternehmen dabei, ihre Verpflichtungen in Bezug auf Datenschutz und Sicherheit zu erfüllen.

Vertrauen und Glaubwürdigkeit

Cloud-Dienstleister, die fortschrittliche Verschlüsselungs- und Datenschutzmaßnahmen anbieten, gewinnen das Vertrauen ihrer Kunden und Benutzer. Die Garantie, dass Daten sicher und vertraulich behandelt werden, trägt erheblich zur Glaubwürdigkeit und Reputation des Cloud-Anbieters bei. Kunden fühlen sich sicherer, wenn sie wissen, dass ihre Daten durch robuste Sicherheitsmaßnahmen geschützt sind. Dies führt zu einer stärkeren Kundenbindung und einem besseren Marktstand für den Anbieter, da Vertrauen und Sicherheit zentrale Faktoren für die Auswahl eines Cloud-Dienstes sind.

Insgesamt spielt die Verschlüsselung eine zentrale Rolle bei der Sicherheit und Integrität von Daten in Cloud-Diensten. Sie schützt die Vertraulichkeit, Integrität und Authentizität der gespeicherten und übertragenen Daten und ist daher ein unverzichtbares Element im Schutz sensibler Informationen in der digitalen Welt. Eine sorgfältige Implementierung und kontinuierliche Aktualisierung von Verschlüsselungstechniken sind entscheidend für die Aufrechterhaltung eines hohen Sicherheitsniveaus in der Cloud.

Starke Verschlüsselungsmethoden

Verwendung sicherer Passwörter

Stärke der Passwörter: Ein starkes Passwort ist unerlässlich für den Schutz von Konten und Geräten. Um die Sicherheit zu maximieren, sollte das Passwort mindestens 12 bis 16 Zeichen lang sein und eine Kombination aus Groß- und Kleinbuchstaben, Zahlen und Sonderzeichen enthalten. Vermeiden Sie Passwörter, die leicht zu erraten sind, wie Geburtsdaten, Namen oder einfache Wörter, da diese von Angreifern durch Brute-Force-Angriffe oder Social Engineering-Techniken leicht geknackt werden können.

Einzigartigkeit: Für jedes Konto sollte ein einzigartiges Passwort verwendet werden, um das Risiko zu minimieren, dass ein Sicherheitsvorfall bei einem Dienst die Sicherheit aller Ihrer Konten gefährdet. Ein Passwort-Manager kann hierbei hilfreich sein, da er in der Lage ist, komplexe und einzigartige Passwörter zu generieren und sicher zu speichern, was die Verwaltung und den Schutz Ihrer Passwörter erheblich vereinfacht.

Regelmäßige Aktualisierung: Passwörter sollten regelmäßig aktualisiert werden, insbesondere wenn es Anzeichen für einen möglichen Sicherheitsvorfall gibt. Wenn ein Passwort möglicherweise kompromittiert wurde, sollte es sofort geändert werden. Eine regelmäßige Überprüfung und Aktualisierung der Passwörter hilft, die Sicherheit Ihrer Konten zu gewährleisten und potenziellen Angriffen vorzubeugen.

Aktualisierung von Software und Betriebssystemen

Regelmäßige Updates: Halten Sie Ihr Betriebssystem, Ihre Anwendungen und Ihre Sicherheitssoftware stets auf dem neuesten Stand. Sicherheitsupdates und Patches schließen bekannte Schwachstellen, die von Angreifern ausgenutzt werden könnten. Die Installation dieser Updates ist entscheidend, um Ihre Systeme vor den neuesten Bedrohungen und Schwachstellen zu schützen.

Automatische Updates: Aktivieren Sie automatische Updates, wenn möglich. Dies stellt sicher, dass Sie immer die neuesten Sicherheitsverbesserungen erhalten, ohne manuell nach Updates suchen zu müssen. Automatische Updates sorgen dafür, dass wichtige Sicherheitsupdates zeitnah installiert werden und Ihre Systeme kontinuierlich geschützt bleiben.

Verwendung von sicheren Verbindungen

HTTPS: Beim Zugriff auf Websites und Online-Dienste sollte stets HTTPS verwendet werden. HTTPS verschlüsselt die Datenübertragung zwischen Ihrem Browser und dem Server, was den Schutz vor Abhörversuchen und Man-in-the-Middle-Angriffen verbessert. Die Nutzung von HTTPS hilft, Ihre Daten während der Übertragung zu sichern und vor unbefugtem Zugriff zu schützen.

Vermeidung öffentlicher WLAN-Netzwerke: Öffentliche WLAN-Netzwerke sind oft unsicher und können ein Ziel für Angreifer sein. Wenn möglich, nutzen Sie ein VPN (Virtual Private Network), um Ihre Internetverbindung zu verschlüsseln und Ihre Daten vor dem Zugriff durch Dritte zu schützen. Ein VPN bietet eine zusätzliche Sicherheitsebene, indem es Ihre Online-Aktivitäten anonymisiert und Ihre Daten während der Übertragung schützt.

Verschlüsselung von Geräten und Daten

Festplattenverschlüsselung: Aktivieren Sie die Verschlüsselungsfunktionen auf Ihrem Computer, um die Daten auf Ihrer Festplatte zu schützen. Tools wie BitLocker für Windows oder FileVault für macOS bieten starke Verschlüsselung, die verhindern kann, dass unbefugte Personen auf Ihre gespeicherten Daten zugreifen, selbst wenn sie physisch Zugriff auf Ihr Gerät haben.

Verschlüsselung mobiler Geräte: Auch mobile Geräte wie Smartphones und Tablets sollten verschlüsselt werden. Die eingebauten Verschlüsselungsoptionen der Geräte gewährleisten, dass Daten im Falle eines Verlustes oder Diebstahls geschützt bleiben. Setzen Sie starke Passwörter für den Zugriff auf Ihre Geräte und aktivieren Sie die Gerätesperre, um zusätzlichen Schutz zu bieten.

Verwendung von sicheren Cloud-Speicherdiensten
Wahl des richtigen Anbieters: Wählen Sie Cloud-Speicherdienste, die robuste Verschlüsselungsfunktionen bieten. Überprüfen Sie, ob der Dienst Ende-zu-Ende-Verschlüsselung unterstützt, bei der nur Sie und der autorisierte Empfänger Zugang zu den Daten haben. Eine solide Verschlüsselung schützt Ihre Daten sowohl während der Übertragung als auch bei der Speicherung in der Cloud.

Zusätzliche Sicherheitsfunktionen: Achten Sie darauf, ob der Cloud-Dienst zusätzliche Sicherheitsfunktionen wie Zwei-Faktor-Authentifizierung oder regelmäßige Sicherheitsüberprüfungen bietet. Diese zusätzlichen Sicherheitsmaßnahmen tragen dazu bei, Ihre Daten weiter abzusichern und die Wahrscheinlichkeit eines erfolgreichen Angriffs zu reduzieren.

Sicherheitsbewusstsein und Schulung
Erkennung von Phishing-Angriffen: Schulen Sie sich und Ihre Mitarbeiter darin, Phishing-E-Mails und andere Betrugsversuche zu erkennen. Achten Sie auf verdächtige Links, Anhänge oder Aufforderungen zur Eingabe sensibler Informationen. Das Erkennen und Vermeiden von Phishing-Versuchen ist entscheidend, um zu verhindern, dass persönliche oder geschäftliche Daten in die falschen Hände geraten.

Sicherheitsbewusstsein: Entwickeln Sie ein starkes Sicherheitsbewusstsein und bleiben Sie über aktuelle Bedrohungen und Best Practices informiert. Regelmäßige Schulungen und Updates über Sicherheitsrisiken helfen dabei, die Sicherheitslage zu verbessern und sicherzustellen, dass alle Beteiligten über die neuesten Sicherheitsmaßnahmen und -protokolle informiert sind.

Durch die konsequente Anwendung dieser bewährten Sicherheitspraktiken und ein hohes Maß an Sicherheitsbewusstsein können Benutzer die Risiken von Datenverlust und Identitätsdiebstahl erheblich reduzieren. Diese Maßnahmen tragen dazu bei, die Sicherheit und Integrität persönlicher und geschäftlicher Informationen zu gewährleisten und bieten Schutz vor potenziellen Cyber-Bedrohungen und Sicherheitsvorfällen.

12. Notfallplan für den Fall von digitalen Angriffen

Was ist ein Notfallplan

Einführung in den Notfallplan

Ein Notfallplan im Zusammenhang mit digitalen Angriffen ist ein strukturierter Satz von Maßnahmen und Verfahren, den ein Unternehmen oder eine Organisation entwickelt, um auf Cyberangriffe zu reagieren und die Auswirkungen zu minimieren. Dieser Plan wird entwickelt, um sicherzustellen, dass im Falle eines Sicherheitsvorfalls schnell und effektiv reagiert wird. Er zielt darauf ab, Schäden zu begrenzen, die Sicherheit wiederherzustellen und den Betrieb so schnell wie möglich wieder aufzunehmen. Die Bedeutung eines solchen Plans liegt in seiner Fähigkeit, klare Schritte und Verantwortlichkeiten festzulegen, um die Auswirkungen von Cyberangriffen zu minimieren und die Organisation zu schützen.

Schnelle Reaktion

Ein Notfallplan ermöglicht es einer Organisation, schnell auf einen Cyberangriff zu reagieren. Dies ist entscheidend, um die Auswirkungen des Angriffs zu minimieren und weitere Schäden zu verhindern. Durch eine rasche Reaktion kann der Schaden begrenzt und der Wiederherstellungsprozess beschleunigt werden. Die schnelle Identifikation und Eindämmung des Angriffs sind entscheidend, um den Vorfall unter Kontrolle zu bringen und die normale Betriebsfähigkeit wiederherzustellen.

Schadensbegrenzung

Durch die klare Definition von Verantwortlichkeiten und Verfahren trägt der Notfallplan dazu bei, den Umfang des Schadens zu begrenzen. Er hilft, potenzielle Risiken für das Unternehmen zu minimieren, indem er strukturierte Vorgehensweisen zur Scha-

densbewertung und -eindämmung festlegt. Dies umfasst die Identifikation und Isolation des betroffenen Systems sowie die Implementierung von Maßnahmen zur Verhinderung einer weiteren
Ausbreitung des Angriffs.

Wiederherstellung der Sicherheit

Der Notfallplan enthält Anweisungen zur Wiederherstellung der
Systemsicherheit und zur Schließung von Sicherheitslücken, um
zukünftige Angriffe zu verhindern. Dies umfasst die Durchführung von Sicherheitsanalysen, das Patchen von Schwachstellen
und die Wiederherstellung von Daten aus sicheren Backups. Ziel
ist es, das betroffene System wieder in einen sicheren Zustand zu
versetzen und die betrieblichen Abläufe wieder normalisieren zu
können.

Schritte im Falle eines digitalen Angriffs

Im Falle eines digitalen Angriffs sollten folgende Schritte unternommen werden:

Identifikation des Angriffs: Erkennen von ungewöhnlichen Aktivitäten, verdächtigen Dateien oder Anomalien in Systemprotokollen. Dazu gehört auch die Reaktion auf verdächtige Benachrichtigungen von Sicherheitssoftware.

Isolation des betroffenen Systems: Um zu verhindern, dass sich
der Angriff weiter ausbreitet, sollte das betroffene System sofort
isoliert werden. Dies umfasst das Trennen von Netzwerken und
das Abschalten betroffener Geräte, um den Angriff einzudämmen.

Information der relevanten Behörden: Melden Sie den Vorfall
den zuständigen Behörden, um rechtliche Anforderungen zu erfüllen und Unterstützung zu erhalten. Dies kann auch die Be-

nachrichtigung von Datenschutzbehörden und anderen regulatorischen Stellen umfassen.

Beweissammlung: Sammeln von Beweisen für den Vorfall, um eine spätere Untersuchung und Forensik zu ermöglichen. Dies hilft, die Ursachen des Angriffs zu ermitteln und mögliche Täter zu identifizieren.

Eindämmung des Angriffs: Implementieren von Maßnahmen zur Eindämmung des Angriffs und Verhinderung weiterer Schäden. Dies kann die Entfernung schadhafter Software oder das Sperren kompromittierter Konten umfassen.

Wiederherstellung der Systeme: Nach der Eindämmung des Angriffs sollten Systeme wiederhergestellt und normalisiert werden. Dies umfasst das Wiederherstellen von Daten aus Backups und das Implementieren von Sicherheitsupdates.

Implementierung zusätzlicher Sicherheitsmaßnahmen: Nach der Wiederherstellung sollten zusätzliche Sicherheitsmaßnahmen implementiert werden, um zukünftige Angriffe zu verhindern und die Sicherheitslage zu verbessern.

Erkennung von digitalen Angriffen

Ein Unternehmen oder eine Einzelperson kann feststellen, dass sie Opfer eines digitalen Angriffs geworden sind, indem sie auf ungewöhnliche Aktivitäten oder Anomalien in den Systemprotokollen achten. Verdächtige Dateien, unerwartetes Systemverhalten oder Benachrichtigungen von Sicherheitssoftware sind häufige Anzeichen. Auch Berichte über unautorisierten Zugriff von Benutzern oder Hinweise von außen können auf einen Angriff hinweisen.

Kommunikation im Notfall

Die Kommunikation spielt eine zentrale Rolle im Rahmen eines Notfallplans. Eine gut organisierte Kommunikation ermöglicht eine schnelle und effektive Zusammenarbeit zwischen allen betroffenen Parteien. Sie informiert die Öffentlichkeit und betroffene Kunden, hilft dabei, das Vertrauen in die Organisation wiederherzustellen und verkürzt die Reaktionszeit auf den Angriff. Eine transparente Kommunikation stellt sicher, dass alle Beteiligten über die notwendigen Informationen und Anweisungen verfügen.

Einbeziehung von Fachkräften

In den Notfallplan sollten verschiedene Fachkräfte einbezogen werden:

IT-Sicherheitsexperten: Verantwortlich für die technische Analyse und Eindämmung des Angriffs. Sie arbeiten daran, die Sicherheitslücken zu schließen und die Systeme zu sichern.

Forensische Analysten: Zuständig für die Sammlung von Beweisen und die Untersuchung des Angriffs. Sie helfen dabei, die Ursachen des Vorfalls zu ermitteln.

Rechtsberater: Stellen sicher, dass rechtliche Anforderungen erfüllt werden und unterstützen bei der Minimierung rechtlicher Risiken. Sie beraten bezüglich der Meldung des Vorfalls und der Einhaltung von Vorschriften.

Kommunikationsspezialisten: Verantwortlich für die interne und externe Kommunikation während und nach dem Vorfall. Sie sorgen für eine klare und präzise Kommunikation mit allen Stakeholdern.

Management: Trifft strategische Entscheidungen und koordiniert die Umsetzung des Notfallplans. Es sorgt dafür, dass die Ressourcen effizient eingesetzt werden und der Plan eingehalten wird.

Externe Dienstleister: Können hinzugezogen werden, um zusätzliche Expertise oder Ressourcen bereitzustellen, wenn dies erforderlich ist.

Backups und Wiederherstellungsverfahren

Regelmäßige Sicherungskopien wichtiger Daten sind ein wesentlicher Bestandteil eines Notfallplans. Backups sollten erstellt und an einem sicheren Ort aufbewahrt werden, um eine schnelle Wiederherstellung der Daten im Falle eines Verlusts oder einer Beschädigung zu ermöglichen. Die Wiederherstellungsverfahren sollten klar dokumentiert und getestet werden, um sicherzustellen, dass sie im Ernstfall effektiv umgesetzt werden können.

Berücksichtigung von rechtlichen und regulatorischen Anforderungen

Bei der Entwicklung eines Notfallplans sollten rechtliche und regulatorische Anforderungen berücksichtigt werden. Dies umfasst Datenschutzgesetze, die Meldepflichten bei Datenschutzverletzungen und branchenspezifische Industriestandards. Die Einhaltung dieser Vorschriften ist entscheidend, um rechtliche Konsequenzen zu vermeiden und sicherzustellen, dass der Notfallplan den gesetzlichen Anforderungen entspricht.

Schulung von Mitarbeitern

Die Schulung von Mitarbeitern ist entscheidend für die Umsetzung eines wirksamen Notfallplans. Mitarbeiter sollten auf ihre Rollen und Verantwortlichkeiten im Falle eines digitalen Angriffs vorbereitet werden. Schulungen erhöhen das Bewusstsein für Sicherheitsrisiken, verbessern die Reaktionszeit und tragen zur Gesamteffektivität des Notfallplans bei.

Kontinuierliche Verbesserung des Notfallplans

Ein Notfallplan sollte kontinuierlich verbessert und aktualisiert werden, um auf neue Bedrohungen und Veränderungen in der IT-Landschaft reagieren zu können. Regelmäßige Sicherheitsaudits und Tests des Plans sind erforderlich, um Schwachstellen zu identifizieren und zu beheben. Rückmeldungen aus früheren Vorfällen sollten in den Plan integriert werden, und neue Bedrohungen sowie technologische Entwicklungen sollten berücksichtigt werden. Der Plan muss an veränderte Geschäftsanforderungen angepasst werden, um weiterhin relevant und effektiv zu bleiben.

Maßnahmen zur Minimierung der Auswirkungen

Um die Auswirkungen eines digitalen Angriffs auf die Organisation oder Einzelperson zu minimieren, sollten mehrere Maßnahmen ergriffen werden:

Schnelle und koordinierte Reaktion: Dies umfasst eine zügige Identifikation, Isolation und Eindämmung des Angriffs sowie die Wiederherstellung von Daten aus Backups.

Effektive Kommunikation: Klare und rechtzeitige Information aller Beteiligten und der Öffentlichkeit.

Regelmäßige Schulungen: Schulungen der Mitarbeiter zur Vorbereitung auf mögliche Angriffe.

Zusätzliche Sicherheitsmaßnahmen: Implementierung von Maßnahmen zur Stärkung der Sicherheitslage.

Kontinuierliche Überwachung und Verbesserung: Regelmäßige Überprüfung und Anpassung der Sicherheitsmaßnahmen und Notfallpläne.

Ein gut durchdachter Notfallplan ist entscheidend für den Schutz einer Organisation vor den verheerenden Auswirkungen digitaler Angriffe. Er stärkt die Resilienz der Organisation und sorgt dafür, dass sie im Falle eines Sicherheitsvorfalls schnell und effektiv reagieren kann.

Digitalen Angriff was können Sie tun?

Identifizierung des Angriffs

Im Falle eines digitalen Angriffs ist der erste und entscheidende Schritt die Identifizierung des Vorfalls. Dies umfasst die Erkennung, dass ein Angriff stattgefunden hat, sowie die genaue Bestimmung der Art des Angriffs. Die Identifizierung kann durch eine gründliche Überwachung von Sicherheitswarnungen und -meldungen erfolgen, die eine erste Indikation für mögliche Angriffe liefern. Ebenso wichtig ist die Analyse von Netzwerkaktivitäten, um ungewöhnliche Muster oder Anomalien zu erkennen. Die Überprüfung von Systemprotokollen auf verdächtige Ereignisse kann ebenfalls Aufschluss darüber geben, was genau passiert ist. Alle relevanten Indikatoren müssen sorgfältig betrachtet werden, um ein präzises Verständnis des Angriffs zu erlangen.

Alarmierung relevanter Personen

Nach der Identifizierung des Angriffs muss umgehend eine Alarmierung der relevanten Personen erfolgen. Dazu zählen in erster Linie die Sicherheitsmitarbeiter, die IT-Abteilung und die Führungskräfte des Unternehmens. Gegebenenfalls sollten auch externe Sicherheitsexperten oder die zuständigen Behörden informiert werden. Eine schnelle und präzise Alarmierung ist essenziell, um eine koordinierte und effektive Reaktion auf den Vorfall zu gewährleisten. Diese frühe Kommunikation stellt sicher, dass alle Beteiligten die notwendigen Schritte einleiten können, um den Angriff zu bewältigen.

Isolation des betroffenen Systems

Ein wichtiger Schritt nach der Alarmierung ist die Isolation des betroffenen Systems oder Netzwerksegments. Die Isolation hat zum Ziel, die Ausbreitung des Angriffs zu verhindern und weitere Schäden zu begrenzen. Dies kann durch das Trennen von Netzwerkverbindungen, das Abschalten der infizierten Systeme oder das Einrichten von Firewalls erfolgen, um den Zugriff auf die betroffenen Systeme zu blockieren. Die frühzeitige Isolation minimiert das Risiko, dass sich der Angriff auf andere Teile des Netzwerks ausbreitet.

Erfassung von Beweisen

Parallel zur Isolation des Systems sollte die Erfassung von Beweisen erfolgen. Diese Beweise sind von entscheidender Bedeutung für die spätere forensische Untersuchung des Angriffs. Die Sammlung umfasst das Aufzeichnen von Netzwerkaktivitäten, das Speichern von Logdateien und das Erfassen von Screenshots, um alle relevanten Daten zu dokumentieren. Diese Informationen sind notwendig, um die genaue Art des Angriffs zu verstehen, die Ursachen zu ermitteln und den Vorfall detailliert zu untersuchen. Die Dokumentation der Beweise spielt eine zentrale Rolle bei der Aufklärung und Nachverfolgung des Angriffs.

Ergreifen geeigneter Gegenmaßnahmen

Nach der Erfassung der Beweise sollten geeignete Gegenmaßnahmen ergriffen werden, um auf den Angriff zu reagieren. Je nach Art des Angriffs und den betroffenen Systemen können diese Maßnahmen die Aktualisierung von Sicherheitsrichtlinien, das Patchen von Systemen, das Zurücksetzen von Passwörtern oder das Einspielen von Sicherheitsupdates umfassen. Diese Schritte sind darauf ausgelegt, die Schwachstellen zu beheben und die Systeme vor weiteren Angriffen zu schützen. Die Implementierung dieser Maßnahmen ist entscheidend, um die Systemsicherheit wiederherzustellen und zukünftige Angriffe zu verhindern.

Kommunikation während des Angriffs

Die Kommunikation spielt eine zentrale Rolle während eines digitalen Angriffs. Es ist wichtig, alle relevanten Parteien wie Mitarbeiter, Kunden, Lieferanten und Behörden über den Vorfall zu informieren. Die Kommunikation sollte transparent, genau und zeitnah erfolgen, um das Vertrauen der Stakeholder zu wahren und die Auswirkungen des Angriffs zu minimieren. Eine klare und offene Kommunikation hilft, Missverständnisse zu vermeiden und eine kohärente Strategie zur Bewältigung des Vorfalls zu präsentieren. Die Kommunikation sollte regelmäßig aktualisiert werden, um den aktuellen Status der Situation zu reflektieren.

Wiederherstellung von Systemen und Daten

Sobald der Angriff eingedämmt und die Sicherheit wiederhergestellt ist, sollte die Wiederherstellung der Systeme und Daten erfolgen. Dies kann die Wiederherstellung von Backups, die Neuinstallation von Software oder die Implementierung zusätzlicher Sicherheitsmaßnahmen umfassen. Das Ziel ist es, den normalen Betrieb so schnell wie möglich wieder aufzunehmen und sicherzustellen, dass die Systeme sicher und funktionsfähig sind. Die Wiederherstellung sollte sorgfältig geplant und durchgeführt werden, um sicherzustellen, dass alle Systeme wieder in einem sicheren Zustand sind.

Post-Mortem-Analyse

Nach Abschluss der unmittelbaren Reaktionsmaßnahmen ist eine Post-Mortem-Analyse des Vorfalls unerlässlich. Diese Analyse dient dazu, zu verstehen, wie der Angriff stattgefunden hat, welche Schwachstellen ausgenutzt wurden und wie ähnliche Vorfälle in Zukunft vermieden werden können. Die Erkenntnisse aus dieser Analyse sollten genutzt werden, um die Sicherheitspraktiken und -richtlinien des Unternehmens zu verbessern. Zudem ist es wichtig, dass der Notfallplan kontinuierlich weiterentwickelt wird, um ihn an neue Bedrohungen und Technologien anzupassen. Die Analyse hilft, Schwachstellen zu identifizieren und die Resilienz des Unternehmens gegen zukünftige Angriffe zu stärken.

Stärkung der Sicherheitsvorkehrungen

Durch die sorgfältige Durchführung der oben beschriebenen Schritte kann ein Unternehmen effektiv auf einen digitalen Angriff reagieren und die Auswirkungen auf seine Systeme und Daten minimieren. Die kontinuierliche Verbesserung der Sicherheitsvorkehrungen, regelmäßige Schulungen und die Anpassung der Sicherheitsstrategien sind entscheidend, um sich gegen zukünftige Angriffe zu wappnen. Ein gut strukturierter Notfallplan, der regelmäßig aktualisiert und getestet wird, trägt zur Stärkung der Sicherheitslage bei und hilft, die Resilienz des Unternehmens gegenüber Cyberbedrohungen zu erhöhen.

Erkennen eines digitalen Angriffs

Erkennung von digitalen Angriffen

Ein Unternehmen oder eine Einzelperson können Anzeichen eines digitalen Angriffs auf verschiedene Weisen erkennen, indem sie aufmerksam auf bestimmte Indikatoren achten, die auf eine Sicherheitsverletzung hinweisen. Diese Anzeichen sind oft die ersten Hinweise darauf, dass ein Sicherheitsvorfall stattgefunden hat und erfordern sofortige Aufmerksamkeit.

Ungewöhnliche Netzwerkaktivität

Ungewöhnliche Netzwerkaktivität ist ein häufiges Anzeichen für einen möglichen Angriff. Plötzliche Anomalien im Netzwerkverkehr, ungewöhnliche Datenübertragungen oder eine unerwartet hohe Bandbreitennutzung können darauf hindeuten, dass ein Angreifer Daten exfiltriert oder das Netzwerk für bösartige Zwecke nutzt. Um solche Anomalien zu erkennen, sollten Netzwerkprotokolle regelmäßig abgeglichen und der Datenverkehr auf ungewöhnliche Muster überprüft werden. Dies kann durch die Implementierung von Netzwerküberwachungstools und die Analyse von Verkehrsprotokollen erfolgen.

Verdächtige Dateien oder Prozesse

Das Auftreten von verdächtigen Dateien oder Prozessen auf einem System kann ebenfalls auf einen Angriff hindeuten. Unbekannte oder unerklärliche Dateien, die plötzlich auf dem System erscheinen, oder Prozesse, die im Task-Manager sichtbar sind, können Anzeichen für Malware oder andere bösartige Programme sein. Diese Dateien oder Prozesse könnten sich durch ungewöhnliche Dateigrößen, Namen oder Speicherorte auszeichnen, die nicht dem normalen Betrieb entsprechen. Eine regelmäßige Überprüfung der Dateien und Prozesse auf dem System hilft, potenzielle Bedrohungen frühzeitig zu identifizieren.

Fehlermeldungen und Systemabstürze

Fehlermeldungen und häufige Systemabstürze sind ebenfalls mögliche Indikatoren für einen Angriff. Wenn ein System regelmäßig abstürzt oder Fehlermeldungen anzeigt, insbesondere in Verbindung mit ungewöhnlichen Aktivitäten oder unerklärlichen Systemveränderungen, könnte dies darauf hindeuten, dass das System kompromittiert wurde oder eine Schadsoftware aktiv ist. Eine sorgfältige Untersuchung der Fehlermeldungen und Systemprotokolle kann dazu beitragen, die Ursache der Probleme zu identifizieren und die Sicherheit des Systems zu gewährleisten.

Unbefugte Zugriffe

Unbefugte Zugriffe auf sensible Systeme oder Daten sind ein ernst zu nehmendes Warnsignal. Dies kann durch verdächtige Anmeldungen oder Zugriffe auf Daten erfolgen, die außerhalb der üblichen Berechtigungen oder Zugriffszeiten liegen. Eine regelmäßige Überwachung von Anmeldeprotokollen und Zugriffsberechtigungen hilft, solche unautorisierten Aktivitäten zu erkennen und zu überprüfen. Sicherheitsüberwachungssysteme sollten so konfiguriert sein, dass sie ungewöhnliche oder unbefugte Zugriffe melden.

Phishing-E-Mails und verdächtige Nachrichten

Phishing-E-Mails und andere verdächtige Nachrichten sind ebenfalls häufige Anzeichen für einen Angriff. E-Mails, die unerwartete Anhänge oder Links enthalten, oder Nachrichten, die vermeintlich von vertrauenswürdigen Quellen stammen, aber ungewöhnliche Anforderungen oder Aufforderungen enthalten, könnten darauf hindeuten, dass ein Angreifer versucht, Zugriff auf Konten oder Systeme zu erhalten. Eine sorgfältige Überprüfung und Validierung von E-Mails und Nachrichten auf Anzeichen von Phishing ist daher unerlässlich, um den Schutz vor solchen Angriffen zu verbessern.

Datenverlust oder -beschädigung

Der Verlust oder die Beschädigung von Daten kann ebenfalls auf einen Angriff hinweisen. Wenn Daten plötzlich fehlen oder Dateien beschädigt sind, kann dies auf eine Datenkompromittierung oder einen Angriff wie Ransomware hindeuten. Die regelmäßige Sicherung wichtiger Daten und die Überprüfung auf Anomalien können dazu beitragen, solche Vorfälle frühzeitig zu erkennen und geeignete Maßnahmen zur Wiederherstellung der Daten zu ergreifen.

Warnungen von Sicherheitssoftware

Warnungen von Sicherheitssoftware oder -diensten sind wichtige Indikatoren für potenzielle Bedrohungen. Ein plötzlicher Anstieg von Sicherheitswarnungen, Antiviren-Alarmen oder Benachrichtigungen von Sicherheitsdiensten sollte sorgfältig überprüft werden. Diese Warnungen können auf einen laufenden Angriff hinweisen und erfordern umgehendes Handeln, um die Systeme zu schützen. Die Integration dieser Warnungen in die Sicherheitsmaßnahmen hilft, die Bedrohung zu bewältigen.

Seltsame Finanztransaktionen

Seltsame Finanztransaktionen sind ein weiteres Warnsignal, das auf einen möglichen Angriff hinweisen kann. Unerklärliche Abbuchungen, verdächtige Kreditkartentransaktionen oder andere finanzielle Unregelmäßigkeiten können darauf hindeuten, dass Finanzdaten kompromittiert wurden. Die regelmäßige Überwachung von Finanzkonten und Transaktionen ist wichtig, um frühzeitig auf mögliche Angriffe reagieren zu können und finanzielle Schäden zu minimieren.

Schnelle Reaktion auf Anzeichen

Wenn eines oder mehrere dieser Anzeichen auftreten, ist es von entscheidender Bedeutung, sofortige Maßnahmen zu ergreifen.

Dazu gehört die Isolierung der betroffenen Systeme, um die Ausbreitung des Angriffs zu verhindern, die Aktualisierung von Sicherheitsrichtlinien zur Schließung identifizierter Schwachstellen, das Zurücksetzen von Passwörtern und die Durchführung einer umfassenden forensischen Untersuchung, um die Ursache und den Umfang des Angriffs festzustellen. Schnelles und gezieltes Handeln kann helfen, die Sicherheit der Systeme und Daten wiederherzustellen und weitere Schäden zu minimieren.

Kommunikation im Notfallplan

Die Kommunikation ist ein wesentlicher Bestandteil eines Notfallplans für digitale Angriffe und hat einen bedeutenden Einfluss auf die Effektivität der Reaktion auf den Vorfall. Eine gut durchdachte Kommunikationsstrategie trägt dazu bei, die Koordination zwischen den Beteiligten zu optimieren, den Informationsfluss zu gewährleisten und die Auswirkungen des Angriffs zu minimieren.

Interne Kommunikation

Intern ist es von größter Wichtigkeit, dass alle relevanten Stakeholder im Unternehmen oder in der Organisation über den Angriff informiert werden. Dies umfasst insbesondere die IT-Abteilung, das Management, die Mitarbeiter und andere direkt betroffene Parteien. Eine klare, präzise und zeitnahe Kommunikation innerhalb des Unternehmens hilft dabei, ein einheitliches Verständnis der Situation zu schaffen und die erforderlichen Maßnahmen effizient zu koordinieren.

Die interne Kommunikation sollte so gestaltet sein, dass Informationen schnell und genau weitergegeben werden. Dies stellt sicher, dass alle Beteiligten auf dem gleichen Stand sind und gezielt handeln können. Regelmäßige Briefings und Statusupdates sind entscheidend, um die Effektivität der Reaktion zu gewährleisten und sicherzustellen, dass keine relevanten Informationen verloren gehen oder falsch interpretiert werden.

Externe Kommunikation

Extern umfasst die Kommunikation den Austausch von Informationen mit Partnern, Behörden, Kunden, Lieferanten und anderen relevanten Stakeholdern. Die externe Kommunikation spielt eine Schlüsselrolle dabei, das Vertrauen der Kunden und der Öffentlichkeit aufrechtzuerhalten und Missverständnisse oder Spekulationen zu vermeiden.

Zu den externen Kommunikationsaufgaben gehört die Benachrichtigung von Kunden über mögliche Auswirkungen auf ihre Daten oder Dienstleistungen. Zudem ist die Zusammenarbeit mit Strafverfolgungsbehörden wichtig, um den Vorfall aufzuklären und rechtliche Anforderungen zu erfüllen. Die Kommunikation mit der Presse oder der Öffentlichkeit muss transparent und gut strukturiert sein, um den Reputationsschaden zu begrenzen und die Beziehung zu den Stakeholdern zu stärken.

Krisenkommunikation

In Krisensituationen ist eine strukturierte Krisenkommunikation von entscheidender Bedeutung. Hierbei wird ein Kommunikationsteam gebildet, das die Entwicklung der Situation kontinuierlich überwacht, relevante Informationen zusammenträgt und analysiert. Dieses Team entwickelt Kommunikationsstrategien und koordiniert deren Umsetzung.

Ein solches Team sorgt dafür, dass alle relevanten Informationen in einer konsistenten und koordinierten Weise kommuniziert werden. Es stellt auch sicher, dass die Reaktionsmaßnahmen effektiv auf den Fortschritt des Vorfalls abgestimmt sind. Die strukturierte Krisenkommunikation ermöglicht eine schnelle Anpassung der Strategie an die sich entwickelnde Situation und hilft dabei, alle Beteiligten auf dem Laufenden zu halten.

Sicherheit der Kommunikation

Die Sicherheit der Kommunikation ist ein kritischer Aspekt des Notfallplans. Es ist von zentraler Bedeutung, dass sensible Informationen geschützt bleiben und nicht in die Hände von Angreifern gelangen. Hierzu gehört die Nutzung sicherer Kommunikationskanäle, die Verschlüsselung sensibler Daten und die Vermeidung unsicherer Kommunikationsmethoden wie unverschlüsselter E-Mails oder ungesicherter Messaging-Plattformen.

Der Schutz der Kommunikation hilft dabei, das Risiko einer weiteren Kompromittierung von Informationen zu verringern und die Sicherheit der gesamten Reaktion zu gewährleisten. Sicherheitsprotokolle und -richtlinien sollten regelmäßig überprüft und aktualisiert werden, um den Schutz sensibler Daten sicherzustellen.

Regelmäßige Updates und Rückmeldungen

Regelmäßige Updates und Rückmeldungen während eines digitalen Angriffs sind ebenfalls von großer Bedeutung. Durch die Bereitstellung kontinuierlicher Informationen über den Fortschritt der Reaktion, das Beantworten von Fragen und das Angehen von Bedenken wird das Vertrauen der Beteiligten gestärkt und Unsicherheit sowie Verwirrung reduziert.

Diese regelmäßige Kommunikation trägt dazu bei, dass alle Beteiligten gut informiert sind und entsprechend handeln können, um die Auswirkungen des Angriffs zu minimieren. Ein strukturierter Plan für regelmäßige Updates und Feedbackrunden sollte Teil des Notfallplans sein, um eine effektive und transparente Kommunikation während des gesamten Vorfalls sicherzustellen.

Die Kommunikation spielt eine zentrale Rolle dabei, eine effektive und koordinierte Reaktion auf digitale Angriffe zu ermöglichen und die Auswirkungen auf das Unternehmen oder die Organisation zu reduzieren. Durch eine klare, transparente und sichere Kommunikation werden alle Beteiligten informiert, unterstützt und geschützt, was entscheidend dazu beiträgt, die Krise erfolgreich zu bewältigen.

Fachkräfte und Teams im Notfallplan

Bei der Erstellung eines Notfallplans für digitale Angriffe ist es unerlässlich, eine Vielzahl von Fachkräften und Teams einzubeziehen, um eine umfassende und effektive Reaktion auf den Vorfall sicherzustellen. Jeder dieser Schlüsselakteure bringt spezielle Fachkenntnisse und Perspektiven mit, die zusammen eine gut koordinierte und zielgerichtete Antwort auf digitale Bedrohungen ermöglichen.

IT-Sicherheitsteam

Das IT-Sicherheitsteam ist ein zentraler Bestandteil des Notfallplans. Es besteht aus hoch qualifizierten Sicherheitsexperten, die über umfassende Kenntnisse und Erfahrung in der Erkennung und Abwehr von Bedrohungen verfügen. Dieses Team ist dafür verantwortlich, digitale Angriffe zu identifizieren, die Ursache und das Ausmaß des Vorfalls zu untersuchen und geeignete Maßnahmen zur Behebung der Sicherheitslücken zu ergreifen.

Zu den Hauptaufgaben des IT-Sicherheitsteams gehört das Überwachen der Netzwerksicherheit, das Durchführen von Sicherheitsanalysen und das Implementieren von Sicherheitslösungen, um den Angriff zu stoppen und zukünftige Bedrohungen zu verhindern. Ihre Expertise ist entscheidend, um präzise Diagnosen zu erstellen und effektive Gegenmaßnahmen einzuleiten. In enger Zusammenarbeit mit anderen Teams wird die Netzwerk- und Systemsicherheit kontinuierlich überprüft und angepasst.

IT-Abteilung

Die IT-Abteilung spielt eine wesentliche Rolle bei der technischen Umsetzung der Sicherheitsmaßnahmen und der Verwaltung der IT-Infrastruktur. Sie ist verantwortlich für die Bereitstellung der erforderlichen technischen Unterstützung und Ressourcen, um die Sicherheitslücken zu schließen und den normalen Betrieb nach einem Vorfall schnellstmöglich wiederherzustellen.

Zu den spezifischen Aufgaben der IT-Abteilung gehören das Patchen von Systemen, die Wiederherstellung von Daten aus Backups und die Sicherstellung, dass alle Systeme nach der Behebung des Vorfalls wieder ordnungsgemäß funktionieren. Die IT-Abteilung stellt sicher, dass alle notwendigen technischen Maßnahmen ergriffen werden, um die Stabilität und Sicherheit der IT-Infrastruktur zu gewährleisten.

Management und Führungsebene

Das Management und die Führungsebene sind für die strategische Steuerung und Koordination der Reaktion auf den Angriff zuständig. Sie setzen die Rahmenbedingungen für die Reaktion, einschließlich der Festlegung von Richtlinien, der Zuweisung von Ressourcen und der Kommunikation mit internen und externen Stakeholdern.

Ihre Aufgabe ist es, sicherzustellen, dass der Notfallplan effektiv umgesetzt wird und dass alle erforderlichen Maßnahmen ergriffen werden, um den Schaden zu minimieren und die Wiederherstellung zu beschleunigen. Das Management trägt auch die Verantwortung für die Entscheidung über die Eskalation des Vorfalls und die Kommunikation mit der Öffentlichkeit und den Medien. Ihre strategischen Entscheidungen sind entscheidend für die effiziente Bewältigung des Vorfalls und die langfristige Wiederherstellung der normalen Betriebsabläufe.

Kommunikationsteam

Das Kommunikationsteam übernimmt die Koordination der internen und externen Kommunikation während des Vorfalls. Es sollte aus erfahrenen Kommunikationsexperten bestehen, die in der Lage sind, klare und prägnante Informationen zu vermitteln, um Verwirrung und Spekulationen zu vermeiden.

Das Team ist für die Erstellung und Verbreitung von Mitteilungen an Mitarbeiter, Kunden, Lieferanten und andere relevante Parteien verantwortlich. Es stellt sicher, dass alle Kommunikationsmaßnahmen gut geplant sind und das Vertrauen der Stakeholder gewahrt bleibt. Die transparente und effektive Kommunikation ist entscheidend, um die Auswirkungen des Angriffs auf die externe Wahrnehmung und die Beziehungen zu den Stakeholdern zu minimieren.

Juristische Abteilung und externe Rechtsberater

Die juristische Abteilung oder externe Rechtsberater spielen eine entscheidende Rolle bei der Beurteilung der rechtlichen Aspekte des Vorfalls. Dazu gehört die Einhaltung von Datenschutzgesetzen, die Meldung von Sicherheitsverletzungen an die zuständigen Behörden und die Klärung von Haftungsfragen.

Diese Fachleute beraten darüber, welche rechtlichen Verpflichtungen erfüllt werden müssen und unterstützen bei der Dokumentation und Kommunikation mit den rechtlichen Stellen. Ihre Expertise hilft dabei, die rechtlichen Risiken zu minimieren und sicherzustellen, dass alle gesetzlichen Anforderungen erfüllt werden.

Externe Dienstleister

Externe Dienstleister wie Forensikexperten, Incident-Response-Teams oder Sicherheitsberater können je nach Bedarf in den Notfallplan einbezogen werden. Diese Spezialisten bringen zusätzliche Fachkenntnisse und Ressourcen ein, die für die Untersuchung des Angriffs, die Wiederherstellung von Systemen und die Implementierung zusätzlicher Sicherheitsmaßnahmen erforderlich sein können.

Ihre Expertise ist besonders wertvoll, um komplexe Angriffe zu bewältigen und die Sicherheit der Systeme umfassend zu gewährleisten. Externe Dienstleister können auch zusätzliche Perspektiven und technologische Ressourcen bereitstellen, die die interne Reaktionsfähigkeit ergänzen und stärken.
Durch die sorgfältige Integration dieser Fachkräfte und Teams in den Notfallplan wird sichergestellt, dass der Angriff auf eine um-

fassende und koordinierte Weise behandelt wird. Dies minimiert die Auswirkungen auf das Unternehmen oder die Organisation und ermöglicht eine schnelle Wiederherstellung des Betriebs. Die enge Zusammenarbeit und das Zusammenspiel dieser verschiedenen Akteure sind entscheidend, um die Effektivität der Reaktion auf digitale Angriffe zu maximieren und die Sicherheit langfristig zu gewährleisten.

Backups und Wiederherstellungsverfahren

Backups und Wiederherstellungsverfahren sind von entscheidender Bedeutung für einen effektiven Notfallplan, da sie eine schnelle Wiederherstellung des Betriebs nach einem digitalen Angriff oder einem anderen IT-Vorfall ermöglichen. Ein sorgfältig ausgearbeiteter Notfallplan sollte detaillierte Richtlinien und Verfahren für Backups und Wiederherstellung enthalten, um sicherzustellen, dass alle kritischen Daten und Systeme geschützt und im Notfall schnell wiederhergestellt werden können.

Regelmäßige Backup-Richtlinien
Der Notfallplan sollte klare Richtlinien für die regelmäßige Durchführung von Backups enthalten. Diese Richtlinien legen fest, wie oft Backups durchgeführt werden müssen, basierend auf der Frequenz, mit der sich die Daten ändern, und der Wichtigkeit der Daten für den Geschäftsbetrieb.

Zum Beispiel könnten tägliche Backups für besonders kritische Daten und Systeme erforderlich sein, während wöchentliche oder monatliche Backups für weniger kritische Daten ausreichen könnten. Die Festlegung solcher Richtlinien stellt sicher, dass alle relevanten Daten regelmäßig gesichert werden und im Falle eines Ausfalls oder Angriffs verfügbar sind. Eine detaillierte Dokumentation dieser Richtlinien ist notwendig, um Konsistenz und Zuverlässigkeit bei der Durchführung der Backups zu gewährleisten.

Sicherer Speicherort

Ein sicherer Speicherort für die Backups ist ebenfalls ein wesentlicher Bestandteil des Notfallplans. Backups sollten nicht nur lokal im gleichen Rechenzentrum oder Netzwerk gespeichert werden, sondern auch an einem physischen oder virtuellen Ort außerhalb des primären Netzwerks oder Rechenzentrums gesichert werden.

Die externe Speicherung kann durch die Nutzung von externen Servern, Cloud-Diensten oder anderen sicheren Standorten erfolgen. Diese Maßnahme schützt die Backups vor Verlust oder Beschädigung, die durch physische Ereignisse wie Brand oder Überschwemmung oder durch Angriffe wie Ransomware entstehen könnten. Die Auswahl eines zuverlässigen und sicheren Speicherorts ist entscheidend, um die Verfügbarkeit und Integrität der gesicherten Daten zu gewährleisten.

Verschlüsselung der Backups

Die Verschlüsselung der Backups ist eine weitere wichtige Maßnahme zur Sicherstellung der Datenintegrität und -sicherheit. Vor der Speicherung oder Übertragung sollten alle Backups verschlüsselt werden. Diese Verschlüsselung gewährleistet, dass die Daten selbst im Falle eines Diebstahls oder einer unbefugten Offenlegung geschützt bleiben.

Die Verschlüsselung verhindert, dass Angreifer auf die gesicherten Informationen zugreifen können, selbst wenn sie die physischen Backup-Medien in die Hände bekommen. Die Wahl eines robusten Verschlüsselungsalgorithmus und die regelmäßige Aktualisierung der Verschlüsselungstechniken sind entscheidend, um den Schutz der Daten langfristig sicherzustellen.

Regelmäßige Tests und Überprüfungen

Regelmäßige Tests und Überprüfungen der Backups und Wiederherstellungsverfahren sind entscheidend, um die Wirksamkeit des Notfallplans zu gewährleisten. Der Notfallplan sollte regelmäßige Tests vorsehen, um zu überprüfen, ob die Backups ordnungsgemäß erstellt wurden und ob die Wiederherstellungsverfahren effizient und zuverlässig funktionieren.

Dazu gehört das Durchführen von Simulationen, bei denen Daten aus den Backups wiederhergestellt werden, sowie die Überprüfung der Wiederherstellungszeiten, um sicherzustellen, dass im Ernstfall alle Systeme und Daten innerhalb eines akzeptablen Zeitrahmens wiederhergestellt werden können. Diese Tests helfen dabei, Schwachstellen im Wiederherstellungsprozess zu identifizieren und rechtzeitig Anpassungen vorzunehmen.

Priorisierung von Daten und Systemen

Ein weiterer wichtiger Aspekt ist die Priorisierung von Daten und Systemen im Notfallplan. Es sollte klar definiert werden, welche Daten und Systeme im Falle eines Angriffs oder Ausfalls zuerst wiederhergestellt werden müssen.

Diese Priorisierung ermöglicht eine gezielte Wiederherstellung, bei der die kritischsten Geschäftsprozesse und -funktionen priorisiert werden. Weniger wichtige Daten und Systeme können nach der Wiederherstellung der Hauptsysteme wiederhergestellt werden, um sicherzustellen, dass der Geschäftsbetrieb so schnell wie möglich fortgesetzt werden kann. Eine gut durchdachte Priorisierung hilft dabei, die Effizienz der Wiederherstellungsmaßnahmen zu maximieren und den Geschäftsbetrieb rasch wieder aufzunehmen.

Durch die sorgfältige Integration und regelmäßige Überprüfung von Backups und Wiederherstellungsverfahren im Notfallplan können Unternehmen sicherstellen, dass sie im Falle eines digitalen Angriffs oder eines anderen IT-Vorfalls effizient und effektiv reagieren können. Dies minimiert die Auswirkungen des Vorfalls auf den Geschäftsbetrieb und hilft, die Kontinuität der Geschäftsprozesse aufrechtzuerhalten. Ein robuster Plan für Backups und Wiederherstellung ist daher von zentraler Bedeutung für die langfristige Resilienz und Sicherheit der IT-Infrastruktur eines Unternehmens.

Rechtliche Entwicklung eines Notfallplans

Rechtliche und regulatorische Anforderungen

Bei der Entwicklung eines Notfallplans ist es von entscheidender Bedeutung, verschiedene rechtliche und regulatorische Anforderungen zu berücksichtigen, um sicherzustellen, dass der Plan nicht nur effektiv ist, sondern auch den gesetzlichen Vorschriften entspricht. Ein umfassender Notfallplan sollte alle relevanten rechtlichen und regulatorischen Aspekte integrieren, um die Compliance zu gewährleisten und mögliche rechtliche Konsequenzen zu vermeiden.

Identifikation relevanter Gesetze und Vorschriften

Zunächst ist es wichtig, alle relevanten Gesetze und Vorschriften zu identifizieren, die für Ihr Unternehmen oder Ihre Organisation gelten. Diese können branchenspezifische Regelungen umfassen, die besondere Anforderungen an Sicherheitsmaßnahmen, Datenverarbeitung oder Risikomanagement stellen. Darüber hinaus sollten auch allgemeine gesetzliche Bestimmungen berücksichtigt werden, die den Schutz von Mitarbeitern, Kunden und Unternehmensinteressen betreffen.

Beispielsweise können Vorschriften zur IT-Sicherheit, zur Haftung im Falle eines Datenverlusts oder zur allgemeinen Betriebssicherheit einschlägig sein. Eine gründliche Analyse und Kenntnis dieser Anforderungen sind essenziell, um sicherzustellen, dass der Notfallplan alle gesetzlichen Vorgaben erfüllt und keine rechtlichen Risiken eingeht.

Einhaltung der Datenschutzgesetze

Ein besonders wichtiger Aspekt bei der Entwicklung eines Notfallplans ist die Einhaltung der Datenschutzgesetze. Wenn der

Notfallplan personenbezogene oder vertrauliche Informationen umfasst, müssen strenge Datenschutzbestimmungen eingehalten werden. Dies bedeutet, dass sensible Daten sowohl während der Speicherung als auch bei der Übertragung geschützt werden müssen.

Es ist auch wichtig, die Datenschutzbestimmungen bei der Kommunikation während eines Notfalls zu berücksichtigen, um sicherzustellen, dass keine unerlaubten Datenübertragungen oder -veröffentlichungen erfolgen. Die Implementierung von Maßnahmen zur Datenverschlüsselung und Zugriffskontrollen kann dabei helfen, die Datenschutzanforderungen zu erfüllen und das Risiko einer Datenpanne zu minimieren.

Berücksichtigung der Arbeitsschutzvorschriften

Des Weiteren müssen alle relevanten Arbeitsschutzvorschriften beachtet werden, um die Sicherheit und das Wohlbefinden der Mitarbeiter während eines Notfalls zu gewährleisten. Dies umfasst die Erstellung und regelmäßige Überprüfung von Evakuierungsplänen, die Bereitstellung von Erste-Hilfe-Ausrüstung sowie die Schulung der Mitarbeiter im Umgang mit Notfallsituationen.

Der Notfallplan sollte klare Anweisungen enthalten, wie im Falle eines Notfalls vorzugehen ist, und sicherstellen, dass alle Mitarbeiter entsprechend geschult sind und sich der Sicherheitsmaßnahmen bewusst sind. Regelmäßige Sicherheitsübungen und Schulungen sind erforderlich, um sicherzustellen, dass die Mitarbeiter im Ernstfall sicher und effektiv reagieren können.

Gesetze zur Geschäftskontinuität

Gesetze zur Geschäftskontinuität spielen ebenfalls eine wesentliche Rolle. Diese Vorschriften können je nach Standort und Branche variieren, beinhalten jedoch in der Regel Anforderungen zur Aufrechterhaltung und Wiederherstellung von geschäftskritischen Prozessen und Dienstleistungen im Falle eines Notfalls.

Der Notfallplan sollte Strategien zur Wiederherstellung des Betriebs enthalten, um die Auswirkungen eines Notfalls auf das Unternehmen zu minimieren. Dazu gehören Verfahren zur schnellen Wiederherstellung von IT-Systemen, zur Sicherstellung der Betriebsfähigkeit wichtiger Geschäftsbereiche und zur Vermeidung von Betriebsunterbrechungen. Ein gut durchdachter Plan zur Geschäftskontinuität stellt sicher, dass das Unternehmen auch bei einem Notfall seine Kernfunktionen aufrechterhalten kann.

Kommunikation und Berichterstattung

Die Kommunikation und Berichterstattung während eines Notfalls sind weitere wichtige Aspekte, die berücksichtigt werden müssen. Es können spezifische Anforderungen bestehen, wie interne und externe Kommunikationsprozesse zu gestalten sind, einschließlich der Berichterstattung an relevante Behörden oder Regulierungsstellen.

Der Notfallplan sollte daher klare Verfahren für die Kommunikation und die Berichterstattung über den Vorfall enthalten. Dazu gehören Protokolle für die Information von Mitarbeitern, Kunden und externen Partnern sowie die Meldung von Vorfällen an Aufsichtsbehörden oder andere zuständige Stellen. Eine transparente und zeitnahe Kommunikation hilft, Missverständnisse zu vermeiden und das Vertrauen der Stakeholder aufrechtzuerhalten.

Regelmäßige Überprüfung und Aktualisierung

Abschließend ist es wichtig, dass der Notfallplan regelmäßigen Überprüfungen und Aktualisierungen unterzogen wird. Die rechtlichen und regulatorischen Anforderungen können sich im Laufe der Zeit ändern, und der Notfallplan muss entsprechend angepasst werden, um sicherzustellen, dass er weiterhin den aktuellen Vorschriften entspricht.

Die regelmäßige Überprüfung ermöglicht es, den Plan an neue gesetzliche Anforderungen oder Veränderungen im Geschäftsbetrieb anzupassen und seine Wirksamkeit aufrechtzuerhalten. Dies trägt dazu bei, dass der Notfallplan stets aktuell und wirksam ist und hilft, rechtliche Risiken zu vermeiden.

Wenn diese rechtlichen und regulatorischen Anforderungen bei der Entwicklung und Pflege eines Notfallplans umfassend berücksichtigt werden, kann ein Unternehmen sicherstellen, dass es auf Notfallsituationen gut vorbereitet ist und alle relevanten Gesetze und Vorschriften einhält. Dies trägt nicht nur zur rechtlichen Absicherung bei, sondern schützt auch die Integrität und die Betriebsfähigkeit des Unternehmens. Ein gut ausgearbeiteter Notfallplan gewährleistet, dass alle Aspekte der Compliance berücksichtigt werden und hilft, die Auswirkungen eines Vorfalls auf das Unternehmen zu minimieren.

Schulung von Mitarbeitern

Bedeutung der Mitarbeiterschulung

Die Schulung von Mitarbeitern ist ein wesentlicher Bestandteil eines effektiven Notfallplans, da sie dazu beiträgt, die Reaktionsfähigkeit und Sicherheit des Unternehmens im Ernstfall zu gewährleisten. Eine umfassende Schulung bereitet die Mitarbeiter darauf vor, angemessen und effektiv auf verschiedene Notfallsituationen zu reagieren. Dies ist von entscheidender Bedeutung, um im Ernstfall schnell und effektiv handeln zu können.

Vertrautheit mit Verfahren und Protokollen

Zunächst wird durch gezielte Schulungen sichergestellt, dass Mitarbeiter mit den spezifischen Verfahren und Protokollen des Notfallplans vertraut sind. Diese Schulungen vermitteln umfassendes Wissen darüber, wie sie auf unterschiedliche Notfälle reagieren sollen. Dazu gehören Notfälle wie Brände, Naturereignisse wie Erdbeben oder Überschwemmungen sowie technisches Versagen wie Systemausfälle. Durch ein fundiertes Verständnis der festgelegten Abläufe können Mitarbeiter schnell und gezielt handeln, wodurch die Effizienz und Effektivität der Reaktion auf den Notfall erheblich verbessert wird.

Sicherheit und Wohlbefinden der Mitarbeiter

Ein weiterer wesentlicher Aspekt von Schulungen ist die Gewährleistung der Sicherheit und des Wohlbefindens der Mitarbeiter. Gut geschulte Mitarbeiter wissen genau, wie sie sich und andere in Notfallsituationen schützen können. Sie lernen die Evakuierungswege kennen, den richtigen Umgang mit Feuerlöschern und anderen Sicherheitsausrüstungen und sind sich der Sicherheitsmaßnahmen bewusst, die dazu beitragen, Verletzungen zu minimieren und Menschenleben zu retten. Diese Maßnahmen reduzieren das Risiko von Verletzungen erheblich und erhöhen die Sicherheit aller Beteiligten.

Effektive Kommunikation während eines Notfalls

Schulungen sind auch entscheidend für die effektive Kommunikation während eines Notfalls. Die Fähigkeit, schnell und präzise Informationen auszutauschen, ist entscheidend für eine koordinierte Reaktion. Mitarbeiter lernen, wie sie wichtige Informationen effizient kommunizieren können, um sicherzustellen, dass alle Beteiligten informiert sind und zusammenarbeiten, um die Situation zu bewältigen. Eine klare und strukturierte Kommunikation trägt zur Minimierung von Missverständnissen und Verwirrung bei und sorgt für eine geordnete und schnelle Reaktion.

Ruhe und rationale Entscheidungen unter Druck

Notfallsituationen sind oft stressig und können Panik auslösen. Schulungen helfen den Mitarbeitern, unter Druck ruhig zu bleiben und rationale Entscheidungen zu treffen. Durch gezielte Übungen und Simulationen lernen die Mitarbeiter, in stressbeladenen Situationen einen klaren Kopf zu bewahren und angemessen zu handeln. Dies ist entscheidend, um Panik zu vermeiden und die Situation effektiv zu managen. Schulungen fördern somit die Fähigkeit der Mitarbeiter, in kritischen Momenten ruhig und effektiv zu agieren.

Klärung von Rollen und Verantwortlichkeiten

Ein wichtiger Bestandteil der Schulungen ist die Klärung der spezifischen Rollen und Verantwortlichkeiten der Mitarbeiter im Rahmen des Notfallplans. Jeder Mitarbeiter sollte genau wissen, welche Aufgaben ihm im Notfall zugewiesen sind, um sicherzustellen, dass keine wichtigen Aufgaben übersehen werden. Eine klare Zuweisung von Verantwortlichkeiten hilft dabei, den Überblick zu behalten und die Reaktionszeiten zu optimieren. Dies sorgt dafür, dass alle erforderlichen Schritte im Notfall effizient und ohne Verzögerungen durchgeführt werden.

Regelmäßige Überprüfung und Aktualisierung des Plans

Schulungen bieten zudem die Gelegenheit zur regelmäßigen Überprüfung und Aktualisierung des Notfallplans. Die kontinuierliche Schulung ermöglicht es, den Plan regelmäßig zu testen, Feedback von den Mitarbeitern zu sammeln und mögliche Verbesserungen vorzunehmen. Dies stellt sicher, dass der Notfallplan stets den aktuellen Anforderungen und Best Practices entspricht und die Mitarbeiter auf dem neuesten Stand bleiben. Regelmäßige Tests und Aktualisierungen sind entscheidend, um die Reaktionsfähigkeit und Wirksamkeit des Plans zu erhalten.

Insgesamt verbessert die Schulung von Mitarbeitern die Wirksamkeit eines Notfallplans erheblich und stärkt die Reaktionsfähigkeit des Unternehmens in Notfallsituationen. Regelmäßige und umfassende Schulungen sind daher unerlässlich, um sicherzustellen, dass die Mitarbeiter gut vorbereitet sind und effektiv auf Notfälle reagieren können. Durch die Erteilung der notwendigen Kenntnisse und Fähigkeiten tragen die Mitarbeiter dazu bei, die Sicherheit zu erhöhen und die Auswirkungen von Notfällen zu minimieren. Ein gut geübtes und geschultes Team ist der Schlüssel zur erfolgreichen Bewältigung von Notfallsituationen und zur Aufrechterhaltung des Betriebs unter schwierigen Bedingungen.

Notfallplan kontinuierlich verbessern

Die kontinuierliche Verbesserung und Aktualisierung eines Notfallplans ist von entscheidender Bedeutung, um sicherzustellen, dass der Plan den sich wandelnden Anforderungen entspricht und effektiv bleibt. Ein gut durchdachter und regelmäßig aktualisierter Notfallplan kann entscheidend dazu beitragen, die Auswirkungen eines Notfalls zu minimieren und die Geschäftskontinuität zu gewährleisten. Hier sind einige bewährte Methoden, wie dieser Prozess effektiv gestaltet werden kann:

Regelmäßige Überprüfung

Zunächst ist eine regelmäßige Überprüfung des Notfallplans essenziell. Diese Überprüfungen sollten in festgelegten Intervallen durchgeführt werden, um sicherzustellen, dass der Plan aktuell und vollständig ist. Die Häufigkeit der Überprüfungen kann je nach den spezifischen Anforderungen Ihres Unternehmens variieren und sollte mindestens quartalsweise, halbjährlich oder jährlich erfolgen. Eine regelmäßige Überprüfung ermöglicht es, veraltete Informationen zu aktualisieren und sicherzustellen, dass alle relevanten Aspekte des Notfallszenarios abgedeckt sind. Die Überprüfung sollte systematisch erfolgen und alle relevanten Teile des Plans – von den Sicherheitsprotokollen bis hin zu den Kommunikationsstrategien – berücksichtigen.

Feedback einholen

Das Einholen von Feedback ist ein weiterer wichtiger Schritt in der kontinuierlichen Verbesserung des Notfallplans. Es ist ratsam, regelmäßig Rückmeldungen von Mitarbeitern, Führungskräften und anderen wichtigen Stakeholdern zu sammeln. Feedback-Sitzungen, Umfragen oder anonyme Rückmeldungen sind effektive Methoden, um wertvolle Einblicke zu gewinnen und potenzielle Verbesserungsbereiche zu identifizieren. Durch das Einbeziehen der Perspektiven derjenigen, die den Plan umsetzen werden, können Sie sicherstellen, dass der Plan praxisnah und umsetzbar ist. Dies fördert nicht nur die Akzeptanz des Plans, sondern hilft auch dabei, mögliche Unstimmigkeiten oder Unklarheiten zu erkennen und zu beheben.

Erfahrungen aus vergangenen Notfällen nutzen

Erfahrungen aus vergangenen Notfällen oder Übungen sollten ebenfalls genutzt werden, um den Notfallplan zu verbessern. Eine gründliche Analyse vergangener Ereignisse kann aufzeigen, welche Teile des Plans effektiv waren und welche verbessert werden müssen. Indem Sie diese Erkenntnisse in den Plan integrieren, können Sie Schwachstellen adressieren und den Plan an realistische Szenarien anpassen. Dies trägt dazu bei, dass der Notfallplan auf zukünftige Ereignisse besser vorbereitet ist und die Reaktionsfähigkeit verbessert wird. Es ist auch hilfreich, Lessons Learned aus der Analyse von Branchenvorfällen oder -übungen zu übernehmen, um von den Erfahrungen anderer zu lernen.

Berücksichtigung technologischer Entwicklungen

Technologische Entwicklungen und Änderungen in der Infrastruktur Ihres Unternehmens sollten ebenfalls berücksichtigt werden. Die rasante Entwicklung neuer Technologien kann Auswirkungen auf die Sicherheitsstrategie und Notfallmaßnahmen haben. Es ist wichtig, dass der Notfallplan regelmäßig aktualisiert wird, um neue Technologien und Systeme zu berücksichtigen und sicherzustellen, dass er mit den aktuellen technischen Anforderungen und Möglichkeiten Schritt hält. Dazu gehört auch die Integration neuer Tools für die Notfallkommunikation oder Datenwiederherstellung sowie die Anpassung an neue Sicherheitsanforderungen.

Aktualisierung von Kontaktdaten

Ein weiterer wichtiger Aspekt ist die Aktualisierung von Kontaktdaten. Die Kontaktinformationen für Mitarbeiter, Lieferanten, Behörden und andere relevante Parteien sollten stets auf dem neuesten Stand sein. Veraltete oder falsche Kontaktdaten können die Effizienz und Effektivität des Notfallplans beeinträchtigen, insbesondere wenn schnelle Kommunikation und Koordination erforderlich sind. Daher sollten diese Informationen regelmäßig überprüft und aktualisiert werden. Dazu gehört auch die Pflege eines aktuellen Adressbuchs und die Sicherstellung, dass alle Kommunikationskanäle funktionsfähig sind.

Regelmäßige Schulungen und Notfallübungen

Regelmäßige Schulungen und Notfallübungen sind ebenfalls unerlässlich. Diese Aktivitäten sorgen dafür, dass die Mitarbeiter mit dem Notfallplan vertraut sind und wissen, wie sie im Ernstfall reagieren sollen. Schulungen helfen nicht nur dabei, das Bewusstsein für den Plan zu schärfen, sondern auch, mögliche Schwachstellen oder Verbesserungspotenziale im Plan zu identifizieren. Durch regelmäßige Übungen können Sie sicherstellen, dass der Plan praktisch getestet und gegebenenfalls angepasst wird. Übungen sollten realistische Szenarien simulieren und verschiedene Aspekte des Plans auf die Probe stellen.

Kontinuierliches Lernen

Schließlich ist kontinuierliches Lernen ein wichtiger Bestandteil der Verbesserung des Notfallplans. Es ist hilfreich, sich über bewährte Verfahren und aktuelle Trends im Bereich der Notfallvorsorge auf dem Laufenden zu halten. Dies kann durch die Teilnahme an Schulungen, Konferenzen, Seminaren sowie durch das Studium von Fachliteratur und Online-Ressourcen erfolgen. Das ständige Streben nach Wissen und die Anwendung neuer Erkenntnisse auf den Notfallplan tragen dazu bei, dass Ihr Plan stets den neuesten Standards entspricht und den bestmöglichen Schutz bietet. Auch das Lernen von Best Practices aus der Branche kann wertvolle Impulse für die Weiterentwicklung des Plans liefern.

Durch die Anwendung dieser bewährten Methoden zur kontinuierlichen Verbesserung und Aktualisierung des Notfallplans können Sie sicherstellen, dass Ihr Unternehmen optimal vorbereitet ist und effektiv auf Notfallsituationen reagieren kann. Dies minimiert nicht nur die Auswirkungen von Notfällen, sondern gewährleistet auch die langfristige Geschäftskontinuität und Sicherheit. Ein dynamischer und anpassungsfähiger Notfallplan ist entscheidend, um auf die sich ständig verändernden Herausforderungen und Anforderungen des Unternehmensumfelds angemessen reagieren zu können.

Maßnahmen bei Auswirkungen eines digitalen Angriffs

Robuste Sicherheitsmaßnahmen

Um die Auswirkungen eines digitalen Angriffs auf eine Organisation oder Einzelperson effektiv zu minimieren, sind umfassende und präventive Maßnahmen erforderlich. Die Implementierung von robusten Sicherheitsmaßnahmen stellt eine der grundlegendsten Säulen der Cyberabwehr dar. Ein gut gesichertes System sollte durch mehrere Schutzschichten abgesichert werden, um das Risiko eines digitalen Angriffs zu minimieren. Dazu gehört die Installation und regelmäßige Aktualisierung von Firewalls, die als erste Verteidigungslinie gegen unbefugte Zugriffe dienen. Diese Firewalls filtern unerwünschten oder schädlichen Datenverkehr und verhindern, dass unbefugte Benutzer auf das System zugreifen. Zusätzlich sollte Antivirus-Software stets auf dem neuesten Stand gehalten werden, um bekannte Bedrohungen zu erkennen und abzuwehren. Intrusion Detection Systems (IDS) sind hilfreich, um ungewöhnliche oder verdächtige Aktivitäten frühzeitig zu identifizieren und darauf zu reagieren. Regelmäßige Sicherheitsupdates für alle Software- und Systemkomponenten sind unerlässlich, um bekannte Sicherheitslücken zu schließen und die Widerstandsfähigkeit gegen neue Bedrohungen zu erhöhen. Hierbei sollten alle Betriebssysteme, Anwendungen und Firmware auf dem aktuellen Stand gehalten werden.

Schulung und Sensibilisierung

Ein weiterer wesentlicher Schritt ist die Schulung und Sensibilisierung von Mitarbeitern und Benutzern. Viele digitale Angriffe resultieren aus menschlichem Versagen oder Unachtsamkeit, weshalb es entscheidend ist, dass alle Beteiligten über die Risiken und die besten Praktiken im Umgang mit digitalen Bedrohungen informiert sind. Schulungen sollten sich darauf konzentrieren, wie verdächtige Aktivitäten erkannt und gemeldet werden können. Sensibilisierungskampagnen, die regelmäßig durchgeführt werden, können das Bewusstsein für Sicherheitspraktiken schärfen und so die Wahrscheinlichkeit erfolgreicher Angriffe reduzieren. Zu den Schulungsthemen gehören Phishing-Versuche, sichere Passwörter und der sichere Umgang mit Daten. Mitarbeiter sollten lernen, wie sie Phishing-E-Mails identifizieren und darauf reagieren können, wie sie starke, einzigartige Passwörter erstellen und verwalten, und wie sie sicher mit sensiblen Informationen umgehen, um die Sicherheit der gesamten Organisation zu gewährleisten.

Datensicherung und Wiederherstellung

Datensicherung und Wiederherstellung sind ebenfalls von zentraler Bedeutung. Regelmäßige Backups aller wichtigen Daten und Systeme gewährleisten, dass im Falle eines Angriffs eine zügige Wiederherstellung möglich ist. Diese Backups sollten an einem sicheren Ort aufbewahrt werden, der vom primären Netzwerk oder Rechenzentrum getrennt ist, um sie vor den Auswirkungen eines Angriffs zu schützen. Die Backups sollten regelmäßig auf ihre Integrität überprüft und getestet werden, um sicherzustellen, dass sie im Notfall tatsächlich verwendet werden können. Dies umfasst die Durchführung von Wiederherstellungstests, um sicherzustellen, dass alle Daten korrekt wiederhergestellt werden können und keine unerwarteten Probleme auftreten.

Notfallvorsorge- und Reaktionsplan

Ein gut durchdachter Notfallvorsorge- und Reaktionsplan ist unerlässlich. Dieser Plan sollte detaillierte Verfahren und Zuständigkeiten für den Umgang mit digitalen Angriffen festlegen. Zu den wesentlichen Komponenten eines solchen Plans gehören Maßnahmen zur frühzeitigen Erkennung von Angriffen, zur Reaktion auf Sicherheitsvorfälle, zur Eindämmung der Auswirkungen und zur Wiederherstellung des Normalbetriebs. Der Plan sollte regelmäßig getestet und aktualisiert werden, um sicherzustellen, dass er auf dem neuesten Stand ist und effektiv funktioniert. Dazu gehört die Durchführung regelmäßiger Notfallübungen, um die Reaktionsfähigkeit der Mitarbeiter und die Wirksamkeit der festgelegten Verfahren zu überprüfen.

Überwachung und Analyse

Überwachung und Analyse von Netzwerk- und Systemaktivitäten sind ebenfalls entscheidend. Eine umfassende Überwachung ermöglicht es, verdächtige Aktivitäten frühzeitig zu erkennen und schnell darauf zu reagieren. Die Nutzung von Sicherheitsinformationen und Ereignismanagement (SIEM) Tools kann dabei helfen, potenzielle Bedrohungen zu identifizieren und detaillierte Analysen durchzuführen. Durch die kontinuierliche Überwachung von Netzwerkverkehr, Systemprotokollen und Benutzeraktivitäten können Anomalien schnell entdeckt werden, und sofortige Maßnahmen können ergriffen werden, um mögliche Sicherheitsvorfälle zu verhindern oder einzudämmen.

Zusammenarbeit mit Experten

Die Zusammenarbeit mit Strafverfolgungsbehörden, Forensikexperten und anderen Fachleuten kann ebenfalls entscheidend sein. Diese externen Experten können wertvolle Unterstützung bei der Untersuchung von Angriffen bieten, Beweise sammeln und Täter identifizieren. Die Expertise externer Fachleute kann helfen, die Auswirkungen eines Angriffs zu minimieren und die Sicherheitsstrategie der Organisation weiter zu verbessern. Es ist wichtig, eine klare Kommunikation und Koordination mit diesen Fachleuten sicherzustellen, um eine effiziente und effektive Reaktion auf Sicherheitsvorfälle zu gewährleisten.

Kontinuierliche Verbesserung

Schließlich sollte kontinuierliche Verbesserung ein integraler Bestandteil der Sicherheitsstrategie sein. Regelmäßige Überprüfungen und Audits der bestehenden Sicherheitsmaßnahmen helfen,

Schwachstellen zu identifizieren und zu beheben. Das Feedback aus vergangenen Angriffen oder Sicherheitsvorfällen sollte genutzt werden, um die Sicherheitsstrategie zu optimieren. Die kontinuierliche Anpassung an neue Bedrohungen und technologische Entwicklungen trägt dazu bei, die Sicherheit langfristig zu gewährleisten und die Widerstandsfähigkeit gegenüber zukünftigen Angriffen zu stärken. Die ständige Weiterbildung des Sicherheitspersonals und die Integration neuer Sicherheitslösungen und Best Practices sind wesentliche Elemente einer erfolgreichen Sicherheitsstrategie.

Durch die Umsetzung dieser umfassenden Maßnahmen kann eine Organisation oder Einzelperson nicht nur ihre Sicherheitslage verbessern, sondern auch die Auswirkungen eines digitalen Angriffs.

13. Digitale Selbstverteidigung für Senioren

Senioren und digitale Selbstverteidigung

Bedeutung der digitalen Selbstverteidigung für Senioren

Digitale Selbstverteidigung ist für Senioren von besonderer Bedeutung, da diese Altersgruppe häufig gezielt von Online-Betrügern und Cyberkriminellen angegriffen wird. Dies liegt oft an einem Mangel an Erfahrung mit digitalen Technologien und einer damit verbundenen Unkenntnis über die potenziellen Gefahren und Sicherheitspraktiken im Internet. Die fortschreitende Digitalisierung und die zunehmende Nutzung des Internets durch Senioren erhöhen die Notwendigkeit, sich wirksam vor digitalen Bedrohungen zu schützen. Senioren sind oft anfälliger für Angriffe, da sie möglicherweise nicht ausreichend mit den neuesten Sicherheitspraktiken vertraut sind.

Zunehmende Online-Aktivitäten von Senioren

In der heutigen Welt, die zunehmend von Digitalisierung geprägt ist, sind Senioren immer aktiver im Internet unterwegs. Sie nutzen das Internet für eine Vielzahl von alltäglichen Aufgaben wie die Kommunikation mit Familie und Freunden, Online-Einkäufe, Bankgeschäfte und Gesundheitsversorgung. Während diese digitalen Aktivitäten viele Vorteile bieten, bringen sie auch Risiken mit sich. Ohne ausreichende Kenntnisse über digitale Sicherheit können Senioren leicht Opfer von Cyberkriminalität werden. Diese Gefahren betreffen sie genauso wie andere Altersgruppen, jedoch sind sie möglicherweise weniger vorbereitet, diese Risiken zu erkennen und darauf zu reagieren.

Mangelnde Erfahrung mit digitalen Technologien

Viele Senioren haben möglicherweise weniger Erfahrung im Umgang mit modernen Technologien und digitalen Anwendungen. Diese mangelnde Vertrautheit kann sie anfälliger für Betrügereien, Phishing-Angriffe und andere Formen von Online-Bedrohungen machen. Das Fehlen von Erfahrung und Kenntnis kann dazu führen, dass sie Schwierigkeiten haben, verdächtige Aktivitäten zu erkennen oder angemessen auf Sicherheitsrisiken zu reagieren. Eine unzureichende technische Ausbildung oder wenig Erfahrung im Umgang mit digitalen Tools erhöht die Wahrscheinlichkeit, dass Senioren auf Betrüger hereinfallen oder Sicherheitsrisiken übersehen.

Gezielte Angriffe durch Kriminelle

Kriminelle erkennen oft, dass ältere Menschen möglicherweise weniger technisches Wissen haben und deshalb leichter Opfer von Betrügereien werden können. Senioren werden gezielt durch betrügerische Anrufe, gefälschte E-Mails, Phishing-Links oder betrügerische Websites angegriffen. Diese Angriffe nutzen häufig soziale Manipulationen, um Vertrauen zu gewinnen und sensible Informationen zu erlangen. Kriminelle sind oft besonders darauf bedacht, Schwachstellen in der digitalen Kompetenz auszunutzen und nutzen emotionale Manipulationen, um ihre Opfer zu täuschen.

Schutz persönlicher Daten

Der Schutz persönlicher Daten ist für Senioren besonders wichtig, da sie häufig sensible Informationen wie finanzielle Daten oder Gesundheitsdaten im Internet teilen. Der Verlust oder Missbrauch dieser Daten kann zu erheblichen finanziellen Verlusten, Identitätsdiebstahl oder anderen negativen Folgen führen. Daher ist es von großer Bedeutung, dass Senioren wissen, wie sie ihre Daten schützen können, um solche Risiken zu minimieren. Sicherheitsmaßnahmen wie die Verwendung starker Passwörter, die regelmäßige Überprüfung von Kontoauszügen und das Vermeiden unsicherer Websites sind entscheidend für den Schutz sensibler Informationen.

Nutzen des Internets sicher genießen

Das Internet bietet Senioren viele Vorteile, darunter die Möglichkeit, mit anderen in Kontakt zu bleiben, sich über aktuelle Ereignisse zu informieren und aktiv am gesellschaftlichen Leben teilzunehmen. Digitale Selbstverteidigung ermöglicht es Senioren, diese Möglichkeiten sicher und effektiv zu nutzen. Durch das Erlernen und Anwenden grundlegender Sicherheitsmaßnahmen können Senioren sicher im Internet navigieren und die Vorteile der digitalen Welt genießen, ohne sich unnötigen Risiken auszusetzen. Die Integration sicherer Online-Praktiken in den Alltag hilft ihnen, die digitalen Angebote ohne Angst vor Cyberangriffen zu nutzen.

Aufklärung und Schulung

Ganz sicher lässt sich sagen, dass digitale Selbstverteidigung für Senioren von entscheidender Bedeutung ist. Durch gezielte Aufklärung und Schulung können Senioren lernen, sich vor den Risiken des digitalen Zeitalters zu schützen. Der Einsatz von Sicherheitsmaßnahmen wie sicheren Passwörtern, regelmäßigem Software-Update und dem Erkennen von Phishing-Versuchen kann dazu beitragen, ihre persönlichen Daten zu schützen und ihre Online-Sicherheit zu erhöhen. Letztlich ermöglicht eine solide digitale Selbstverteidigung Senioren, die vielen Vorteile der modernen Technologie sicher zu nutzen und aktiv am digitalen Leben teilzunehmen. Schulungsprogramme und Informationskampagnen sind wichtige Instrumente, um Senioren die notwendige Kompetenz für eine sichere Online-Nutzung zu verm
itteln.

Senioren profitieren von digitalen Technologien

Vorteile digitaler Technologien für Senioren

Senioren können von digitalen Technologien auf vielfältige Weise profitieren, indem sie verschiedene Aspekte ihres Lebens verbessern und bereichern. Die kontinuierliche Weiterentwicklung digitaler Technologien bietet Senioren zahlreiche Möglichkeiten zur Verbesserung ihrer Lebensqualität. Hier sind einige umfassende Möglichkeiten, wie digitale Technologien speziell für Senioren von Vorteil sein können:

Kommunikation und soziale Vernetzung

Durch digitale Technologien können Senioren in Kontakt mit Familie und Freunden bleiben, unabhängig von der physischen Distanz zwischen ihnen. Kommunikationsmittel wie E-Mail, Videotelefonie und soziale Medien ermöglichen es ihnen, regelmäßigen Kontakt zu pflegen und so ein Gefühl der Verbundenheit zu bewahren. Die Nutzung von Messaging-Apps bietet eine weitere Möglichkeit für schnelle, unkomplizierte Interaktionen. Diese Plattformen ermöglichen sowohl persönliche Gespräche als auch gruppenbasierte Kommunikation, die soziale Bindungen stärken und Isolation verhindern kann.

Zugang zu Informationen und Bildungsressourcen

Das Internet eröffnet Senioren Zugang zu einer riesigen Bandbreite an Informationen und Bildungsressourcen. Sie können Nachrichten aus verschiedenen Quellen verfolgen, umfassende Recherchen durchführen und sich über eine Vielzahl von Themen informieren. Zahlreiche Online-Kurse, Webinare und Lernplattformen bieten Senioren die Gelegenheit, neue Fähigkeiten zu erlernen oder bestehendes Wissen zu erweitern. Diese Bildungsangebote tragen dazu bei, geistig aktiv zu bleiben und das lebenslange Lernen zu fördern, was entscheidend für die geistige Gesundheit und das persönliche Wachstum ist.

Fortschritte in der Gesundheitsversorgung

In der Gesundheitsversorgung haben digitale Technologien erhebliche Fortschritte ermöglicht. Telemedizin bietet die Möglichkeit von virtuellen Arztbesuchen, was besonders vorteilhaft für Senioren ist, die in abgelegenen Gebieten leben oder Schwierigkeiten haben, sich physisch zu Arztpraxen zu bewegen. Darüber hinaus unterstützen Wearable-Geräte und Gesundheits-Apps dabei, Gesundheitsdaten zu überwachen und zu analysieren. Dies ermöglicht es Senioren, besser über ihre gesundheitlichen Zustände informiert zu sein und gegebenenfalls proaktive Maßnahmen zu ergreifen, um ihre Gesundheit zu verbessern oder zu erhalten.

Bequemlichkeit bei Online-Shopping und -Banking

Online-Shopping und Online-Banking bieten Senioren eine praktische Möglichkeit, Einkäufe zu tätigen und Finanzangelegenheiten zu verwalten, ohne das Haus verlassen zu müssen. Diese digitalen Dienste sind besonders hilfreich für Senioren, die aufgrund von Mobilitätseinschränkungen oder der Schwierigkeiten, öffentliche Verkehrsmittel zu nutzen, eine erhöhte Bequemlichkeit benötigen. Durch die Nutzung dieser Dienste können sie ihre Unabhängigkeit bewahren und alltägliche Aufgaben effizienter erledigen, was zu einer verbesserten Lebensqualität und weniger Stress im Alltag beiträgt.

Unterhaltungs- und Freizeitmöglichkeiten

Digitale Technologien erweitern auch die Unterhaltungs- und Freizeitmöglichkeiten für Senioren. Sie können Filme und Fernsehsendungen streamen, Musik hören, E-Books lesen und Online-Spiele spielen. Diese Aktivitäten tragen zur Unterhaltung und zum Wohlbefinden bei und bieten eine willkommene Abwechslung vom Alltag. Zudem ermöglichen soziale Medien und Online-Communities Senioren, neue Freundschaften zu schließen, Gleichgesinnte zu treffen und sich an verschiedenen Gruppenaktivitäten zu beteiligen. Dies stärkt ihre soziale Teilhabe und ihr Engagement, was zur emotionalen Gesundheit und Zufriedenheit beiträgt.

Insgesamt können digitale Technologien die Lebensqualität von Senioren erheblich steigern, indem sie ihre Unabhängigkeit fördern und ihre soziale Integration unterstützen. Die bewusste Nutzung digitaler Technologien ermöglicht es Senioren, ihren Alltag zu erleichtern, aktiv und engagiert zu bleiben und die Vorteile der modernen Welt voll auszuschöpfen. Durch gezielte Schulungen und Unterstützung können Senioren die Potenziale digitaler Technologien optimal nutzen und von den vielfältigen Vorteilen profitieren, die diese bieten.

Herausforderungen für Senioren

Senioren stehen beim Umgang mit digitalen Technologien vor besonderen Herausforderungen, die ihre Nutzung und Integration in den Alltag erschweren können. Diese Herausforderungen reichen von altersbedingten physischen Einschränkungen bis hin zu mangelndem technischen Wissen und Sicherheitsbedenken. Eine umfassende Betrachtung dieser Herausforderungen kann helfen, gezielte Lösungen zu entwickeln und die digitale Teilhabe von Senioren zu verbessern.

Begrenztes Technologieverständnis

Ein zentrales Problem für viele Senioren ist das begrenzte Technologieverständnis. Da die meisten Senioren nicht in einer digitalen Ära aufgewachsen sind, fehlt ihnen oft die grundlegende Erfahrung im Umgang mit Computern, Smartphones und dem Internet. Viele Senioren haben den Übergang von einer analogen zu einer digitalen Welt erst später im Leben vollzogen, was das Verständnis für moderne Technologien erschwert. Die Einführung neuer Technologien kann daher eine große Hürde darstellen, insbesondere wenn diese Technologien komplexe Bedienoberflächen und Funktionen bieten, die nicht intuitiv sind. Das Verständnis der Bedienung und der zugrunde liegenden Konzepte kann für Senioren eine erhebliche Herausforderung sein.

Komplexität der Geräte und Anwendungen

Die Komplexität der Geräte und Anwendungen stellt eine weitere Hürde dar. Moderne digitale Technologien und Software bieten häufig eine Vielzahl von Funktionen und Anpassungsmöglichkeiten, die für Senioren überwältigend sein können. Die Vielzahl an Menüs, Optionen und Einstellungen kann eine steile Lernkurve mit sich bringen. Viele Geräte und Anwendungen sind nicht speziell auf die Bedürfnisse älterer Menschen zugeschnitten, was bedeutet, dass Senioren oft zusätzliche Anstrengungen unternehmen müssen, um sich in der digitalen Welt zurechtzufinden. Benutzeroberflächen, die nicht benutzerfreundlich gestaltet sind, können die Lernkurve weiter erschweren und die Motivation zur Nutzung verringern.

Körperliche Einschränkungen

Körperliche Einschränkungen, die im Alter auftreten können, beeinflussen ebenfalls die Nutzung digitaler Technologien. Probleme wie Seh- und Hörverlust, eingeschränkte Feinmotorik oder allgemeine Mobilitätsprobleme können die Interaktion mit digitalen Geräten erheblich erschweren. Kleine Schriftarten, unzureichende Kontraste auf Bildschirmen und komplizierte Navigation können das Lesen und die Bedienung der Geräte erschweren. Touchscreens und Tastaturen, die eine präzise Eingabe erfordern, sind möglicherweise schwierig zu bedienen, wenn die Feinmotorik eingeschränkt ist. Es ist wichtig, dass digitale Technologien barrierefrei gestaltet sind, um diesen physischen Einschränkungen Rechnung zu tragen.

Sicherheitsbedenken

Sicherheitsbedenken stellen ein weiteres ernsthaftes Problem dar. Senioren sind möglicherweise besonders anfällig für Online-Betrug, Phishing-Angriffe und Identitätsdiebstahl. Die Unsicherheit über die Sicherheit ihrer persönlichen Daten und finanziellen Informationen kann sie davon abhalten, digitale Technologien zu nutzen oder sich im Internet zu bewegen. Diese Bedenken sind oft begründet, da Cyberkriminelle gezielt versuchen, Senioren durch betrügerische Angebote und Phishing-Mails zu täuschen. Die Angst vor Sicherheitsrisiken kann dazu führen, dass Senioren digitale Technologien meiden, obwohl diese ihnen potenziell große Vorteile bieten könnten.

Mangelnde Unterstützung und Schulung

Zusätzlich ist mangelnde Unterstützung und Schulung ein weitverbreitetes Problem. Viele Senioren haben keinen Zugang zu maßgeschneiderter Unterstützung oder Schulungsangeboten, die auf ihre spezifischen Bedürfnisse zugeschnitten sind. Oft fehlt es an geeigneten Programmen oder Kursen, die auf die speziellen Anforderungen älterer Menschen eingehen. Ohne ausreichende Schulung und Unterstützung haben Senioren Schwierigkeiten, die notwendigen Fähigkeiten und Kenntnisse zu erwerben, um digitale Technologien effektiv zu nutzen. Die fehlende Unterstützung kann dazu führen, dass sie sich überfordert oder unsicher fühlen, was ihre Bereitschaft zur Nutzung weiter einschränkt.

Technologieakzeptanz

Schließlich kann auch die Technologieakzeptanz eine Herausforderung darstellen. Einige Senioren sind möglicherweise skeptisch gegenüber neuen Technologien und bevorzugen ihre gewohnten Methoden und Routinen. Die Anpassung an neue digitale Werkzeuge kann daher mit einer emotionalen und psychologischen Barriere verbunden sein. Skepsis gegenüber Technologie kann durch frühere negative Erfahrungen oder durch eine grundsätzliche Abneigung gegenüber Veränderungen verursacht werden. Die Überwindung dieser Barrieren ist entscheidend, um eine positive Nutzungserfahrung zu ermöglichen und die Vorteile der modernen Technologie zu nutzen.

Gezielte Maßnahmen zur Verbesserung

Bedeutend ist es, diese Herausforderungen zu erkennen und gezielte Maßnahmen zu ergreifen, um die digitale Teilhabe von Senioren zu fördern. Dazu gehören die Entwicklung benutzerfreundlicher und barrierefreier Technologien, die Bereitstellung maßgeschneiderter Schulungsprogramme, der Zugang zu technischer Unterstützung und die Implementierung von Sicherheitsvorkehrungen, die speziell auf die Bedürfnisse älterer Menschen zugeschnitten sind. Durch solche Maßnahmen kann die digitale Integration von Senioren verbessert und ihre Fähigkeit zur Nutzung der Vorteile moderner Technologien gestärkt werden. Die Schaffung eines unterstützenden Umfelds, das auf die spezifischen Bedürfnisse von Senioren eingeht, ist entscheidend für eine erfolgreiche digitale Teilhabe.

Sicherheitspraktiken für Senioren

Senioren sollten eine Reihe grundlegender Sicherheitspraktiken beachten, um ihre Online-Sicherheit zu gewährleisten und sich vor digitalen Bedrohungen zu schützen. Diese Praktiken umfassen sowohl technische Maßnahmen als auch Verhaltensregeln, die dazu beitragen, persönliche Daten und digitale Identitäten zu sichern. Im Folgenden werden die wesentlichen Sicherheitsstrategien detailliert beschrieben:

Starke und einzigartige Passwörter

Es ist wichtig, für Online-Konten starke und einzigartige Passwörter zu verwenden. Ein starkes Passwort sollte eine komplexe Kombination aus Buchstaben, Zahlen und Sonderzeichen enthalten. Vermeiden Sie Passwörter, die leicht zu erraten sind, wie Geburtsdaten, Namen von Familienmitgliedern oder einfache Wörter. Stattdessen sollten Passwörter so gestaltet werden, dass sie schwer zu knacken sind. Um die Verwaltung vieler Passwörter zu erleichtern, kann die Verwendung eines Passwortmanagers in Betracht gezogen werden. Diese Tools generieren sichere Passwörter, speichern sie sicher und bieten eine bequeme Möglichkeit, auf verschiedene Konten zuzugreifen, ohne sich alle Passwörter merken zu müssen.

Vorsicht bei Phishing-E-Mails

Phishing-E-Mails sind eine häufige Methode, mit der Cyberkriminelle versuchen, an persönliche Daten zu gelangen. Daher sollten Senioren besonders vorsichtig sein, wenn sie E-Mails erhalten, die verdächtige Links oder Anhänge enthalten oder unerwartete Anforderungen stellen. Überprüfen Sie stets die Absenderadresse und seien Sie misstrauisch gegenüber E-Mails von unbekannten oder nicht vertrauenswürdigen Quellen. Vermeiden Sie es, auf Links zu klicken oder Anhänge zu öffnen, bevor Sie sicher sind, dass die E-Mail legitim ist. Im Zweifelsfall ist es ratsam, den Absender direkt über eine bekannte Kontaktadresse zu kontaktieren, um die Echtheit der Nachricht zu bestätigen.

Regelmäßige Aktualisierung von Software

Die regelmäßige Aktualisierung von Software, Betriebssystemen und Antivirus-Programmen ist eine weitere wesentliche Maßnahme zur Sicherstellung der digitalen Sicherheit. Software-Updates enthalten oft wichtige Sicherheitspatches, die bekannte Schwachstellen beheben und so das Risiko von Malware-Infektionen reduzieren. Stellen Sie sicher, dass sowohl Ihr Computer als auch Ihre Smartphones auf dem neuesten Stand sind und dass Sie regelmäßig Sicherheitsupdates durchführen. Automatische Update-Funktionen können dabei helfen, sicherzustellen, dass Sie keine wichtigen Updates verpassen.

Bewusstsein für Online-Betrugsmethoden

Das Bewusstsein für gängige Online-Betrugsmethoden wie Phishing, Malware und andere Arten von Betrug ist entscheidend für die Selbstverteidigung im Internet. Senioren sollten sich über diese Risiken informieren und lernen, verdächtige Aktivitäten zu erkennen. Dies kann durch Schulungen, Informationsmaterialien oder Online-Ressourcen erfolgen, die speziell auf die Aufklärung über digitale Bedrohungen abzielen. Zu den sicheren Verhaltensweisen gehört auch, dass Sie keine sensiblen Informationen wie Passwörter oder Bankdaten ohne verifizierte Notwendigkeit weitergeben.

Sicherheitsrisiken öffentlicher WLAN-Netzwerke

Die Nutzung öffentlicher WLAN-Netzwerke kann riskant sein, insbesondere wenn es um vertrauliche Transaktionen oder die Übermittlung sensibler Informationen geht. Öffentliche Netzwerke sind häufig unsicher und können leicht von Cyberkriminellen überwacht werden. Es ist daher ratsam, sichere und vertrauenswürdige Netzwerke zu verwenden, insbesondere für Bankgeschäfte oder Online-Einkäufe. Falls möglich, verwenden Sie ein VPN (Virtual Private Network), um Ihre Internetverbindung zusätzlich zu sichern. Ein VPN verschlüsselt Ihre Daten und schützt Ihre Privatsphäre, selbst wenn Sie ein öffentliches Netzwerk nutzen.

Regelmäßige Überprüfung der Privatsphäre-Einstellungen

Regelmäßige Überprüfungen der Privatsphäre-Einstellungen in Ihren Online-Konten und sozialen Medien sind notwendig, um sicherzustellen, dass Sie nur die Informationen freigeben, die Sie beabsichtigen. Überprüfen Sie Ihre Datenschutzeinstellungen regelmäßig und passen Sie diese an, um den Zugriff auf persönliche Daten zu begrenzen. Vermeiden Sie es, sensible Informationen öffentlich zu teilen oder in sozialen Medien zu posten, um Ihre Privatsphäre zu schützen. Indem Sie Ihre Einstellungen regelmäßig anpassen, behalten Sie die Kontrolle über Ihre Daten und reduzieren das Risiko von Datenschutzverletzungen.

Verwendung von vertrauenswürdiger Sicherheitssoftware

Die Installation und regelmäßige Nutzung vertrauenswürdiger Sicherheitssoftware sind unerlässlich, um Ihre Geräte vor Viren, Malware und anderen Bedrohungen zu schützen. Eine zuverlässige Sicherheitssoftware sollte kontinuierlich aktualisiert werden und regelmäßige Scans durchführen, um verdächtige Dateien oder Programme zu identifizieren und zu entfernen. Achten Sie darauf, dass die Software von einem renommierten Anbieter stammt und über gute Bewertungen verfügt.

Automatische Aktualisierungen aktivieren

Aktivieren Sie die automatische Aktualisierungsfunktion für Betriebssysteme und Anwendungen, um sicherzustellen, dass Sie stets die neuesten Sicherheitspatches und -updates erhalten. Diese Funktion hilft, potenzielle Sicherheitsrisiken zu minimieren und Ihre Geräte vor bekannten Schwachstellen zu schützen. Automatische Updates gewährleisten, dass Ihr System immer auf dem neuesten Stand der Sicherheitsprotokolle bleibt, ohne dass Sie manuell nach Updates suchen müssen.

Durch die Beachtung dieser grundlegenden Sicherheitspraktiken können Senioren ihre Online-Sicherheit erheblich verbessern und sich besser gegen Cyberbedrohungen wappnen. Es ist wichtig, sich kontinuierlich über neue Bedrohungen und Sicherheitsmaßnahmen zu informieren, um sicherzustellen, dass man im digitalen Umfeld sicher unterwegs ist. Die Umsetzung dieser Maßnahmen trägt dazu bei, Risiken zu minimieren und die digitale Welt sicher zu nutzen.

Senioren-Schutz vor Online-Betrug

Um Senioren wirksam vor Online-Betrug und Phishing-Angriffen zu schützen, ist es wichtig, ihnen umfassende Informationen und Werkzeuge an die Hand zu geben, um verdächtige Aktivitäten zu erkennen und angemessen darauf zu reagieren. Die folgenden Maßnahmen können dabei helfen, die Sicherheit von Senioren im Internet zu verbessern:

Aufklärung über Betrugsmethoden und Phishing-Techniken

Es ist entscheidend, Senioren umfassend über die gängigen Betrugsmethoden und Phishing-Techniken aufzuklären. Dazu gehört die Erklärung, wie Phishing-E-Mails aussehen, welche Merkmale gefälschte Websites haben und wie betrügerische Anrufe identifiziert werden können. Phishing-E-Mails sind oft durch

Dringlichkeit und Aufforderungen zum Handeln gekennzeichnet und enthalten häufig fehlerhafte Grammatik oder Rechtschreibung. Fälschungen von Websites können durch unsichere Verbindungen (erkennbar an „http" statt „https"), verdächtige URLs und unprofessionell gestaltete Seiten erkannt werden. Durch gezielte Schulungen können Senioren lernen, verdächtige Anfragen zu erkennen und sich der Risiken bewusst zu werden, die mit dem Online-Verhalten verbunden sind.

Verwendung vertrauenswürdiger Quellen

Die Verwendung vertrauenswürdiger Quellen ist eine weitere wichtige Maßnahme. Senioren sollten darauf hingewiesen werden, dass sie nur auf seriösen und bekannten Websites einkaufen und sensible Informationen ausschließlich an vertrauenswürdige Unternehmen weitergeben sollten. Dies umfasst das Überprüfen der URL auf sichere Verbindungen (erkennbar an einem Schloss-Symbol in der Adresszeile des Browsers) und das Vermeiden von Websites, die von unsicheren oder unbekannten Quellen stammen. Verdächtige Links in E-Mails oder unaufgeforderte Anrufe, die nach persönlichen Daten fragen, sollten grundsätzlich vermieden werden. Eine gründliche Überprüfung von Websites und Absendern kann helfen, Betrugsversuche zu verhindern.

Einsatz zuverlässiger Sicherheitssoftware

Sicherheitssoftware spielt eine wesentliche Rolle im Schutz vor Malware und Phishing-Angriffen. Es ist wichtig, dass auf den Geräten der Senioren zuverlässige Sicherheitsprogramme installiert sind, die regelmäßig aktualisiert werden. Dies umfasst Antivirus-Software, die schädliche Software erkennt und entfernt, sowie Firewalls, die unerlaubte Zugriffe auf die Geräte verhindern. Auch Anti-Phishing-Tools, die verdächtige Websites und E-Mails erkennen können, sind hilfreich. Regelmäßige Updates dieser Sicherheitsprogramme gewährleisten, dass sie gegen die neuesten Bedrohungen gewappnet sind.

Verwendung starker Passwörter

Die Verwendung starker Passwörter ist ein weiterer wichtiger Aspekt der Online-Sicherheit. Senioren sollten ermutigt werden, Passwörter zu erstellen, die eine Kombination aus Groß- und Kleinbuchstaben, Zahlen und Sonderzeichen enthalten. Ein starkes Passwort reduziert das Risiko, dass es von Cyberkriminellen erraten wird. Einfach zu erratende Passwörter, wie Geburtsdaten oder Namen, sollten vermieden werden. Passwörter sollten regelmäßig geändert und nicht für mehrere Konten verwendet werden, um das Risiko eines Sicherheitsvorfalls zu minimieren.

Vorsicht bei zweifelhaften Anfragen

Im Umgang mit zweifelhaften Anfragen sollten Senioren stets vorsichtig sein. Bevor sie auf verdächtige E-Mails oder Anrufe reagieren oder persönliche Informationen weitergeben, sollten sie die Legitimität der Anfrage überprüfen. Dies kann durch eine direkte Kontaktaufnahme mit der betreffenden Organisation oder Person geschehen, um die Echtheit der Anfrage zu bestätigen. Kein seriöses Unternehmen wird sensible Informationen per E-Mail oder Telefon anfordern, ohne dass der Nutzer ausdrücklich eine Anfrage gestellt hat.

Regelmäßige Phishing-Schulungen

Regelmäßige Phishing-Schulungen und Workshops können Senioren dabei helfen, die verschiedenen Formen von Phishing-Angriffen besser zu erkennen. Diese Schulungen sollten praktische Beispiele für Phishing-E-Mails und andere betrügerische Versuche enthalten, um den Teilnehmern ein klares Verständnis für die Warnzeichen und Betrugsmethoden zu vermitteln. Durch interaktive Lernmethoden, wie etwa simulationsbasierte Trainings, können Senioren lernen, wie sie auf verdächtige Aktivitäten reagieren sollten.

Aktualisierung von Browsern

Es ist ebenfalls wichtig, dass Senioren immer die neueste Version ihres Browsers verwenden, da Updates oft sicherheitsrelevante Verbesserungen enthalten. Veraltete Browser können anfällig für Sicherheitslücken sein, die von Phishing-Angreifern ausgenutzt werden könnten. Browser-Hersteller veröffentlichen regelmäßig Updates, die bekannte Sicherheitsprobleme beheben. Durch die automatische Aktualisierungsfunktion kann sichergestellt werden, dass die neueste und sicherste Version des Browsers verwendet wird.

Überprüfung der Sicherheitseinstellungen

Schließlich sollten Senioren unterstützt werden, ihre Sicherheitseinstellungen in sozialen Medien und Online-Konten regelmäßig zu überprüfen und anzupassen. Eine sorgfältige Verwaltung der Datenschutzeinstellungen hilft, die Menge an öffentlich zugänglichen persönlichen Informationen zu minimieren und so das Risiko von Betrug und Phishing zu verringern. Senioren sollten lernen, welche Informationen sie öffentlich teilen können und welche privat bleiben sollten. Dies umfasst auch die regelmäßige Überprüfung der Freundes- und Kontaktlisten sowie der Freigabeeinstellungen für Beiträge und persönliche Daten.

Durch die Kombination dieser Maßnahmen können Senioren ihre Online-Sicherheit erheblich verbessern und sich besser vor den potenziellen Gefahren des Internets schützen. Eine kontinuierliche Aufklärung und Unterstützung sind entscheidend, um sicherzustellen, dass sie sich sicher und selbstbewusst im digitalen Raum bewegen können.

Spezielle Technologieprodukte für Senioren

Spezielle Technologieprodukte für Senioren sind entscheidend für die Förderung der digitalen Selbstverteidigung und die Verbesserung des sicheren Umgangs mit digitalen Technologien. Diese Produkte sind darauf ausgelegt, die besonderen Bedürfnisse älterer Menschen zu berücksichtigen und ihnen zu helfen, sicher im digitalen Raum zu agieren. Hier sind einige wesentliche Beispiele, wie solche Technologien Senioren unterstützen können:

Sicherheits-Apps

Sicherheits-Apps sind speziell entwickelte Anwendungen, die Senioren beim Schutz vor Online-Betrug und Phishing-Angriffen unterstützen. Diese Apps bieten eine Vielzahl von Sicherheitsfunktionen, um die Online-Sicherheit zu verbessern. Dazu gehören Features wie sicheres Surfen im Internet, bei dem gefährliche Websites automatisch blockiert werden, und Spam-Filterung, die unerwünschte E-Mails herausfiltert. Zudem können Sicherheits-Apps Warnmeldungen bei verdächtigen Aktivitäten generieren, die Senioren darüber informieren, wenn eine potenzielle Bedrohung erkannt wird. Diese Funktionen tragen dazu bei, dass Senioren potenzielle Risiken frühzeitig erkennen und sicherer im Internet navigieren können.

Notrufsysteme

Notrufsysteme sind für Senioren von großer Bedeutung, insbesondere wenn sie ein höheres Risiko für medizinische Notfälle haben. Moderne Notrufsysteme können in Form von tragbaren Geräten oder als mobile Apps auf Smartphones vorliegen. Diese Systeme verfügen häufig über einen Notfallknopf, der bei Betätigung sofort Hilfe anfordert. Einige Notrufsysteme sind zudem mit automatischen Benachrichtigungen an Angehörige oder Rettungsdienste verbunden, um schnelle Hilfe zu gewährleisten. Die Integration von GPS-Funktionalität in Notrufsysteme kann zusätzlich dazu beitragen, den genauen Standort des Seniors zu bestimmen und damit eine schnelle und präzise Notfallhilfe zu ermöglichen.

GPS-Tracker

GPS-Tracker bieten eine zusätzliche Sicherheitsstufe für Senioren, indem sie die Standortverfolgung ermöglichen. Diese Geräte können in Uhren, Armbändern oder anderen tragbaren Formen

integriert sein und helfen dabei, im Falle eines Notfalls schnell gefunden zu werden. Senioren können ihren Standort in Echtzeit
an Angehörige oder Rettungsdienste übermitteln, was besonders
hilfreich ist, wenn sie sich in einer kritischen Situation befinden
oder den Überblick verloren haben. GPS-Tracker bieten nicht
nur Sicherheit in Notfällen, sondern auch eine erhöhte Unabhängigkeit, da sie den Senioren das Gefühl geben, im Falle eines Problems schnell gefunden werden zu können.

Passwort-Manager

Passwort-Manager sind wertvolle Werkzeuge für die Verwaltung
von Online-Sicherheit. Diese Programme helfen Senioren dabei,
starke und einzigartige Passwörter für ihre Online-Konten zu erstellen und sicher zu speichern. Durch die Nutzung eines Passwort-Managers müssen Senioren sich keine komplexen Passwörter merken, was das Risiko reduziert, schwache oder wiederverwendete Passwörter zu verwenden. Ein Passwort-Manager generiert sichere Passwörter und speichert sie verschlüsselt, wodurch
die Gefahr von Hacking-Angriffen minimiert wird. Dies erhöht
die allgemeine Sicherheit ihrer Online-Aktivitäten und trägt dazu
bei, dass persönliche Daten besser geschützt sind.

Technische Unterstützungsdienste

Technische Unterstützungsdienste bieten maßgeschneiderte Hilfe für Senioren bei technischen Problemen und Fragen. Diese
Dienstleistungen können telefonische Unterstützung oder Fernzugriff auf die Geräte der Senioren umfassen, um Probleme zu
lösen und ihnen zu helfen, die Technologie sicher und effizient
zu nutzen. Die Unterstützung kann von der Installation von Software bis hin zur Behebung von Fehlfunktionen reichen. Solche
Dienste bieten eine wertvolle Ressource für technische Herausforderungen und sorgen dafür, dass Senioren sich bei der Nutzung von Technologie sicherer fühlen und weniger überfordert
sind.

Spezielle Technologieprodukte für Senioren tragen wesentlich dazu bei, die digitale Selbstverteidigung zu stärken und den sicheren Umgang mit digitalen Technologien zu fördern. Indem sie auf die besonderen Bedürfnisse älterer Menschen eingehen, helfen diese Produkte dabei, ihre Sicherheit zu verbessern, ihre Unabhängigkeit zu unterstützen und ihnen ein selbstbewusstes Navigieren im digitalen Raum zu ermöglichen. Durch den Einsatz dieser Technologien können Senioren sicherer online agieren und sich besser vor den potenziellen Gefahren des Internets schützen.

Senioren schützen ihre Privatsphäre online

Senioren können ihre Privatsphäre im Internet schützen, indem sie bewährte Sicherheitspraktiken befolgen und sich gezielt mit den Risiken im digitalen Raum auseinandersetzen. Hier sind umfassende Maßnahmen, die Senioren ergreifen können, um ihre Online-Privatsphäre zu wahren:

Stärkung der Passwortsicherheit
Die Stärkung der Passwortsicherheit ist ein wesentlicher Schritt zum Schutz der Online-Privatsphäre. Senioren sollten Passwörter wählen, die komplex und einzigartig sind, um sicherzustellen, dass sie nicht leicht erraten oder durch gängige Methoden geknackt werden können. Ein starkes Passwort besteht aus einer Kombination von Groß- und Kleinbuchstaben, Zahlen und Sonderzeichen. Es ist auch ratsam, regelmäßig Updates der Passwörter vorzunehmen. Die Verwendung von Passwort-Managern kann eine wertvolle Unterstützung bieten, da diese Tools dabei helfen, komplexe Passwörter zu erstellen, zu speichern und zu verwalten, ohne dass man sie sich alle merken muss. Passwort-Manager speichern Passwörter verschlüsselt und können auch zufällig generierte Passwörter bereitstellen, um zusätzliche Sicherheit zu gewährleisten.

Vorsicht beim Teilen persönlicher Informationen

Vorsicht beim Teilen persönlicher Informationen ist entscheidend für den Schutz der Privatsphäre. Senioren sollten sich bewusst sein, welche Informationen sie in sozialen Medien, Online-Formularen und anderen digitalen Kommunikationskanälen preisgeben. Sensible persönliche Daten wie Adressen, Telefonnummern oder finanzielle Informationen sollten nur dann weitergegeben werden, wenn es unbedingt erforderlich ist. Das Bewusstsein darüber, wie diese Daten verwendet oder missbraucht werden könnten, ist ein wichtiger Bestandteil der digitalen Selbstverteidigung. Es ist ratsam, Informationen nur an vertrauenswürdige Quellen weiterzugeben und immer die Datenschutzeinstellungen zu überprüfen.

Vermeidung von Phishing-Angriffen

Die Vermeidung von Phishing-Angriffen ist eine weitere Schlüsselmaßnahme. Senioren sollten besonders vorsichtig sein, wenn sie aufgefordert werden, vertrauliche Informationen per E-Mail oder über ungesicherte Websites zu übermitteln. Verdächtige E-Mails oder Nachrichten sollten ignoriert und niemals angeklickt werden. Es ist wichtig, die Absenderadresse genau zu überprüfen und Links oder Anhänge aus unbekannten oder unerwarteten Quellen zu vermeiden. Bei Zweifeln ist es ratsam, direkt bei der betreffenden Organisation oder Person nachzufragen, um die Echtheit der Anfrage zu bestätigen. Phishing-Angriffe sind oft gut getarnt, daher ist ein gesundes Misstrauen und die Überprüfung von Informationen unerlässlich.

Regelmäßige Aktualisierung von Sicherheitseinstellungen

Eine regelmäßige Aktualisierung der Sicherheitseinstellungen ist wichtig, um sicherzustellen, dass die Online-Konten optimal geschützt sind. Senioren sollten ihre Datenschutzeinstellungen in sozialen Medien und anderen Online-Konten regelmäßig überprüfen und anpassen. Dazu gehört, den Zugriff auf persönliche Informationen zu beschränken und die Sichtbarkeit von Beiträgen auf ein Minimum zu reduzieren. Auch das Anpassen der

Datenschutzeinstellungen in Bezug auf Werbung und Drittanbieter kann helfen, unerwünschte Datenweitergaben zu verhindern. Es ist hilfreich, sich regelmäßig über Änderungen in den Datenschutzbestimmungen der genutzten Plattformen zu informieren.

Verwendung sicherer Netzwerke

Die Verwendung sicherer Netzwerke ist ebenfalls von großer Bedeutung. Senioren sollten sich bewusst sein, welche Netzwerke sie für ihre Online-Aktivitäten nutzen. Öffentliche WLAN-Netzwerke sind häufig unsicher und können von Cyberkriminellen leicht abgefangen werden. Stattdessen sollten sie auf sichere und verschlüsselte Netzwerke zurückgreifen, wie solche, die mit WPA2 oder neueren Verschlüsselungsstandards arbeiten, um ihre Daten zu schützen. Wenn möglich, sollte ein VPN (Virtual Private Network) verwendet werden, um die Internetverbindung zusätzlich zu sichern und die eigene IP-Adresse zu verschleiern.

Regelmäßige Überprüfung von Konten und Transaktionen

Eine regelmäßige Überprüfung von Konten und Transaktionen kann dabei helfen, verdächtige Aktivitäten frühzeitig zu erkennen. Senioren sollten ihre Online-Konten regelmäßig auf ungewöhnliche Transaktionen oder unautorisierte Zugriffe überprüfen. Bei Auffälligkeiten ist es ratsam, umgehend Maßnahmen zu ergreifen, wie das Ändern von Passwörtern und das Melden verdächtiger Transaktionen an die Bank oder andere relevante Institutionen. Durch regelmäßige Überprüfungen können potenzielle Sicherheitsprobleme schnell identifiziert und behoben werden.

Durch das Befolgen dieser Sicherheitspraktiken und das kontinuierliche Informieren über aktuelle Bedrohungen können Senioren ihre Privatsphäre im Internet besser schützen und sicherer im digitalen Raum agieren. Die Kombination aus starken Passwörtern, sorgfältiger Handhabung persönlicher Daten, Phishing-Vorsicht, aktualisierten Sicherheitseinstellungen, der Nutzung sicherer Netzwerke und der regelmäßigen Überprüfung von Konten bildet eine umfassende Strategie zum Schutz der Online-Privatsphäre. Ein aktives Engagement in der digitalen Selbstverteidigung stärkt die Sicherheit und das Vertrauen im Umgang mit modernen Technologien.

Unterstützungsangebote für Senioren

Senioren können auf eine Vielzahl von Unterstützungsangeboten im Bereich der digitalen Sicherheit zugreifen, die darauf abzielen, ihre Kompetenz und ihr Vertrauen im Umgang mit digitalen Technologien zu stärken. Diese Angebote umfassen verschiedene Bereiche, die speziell auf die Bedürfnisse älterer Menschen zugeschnitten sind:

Schulungen und Workshops

Schulungen und Workshops bieten eine wertvolle Gelegenheit für Senioren, sich über digitale Sicherheitsrisiken zu informieren und praktische Kenntnisse anzueignen. Viele Gemeindezentren, Bibliotheken und Seniorenorganisationen organisieren regelmäßig Schulungen, die speziell auf die Bedürfnisse älterer Menschen ausgerichtet sind. Diese Schulungen decken grundlegende Themen wie Passwortsicherheit, Erkennung von Phishing-Angriffen und sicherer Umgang mit sozialen Medien ab. Teilnehmer lernen, wie sie ihre persönlichen Daten schützen und digitale Bedrohungen vermeiden können. Oftmals werden praxisnahe Übungen und interaktive Sessions angeboten, die den Lernprozess erleichtern und ein besseres Verständnis für digitale Sicherheitskonzepte fördern.

Online-Ressourcen und Leitfäden

Online-Ressourcen und Leitfäden stellen eine bequeme und flexible Möglichkeit dar, sich über digitale Sicherheit zu informieren. Es gibt zahlreiche Websites, die speziell für Senioren entwickelte Inhalte bieten. Diese umfassen verständliche Anleitungen, Schritt-für-Schritt-Videos und interaktive Lernmodule. Solche Ressourcen können Senioren helfen, sich mit den wichtigsten

Aspekten der Online-Sicherheit vertraut zu machen und regelmäßig auf dem neuesten Stand zu bleiben. Online-Ressourcen bieten den Vorteil, dass sie jederzeit und von jedem Ort aus zugänglich sind, was besonders für Senioren von Vorteil sein kann, die nicht immer an physischen Schulungen teilnehmen können.

Technischer Support

Technischer Support ist ein weiterer wichtiger Bestandteil der Unterstützung für Senioren im Bereich der digitalen Sicherheit. Viele Technologieunternehmen bieten spezialisierten Support, der auf die Bedürfnisse älterer Menschen abgestimmt ist. Dieser Support kann telefonisch, über Online-Chat oder in Form persönlicher Beratung vor Ort bereitgestellt werden. Solche Support-Dienste helfen Senioren, technische Probleme schnell zu lösen und bei Fragen zur digitalen Sicherheit Unterstützung zu erhalten. Durch den Zugang zu fachkundigem Support können Senioren ihre Geräte und Software sicherer nutzen und erhalten schnelle Hilfe bei technischen Herausforderungen.

Community-Gruppen und Selbsthilfegruppen

Community-Gruppen und Selbsthilfegruppen bieten eine unterstützende und gemeinschaftliche Umgebung, in der Senioren ihre Erfahrungen im Umgang mit digitalen Technologien austauschen können. Diese Gruppen, die sowohl online als auch in lokalen Gemeinschaftszentren organisiert werden, ermöglichen es Senioren, voneinander zu lernen und sich gegenseitig bei der Bewältigung von Herausforderungen im digitalen Bereich zu unterstützen. Der Austausch von Erfahrungen und Tipps kann dazu beitragen, das Sicherheitsbewusstsein zu stärken und gemeinsame Lösungen für häufig auftretende Probleme zu finden. Community-Gruppen fördern das Gefühl der Zusammengehörigkeit und bieten eine wertvolle Plattform für die Erörterung von Sicherheitsfragen und Best Practices.

Senioren-orientierte Apps und Tools

Senioren-orientierte Apps und Tools sind speziell darauf ausgelegt, den sicheren Umgang mit digitalen Technologien zu erleichtern. Dazu gehören Passwort-Manager, die dabei helfen, starke und einzigartige Passwörter zu erstellen und zu verwalten. Auch sichere Browser, die den Schutz vor schädlichen Websites verbessern, und Antivirus-Software, die vor Viren und Malware schützt, sind wichtige Tools. Diese Produkte sind oft benutzerfreundlich gestaltet und bieten zusätzliche Funktionen, die speziell auf die Bedürfnisse von Senioren abgestimmt sind. Sie helfen dabei, alltägliche digitale Herausforderungen zu meistern und die Sicherheit im Internet zu erhöhen.

Durch die Nutzung dieser vielfältigen Unterstützungsangebote können Senioren ihre digitalen Fähigkeiten erweitern, ihr Sicherheitsbewusstsein schärfen und sich effektiv vor Online-Bedrohungen schützen. Die Kombination aus praktischer Schulung, Zugang zu hilfreichen Ressourcen, technischem Support, gemeinschaftlicher Unterstützung und spezialisierten Tools bildet ein umfassendes Netzwerk, das Senioren dabei hilft, sicher und selbstbewusst in der digitalen Welt zu navigieren. Ein gezielter Einsatz dieser Angebote trägt dazu bei, die digitale Kompetenz zu stärken und eine sichere Online-Erfahrung zu gewährleisten.

Notfallplan für Senioren

Entwicklung eines Notfallplans für digitale Sicherheit

Senioren können einen umfassenden Notfallplan für den digitalen Bereich entwickeln, indem sie sorgfältig über mögliche Bedrohungen nachdenken und entsprechende Maßnahmen ergreifen. Ein gut durchdachter Notfallplan hilft dabei, im Falle eines digitalen Notfalls schnell und effektiv zu reagieren. Die folgenden Schritte beschreiben, wie ein solcher Plan erstellt und umgesetzt werden kann:

Identifizierung wichtiger Konten und Informationen

Der erste Schritt zur Erstellung eines Notfallplans besteht darin, eine detaillierte Liste aller wichtigen digitalen Konten und Informationen zu erstellen. Diese Liste sollte alle relevanten Konten umfassen, wie E-Mail-Konten, Online-Banking-Zugänge, soziale Medienprofile sowie medizinische Informationen, Versicherungsdetails und andere wichtige Dokumente. Es ist ratsam, diese Liste regelmäßig zu aktualisieren, um sicherzustellen, dass keine wichtigen Informationen verloren gehen. Die Liste sollte sicher aufbewahrt werden, um zu verhindern, dass unbefugte Personen Zugang zu den sensiblen Daten erhalten.

Sicherung wichtiger Daten

Um Datenverluste zu vermeiden, ist es wichtig, regelmäßige Backups von digitalen Daten durchzuführen. Senioren sollten externe Festplatten, Cloud-Speicherlösungen oder andere sichere Speicheroptionen nutzen, um ihre Daten zu sichern. Backups sollten nicht nur regelmäßig durchgeführt werden, sondern auch darauf geachtet werden, dass die Daten im Notfall schnell wiederhergestellt werden können. Es ist sinnvoll, eine Wiederherstellungsschulung zu haben oder sich darüber zu informieren, wie Backups im Ernstfall wiederhergestellt werden können.

Festlegung eines Notfallkontakts

Ein vertrauenswürdiger Notfallkontakt sollte benannt werden, der im Falle eines digitalen Notfalls benachrichtigt werden kann. Diese Person sollte zuverlässig sein und idealerweise grundlegende Kenntnisse der digitalen Sicherheit besitzen. Es kann sich um ein Familienmitglied, einen Freund oder einen professionellen Betreuer handeln. Die Kontaktdaten dieses Notfallkontakts sollten im Notfallordner festgehalten werden, um sicherzustellen, dass sie im Ernstfall leicht zugänglich sind.

Erstellung eines Notfallordners

Ein Notfallordner, der entweder in physischer Form oder digital geführt wird, sollte alle wesentlichen Informationen und Anweisungen enthalten, die im Falle eines digitalen Notfalls benötigt werden. Dazu gehören Passwörter, Anmeldeinformationen für wichtige Konten, Anweisungen zur Durchführung von Backups sowie die Kontaktdaten des Notfallkontakts. Der Notfallordner sollte an einem sicheren, aber leicht zugänglichen Ort aufbewahrt werden, damit im Notfall schnell darauf zugegriffen werden kann.

Regelmäßige Aktualisierung

Der Notfallplan muss regelmäßig überprüft und aktualisiert werden, um sicherzustellen, dass alle Informationen aktuell sind. Änderungen in den digitalen Gewohnheiten oder wichtige Lebensereignisse, wie ein Wechsel des Bankkontos oder das Einrichten neuer Online-Konten, sollten umgehend in den Plan aufgenommen werden. Regelmäßige Aktualisierungen stellen sicher, dass der Plan im Ernstfall vollständig und nützlich ist und alle relevanten Informationen enthält.

Schulung und Sensibilisierung

Es ist entscheidend, dass Senioren geschult werden, wie sie den Notfallplan effektiv nutzen und umsetzen können. Diese Schulung sollte die Verwendung von Backup-Software, Passwortmanagern und anderen digitalen Werkzeugen umfassen. Ebenso wichtig ist die Sensibilisierung für häufige digitale Bedrohungen wie Phishing-Angriffe, Malware oder Identitätsdiebstahl. Senioren sollten lernen, wie man diese Bedrohungen erkennt und darauf reagiert, um ihre Online-Sicherheit zu verbessern. Regelmäßige Schulungen und Auffrischungskurse können dazu beitragen, dass Senioren stets gut vorbereitet sind.

Durch die sorgfältige Beachtung dieser Schritte können Senioren einen robusten Notfallplan erstellen, der ihnen hilft, im Falle eines digitalen Notfalls gut vorbereitet zu sein. Ein solcher Plan sorgt dafür, dass sie schnell und angemessen auf potenzielle Probleme reagieren können, ihre digitalen Daten und Konten weiterhin geschützt bleiben und sie im Ernstfall nicht ohne Unterstützung dastehen. Die Kombination aus sorgfältiger Planung, regelmäßiger Aktualisierung und umfassender Schulung bildet eine solide Grundlage für die digitale Sicherheit im Notfall.

Sicherheitsmaßnahmen für Senioren

Benutzerfreundlichkeit
Bei der Gestaltung von Sicherheitsmaßnahmen für Senioren sollte besonderes Augenmerk auf Benutzerfreundlichkeit gelegt werden. Viele Senioren haben möglicherweise weniger Erfahrung mit Technologie und benötigen daher Lösungen, die einfach zu verstehen und zu bedienen sind. Dies bedeutet, dass die Sicherheitslösungen klare und intuitive Schnittstellen bieten müssen. Große, gut lesbare Schaltflächen und verständliche Anweisungen sind entscheidend, um die Nutzung zu erleichtern. Eine klare Strukturierung der Navigationselemente und die Vermeidung komplexer Menüs tragen dazu bei, dass Senioren sich sicher und wohl fühlen, wenn sie ihre Sicherheitsmaßnahmen anwenden.

Barrierefreiheit
Barrierefreiheit ist ein weiterer wichtiger Aspekt bei der Entwicklung von Sicherheitsmaßnahmen für Senioren. Sicherheitslösungen sollten so gestaltet sein, dass sie den unterschiedlichen physischen und kognitiven Fähigkeiten gerecht werden. Dies kann beinhalten, die Schriftgröße anpassbar zu machen, um sie für Menschen mit eingeschränkter Sehkraft leserlich zu gestalten. Sprachsteuerung kann für diejenigen nützlich sein, die motorische Einschränkungen haben. Audiofeedback ist wichtig für Senioren, die schwerhörig sind. Die Benutzeroberfläche sollte so gestaltet sein, dass sie den Bedürfnissen aller Nutzer gerecht wird, unabhängig von ihren körperlichen oder kognitiven Einschränkungen.

Kontinuierliche Unterstützung und Schulung
Regelmäßige Unterstützung und Schulung sind essenziell, um sicherzustellen, dass Senioren mit den sich ständig weiterentwi-

ckelnden Sicherheitspraktiken und Technologien Schritt halten
können. Schulungsangebote sollten regelmäßig durchgeführt werden und an die individuellen Lernbedürfnisse der Senioren angepasst sein. Dies kann grundlegende Schulungen zu digitalen Sicherheitspraktiken umfassen, aber auch spezielle Kurse zur Anwendung neuer Technologien oder Sicherheitsfunktionen. Eine
geduldige und verständnisvolle Herangehensweise hilft Senioren,
sich sicherer zu fühlen und ihre digitalen Fähigkeiten zu verbessern.

Kommunikation

Die Art und Weise, wie Sicherheitsinformationen kommuniziert
werden, sollte klar, verständlich und frei von technologischem
Jargon sein. Informationsmaterialien sollten in einfacher, leicht
verständlicher Sprache verfasst sein, um sicherzustellen, dass Senioren die Risiken erkennen und geeignete Maßnahmen ergreifen
können. Visuelle Hilfsmittel wie Schritt-für-Schritt-Anleitungen
oder Infografiken können komplexe Sicherheitskonzepte an-
schaulicher machen und das Verständnis erleichtern. Eine klare
und prägnante Kommunikation hilft dabei, dass Senioren die notwendigen Sicherheitsvorkehrungen besser umsetzen können.

Anpassungsfähigkeit

Sicherheitslösungen sollten an die individuellen Bedürfnisse und
Fähigkeiten der Senioren anpassbar sein. Dies umfasst die Möglichkeit, Sicherheitseinstellungen nach persönlichen Präferenzen
zu konfigurieren und Benachrichtigungen nach ihrer Wichtigkeit
zu priorisieren. Anpassungsfähige Lösungen ermöglichen es Senioren, ihre Sicherheitsvorkehrungen entsprechend ihren individuellen Anforderungen zu aktivieren. Dies trägt dazu bei, dass sie
sich sicherer fühlen und die Technologie besser nutzen können,
da sie die Sicherheitsmaßnahmen an ihre persönlichen Bedürfnisse anpassen können.

Kontinuierliche Überwachung und Unterstützung

Eine umfassende Sicherheitsstrategie sollte kontinuierliche Überwachung und Unterstützung beinhalten. Mechanismen zur frühzeitigen Erkennung möglicher Sicherheitsprobleme und zur Bereitstellung von Unterstützung bei Schwierigkeiten sind wichtig. Dies kann durch regelmäßige Sicherheitsüberprüfungen, den Zugang zu einem Support-Team oder automatisierte Warnsysteme erfolgen, die im Falle von Auffälligkeiten eingreifen können. Die kontinuierliche Überwachung und Unterstützung helfen dabei, Sicherheitsrisiken schnell zu identifizieren und zu adressieren, bevor sie zu ernsten Problemen werden.

Durch die sorgfältige Berücksichtigung dieser besonderen Bedürfnisse und Herausforderungen können Sicherheitsmaßnahmen für Senioren effektiver und benutzerfreundlicher gestaltet werden. Ziel ist es, eine Umgebung zu schaffen, in der Senioren sich sicher fühlen und ihre digitalen Technologien nutzen können, ohne übermäßige Risiken oder Herausforderungen befürchten zu müssen. Ein umfassender Ansatz, der Benutzerfreundlichkeit, Barrierefreiheit, kontinuierliche Unterstützung und Kommunikation umfasst, trägt dazu bei, dass Senioren ihre digitalen Sicherheitsmaßnahmen erfolgreich umsetzen können.

14. Künstliche Intelligenz und Cybersicherheit

Digitaler Sicherheit und KI

Künstliche Intelligenz (KI) spielt eine immer bedeutendere Rolle im Bereich der digitalen Selbstverteidigung, indem sie sowohl zum Schutz vor Bedrohungen als auch zur Erkennung und Abwehr von Cyber-Angriffen eingesetzt wird. Im Ratgeber „Digitale Selbstverteidigung" könnten folgende zentrale Aspekte der KI behandelt werden:

Erkennung und Abwehr von Bedrohungen

KI-Technologien können die Sicherheitsarchitektur erheblich verbessern, indem sie verdächtige Aktivitäten in Echtzeit überwachen und Bedrohungen schneller identifizieren als traditionelle Methoden. Zu den Kernbereichen gehören:

Phishing-Erkennung: KI-Algorithmen sind in der Lage, E-Mails und andere Kommunikationskanäle zu analysieren, um verdächtige Inhalte, Links oder Anhänge zu erkennen, die auf Phishing-Angriffe hindeuten. Diese Algorithmen lernen kontinuierlich aus bekannten Phishing-Versuchen und verbessern ihre Erkennungsraten durch den Einsatz von maschinellem Lernen, wodurch auch neuartige Phishing-Techniken erkannt werden können.

Malware-Erkennung: Mithilfe von maschinellem Lernen können KI-Systeme Muster in Daten erkennen, die auf Malware hindeuten. Diese Fähigkeit ermöglicht es, neue und unbekannte Malware-Typen zu identifizieren, die von herkömmlicher Antiviren-Software möglicherweise nicht erkannt werden. Die KI kann so potenzielle Bedrohungen frühzeitig blockieren, bevor sie Schaden anrichten.

Verhaltensanalyse

Durch die Analyse des Nutzerverhaltens können KI-Systeme ungewöhnliche Aktivitäten identifizieren, die auf einen möglichen Sicherheitsvorfall hinweisen:

Anomalie-Erkennung: KI-Modelle lernen normale Verhaltensmuster von Benutzern und Systemen und können Abweichungen erkennen, die auf einen möglichen Angriff hindeuten. Dies umfasst ungewöhnliche Login-Versuche, untypische Datenzugriffe oder unerwartete Systemänderungen.

User and Entity Behavior Analytics (UEBA): KI analysiert das Verhalten von Benutzern und Geräten, um verdächtige Aktivitäten zu identifizieren, die auf Insider-Bedrohungen oder kompromittierte Konten hinweisen könnten. Diese tiefgehende Analyse hilft, Sicherheitsrisiken frühzeitig zu erkennen und entsprechende Maßnahmen zu ergreifen.

Automatisierte Reaktion

KI kann dazu beitragen, auf erkannte Bedrohungen schnell und effektiv zu reagieren, wodurch die Ausbreitung von Angriffen minimiert wird:

Incident Response: KI-Systeme können vordefinierte Reaktionspläne automatisch ausführen, um sofortige Maßnahmen zu ergreifen, wie etwa das Isolieren infizierter Systeme oder das Blockieren verdächtiger IP-Adressen. Dies reduziert die Reaktionszeit und minimiert den Schaden durch Angriffe.

Automatisierte Updates: Sicherheitssoftware und -systeme können automatisch aktualisiert werden, um neue Bedrohungen zu bekämpfen und Schwachstellen zu schließen. Dies gewährleistet, dass Systeme stets auf dem neuesten Stand sind und schützt vor neu auftretenden Bedrohungen.

Verbesserung der Verschlüsselung und Datensicherheit

KI kann zur Verbesserung von Verschlüsselungstechniken und zur Sicherstellung der Datensicherheit beitragen:

Optimierung von Verschlüsselungsalgorithmen: Durch den Einsatz von KI können Verschlüsselungsalgorithmen entwickelt und verbessert werden, die widerstandsfähiger gegen Angriffe sind. Dies schließt die Schaffung komplexer und robuster Verschlüsselungsmethoden ein, die schwer zu knacken sind.

Datensicherheitsmanagement: KI-gestützte Systeme können die Klassifizierung und den Schutz von Daten automatisieren, indem sie sensible Daten identifizieren und gezielte Sicherheitsmaßnahmen anwenden. Dies hilft dabei, Datenlecks und unbefugte Zugriffe zu verhindern.

Identitätsschutz und Betrugserkennung

KI-Technologien sind entscheidend für den Schutz der digitalen Identität und die Erkennung von Identitätsdiebstahl:

Biometrische Authentifizierung: KI-gestützte biometrische Systeme ermöglichen eine sichere Authentifizierung durch die Analyse von biometrischen Daten wie Fingerabdrücken oder Gesichtserkennungsmerkmalen. Dies stellt sicher, dass nur autorisierte Benutzer Zugang zu Systemen und Daten erhalten.

Betrugserkennung: KI-Algorithmen können Transaktionsdaten analysieren und betrügerische Aktivitäten in Echtzeit erkennen. Dies hilft, finanziellen Schaden zu minimieren, indem verdächtige Transaktionen sofort identifiziert und gestoppt werden.

Bildung und Sensibilisierung

KI kann auch zur Aufklärung und Sensibilisierung der Benutzer beitragen:

Intelligente Schulungsprogramme: KI-gestützte Schulungsprogramme können personalisierte Lerninhalte bieten, um Benutzer über aktuelle Bedrohungen und bewährte Sicherheitspraktiken zu informieren. Diese Programme passen sich an das Lernverhalten der Benutzer an und bieten maßgeschneiderte Schulungsinhalte.

Phishing-Simulationen: KI-gestützte Phishing-Simulationen helfen Benutzern, ihre Fähigkeiten zur Erkennung von Phishing-Angriffen zu verbessern, indem sie realistische Tests durchführen und Feedback zu den Ergebnissen geben. Dies stärkt das Bewusstsein und die Fähigkeiten der Benutzer im Umgang mit Phishing-Bedrohungen.

Es ist eindeutig erkennbar, dass im Bereich der digitalen Selbstverteidigung die Integration von KI einen entscheidenden Fortschritt darstellt. KI-Technologien bieten fortschrittliche Erkennungsmethoden, automatisierte Reaktionen und kontinuierliche Lernfähigkeiten, die herkömmliche Sicherheitssysteme ergänzen und verbessern. Durch die Implementierung dieser fortschrittlichen Technologien können Sicherheitsmaßnahmen erheblich verstärkt werden, was zu einem besseren Schutz vor digitalen Bedrohungen führt.

Künstliche Intelligenz (KI) und digitalen Sicherheit

Künstliche Intelligenz (KI) in der digitalen Sicherheit

Künstliche Intelligenz (KI) bezieht sich auf die Fähigkeit von Computersystemen, Aufgaben auszuführen, die normalerweise menschliche Intelligenz erfordern. Im Bereich der digitalen Sicherheit wird KI intensiv genutzt, um Muster in großen Datenmengen zu erkennen, Anomalien zu identifizieren, Bedrohungen vorherzusagen und automatisierte Reaktionen auf Sicherheitsvorfälle zu ermöglichen.

Anwendungen in der digitalen Selbstverteidigung

Im Bereich der digitalen Selbstverteidigung findet KI in verschiedenen Anwendungen Verwendung. Eine zentrale Rolle spielen KI-gestützte Intrusionserkennungssysteme, die unbefugte Zugriffe oder verdächtige Aktivitäten in Netzwerken aufspüren. Darüber hinaus überwacht die Verhaltensanalyse durch KI das Verhalten von Benutzern und Systemen, um potenzielle Bedrohungen frühzeitig zu erkennen. Automatisierte Reaktionssysteme setzen unmittelbar auf erkannte Vorfälle auf, um Schäden zu minimieren. Vorhersagemodelle, die auf historischen Daten basieren, helfen dabei, zukünftige Angriffe zu antizipieren und entsprechende Schutzmaßnahmen zu planen.

Echtzeiterkennung und Abwehr

KI ermöglicht es, Bedrohungen in Echtzeit zu erkennen und zu bekämpfen, indem sie große Datenmengen in kürzester Zeit analysiert. Durch die kontinuierliche Überwachung von Netzwerk- und Systemaktivitäten identifiziert KI verdächtige Muster und deckt Anomalien auf, die auf mögliche Angriffe hinweisen. Durch automatisierte Abwehrmaßnahmen, wie das Sperren verdächtiger IP-Adressen oder das Isolieren infizierter Systeme, können potenzielle Schäden frühzeitig eingedämmt werden.

Herausforderungen beim Einsatz von KI

Trotz der vielen Vorteile gibt es auch Herausforderungen bei der Nutzung von KI in der digitalen Sicherheit. Eine Hauptschwierigkeit besteht in der Notwendigkeit hochqualitativer und umfangreicher Daten, um die KI-Systeme effektiv zu trainieren und ihre Erkennungsraten zu verbessern. Zudem kann es zu Fehlalarmen kommen, wenn legitime Aktivitäten fälschlicherweise als Bedrohung interpretiert werden. Da Angreifer ihre Taktiken ständig weiterentwickeln, müssen KI-Sicherheitslösungen kontinuierlich angepasst werden, um neue Bedrohungen effektiv abwehren zu können. Ethische und rechtliche Fragestellungen, wie der Schutz personenbezogener Daten und der potenzielle Missbrauch von

KI-Technologien, sind ebenfalls wichtige Aspekte, die berücksichtigt werden müssen.

Nutzer profitieren von KI

Benutzer können erheblich von KI profitieren, um ihre digitale Sicherheit zu verbessern. Durch KI-gestützte Sicherheitslösungen können Bedrohungen frühzeitig erkannt und automatisch abgewehrt werden. Diese Systeme bieten maßgeschneiderte Sicherheitsmaßnahmen, die auf individuellen Verhaltensmustern basieren. So können Sicherheitslösungen besser auf spezifische Bedrohungen abgestimmt werden, was eine effektive Verteidigung gegen Cyberangriffe ermöglicht.

Fortschritte in der KI für digitale Selbstverteidigung

Die kontinuierliche Weiterentwicklung der KI-Technologie ist entscheidend für die Verbesserung der digitalen Selbstverteidigung. Fortschritte in der KI ermöglichen es, Sicherheitslösungen effektiver zu gestalten, Bedrohungen schneller zu erkennen und neue Ansätze zur Abwehr von Cyberangriffen zu entwickeln. Damit bleiben Sicherheitsmaßnahmen stets auf dem neuesten Stand und können den sich verändernden Bedrohungen begegnen.

Verkürzte Reaktionszeiten auf Sicherheitsvorfälle

KI kann die Reaktionszeiten auf Sicherheitsvorfälle erheblich verkürzen. Durch automatisierte Reaktionen auf verdächtige Aktivitäten wird die Notwendigkeit menschlicher Eingriffe reduziert. Dies führt zu einer schnelleren Identifizierung und Lösung von Sicherheitsproblemen. Die Fähigkeit der KI, Bedrohungen in Echtzeit zu analysieren und Prioritäten zu setzen, unterstützt Sicherheitsteams bei einer effizienteren und schnelleren Reaktion auf Vorfälle.

Bedenken und Risiken bei der Nutzung von KI

Trotz der vielen Vorteile gibt es Bedenken hinsichtlich der Nutzung von KI in der digitalen Sicherheit. Insbesondere mögliche Verletzungen der Privatsphäre sind ein zentrales Thema, wenn

KI-Systeme große Mengen personenbezogener Daten analysieren. Ein weiteres Risiko besteht im potenziellen Missbrauch von KI durch Angreifer, die versuchen könnten, KI-basierte Sicherheitsmechanismen zu umgehen oder zu manipulieren. Auch algorithmische Verzerrungen können die Entscheidungsprozesse der KI beeinflussen und zu ungenauen Sicherheitsbewertungen führen. Daher ist die ethische Verantwortung bei der Entwicklung und Nutzung von KI-Systemen von entscheidender Bedeutung.

Gezielter Einsatz von KI zur Stärkung der digitalen Selbstverteidigung

Benutzer können ihre digitale Selbstverteidigung durch den gezielten Einsatz von KI erheblich stärken. KI-gestützte Sicherheitslösungen, die kontinuierlich Bedrohungen überwachen und automatisierte Reaktionen ermöglichen, bieten einen proaktiven Ansatz zur Abwehr von Cyberangriffen. Durch den Einsatz moderner KI-Technologien können Nutzer eine robuste Verteidigungsstrategie entwickeln, die den sich ständig weiterentwickelnden Bedrohungen effektiv begegnet und ihnen einen sicheren Umgang mit digitalen Technologien ermöglicht.

Einführung in KI und Cybersicherheit

Die Einführung in künstliche Intelligenz (KI) und Cybersicherheit ist von grundlegender Bedeutung, da beide Bereiche zunehmend miteinander verflochten sind und erheblichen Einfluss auf unsere digitale Welt ausüben. Diese Technologien prägen das digitale Ökosystem in Unternehmen, Regierungen und im privaten Bereich und stellen somit wesentliche Bestandteile der modernen IT-Sicherheitsstrategie dar.

Definition von Künstlicher Intelligenz

Künstliche Intelligenz beschreibt die Fähigkeit von Computern und Maschinen, Aufgaben zu übernehmen, die üblicherweise menschliche Intelligenz erfordern. Diese Aufgaben umfassen Bereiche wie maschinelles Lernen, Spracherkennung, Bilderkennung sowie autonome Entscheidungsfindung. KI-Systeme werden in zahlreichen Bereichen eingesetzt, darunter Suchmaschinen, Sprachassistenten, selbstfahrende Fahrzeuge und medizinische Diagnosesysteme. Mithilfe fortschrittlicher Algorithmen und der Analyse großer Datenmengen können KI-Technologien Muster erkennen, komplexe Aufgaben automatisieren und präzise Vorhersagen treffen. Dieser technologische Fortschritt ermöglicht nicht nur effizientere Prozesse, sondern verändert auch grundlegend, wie Menschen und Maschinen miteinander interagieren.

Grundlagen der Cybersicherheit

Cybersicherheit befasst sich mit dem Schutz von Computersystemen, Netzwerken und Daten vor unbefugtem Zugriff, Diebstahl, Beschädigung oder anderen Bedrohungen. In einer zunehmend vernetzten Welt nimmt die Komplexität und Raffinesse von Cyberangriffen stetig zu. Zu den gängigen Angriffsmethoden zählen Malware, Phishing, Denial-of-Service-Angriffe (DoS) und Datendiebstahl. Diese Bedrohungen zielen darauf ab, Schwachstellen auszunutzen, um Systeme zu kompromittieren und sensible Informationen zu stehlen oder zu beschädigen. Die ständige Weiterentwicklung der Angriffsmethoden macht Cybersicherheit zu einem dynamischen und herausfordernden Bereich.

Die Rolle von KI in der Cybersicherheit

Die Integration von KI in die Cybersicherheit bietet sowohl enorme Chancen als auch komplexe Herausforderungen. Durch den Einsatz von KI können Sicherheitssysteme Bedrohungen frühzeitig erkennen, Sicherheitslücken identifizieren und Angriffe in Echtzeit bekämpfen. Maschinelles Lernen ermöglicht es, Muster und Anomalien in großen Datenmengen zu analysieren, um potenzielle Angriffe zu erkennen, bevor sie Schäden verursachen. Diese proaktive Verteidigung verbessert nicht nur die Effizienz von Cybersicherheitslösungen, sondern verkürzt auch die Reaktionszeiten bei Sicherheitsvorfällen erheblich.

Automatisierte Bedrohungserkennung

Ein wesentlicher Vorteil von KI in der Cybersicherheit ist die Fähigkeit zur automatisierten Bedrohungserkennung. KI-Systeme sind in der Lage, kontinuierlich Netzwerke und Systeme zu überwachen, um ungewöhnliches Verhalten oder verdächtige Aktivitäten zu identifizieren. Diese Systeme können auf Basis von historischen Daten und maschinellem Lernen automatisierte Abwehrmaßnahmen ergreifen, um Angriffe in Echtzeit abzuwehren. So kann die KI verdächtige IP-Adressen blockieren, den Zugang zu bestimmten Bereichen eines Netzwerks einschränken oder infizierte Systeme isolieren, noch bevor größere Schäden entstehen.

Risiken durch den Einsatz von KI

Trotz der vielen Vorteile birgt der Einsatz von KI auch Risiken. Angreifer könnten KI-Systeme missbrauchen, um automatisierte Angriffe durchzuführen und bestehende Sicherheitsmaßnahmen zu umgehen. Dies stellt eine erhebliche Herausforderung dar, da KI sowohl zur Stärkung der Sicherheitsarchitektur als auch für Angriffe verwendet werden kann. Angreifer könnten selbst KI-Algorithmen einsetzen, um Schwachstellen zu finden oder um adaptive Schadsoftware zu entwickeln, die herkömmliche Abwehrmechanismen umgeht. Daher müssen Sicherheitslösungen kontinuierlich an die sich verändernden Bedrohungsszenarien angepasst werden.

Ethische und rechtliche Aspekte der KI

Die ethischen und rechtlichen Aspekte der KI sind von zentraler Bedeutung für deren sichere und verantwortungsvolle Nutzung. Es entstehen Fragen zur Privatsphäre, Transparenz und Verantwortung in Bezug auf die Entwicklung und Implementierung von KI-Technologien. Der Schutz personenbezogener Daten muss gewährleistet sein, während gleichzeitig ein hohes Maß an digitaler Sicherheit aufrechterhalten wird. Regulierungen und rechtliche Rahmenbedingungen sind notwendig, um den Missbrauch von KI zu verhindern. Dabei ist es wichtig, dass diese Regulierungen die Entwicklung innovativer Lösungen nicht behindern, sondern klare Leitlinien bieten, wie KI verantwortungsvoll eingesetzt werden kann.

Chancen durch den Einsatz von KI in Unternehmen und Regierungen

Für Unternehmen und Regierungen bietet der Einsatz von KI in der Cybersicherheit enorme Chancen. Unternehmen können ihre Abwehrmechanismen optimieren, indem sie KI-basierte Sicherheitslösungen implementieren, die auf spezifische Bedrohungen reagieren und kontinuierlich lernen, um neuen Angriffsmethoden zuvorzukommen. Regierungen profitieren durch den Einsatz von KI in der nationalen Sicherheit und bei der Sicherung kritischer Infrastrukturen. Die Fähigkeit, groß angelegte Bedrohungen frühzeitig zu erkennen und darauf zu reagieren, stärkt das Vertrauen in die digitale Welt und bietet einen strategischen Vorteil.

Bedeutung der KI für Einzelpersonen

Auch für Einzelpersonen bietet die Integration von KI in die Cybersicherheit Vorteile. KI-gestützte Sicherheitslösungen können auf den Geräten von Privatpersonen installiert werden, um deren Online-Aktivitäten zu überwachen und vor potenziellen Bedrohungen zu schützen. Durch den Einsatz von KI können Benutzer vor Phishing-Versuchen, Malware und anderen Online-Bedrohungen gewarnt werden. Personalisierte Sicherheitsmaßnahmen basieren auf den individuellen Verhaltensmustern und bieten somit einen maßgeschneiderten Schutz.

Schlussfolgerung

Die Einführung in die Konzepte von KI und Cybersicherheit bietet ein tiefes Verständnis für die zunehmend komplexe und vernetzte digitale Welt. Diese Technologien sind entscheidend, um die Sicherheit von Systemen und Daten zu gewährleisten und den stetig wachsenden Bedrohungen effektiv zu begegnen. Gleichzeitig eröffnen sie neue Möglichkeiten, wie Unternehmen, Regierungen und Einzelpersonen von den Fortschritten in diesen Bereichen profitieren können. Um jedoch die Chancen der KI voll auszuschöpfen, müssen gleichzeitig die Risiken und ethischen Herausforderungen kontinuierlich berücksichtigt werden.

Anwendungen von KI in der Cybersicherheit

Künstliche Intelligenz (KI) hat in der Cybersicherheit eine zunehmend wichtige Rolle übernommen und ermöglicht durch ihre vielfältigen Anwendungen erhebliche Fortschritte bei der Effizienz und Genauigkeit von Sicherheitssystemen. Im Folgenden werden die zentralen Anwendungen von KI in der Cybersicherheit im Detail erläutert.

Bedrohungserkennung und -prävention

Eine der bedeutendsten Anwendungen von KI in der Cybersicherheit ist die Erkennung und Prävention von Bedrohungen. KI-basierte Systeme analysieren kontinuierlich große Mengen an Netzwerkdaten, um komplexe Verhaltensmuster und Anomalien zu identifizieren. Dies ermöglicht es, potenzielle Bedrohungen wie Malware, Phishing-Angriffe und Denial-of-Service-Angriffe (DoS) frühzeitig zu erkennen. Der Vorteil von KI liegt darin, dass sie Muster in Daten erkennen kann, die menschlichen Analysten möglicherweise entgehen würden. Durch den Einsatz fortschrittlicher Algorithmen ist es möglich, auch unbekannte Bedrohungen und neue Angriffsmethoden zu entdecken, bevor sie Schaden anrichten können. Die Fähigkeit von KI, sich entwickelnde Bedrohungen zu identifizieren, ermöglicht es, Sicherheitssysteme dynamisch und in Echtzeit an neue Gefahren anzupassen.

Automatisierte Reaktion auf Bedrohungen

Ein weiterer wesentlicher Vorteil von KI in der Cybersicherheit ist die automatisierte Reaktion auf erkannte Bedrohungen. Sobald eine Bedrohung identifiziert wurde, kann KI umgehend Maßnahmen ergreifen, um den Angriff zu stoppen oder dessen Auswirkungen zu minimieren. Dazu gehört die automatische Isolierung

von infizierten Geräten, das Blockieren von schädlichem Netzwerkverkehr sowie die dynamische Anpassung von Sicherheitsrichtlinien. Durch diese automatisierten Reaktionen wird die Zeit,
in der Systeme anfällig für Angriffe sind, erheblich verkürzt. Zudem wird die Notwendigkeit menschlicher Eingriffe verringert,
was die Effizienz der Sicherheitsmaßnahmen insgesamt verbessert und ermöglicht, dass Ressourcen für andere wichtige Aufgaben freigegeben werden.

Schwachstellenmanagement und Patching

KI spielt auch eine zentrale Rolle beim Schwachstellenmanagement. Sie ist in der Lage, potenzielle Sicherheitslücken in Systemen und Anwendungen automatisch zu identifizieren und zu
priorisieren. Diese kontinuierliche Überwachung und Analyse
von Systemen ermöglicht es, Schwachstellen aufzudecken, die
möglicherweise durch herkömmliche Sicherheitsmethoden nicht
erkannt worden wären. Ein großer Vorteil ist, dass KI in der Lage
ist, die Kritikalität von Sicherheitsanfälligkeiten einzuschätzen
und diese nach Priorität zu ordnen. Dies ermöglicht es Sicherheitsteams, schnell Patches und Updates bereitzustellen, um Sicherheitslücken zu schließen und so potenzielle Eintrittspunkte
für Angreifer zu eliminieren. So kann die allgemeine Sicherheit
der Systeme signifikant gesteigert werden.

Verhaltensanalyse von Benutzern und Endpunkten

Ein weiterer wichtiger Einsatzbereich von KI in der Cybersicherheit ist die Verhaltensanalyse von Benutzern und Endpunkten. KI-Systeme überwachen kontinuierlich das Verhalten von
Nutzern und Endgeräten, um verdächtige Aktivitäten frühzeitig
zu erkennen. Hierzu gehören ungewöhnliche Zugriffsversuche,
verdächtige Dateiaktivitäten sowie abnorme Systemprozesse.
Wenn KI Abweichungen von normalen Verhaltensmustern identifiziert, kann sie potenzielle Sicherheitsvorfälle frühzeitig erkennen und Gegenmaßnahmen einleiten. Diese proaktive Überwachung verbessert die Sicherheit, da potenzielle Angriffe oft be-

reits im Vorfeld erkannt werden, bevor sie größeren Schaden anrichten.

Erweiterte Authentifizierung und Zugriffskontrolle

KI unterstützt zudem fortschrittliche Methoden zur Authentifizierung und Zugriffskontrolle, wie zum Beispiel die biometrische Authentifizierung oder die Analyse des Benutzerverhaltens. Biometrische Daten, wie Fingerabdrücke oder Gesichtserkennung, ermöglichen es, den Zugriff auf sensible Systeme und Daten sicherer zu gestalten. KI kann auch das normale Verhalten von Nutzern analysieren, wie etwa typische Muster bei der Tastatureingabe oder Mausbewegungen, um verdächtige Abweichungen zu erkennen. Diese Methoden tragen dazu bei, unbefugten Zugriff zu verhindern und die Sicherheit von Informationen und Systemen zu erhöhen. Die Implementierung von KI-gesteuerten Authentifizierungsmechanismen reduziert die Wahrscheinlichkeit eines erfolgreichen Angriffs erheblich und erhöht gleichzeitig den Komfort für die Benutzer.

Vorhersage von Sicherheitsbedrohungen

Eine der vielversprechendsten Anwendungen von KI in der Cybersicherheit ist die Fähigkeit, zukünftige Bedrohungen vorherzusagen. Durch die Analyse historischer Daten und Trends kann KI Muster in früheren Sicherheitsvorfällen und Angriffen erkennen. Auf dieser Grundlage können präventive Maßnahmen ergriffen werden, um potenzielle Risiken zu minimieren. KI ermöglicht es, nicht nur aktuelle Bedrohungen zu bekämpfen, sondern auch zukünftige Angriffsszenarien zu antizipieren und Sicherheitsstrategien proaktiv anzupassen. Diese Fähigkeit zur Bedrohungsvorhersage bietet einen erheblichen Vorteil, da Organisationen so ihre Verteidigung kontinuierlich verbessern und auf sich verändernde Bedrohungslagen vorbereiten können.

Vorteile für Organisationen und Einzelpersonen

Die vielfältigen Anwendungen von KI in der Cybersicherheit tragen wesentlich dazu bei, die Effizienz, Genauigkeit und Reaktionsfähigkeit von Sicherheitssystemen zu verbessern. Für Organisationen bedeutet dies, dass sie in der Lage sind, ihre Netzwerke und Daten besser vor den ständig wachsenden und sich weiterentwickelnden Bedrohungen im digitalen Raum zu schützen. Auch Einzelpersonen profitieren von diesen Technologien, indem sie sicherstellen, dass ihre Geräte und persönlichen Daten vor Angriffen geschützt werden. KI ermöglicht es, Bedrohungen schneller zu erkennen und zu neutralisieren, was das Risiko von Sicherheitsvorfällen erheblich reduziert.

Künstliche Intelligenz hat das Potenzial, die Cybersicherheit auf ein neues Niveau zu heben. Durch ihre Fähigkeit, große Datenmengen in Echtzeit zu analysieren, Bedrohungen automatisch zu erkennen und darauf zu reagieren sowie zukünftige Angriffe vorherzusagen, revolutioniert KI die Art und Weise, wie Sicherheitslösungen gestaltet und implementiert werden. Die zunehmende Integration von KI in Sicherheitssysteme ist ein entscheidender Schritt, um den wachsenden Herausforderungen im digitalen Raum zu begegnen und die Sicherheit sowohl für Unternehmen als auch für Einzelpersonen nachhaltig zu erhöhen.

KI-gestützte Bedrohungsanalyse

Durch die Integration von KI in die Cybersicherheit wird das Verhalten von Anwendungen und Systemen kontinuierlich überwacht, um Abweichungen von normalen Mustern zu erkennen. Diese Abweichungen können auf potenzielle Bedrohungen hinweisen, wie etwa ungewöhnliche Zugriffsversuche, untypische Datenübertragungen oder unerwartete Anomalien in der Systemnutzung. Die Fähigkeit der KI, unregelmäßige Verhaltensmuster zu identifizieren, ermöglicht es, verdächtige Aktivitäten frühzeitig zu entdecken und entsprechende Warnungen auszulösen. Diese rechtzeitige Erkennung von Bedrohungen verringert die Wahrscheinlichkeit, dass ein kleiner Vorfall zu einem ernsthaften Sicherheitsvorfall eskaliert.

Maschinelles Lernen

Maschinelles Lernen ist ein Schlüsselelement moderner KI-Anwendungen in der Cybersicherheit. Durch den Einsatz von Algorithmen für maschinelles Lernen können KI-Systeme aus großen Datenmengen lernen und Muster erkennen, die mit Bedrohungen in Zusammenhang stehen. Diese selbstlernenden Systeme sind in der Lage, ihre Erkennungsfähigkeiten kontinuierlich zu verbessern, da sie sich an neue und sich ständig weiterentwickelnde Bedrohungen anpassen. Darüber hinaus ermöglicht maschinelles Lernen eine genauere Priorisierung von Bedrohungen, indem das Risiko und der Schweregrad von Sicherheitswarnungen präziser bewertet werden. Dies verschafft den Sicherheitsteams wertvolle Zeit, um sich auf die dringlichsten Bedrohungen zu konzentrieren und effektiver zu reagieren.

Automatisierte Bedrohungsreaktion

Ein weiterer bedeutender Vorteil von KI in der Cybersicherheit ist die Fähigkeit zur automatisierten Bedrohungsreaktion. KI-gestützte Systeme können identifizierte Bedrohungen selbstständig bekämpfen. Dies umfasst beispielsweise das sofortige Isolieren von infizierten Systemen, das Blockieren von schädlichem Netzwerkverkehr oder das automatische Einspielen von Sicherheits-Patches, um Sicherheitslücken zu schließen. Durch die Automatisierung dieser Reaktionen wird die Zeit, die ein System anfällig für Angriffe ist, erheblich verkürzt. Darüber hinaus wird die Notwendigkeit manueller Eingriffe reduziert, was die Effizienz und Geschwindigkeit der Bedrohungsabwehr verbessert und gleichzeitig das Risiko menschlicher Fehler minimiert.

Echtzeitüberwachung und -erkennung

Ein zentraler Vorteil von KI in der Cybersicherheit ist die Möglichkeit zur Echtzeitüberwachung und -erkennung. KI-Systeme können große Mengen an Netzwerkdaten, Protokollen und Ereignisprotokollen nahezu in Echtzeit analysieren. Dies ermöglicht es, verdächtige Aktivitäten und potenzielle Bedrohungen sofort zu erkennen und eine schnelle Reaktion durch Sicherheitsteams zu gewährleisten. Besonders in einem dynamischen Bedrohungsumfeld, in dem Cyberangriffe schnell eskalieren können, ist die Fähigkeit, Bedrohungen in Echtzeit zu erkennen, von unschätzbarem Wert. Dies trägt dazu bei, potenzielle Angriffe bereits im Anfangsstadium abzuwehren, bevor sie erheblichen Schaden verursachen.

Vorhersage von Bedrohungen

KI kann auch genutzt werden, um auf Grundlage historischer Daten und der Erkennung von Mustern und Trends zukünftige Bedrohungen vorherzusagen. Diese Vorhersagefähigkeit erlaubt es, präventive Maßnahmen zu ergreifen, bevor Angriffe tatsächlich stattfinden. Dazu gehört die Identifizierung von Schwachstellen in Systemen, die Überwachung der Aktivitäten potenziell gefährlicher Akteure sowie die Bewertung von Risiken auf Basis vergangener Vorfälle. Durch diese proaktiven Maßnahmen können Organisationen ihre Sicherheitsstrategien anpassen und ihre Systeme widerstandsfähiger gegen zukünftige Angriffe machen.

Stärkung der Sicherheitsinfrastruktur

Die Integration von KI in die Bedrohungsanalyse stellt eine erhebliche Verbesserung der Cybersicherheitsstrategien dar. KI-Systeme bieten fortschrittliche Möglichkeiten zur Analyse und Automatisierung, die es Organisationen ermöglichen, ihre Fähigkeit zur Identifizierung, Bewertung und Reaktion auf Sicherheitsbedrohungen zu stärken. Durch die Anwendung von KI können Sicherheitsteams ihre Reaktionszeiten verkürzen und die Präzision bei der Erkennung von Bedrohungen erhöhen. Zudem wird die Sicherheitsinfrastruktur robuster gestaltet, indem potenzielle Schwachstellen kontinuierlich überwacht werden und in Echtzeit auf neue Bedrohungen reagiert werden kann.

Optimierung der Schutzmaßnahmen

Insgesamt tragen die vielfältigen Einsatzmöglichkeiten von KI dazu bei, die Schutzmaßnahmen gegen die sich ständig weiterentwickelnden Bedrohungen im digitalen Raum erheblich zu optimieren. Die Kombination aus maschinellem Lernen, Echtzeitüberwachung, automatisierter Reaktion und Bedrohungsvorhersage verleiht den Sicherheitsteams die Werkzeuge, um schneller und effektiver auf Cyberbedrohungen zu reagieren. Diese fortschrittlichen Technologien ermöglichen eine verbesserte Abwehr gegen Angriffe und tragen dazu bei, die allgemeine Sicherheit von Systemen und Netzwerken zu gewährleisten.

Die kontinuierliche Weiterentwicklung der KI-gestützten Cybersicherheit wird in den kommenden Jahren eine entscheidende Rolle dabei spielen, Organisationen besser vor den ständig wachsenden und komplexer werdenden Cyberbedrohungen zu schützen.

Automatisierung durch KI

Die Automatisierung von Sicherheitsmaßnahmen durch Künstliche Intelligenz (KI) hat sich als wesentlicher Bestandteil moderner Cybersicherheitsstrategien etabliert. Dies ist besonders relevant angesichts der wachsenden Anzahl und Komplexität von Bedrohungen in der digitalen Welt. KI bietet Organisationen die Möglichkeit, ihre Sicherheitsinfrastruktur zu optimieren, die Reaktionszeit zu verkürzen und die Abwehrmechanismen zu verbessern. Verschiedene Aspekte verdeutlichen den Einfluss von KI auf die Automatisierung von Sicherheitsprozessen.

Schnellere Reaktionszeiten

Ein herausragender Vorteil der Automatisierung durch KI ist die signifikante Verkürzung der Reaktionszeit auf Sicherheitsbedrohungen. KI-gesteuerte Sicherheitssysteme können Bedrohungen in Echtzeit erkennen und sofort Gegenmaßnahmen einleiten, ohne dass menschliches Eingreifen erforderlich ist. Sobald verdächtige Aktivitäten identifiziert werden, führen die KI-Systeme automatische Aktionen aus, wie die Blockierung von schädlichem Datenverkehr oder das Isolieren betroffener Systeme. Diese Automatisierung reduziert die Zeitspanne, in der eine Bedrohung aktiv ist, und minimiert dadurch potenzielle Schäden an Systemen und Daten. In einer Zeit, in der Cyberangriffe immer schneller und raffinierter werden, bietet die Echtzeit-Reaktion durch KI eine unschätzbare Verteidigungslinie.

Identifizierung von Bedrohungen

Ein weiterer bedeutender Aspekt der KI-Automatisierung ist die präzise Identifizierung von Bedrohungen. KI-Systeme nutzen fortschrittliche Algorithmen, um große Mengen an Daten zu analysieren und dabei Muster zu erkennen, die auf potenziell schädliche Aktivitäten hinweisen. Maschinelles Lernen, eine Schlüsseltechnologie innerhalb der KI, ermöglicht es den Systemen, sich an neue Bedrohungen und Angriffstechniken anzupassen. KI kann also nicht nur bekannte Bedrohungen erkennen, sondern auch neuartige Angriffe identifizieren, die möglicherweise traditionelle Sicherheitssysteme umgehen könnten. Diese ständige Lernfähigkeit der KI führt zu einer fortlaufenden Verbesserung der Bedrohungserkennung und trägt dazu bei, Cyberangriffe proaktiver zu bekämpfen.

Automatisierte Reaktionen auf Bedrohungen

Eine der zentralen Stärken von KI ist die Möglichkeit, auf identifizierte Bedrohungen automatisierte Reaktionen durchzuführen. Zu diesen Reaktionen gehört unter anderem das automatische Isolieren infizierter Systeme, das Blockieren schädlicher Verbindungen im Netzwerk oder das Einspielen von Sicherheitsupdates zur Schließung von Schwachstellen. Durch die sofortige Reaktion der KI auf Bedrohungen wird das Risiko, dass Angreifer ungehindert in Netzwerke eindringen und Schaden anrichten können, erheblich verringert. Zudem beschleunigt diese Automatisierung den gesamten Sicherheitsprozess und gewährleistet, dass Maßnahmen ergriffen werden, bevor Angriffe größere Auswirkungen haben.

Verringerung menschlicher Fehler

Eine der Hauptursachen für Sicherheitslücken in manuellen Überwachungs- und Reaktionsprozessen ist menschliches Versagen. Fehler können aus Nachlässigkeit, Unachtsamkeit oder aufgrund der schieren Komplexität und Menge an Daten entstehen, die Sicherheitsteams überwachen müssen. KI minimiert dieses Risiko, indem sie konsistent und rund um die Uhr arbeitet, ohne von Ermüdung oder Unaufmerksamkeit betroffen zu sein. Dies führt zu einer erheblich höheren Zuverlässigkeit der Sicherheitsprozesse und trägt dazu bei, menschliche Fehler, die oft schwerwiegende Sicherheitsvorfälle auslösen, zu verhindern.

Optimierung von Ressourcen

Ein weiterer wesentlicher Vorteil der Automatisierung durch KI ist die Entlastung der Sicherheitsteams von zeitaufwendigen Routineaufgaben. Aufgaben wie die Überwachung von Netzwerkaktivitäten, die Analyse von Protokollen und die Erkennung wiederkehrender Bedrohungen können von KI-Systemen vollständig übernommen werden. Dadurch haben Sicherheitsexperten mehr Kapazitäten, um sich auf strategischere und komplexere Aufgaben zu konzentrieren, wie die Analyse neu auftretender Bedrohungen, die Optimierung der Sicherheitsarchitektur oder die langfristige Planung von Cybersicherheitsstrategien. Dies führt zu einer effizienteren Nutzung der verfügbaren Ressourcen und einer insgesamt stärkeren Sicherheitsinfrastruktur.

Verbesserung der Sicherheitsinfrastruktur

Die Integration von KI in die Sicherheitsinfrastruktur verbessert die allgemeine Verteidigungsfähigkeit von Organisationen erheblich. Durch die Automatisierung von Routineaufgaben und die Möglichkeit, Bedrohungen in Echtzeit zu erkennen und zu bekämpfen, wird die Effizienz und Reaktionsfähigkeit von Sicherheitssystemen signifikant gesteigert. Darüber hinaus trägt die KI dazu bei, die Wahrscheinlichkeit menschlicher Fehler zu reduzieren und Ressourcen gezielter einzusetzen. Diese Fortschritte sind entscheidend, um mit der immer komplexer werdenden Bedrohungslandschaft Schritt zu halten und die Abwehrmechanismen kontinuierlich zu verbessern.

KI als Schlüssel zur modernen Cybersicherheit

In einer digitalen Welt, in der Cyberbedrohungen zunehmend an Komplexität und Häufigkeit gewinnen, ist die Automatisierung durch KI eine unverzichtbare Komponente jeder effektiven Sicherheitsstrategie. Sie ermöglicht es Organisationen, schneller auf Bedrohungen zu reagieren, präzisere Analysen durchzuführen und die allgemeine Zuverlässigkeit der Sicherheitsprozesse zu erhöhen. Die Reduzierung menschlicher Fehler, die Optimierung von Ressourcen und die ständige Weiterentwicklung der KI-Erkennungsfähigkeiten machen diese Technologie zu einem Schlüsselelement in der fortschrittlichen Cybersicherheitsinfrastruktur. Organisationen, die KI effektiv nutzen, werden besser in der Lage sein, den sich ständig wandelnden Bedrohungen der digitalen Welt standzuhalten.

KI zur Erkennung von Anomalien

Die Nutzung von Künstlicher Intelligenz (KI) zur Erkennung von Anomalien im Netzwerkverkehr hat sich als Schlüsselelement moderner Cybersicherheitsstrategien etabliert. KI bietet Unternehmen die Möglichkeit, verdächtige Aktivitäten frühzeitig zu erkennen und rasch auf potenzielle Bedrohungen zu reagieren. Dies ist besonders relevant in einer Zeit, in der Cyberangriffe immer raffinierter und schwerer vorhersehbar werden. Mehrere Aspekte verdeutlichen die Vorteile der KI-basierten Anomalieerkennung im Bereich der Netzwerksicherheit.

Mustererkennung

KI-Algorithmen zeichnen sich dadurch aus, dass sie große Mengen an Netzwerkdaten analysieren können, um Muster zu erkennen, die normales Verhalten definieren. Durch den Einsatz fortschrittlicher Technologien wie neuronaler Netze und Deep Learning sind diese Algorithmen in der Lage, zwischen regulären und abnormalen Netzwerkaktivitäten zu unterscheiden. Diese Differenzierung ist entscheidend, da abweichende Verhaltensmuster oft ein erstes Anzeichen für potenzielle Sicherheitsvorfälle sind. KI-Systeme erfassen diese Muster nicht nur oberflächlich, sondern analysieren sie tiefgehend, um komplexe und subtile Abweichungen zu identifizieren. Das ermöglicht eine präzise Erkennung von Anomalien, die durch manuelle Überwachung möglicherweise übersehen würden.

Echtzeitüberwachung

Ein bedeutender Vorteil der KI-basierten Anomalieerkennung ist die kontinuierliche Echtzeitüberwachung des Netzwerkverkehrs. Diese Systeme sind darauf ausgelegt, sofortige Warnmeldungen auszugeben, wenn ungewöhnliche oder verdächtige Aktivitäten festgestellt werden. Da Bedrohungen oft blitzschnell auftreten und sich schnell ausbreiten, ist die Fähigkeit zur Echtzeitreaktion von unschätzbarem Wert. Sicherheitsanalysten können dank dieser Technologie schnell handeln, indem sie betroffene Systeme isolieren oder den Datenverkehr umleiten, bevor ein Angriff größeren Schaden anrichtet. Echtzeitüberwachung gewährleistet somit eine dynamische und proaktive Reaktion auf potenzielle Bedrohungen.

Adaptive Lernfähigkeit

Ein herausragendes Merkmal von KI in der Cybersicherheit ist ihre Fähigkeit, sich kontinuierlich weiterzuentwickeln. KI-Systeme lernen nicht nur aus historischen Daten, sondern passen sich auch fortlaufend an neue Informationen und veränderte Netzwerkbedingungen an. Diese adaptive Lernfähigkeit bedeutet, dass die KI auch neue, bisher unbekannte Angriffsmuster erkennen und darauf reagieren kann. Die Integration von maschinellem Lernen in diese Systeme stellt sicher, dass sie stetig dazulernen und ihre Erkennungsfähigkeiten verbessern. Das macht sie besonders wertvoll in einem sich schnell wandelnden Bedrohungsumfeld, in dem sich Cyberangriffe ständig weiterentwickeln. Die kontinuierliche Anpassung der KI an neue Angriffe stärkt die Sicherheitsvorkehrungen von Unternehmen nachhaltig.

Reduzierung von Fehlalarmen

Ein häufiges Problem in der Netzwerksicherheit ist die hohe Anzahl an Fehlalarmen, die Sicherheitsanalysten überfordern können. KI-gestützte Systeme sind in der Lage, zwischen tatsächlichen Bedrohungen und harmlosen Anomalien besser zu unterscheiden. Diese Verbesserung der Genauigkeit führt dazu, dass Fehlalarme seltener auftreten und Sicherheitsteams sich auf echte Vorfälle konzentrieren können. Die Reduktion von Fehlalarmen erhöht die Effizienz und Effektivität der Sicherheitsmaßnahmen, da Analysten nicht mehr mit unnötigen Warnungen überlastet werden. Stattdessen können sie ihre Aufmerksamkeit auf die wirklich kritischen Bedrohungen lenken, was letztlich zu einer besseren Abwehr von Cyberangriffen führt.

Integration mit anderen Sicherheitslösungen

Ein weiterer zentraler Vorteil von KI-Systemen in der Anomalieerkennung ist ihre nahtlose Integration in bestehende Sicherheitsarchitekturen. Sie können in Kombination mit anderen Technologien wie Firewalls, Intrusion Detection Systems (IDS) und Security Information and Event Management (SIEM) eingesetzt werden. Diese Integration ermöglicht eine ganzheitliche Sicherheitsstrategie, bei der unterschiedliche Systeme zusammenarbeiten, um Bedrohungen abzuwehren. Die Zusammenarbeit zwischen KI und diesen traditionellen Sicherheitstechnologien schafft eine umfassende Schutzschicht, die das gesamte Netzwerk eines Unternehmens überwacht und verteidigt. Durch die Kombination verschiedener Sicherheitselemente wird die Verteidigungsfähigkeit von Unternehmen erheblich gestärkt.

Frühzeitige Erkennung und Reaktion

Durch den Einsatz von KI zur Anomalieerkennung können Organisationen Sicherheitsvorfälle früher erkennen und darauf reagieren. In der Regel entwickeln sich Bedrohungen allmählich, wobei erste Anzeichen oft subtil und schwer zu erkennen sind. KI ist jedoch in der Lage, bereits die ersten Abweichungen im Netzwerkverkehr zu identifizieren und Sicherheitsanalysten umgehend zu benachrichtigen. Dies ermöglicht proaktive Maßnahmen, bevor sich eine Bedrohung in vollem Ausmaß entfaltet. Unternehmen können so potenziellen Schäden vorbeugen und die Integrität ihrer Systeme besser schützen.

Dynamische Anpassung der Cybersicherheitsstrategien

Die Fähigkeit von KI, kontinuierlich zu lernen und sich an neue Bedrohungen anzupassen, hat weitreichende Auswirkungen auf die Cybersicherheitsstrategien von Unternehmen. KI-Systeme bieten nicht nur eine statische Abwehr, sondern passen sich dynamisch an die sich ständig weiterentwickelnde Bedrohungslandschaft an. Dies ermöglicht es Unternehmen, ihre Cybersicherheitsstrategie laufend zu verbessern und auf dem neuesten Stand zu halten. Durch die Analyse von Bedrohungsmustern und die Vorhersage potenzieller Angriffe sind Unternehmen besser vorbereitet und können schnell auf neue Herausforderungen reagieren.

Effektiver Schutz durch KI

Die Integration von KI zur Anomalieerkennung im Netzwerkverkehr hat die Cybersicherheit auf ein neues Niveau gehoben. Durch die Fähigkeit zur präzisen Mustererkennung, Echtzeitüberwachung und adaptive Lernfähigkeit bietet KI einen effektiven Schutz vor den immer raffinierteren Bedrohungen. Die Reduzierung von Fehlalarmen und die nahtlose Integration in bestehende Sicherheitslösungen machen KI zu einem unverzichtbaren Werkzeug in der modernen Netzwerksicherheit. Unternehmen, die auf KI-gestützte Anomalieerkennung setzen, verbessern nicht nur ihre Sicherheitsinfrastruktur, sondern sind auch besser gerüstet, um sich gegen die ständig wachsenden Bedrohungen im digitalen Raum zu verteidigen.

KI-basierte Vorhersage von Sicherheitsvorfällen

Die Nutzung von Künstlicher Intelligenz (KI) zur Erkennung von Anomalien im Netzwerkverkehr hat sich als Schlüsselelement moderner Cybersicherheitsstrategien etabliert. KI bietet Unternehmen die Möglichkeit, verdächtige Aktivitäten frühzeitig zu erkennen und rasch auf potenzielle Bedrohungen zu reagieren. Dies ist besonders relevant in einer Zeit, in der Cyberangriffe immer raffinierter und schwerer vorhersehbar werden. Mehrere Aspekte verdeutlichen die Vorteile der KI-basierten Anomalieerkennung im Bereich der Netzwerksicherheit.

Mustererkennung

KI-Algorithmen zeichnen sich dadurch aus, dass sie große Mengen an Netzwerkdaten analysieren können, um Muster zu erkennen, die normales Verhalten definieren. Durch den Einsatz fortschrittlicher Technologien wie neuronaler Netze und Deep Learning sind diese Algorithmen in der Lage, zwischen regulären und abnormalen Netzwerkaktivitäten zu unterscheiden. Diese Differenzierung ist entscheidend, da abweichende Verhaltensmuster oft ein erstes Anzeichen für potenzielle Sicherheitsvorfälle sind. KI-Systeme erfassen diese Muster nicht nur oberflächlich, sondern analysieren sie tiefgehend, um komplexe und subtile Abweichungen zu identifizieren. Das ermöglicht eine präzise Erkennung von Anomalien, die durch manuelle Überwachung möglicherweise übersehen würden.

Echtzeitüberwachung

Ein bedeutender Vorteil der KI-basierten Anomalieerkennung ist die kontinuierliche Echtzeitüberwachung des Netzwerkverkehrs. Diese Systeme sind darauf ausgelegt, sofortige Warnmeldungen auszugeben, wenn ungewöhnliche oder verdächtige Aktivitäten festgestellt werden. Da Bedrohungen oft blitzschnell auftreten und sich schnell ausbreiten, ist die Fähigkeit zur Echtzeitreaktion von unschätzbarem Wert. Sicherheitsanalysten können dank dieser Technologie schnell handeln, indem sie betroffene Systeme isolieren oder den Datenverkehr umleiten, bevor ein Angriff größeren Schaden anrichtet. Echtzeitüberwachung gewährleistet somit eine dynamische und proaktive Reaktion auf potenzielle Bedrohungen.

Adaptive Lernfähigkeit

Ein herausragendes Merkmal von KI in der Cybersicherheit ist ihre Fähigkeit, sich kontinuierlich weiterzuentwickeln. KI-Systeme lernen nicht nur aus historischen Daten, sondern passen sich auch fortlaufend an neue Informationen und veränderte Netzwerkbedingungen an. Diese adaptive Lernfähigkeit bedeutet, dass die KI auch neue, bisher unbekannte Angriffsmuster erkennen und darauf reagieren kann. Die Integration von maschinellem Lernen in diese Systeme stellt sicher, dass sie stetig dazulernen und ihre Erkennungsfähigkeiten verbessern. Das macht sie besonders wertvoll in einem sich schnell wandelnden Bedrohungsumfeld, in dem sich Cyberangriffe ständig weiterentwickeln. Die kontinuierliche Anpassung der KI an neue Angriffe stärkt die Sicherheitsvorkehrungen von Unternehmen nachhaltig.

Reduzierung von Fehlalarmen

Ein häufiges Problem in der Netzwerksicherheit ist die hohe Anzahl an Fehlalarmen, die Sicherheitsanalysten überfordern können. KI-gestützte Systeme sind in der Lage, zwischen tatsächlichen Bedrohungen und harmlosen Anomalien besser zu unterscheiden. Diese Verbesserung der Genauigkeit führt dazu, dass Fehlalarme seltener auftreten und Sicherheitsteams sich auf echte Vorfälle konzentrieren können. Die Reduktion von Fehlalarmen erhöht die Effizienz und Effektivität der Sicherheitsmaßnahmen, da Analysten nicht mehr mit unnötigen Warnungen überlastet werden. Stattdessen können sie ihre Aufmerksamkeit auf die wirklich kritischen Bedrohungen lenken, was letztlich zu einer besseren Abwehr von Cyberangriffen führt.

Integration mit anderen Sicherheitslösungen

Ein weiterer zentraler Vorteil von KI-Systemen in der Anomalieerkennung ist ihre nahtlose Integration in bestehende Sicherheitsarchitekturen. Sie können in Kombination mit anderen Technologien wie Firewalls, Intrusion Detection Systems (IDS) und Security Information and Event Management (SIEM) eingesetzt werden. Diese Integration ermöglicht eine ganzheitliche Sicherheitsstrategie, bei der unterschiedliche Systeme zusammenarbeiten, um Bedrohungen abzuwehren. Die Zusammenarbeit zwischen KI und diesen traditionellen Sicherheitstechnologien schafft eine umfassende Schutzschicht, die das gesamte Netzwerk eines Unternehmens überwacht und verteidigt. Durch die Kombination verschiedener Sicherheitselemente wird die Verteidigungsfähigkeit von Unternehmen erheblich gestärkt.

Frühzeitige Erkennung und Reaktion

Durch den Einsatz von KI zur Anomalieerkennung können Organisationen Sicherheitsvorfälle früher erkennen und darauf reagieren. In der Regel entwickeln sich Bedrohungen allmählich, wobei erste Anzeichen oft subtil und schwer zu erkennen sind. KI ist jedoch in der Lage, bereits die ersten Abweichungen im Netzwerkverkehr zu identifizieren und Sicherheitsanalysten umgehend zu benachrichtigen. Dies ermöglicht proaktive Maßnahmen, bevor sich eine Bedrohung in vollem Ausmaß entfaltet. Unternehmen können so potenziellen Schäden vorbeugen und die Integrität ihrer Systeme besser schützen.

Dynamische Anpassung der Cybersicherheitsstrategien

Die Fähigkeit von KI, kontinuierlich zu lernen und sich an neue Bedrohungen anzupassen, hat weitreichende Auswirkungen auf die Cybersicherheitsstrategien von Unternehmen. KI-Systeme bieten nicht nur eine statische Abwehr, sondern passen sich dynamisch an die sich ständig weiterentwickelnde Bedrohungslandschaft an. Dies ermöglicht es Unternehmen, ihre Cybersicherheitsstrategie laufend zu verbessern und auf dem neuesten Stand zu halten. Durch die Analyse von Bedrohungsmustern und die Vorhersage potenzieller Angriffe sind Unternehmen besser vorbereitet und können schnell auf neue Herausforderungen reagieren.

Effektiver Schutz durch KI

Die Integration von KI zur Anomalieerkennung im Netzwerkverkehr hat die Cybersicherheit auf ein neues Niveau gehoben. Durch die Fähigkeit zur präzisen Mustererkennung, Echtzeitüberwachung und adaptive Lernfähigkeit bietet KI einen effektiven Schutz vor den immer raffinierteren Bedrohungen. Die Reduzierung von Fehlalarmen und die nahtlose Integration in bestehende Sicherheitslösungen machen KI zu einem unverzichtbaren Werkzeug in der modernen Netzwerksicherheit. Unternehmen, die auf KI-gestützte Anomalieerkennung setzen, verbessern nicht nur ihre Sicherheitsinfrastruktur, sondern sind auch besser gerüstet, um sich gegen die ständig wachsenden Bedrohungen im digitalen Raum zu verteidigen.

Verwendung von KI in der Cybersicherheit

Der Einsatz von Künstlicher Intelligenz (KI) in der Cybersicherheit bringt zahlreiche Vorteile mit sich, darunter die Fähigkeit zur schnellen Bedrohungserkennung und automatisierten Reaktion auf Angriffe. Gleichzeitig sind jedoch auch spezifische Herausforderungen und Risiken zu berücksichtigen, um das volle Potenzial der Technologie auszuschöpfen und mögliche Gefahren zu minimieren.

Komplexität der KI-Algorithmen

KI-Algorithmen, die in der Cybersicherheit verwendet werden, sind oft extrem komplex und nicht leicht zu verstehen. Dies stellt eine erhebliche Hürde für Unternehmen dar, die über keine spezialisierten Fachkräfte verfügen. Die Entwicklung, Implementierung und laufende Wartung dieser Systeme erfordern tiefgehende technische Kenntnisse. Ohne solches Know-how besteht die Gefahr, dass die Systeme ineffektiv werden oder sogar unabsichtliche Schwachstellen entstehen, die Cyberkriminelle ausnutzen könnten. Um die Effizienz der KI-Systeme zu gewährleisten, ist eine Investition in fortlaufende Schulung und Weiterbildung von Sicherheitsexperten unerlässlich. Dies stellt sicher, dass die verwendeten Algorithmen korrekt implementiert und fortlaufend optimiert werden.

Fehlerraten und Fehlalarme

Eine der größten Herausforderungen bei der Nutzung von KI in der Cybersicherheit ist die Möglichkeit von Fehlerraten und Fehlalarmen. KI-Systeme müssen auf qualitativ hochwertigen und repräsentativen Daten trainiert werden, um genau zu arbeiten. Andernfalls riskieren Unternehmen, dass die KI entweder zu viele Fehlalarme generiert oder echte Bedrohungen übersieht.

Beide Szenarien sind problematisch: Fehlalarme können zu einer Überlastung der Sicherheitsteams führen, wodurch ihre Effizienz sinkt und die Aufmerksamkeit von echten Bedrohungen abgelenkt wird. Gleichzeitig kann das Übersehen echter Gefahren katastrophale Folgen haben, wenn Angriffe nicht rechtzeitig erkannt und abgewehrt werden. Es ist daher entscheidend, die Trainingsdaten sorgfältig auszuwählen und die KI-Modelle kontinuierlich zu optimieren, um die Fehlerrate zu minimieren.

Missbrauch von KI durch Angreifer

Eine zunehmende Gefahr besteht darin, dass auch Cyberkriminelle KI-Technologien nutzen können, um ihre Angriffe zu verfeinern und zu automatisieren. Angreifer sind in der Lage, KI-gestützte Systeme einzusetzen, um Schwachstellen in Netzwerken schneller und effizienter zu identifizieren. Dadurch können gezielte Angriffe entwickelt werden, die schwieriger zu erkennen und abzuwehren sind. Diese Bedrohung stellt eine erhebliche Herausforderung für die Verteidigungssysteme von Unternehmen dar, da Angreifer mithilfe von KI ihre Taktiken dynamisch anpassen können. Es ist daher entscheidend, dass die Verteidigungssysteme ebenfalls KI-basierte Mechanismen verwenden, um dieser wachsenden Gefahr proaktiv zu begegnen und automatisierte Angriffe rechtzeitig zu erkennen.

Datenschutz- und Ethikfragen

Der Einsatz von KI in der Cybersicherheit wirft auch wichtige Fragen in Bezug auf Datenschutz und Ethik auf. Da KI-Systeme große Mengen an sensiblen Daten analysieren, müssen Unternehmen sicherstellen, dass sie strenge Datenschutzstandards einhalten. Die Privatsphäre der Benutzer muss jederzeit geschützt werden, und es ist notwendig, dass KI-Systeme nur die minimal erforderlichen Daten verarbeiten. Transparenz in der Datennutzung ist ebenfalls entscheidend, um das Vertrauen der Benutzer zu gewinnen. Zudem müssen ethische Standards gewährleistet sein, insbesondere wenn es um die Erhebung, Speicherung und Nutzung von persönlichen Informationen geht. Unternehmen müssen klare Richtlinien entwickeln, um sicherzustellen, dass KI-Systeme verantwortungsbewusst und im Einklang mit ethischen Grundsätzen eingesetzt werden.

Robustheit der KI-Systeme gegenüber Angriffen

Ein weiteres kritisches Thema ist die Robustheit von KI-Systemen selbst. Diese können potenziell zum Ziel von Angriffen werden, insbesondere wenn sie Sicherheitslücken aufweisen. Da KI zunehmend in sicherheitskritischen Bereichen eingesetzt wird, ist es unerlässlich, diese Systeme vor Manipulationen oder direkten Angriffen zu schützen. Dazu gehört die Implementierung von Sicherheitsmaßnahmen, die speziell darauf abzielen, KI-Systeme gegen Cyberattacken abzusichern. Kontinuierliche Updates und Patches sind ebenso wichtig wie die Überprüfung der Systeme auf mögliche Schwachstellen. Regelmäßige Audits und Tests der KI-Infrastrukturen tragen dazu bei, die Integrität und Verlässlichkeit der Systeme zu gewährleisten.

Bias und Diskriminierung

KI-Systeme sind nicht frei von Vorurteilen (Bias), insbesondere wenn sie auf fehlerhaften oder unausgewogenen Daten trainiert werden. Diese Vorurteile können dazu führen, dass die KI diskriminierende oder ungerechte Entscheidungen trifft. In der Cybersicherheit könnte dies bedeuten, dass bestimmte Benutzergruppen oder Netzwerkaktivitäten als gefährlicher oder risikoreicher eingestuft werden, obwohl dies nicht gerechtfertigt ist. Um solche Biases zu vermeiden, ist es wichtig, dass die Trainingsdaten regelmäßig überprüft und die Algorithmen entsprechend angepasst werden. Eine faire und unvoreingenommene Analyse der Daten ist von entscheidender Bedeutung, um sicherzustellen, dass die KI-Systeme objektiv arbeiten und keine falschen Entscheidungen treffen, die auf Vorurteilen basieren.

Regulatorische Anforderungen und Compliance

Der Einsatz von KI in der Cybersicherheit unterliegt auch einer Vielzahl von regulatorischen Anforderungen und Compliance-Vorschriften. Unternehmen müssen sicherstellen, dass ihre KI-Systeme den geltenden Gesetzen und Vorschriften entsprechen, insbesondere in Bezug auf Datenschutz, Datensicherheit und Transparenz. Eine gründliche Dokumentation und regelmäßige Überprüfung der KI-Prozesse ist notwendig, um die Einhaltung dieser Vorschriften sicherzustellen. Darüber hinaus tragen Compliance-Maßnahmen dazu bei, das Vertrauen der Benutzer zu stärken, indem sie zeigen, dass ihre Daten sicher und im Einklang mit den gesetzlichen Anforderungen verarbeitet werden. Unternehmen sollten sich fortlaufend über neue regulatorische Entwicklungen informieren, um sicherzustellen, dass ihre Systeme den aktuellen Standards entsprechen.

Chancen und Risiken ausgewogen nutzen

Der Einsatz von Künstlicher Intelligenz in der Cybersicherheit bietet immense Vorteile, aber auch bedeutende Herausforderungen. Unternehmen müssen diese Herausforderungen proaktiv angehen, um das volle Potenzial der Technologie zu nutzen. Eine sorgfältige Planung und Implementierung der KI-Systeme ist unerlässlich, ebenso wie eine kontinuierliche Überwachung und Anpassung an neue Bedrohungen und regulatorische Anforderungen. Nur so kann sichergestellt werden, dass KI effektiv zur Verbesserung der Cybersicherheit beiträgt, ohne dass dabei ungewollte Risiken entstehen. Der verantwortungsvolle und strategische Einsatz von KI ist der Schlüssel zu einer robusten und zukunftssicheren Sicherheitsinfrastruktur.

Ethik und Transparenz in der KI-gestützten Cybersicherheit

Ethik und Transparenz sind essenzielle Säulen für die verantwortungsvolle Entwicklung und Nutzung von KI-Technologien in der Cybersicherheit. Die Beachtung dieser Prinzipien gewährleistet, dass KI-Systeme nicht nur effektiv, sondern auch im Einklang mit ethischen Standards und den Rechten aller Beteiligten eingesetzt werden.

Verantwortungsvolle Nutzung von Daten

Daten bilden das Fundament der meisten KI-Systeme. Daher ist es von entscheidender Bedeutung, dass der Umgang mit diesen Daten ethischen Grundsätzen entspricht. Organisationen müssen sicherstellen, dass alle gesammelten und analysierten Daten rechtmäßig und transparent erworben werden. Der Schutz der Privatsphäre der Nutzer ist von zentraler Bedeutung, ebenso wie die sichere und vertrauliche Behandlung sensibler und persönlicher Informationen. Dies beinhaltet die Entwicklung und Implementierung transparenter Richtlinien, die klar regeln, wie Daten verwendet werden dürfen und wie die Rechte der betroffenen Personen gewahrt bleiben. Darüber hinaus sollten regelmäßige Audits durchgeführt werden, um die Einhaltung dieser Richtlinien zu überprüfen und sicherzustellen, dass keine Datenschutzverletzungen auftreten.

Transparenz der Algorithmen

Die Transparenz der Algorithmen ist ein weiterer Schlüssel zur Schaffung von Vertrauen in KI-Systeme. Es ist wichtig, dass die Algorithmen, die in Cybersicherheitslösungen eingesetzt werden, offen und nachvollziehbar sind. Dies ermöglicht es Sicherheitsexperten, Entwicklern und anderen relevanten Parteien, die Entscheidungsprozesse der Algorithmen nachzuvollziehen. Eine solche Transparenz hilft, potenzielle Bias und Diskriminierung zu erkennen und zu beheben. Zudem ermöglicht sie eine klare Zuordnung der Verantwortung für die von KI-Systemen getroffenen Entscheidungen. Durch die Offenlegung der Funktionsweise der Algorithmen können Organisationen sicherstellen, dass ihre Systeme den ethischen Standards entsprechen und die Verantwortlichkeit für deren Entscheidungen eindeutig definiert ist.

Bias und Diskriminierung

Bias und Diskriminierung stellen erhebliche Herausforderungen bei der Implementierung von KI-Technologien dar. Algorithmen können unbeabsichtigte Vorurteile aufweisen, die zu diskriminierenden Ergebnissen führen können. Um solche Bias zu verhindern, sollten Entwickler und Anwender proaktive Maßnahmen ergreifen. Dies umfasst die sorgfältige Auswahl und Überprüfung der Trainingsdaten, die Anwendung von Fairness-Metriken und die Implementierung von Mechanismen zur kontinuierlichen Überwachung und Anpassung der Algorithmen. Der Entwicklungsprozess von KI-Systemen sollte iterativ gestaltet werden, um regelmäßig zu überprüfen, ob die Algorithmen faire und gerechte Entscheidungen treffen. Die Nutzung von Diversity- und Inclusion-Techniken bei der Datenbeschaffung kann ebenfalls dazu beitragen, systematische Ungleichheiten zu minimieren.

Einbeziehung von Stakeholdern

Die Einbeziehung aller relevanten Stakeholder in den Entwicklungsprozess von KI-Systemen ist entscheidend, um ethische und rechtliche Bedenken von Anfang an zu adressieren. Zu den Stakeholdern gehören Sicherheitsexperten, Datenschutzbeauftragte, Regulierungsbehörden sowie Vertreter der Zivilgesellschaft. Der Dialog mit diesen Gruppen hilft, unterschiedliche Perspektiven zu berücksichtigen und potenzielle ethische sowie rechtliche Fragen frühzeitig zu identifizieren und zu lösen. Diese Zusammenarbeit fördert ein umfassendes Verständnis der Auswirkungen und Herausforderungen der KI-Technologien und trägt dazu bei, dass alle relevanten Aspekte angemessen behandelt werden.

Verantwortung und Rechenschaftspflicht

Verantwortung und Rechenschaftspflicht sind zentrale Elemente der ethischen Nutzung von KI. Organisationen, die KI-gestützte Cybersicherheitslösungen entwickeln und einsetzen, müssen sich ihrer Verantwortung bewusst sein. Dazu gehört die Implementierung von Mechanismen zur Überwachung, Bewertung und Berichterstattung über die Leistung und Auswirkungen ihrer Systeme. Eine regelmäßige Überprüfung der Systeme auf Effektivität und ethische Konformität ist unerlässlich, ebenso wie die Implementierung von Prozessen zur Behebung identifizierter Probleme. Eine klare Zuweisung von Verantwortlichkeiten innerhalb der Organisation ist notwendig, um sicherzustellen, dass ethische Standards eingehalten und mögliche Risiken proaktiv adressiert werden.

Die Berücksichtigung von Ethik und Transparenz ist von grundlegender Bedeutung für die Entwicklung und Anwendung von KI-gestützten Cybersicherheitslösungen. Durch die Einhaltung dieser Prinzipien können Organisationen das Vertrauen der Öffentlichkeit stärken, Risiken minimieren und sicherstellen, dass ihre Technologien im besten Interesse der Gesellschaft eingesetzt werden. Eine verantwortungsvolle Planung, Implementierung und kontinuierliche Überwachung sind entscheidend, um sicherzustellen, dass KI-Systeme sowohl effektiv als auch ethisch vertretbar arbeiten.

Zukunftsperspektiven der KI in der Cybersicherheit

Die Zukunft der Künstlichen Intelligenz (KI) in der Cybersicherheit eröffnet vielversprechende Möglichkeiten für Fortschritt und Innovation. Die fortlaufende Evolution der KI-Technologien hat das Potenzial, die Art und Weise, wie Sicherheitsbedrohungen erkannt und bekämpft werden, erheblich zu verändern. Hier sind einige zentrale Aspekte, die die zukünftige Entwicklung von KI in der Cybersicherheit prägen könnten:

Verbesserung der Erkennung und Reaktion auf Bedrohungen

Eine der vielversprechendsten Entwicklungen in der KI ist die fortschreitende Verbesserung der Erkennung und Reaktion auf Sicherheitsbedrohungen. Moderne KI-Algorithmen werden zunehmend leistungsfähiger und können mit höherer Präzision komplexe Bedrohungen und Angriffe in Echtzeit identifizieren. Die Integration von fortgeschrittenem maschinellem Lernen und Deep Learning ermöglicht es, Sicherheitsmechanismen kontinuierlich zu optimieren. Diese Technologien sind in der Lage, Muster und Anomalien im Netzwerkverkehr zu erkennen, die für herkömmliche Systeme möglicherweise unsichtbar sind. Durch diese Fortschritte werden Sicherheitssysteme nicht nur schneller, sondern auch präziser in der Identifizierung und Bekämpfung von Bedrohungen, was zu einer signifikanten Verbesserung der Sicherheitslage führt.

Zunehmende Automatisierung von Sicherheitsmaßnahmen

Ein weiterer bedeutender Trend ist die zunehmende Automatisierung von Sicherheitsmaßnahmen durch KI. Diese Automatisierung umfasst verschiedene Aspekte, wie die automatische Erkennung und Abwehr von Bedrohungen, die dynamische Anpassung von Sicherheitsrichtlinien und die automatisierte Reaktion auf Sicherheitsvorfälle. Die Automatisierung führt nicht nur zu einer effizienteren Gestaltung der Sicherheitsprozesse, sondern verbessert auch die Reaktionszeiten bei Vorfällen erheblich. In einer Zeit, in der Bedrohungen zunehmend komplexer und schneller werden, ist eine schnelle und präzise Reaktion von entscheidender Bedeutung, um potenzielle Schäden zu minimieren und die Integrität der Systeme zu gewährleisten.

Entwicklung eines tiefer gehenden Verständnisses von Bedrohungen

KI wird auch dazu beitragen, ein tieferes Verständnis von Bedrohungen und Angriffsmustern zu entwickeln. Durch die Analyse und Interpretation großer Datenmengen kann KI Muster und Trends identifizieren, die auf potenzielle Sicherheitsrisiken hinweisen. Diese Einsichten ermöglichen es Sicherheitsexperten, proaktiv zu handeln, indem sie präventive Maßnahmen ergreifen, noch bevor Bedrohungen real werden. Ein besseres Verständnis von Angriffsmustern kann dazu beitragen, Schwachstellen frühzeitig zu erkennen und entsprechende Sicherheitsstrategien zu entwickeln, um diese proaktiv zu adressieren.

Vorhersage von Sicherheitsvorfällen

Die KI-gestützte Vorhersage von Sicherheitsvorfällen stellt eine weitere aufregende Entwicklung dar. Zukünftige KI-Modelle könnten in der Lage sein, potenzielle Sicherheitsvorfälle vorherzusagen und präventive Maßnahmen zu empfehlen, bevor diese tatsächlich eintreten. Durch die Kombination historischer Datenanalysen mit der Erkennung von Mustern könnten diese Modelle potenzielle Risiken frühzeitig erkennen und entsprechende Warnungen ausgeben. Dies kann dazu beitragen, Sicherheitsvorfälle zu verhindern, bevor sie Schaden anrichten, und somit die proaktive Sicherheitsstrategie der Organisation stärken.

Bewältigung von Sicherheitsrisiken im Internet der Dinge (IoT)

Ein besonders herausforderndes Feld, das durch KI adressiert werden könnte, ist die Bewältigung von Sicherheitsrisiken im Zusammenhang mit dem Internet der Dinge (IoT). Der zunehmende Einsatz von IoT-Geräten hat die Angriffsfläche für potenzielle Sicherheitsrisiken erweitert. KI kann eine zentrale Rolle spielen, indem sie die Sicherheit von IoT-Geräten überwacht, ungewöhnliche Aktivitäten identifiziert und auf potenzielle Bedrohungen reagiert. Durch intelligente Überwachung und Analyse können IoT-Geräte sicherer gestaltet werden, was insbesondere in vernetzten und automatisierten Umgebungen von großer Bedeutung ist.

Es ist erkennbar, dass die kontinuierlichen Fortschritte in der KI-Technologie erhebliche Möglichkeiten für die Weiterentwicklung der Cybersicherheit bieten. Durch den intelligenten Einsatz von KI können Sicherheitssysteme nicht nur effektiver, sondern auch proaktiver und effizienter gestaltet werden. Die Fähigkeit, Bedrohungen frühzeitig zu erkennen, zu analysieren und darauf zu reagieren, wird eine entscheidende Rolle dabei spielen, die wachsenden Herausforderungen im digitalen Raum zu bewältigen. Die Weiterentwicklung der KI in der Cybersicherheit verspricht eine zukunftsweisende Verbesserung der Sicherheitsarchitektur und der Schutzmaßnahmen in einer zunehmend komplexen digitalen Welt.

Integration von KI in Sicherheitsstrategien

Die Integration von Künstlicher Intelligenz (KI) in Sicherheitsstrategien bietet Unternehmen erhebliche Vorteile bei der frühzeitigen Erkennung von Bedrohungen, der Minimierung von Risiken und der Verkürzung der Reaktionszeiten auf Sicherheitsvorfälle. Eine erfolgreiche Implementierung erfordert jedoch eine durchdachte Herangehensweise, die verschiedene Aspekte berücksichtigt:

Klare Ziele und Bedarfsanalyse
Ein zentraler erster Schritt bei der Implementierung von KI in Sicherheitsstrategien ist die Definition klarer Ziele und eine um-

fassende Bedarfsanalyse. Bevor KI-Lösungen implementiert werden, müssen die spezifischen Ziele und Anforderungen genau festgelegt werden. Dies umfasst die Identifizierung der bestehenden Sicherheitsprobleme, die durch KI gelöst werden sollen, sowie die gewünschten Ergebnisse, die durch den Einsatz der Technologie erzielt werden sollen. Eine gründliche Analyse der aktuellen Sicherheitsinfrastruktur und der vorhandenen Daten ist entscheidend, um zu verstehen, wie KI optimal integriert werden kann. Unternehmen sollten untersuchen, welche Daten bereits vorhanden sind, wie diese strukturiert sind und welche zusätzlichen Daten benötigt werden, um KI-Modelle effektiv zu trainieren.

Datenmanagement

Das Datenmanagement ist ein weiterer wesentlicher Aspekt bei der Implementierung von KI. Die Qualität der Daten, die für das Training von KI-Modellen verwendet wird, ist von entscheidender Bedeutung. KI-Modelle sind nur so effektiv wie die Daten, mit denen sie gefüttert werden. Daher ist es wichtig, dass die gesammelten und analysierten Daten von hoher Qualität und Relevanz sind. Dies bedeutet auch, dass die Daten sorgfältig aufbereitet, bereinigt und standardisiert werden müssen, um optimale Ergebnisse zu gewährleisten. Fehlerhafte oder unvollständige Daten können die Leistung der KI erheblich beeinträchtigen.

Kontinuierliche Verbesserung von KI-Modellen

Die kontinuierliche Verbesserung von KI-Modellen durch regelmäßiges Training und Anpassung ist von großer Bedeutung. KI-Systeme sollten kontinuierlich mit neuen Daten gefüttert werden, um sich an sich ändernde Bedrohungslandschaften anzupassen und ihre Genauigkeit zu verbessern. Feedback-Schleifen sind ein wesentliches Element, um sicherzustellen, dass das KI-System aus neuen Sicherheitsvorfällen lernen und seine Algorithmen entsprechend optimieren kann. Solche Schleifen ermöglichen eine iterative Verbesserung und Anpassung der Modelle, um deren Relevanz und Effektivität zu erhöhen.

Transparenz und Erklärbarkeit

Transparenz und Erklärbarkeit sind ebenfalls zentrale Faktoren bei der Integration von KI. Die Verwendung von erklärbaren KI-Modellen ermöglicht es Sicherheitsteams, die Entscheidungsprozesse der KI nachzuvollziehen und zu verstehen, welche Faktoren zu bestimmten Ergebnissen geführt haben. Dies erhöht nicht nur das Vertrauen in die Technologie, sondern erleichtert auch die Identifikation und Korrektur möglicher Fehler oder Bias. Eine umfassende Dokumentation der KI-Algorithmen und der Entscheidungsprozesse ist unerlässlich, um eine klare Nachvollziehbarkeit und Verantwortlichkeit zu gewährleisten.

Nahtlose Integration in bestehende Systeme

Die Integration von KI in bestehende Systeme muss nahtlos erfolgen. Es ist wichtig, dass KI-Lösungen problemlos in die bestehende IT- und Sicherheitsinfrastruktur integriert werden können. Dazu gehört die Interoperabilität mit vorhandenen Sicherheitswerkzeugen und -systemen sowie die Nutzung standardisierter Schnittstellen (APIs), um eine reibungslose Verbindung und Zusammenarbeit zu gewährleisten.

Menschliche Aufsicht und Zusammenarbeit

Obwohl KI viele Aufgaben automatisieren kann, sollte menschliche Aufsicht und Zusammenarbeit weiterhin eine zentrale Rolle spielen. Der Mensch sollte stets eine Überwachungsrolle behalten, da KI-Systeme als unterstützende Werkzeuge und nicht als vollständiger Ersatz für menschliche Sicherheitsanalysten betrachtet werden sollten. Die Förderung der Zusammenarbeit zwischen KI-Systemen und menschlichen Experten kann dazu beitragen, die Stärken beider Seiten zu nutzen und die Sicherheitsmaßnahmen insgesamt zu verbessern.

Sicherheits- und Datenschutzrichtlinien

Sicherheits- und Datenschutzrichtlinien sind ein weiterer wichtiger Aspekt. Alle Daten, die zur Schulung und Ausführung von KI-Algorithmen verwendet werden, müssen den geltenden

Datenschutzbestimmungen entsprechen. Sensible Informationen sollten geschützt und anonymisiert werden, um die Privatsphäre der Benutzer zu wahren. Unternehmen sollten Richtlinien für den sicheren Einsatz von KI entwickeln, die den aktuellen Sicherheitsstandards und gesetzlichen Anforderungen entsprechen.

Kontinuierliche Überwachung und Wartung

Die kontinuierliche Überwachung und Wartung der KI-Systeme ist ebenfalls erforderlich. Die Leistung und Effektivität der KI-Lösungen sollten regelmäßig überwacht werden, um sicherzustellen, dass sie wie erwartet funktionieren und keine neuen Sicherheitslücken entstehen. Regelmäßige Wartung und Updates sind notwendig, um die Sicherheit und Effizienz der Systeme aufrechtzuerhalten und sie an neue Anforderungen anzupassen.

Schulung und Weiterbildung der Mitarbeiter

Die Schulung und Weiterbildung der Mitarbeiter im Umgang mit KI-gestützten Sicherheitstools sind entscheidend für eine erfolgreiche Implementierung. Mitarbeiter sollten umfassend im Umgang mit diesen Tools geschult und über Best Practices in der Cybersicherheit informiert werden. Kontinuierliche Weiterbildung hilft, das Wissen über KI und Cybersicherheit aktuell zu halten und auf neue Entwicklungen und Herausforderungen zu reagieren.

Regelmäßige Risikoanalysen und Notfallpläne

Schließlich sollten Unternehmen regelmäßige Risikoanalysen durchführen, um potenzielle Schwachstellen und Bedrohungen zu identifizieren. Notfallpläne sind ebenfalls erforderlich, um auf Ausfälle oder Angriffe auf KI-Systeme vorbereitet zu sein. Die Entwicklung und regelmäßige Überprüfung solcher Pläne stellt sicher, dass im Falle eines Vorfalls schnell und effektiv reagiert werden kann.

Durch die Berücksichtigung dieser Best Practices können Unternehmen die Vorteile von KI in ihren Sicherheitsstrategien maximieren, Risiken minimieren und die Sicherheit ihrer digitalen Infrastruktur umfassend gewährleisten.

15. Aktuelle Trends in der digitalen Sicherheit

Neuen Arten von Cyberbedrohungen

In den letzten Jahren haben sich die Cyberbedrohungen weiterentwickelt und sind zunehmend raffinierter und schwerer zu erkennen geworden. Hier sind einige der neuen Arten von Cyberbedrohungen, die in jüngster Zeit aufgetaucht sind:

Advanced Persistent Threats (APTs)

APTs sind langfristige, zielgerichtete Angriffe, bei denen sich Angreifer unbemerkt in einem Netzwerk aufhalten, um sensible Daten zu stehlen oder zu manipulieren. Diese Angriffe sind oft staatlich gefördert und richten sich gegen hochrangige Ziele wie Regierungsbehörden oder große Unternehmen. Die Angreifer nutzen komplexe Techniken, um ihre Präsenz zu verschleiern und ihre Angriffe über einen längeren Zeitraum hinweg durchzuführen.

Ransomware-as-a-Service (RaaS)

RaaS hat es auch weniger technisch versierten Kriminellen ermöglicht, Ransomware-Angriffe durchzuführen. Hierbei wird Ransomware als Dienstleistung angeboten, wobei die Anbieter den Angreifern die notwendigen Tools und Unterstützung zur Verfügung stellen, um ihre Angriffe durchzuführen. Dies hat die Barriere für den Einstieg in Ransomware-Angriffe erheblich gesenkt und zu einem Anstieg der Angriffe geführt.

Fileless Malware

Im Gegensatz zu herkömmlicher Malware, die Dateien auf einem Zielsystem ablegt, nutzt fileless Malware legitime Systemprogramme, um bösartige Aktivitäten auszuführen. Dadurch bleibt sie oft unentdeckt, da sie keine traditionellen Signaturen hinterlässt, die von Antivirenprogrammen erkannt werden können. Fileless Malware kann schwer zu erkennen und zu beseitigen sein, da sie direkt im Arbeitsspeicher arbeitet und keine dauerhaften Spuren hinterlässt.

Internet of Things (IoT) Angriffe

Mit der zunehmenden Verbreitung von IoT-Geräten sind auch die Angriffe auf diese Geräte gestiegen. Diese Angriffe zielen auf die Vielzahl von vernetzten Geräten ab, die oft schlecht gesichert sind, und können zur Übernahme von Geräten und Netzwerken führen. Angreifer können IoT-Geräte nutzen, um Netzwerke zu infiltrieren, Daten zu stehlen oder sie für weitere Angriffe zu missbrauchen.

Supply Chain Attacks

Angriffe auf die Lieferkette zielen darauf ab, Schwachstellen bei Drittanbietern oder Dienstleistern auszunutzen, um darüber Zugriff auf das eigentliche Ziel zu erlangen. Ein bekanntes Beispiel hierfür ist der SolarWinds-Hack, bei dem bösartige Updates über legitime Software verteilt wurden. Solche Angriffe können weitreichende Folgen haben, da sie über vertrauenswürdige Kanäle erfolgen und schwer zu erkennen sind.

Deepfake-Technologie

Deepfakes nutzen künstliche Intelligenz, um täuschend echte, aber gefälschte Audio- und Videoinhalte zu erstellen. Diese Technologie wird zunehmend für Social Engineering-Angriffe verwendet, bei denen Angreifer gefälschte Inhalte nutzen, um Vertrauen zu gewinnen und sensible Informationen zu erlangen. Deepfakes können sowohl für Betrug als auch für Desinformation verwendet werden und stellen eine ernsthafte Herausforderung für die Verifikation von Informationen dar.

Cryptojacking

Cryptojacking ist das unautorisierte Nutzen von Computerressourcen zur Krypto-Mining. Angreifer infizieren Computer oder

Netzwerke mit Malware, die im Hintergrund Kryptowährungen wie Bitcoin oder Monero schürft, wodurch die Leistung der betroffenen Systeme beeinträchtigt wird. Diese Art von Angriff kann zu erheblichen Leistungseinbußen und zusätzlichen Kosten für die betroffenen Systeme führen.

AI-Driven Attacks

Cyberkriminelle nutzen zunehmend künstliche Intelligenz und maschinelles Lernen, um Angriffe zu automatisieren und zu verfeinern. Diese Angriffe können komplexer und schwerer zu erkennen sein, da sie sich an die Abwehrmechanismen der Zielsysteme anpassen können. AI-gesteuerte Angriffe sind oft dynamischer und anpassungsfähiger, was sie besonders gefährlich macht.

Zero-Click Exploits

Zero-Click Exploits erfordern keine Interaktion des Benutzers, um ein System zu kompromittieren. Diese Exploits nutzen Schwachstellen in Software aus, um automatisch Schadcode auszuführen, sobald eine bösartige Nachricht oder Datei empfangen wird. Da keine Benutzerinteraktion erforderlich ist, können diese Angriffe besonders schwer zu verhindern und zu erkennen sein.

Insider Threats durch Remote Work

Mit dem Anstieg von Homeoffice und Remote-Arbeit haben Insider-Bedrohungen zugenommen. Mitarbeiter haben oft Zugriff auf vertrauliche Informationen von weniger sicheren Heimnetzwerken aus, was das Risiko für Datenlecks und unabsichtliche Offenlegungen erhöht. Insider-Bedrohungen können sowohl absichtlich als auch unbeabsichtigt auftreten und erfordern spezielle Sicherheitsvorkehrungen.

Mobile Device Threats

Angriffe auf mobile Geräte nehmen zu, da diese zunehmend für berufliche und persönliche Aufgaben genutzt werden. Dazu gehören speziell entwickelte Malware, die auf mobile Betriebssysteme abzielt, sowie Phishing-Angriffe, die sich an mobile Benutzer richten. Mobile Geräte sind oft weniger sicher als Desktop-Computer und bieten daher eine zusätzliche Angriffsfläche.

Social Media Phishing

Angriffe über soziale Medien haben zugenommen, da Angreifer gefälschte Profile erstellen, um Vertrauen zu gewinnen und persönliche Informationen oder Zugangsdaten zu stehlen. Diese Angriffe nutzen oft psychologische Manipulation und soziale Interaktion, um erfolgreich zu sein. Social Media Phishing kann zu Identitätsdiebstahl und finanziellen Verlusten führen.

Cloud Security Threats

Mit der zunehmenden Nutzung von Cloud-Diensten sind auch die Angriffe auf diese Plattformen gestiegen. Dazu gehören Datenlecks, Fehlkonfigurationen von Cloud-Diensten und Angriffe auf Cloud-Infrastrukturen, die erhebliche Datenverluste und Betriebsunterbrechungen verursachen können. Die Sicherheit von Cloud-Diensten ist entscheidend für den Schutz der gespeicherten Daten und Anwendungen.

Ransomware 2.0

Neuere Ransomware-Angriffe beinhalten nicht nur die Verschlüsselung von Daten, sondern auch deren Diebstahl. Die Angreifer drohen, die gestohlenen Daten zu veröffentlichen, wenn das Lösegeld nicht gezahlt wird, was den Druck auf die Opfer erhöht, zu zahlen. Diese Art von Angriff erhöht die Erpressungskraft und stellt eine zusätzliche Herausforderung für die betroffenen Unternehmen dar.

Diese neuen Cyberbedrohungen erfordern kontinuierliche Anpassung und Verbesserung der Sicherheitsstrategien, um effektiv geschützt zu bleiben. Es ist wichtig, dass Unternehmen und Einzelpersonen wachsam bleiben und ihre Sicherheitsmaßnahmen regelmäßig aktualisieren, um gegen die sich ständig entwickelnden Bedrohungen gewappnet zu sein.

Taktiken und Strategien von Cyberkriminellen

Die Entwicklung und Anpassung der Cyberkriminalität reflektieren die zunehmende Raffinesse und Komplexität moderner Angriffe. Die kontinuierliche Evolution der Taktiken und Strategien von Cyberkriminellen verdeutlicht die Notwendigkeit für eine ebenso dynamische und anpassungsfähige Sicherheitsstrategie. Hier sind einige der Schlüsseltrends und -entwicklungen, die die Landschaft der Cyberbedrohungen prägen:

Professionalisierung der Cyberkriminalität

Frühe Cyberangriffe wurden oft von Einzelpersonen oder kleinen Gruppen ausgeführt, die durch Neugier oder den Wunsch nach Anerkennung motiviert waren. Heute sind viele Cyberangriffe das Werk gut organisierter, international operierender krimineller Netzwerke oder staatlich gesponserter Gruppen. Diese Akteure sind hochprofessionell und nutzen ausgeklügelte Taktiken, um ihre Ziele zu erreichen und Gewinne zu maximieren.

Finanzielle Motivation

Der Antrieb für Cyberkriminelle hat sich von persönlichem Ruhm und Herausforderung zu finanziellem Gewinn verschoben. Dies hat zu einem Anstieg von Ransomware-Angriffen, Betrugsversuchen und Datendiebstahl geführt. Finanzielle Anreize haben die Motivation der Angreifer verstärkt und die Dringlichkeit der Sicherheitsmaßnahmen erhöht.

Evolution der Ransomware-Angriffe

Moderne Ransomware-Angriffe sind komplexer geworden und beinhalten oft nicht nur die Verschlüsselung von Daten, sondern auch deren Diebstahl und die Drohung mit Veröffentlichung. Das Modell des Ransomware-as-a-Service (RaaS) hat es auch technisch weniger versierten Kriminellen ermöglicht, Angriffe durchzuführen, indem sie vorgefertigte Tools von Anbietern mieten.

Advanced Persistent Threats (APTs)

APTs zeichnen sich durch langfristige, zielgerichtete Angriffe aus, bei denen Angreifer über längere Zeiträume unbemerkt in Netzwerken bleiben, um kontinuierlich Informationen zu sammeln oder Schaden anzurichten. Diese Angriffe sind oft das Ergebnis von sorgfältiger Planung und erheblicher finanzieller Investitionen, meist seitens staatlicher Akteure oder großer krimineller Organisationen.

Fileless Malware

Fileless Malware hinterlässt keine physischen Dateien auf einem Zielsystem, sondern nutzt legitime Systemprogramme, um bösartige Aktivitäten durchzuführen. Diese Angriffe sind schwerer zu erkennen, da sie keine herkömmlichen Malware-Signaturen hinterlassen und direkt im Arbeitsspeicher arbeiten.

Angriffe auf Cloud-Dienste und IoT-Geräte

Die Verbreitung von Cloud-Diensten und IoT-Geräten hat neue Angriffsflächen geschaffen. Cloud-Dienste sind oft Ziel von Datenlecks und Fehlkonfigurationen, während IoT-Geräte aufgrund ihrer oft unzureichenden Sicherheit angegriffen werden können. Diese Entwicklungen erfordern neue Ansätze zur Sicherung der Cloud-Infrastruktur und der IoT-Geräte.

Social Engineering und Phishing

Social Engineering- und Phishing-Taktiken haben sich verfeinert, wobei gezielte Angriffe wie Spear-Phishing spezifische Nutzer oder Organisationen ins Visier nehmen. Diese Angriffe nutzen psychologische Manipulation, um Opfer zu verleiten, sensible Informationen preiszugeben oder schädliche Aktionen auszuführen.

Zero-Day-Exploits

Zero-Day-Exploits zielen auf bisher unbekannte Schwachstellen in Software ab, für die noch keine Patches existieren. Diese Angriffe sind besonders wertvoll, da sie von bestehenden Sicherheitsmaßnahmen nicht erkannt werden können und erhebliche Schäden verursachen können.

Einsatz von Künstlicher Intelligenz (KI)

Cyberkriminelle nutzen zunehmend KI und maschinelles Lernen, um Angriffe zu automatisieren, Muster zu erkennen und gezielte Angriffe zu verfeinern. Die Verwendung von KI erhöht die Effizienz und Effektivität der Angriffe und stellt neue Herausforderungen für die Cybersicherheitsabwehr dar.

Insider-Bedrohungen und Remote-Arbeit

Mit der Zunahme von Remote-Arbeit haben Insider-Bedrohungen an Bedeutung gewonnen. Mitarbeiter, die von weniger sicheren Heimnetzwerken aus auf Unternehmensressourcen zugreifen, können unbeabsichtigt oder absichtlich Sicherheitslücken schaffen, die von Cyberkriminellen ausgenutzt werden können.

Angriffe auf Lieferketten

Supply-Chain-Angriffe zielen darauf ab, Schwachstellen bei Drittanbietern oder Dienstleistern auszunutzen, um Zugang zum eigentlichen Ziel zu erhalten. Diese Angriffe sind oft schwer zu erkennen und können weitreichende Auswirkungen auf die betroffenen Unternehmen haben.

Mobile Angriffe und Cryptojacking

Mobile Angriffe nehmen zu, da mobile Geräte zunehmend für berufliche und persönliche Aktivitäten genutzt werden. Cryptojacking ist eine neuere Bedrohung, bei der unautorisierte Nutzung von Computerressourcen zum Schürfen von Kryptowährungen erfolgt, was die Leistung der betroffenen Systeme beeinträchtigt.

Diese Entwicklungen verdeutlichen, dass Cyberkriminelle kontinuierlich neue Taktiken und Strategien entwickeln, um ihre Ziele zu erreichen. Die kontinuierliche Anpassung und Verbesserung der Sicherheitsstrategien sind unerlässlich, um diesen sich ständig wandelnden Bedrohungen effektiv zu begegnen und die digitale Sicherheit zu gewährleisten.

Professionalisierung der Cyberkriminalität

Frühe Cyberangriffe wurden oft von Einzelpersonen oder kleinen Gruppen ausgeführt, die durch Neugier oder den Wunsch nach Anerkennung motiviert waren. Heute sind viele Cyberangriffe das Werk gut organisierter, international operierender krimineller Netzwerke oder staatlich gesponserter Gruppen. Diese Akteure sind hochprofessionell und nutzen ausgeklügelte Taktiken, um ihre Ziele zu erreichen und Gewinne zu maximieren.

Finanzielle Motivation
Der Antrieb für Cyberkriminelle hat sich von persönlichem Ruhm und Herausforderung zu finanziellem Gewinn verschoben. Dies hat zu einem Anstieg von Ransomware-Angriffen, Betrugsversuchen und Datendiebstahl geführt. Finanzielle Anreize haben die Motivation der Angreifer verstärkt und die Dringlichkeit der Sicherheitsmaßnahmen erhöht.

Evolution der Ransomware-Angriffe
Moderne Ransomware-Angriffe sind komplexer geworden und beinhalten oft nicht nur die Verschlüsselung von Daten, sondern auch deren Diebstahl und die Drohung mit Veröffentlichung. Das Modell des Ransomware-as-a-Service (RaaS) hat es auch technisch weniger versierten Kriminellen ermöglicht, Angriffe durchzuführen, indem sie vorgefertigte Tools von Anbietern mieten.

Advanced Persistent Threats (APTs)
APTs zeichnen sich durch langfristige, zielgerichtete Angriffe aus, bei denen Angreifer über längere Zeiträume unbemerkt in Netzwerken bleiben, um kontinuierlich Informationen zu sammeln oder Schaden anzurichten. Diese Angriffe sind oft das Er-

gebnis von sorgfältiger Planung und erheblicher finanzieller Investitionen, meist seitens staatlicher Akteure oder großer krimineller Organisationen.

Fileless Malware

Fileless Malware hinterlässt keine physischen Dateien auf einem Zielsystem, sondern nutzt legitime Systemprogramme, um bösartige Aktivitäten durchzuführen. Diese Angriffe sind schwerer zu erkennen, da sie keine herkömmlichen Malware-Signaturen hinterlassen und direkt im Arbeitsspeicher arbeiten.

Angriffe auf Cloud-Dienste und IoT-Geräte

Die Verbreitung von Cloud-Diensten und IoT-Geräten hat neue Angriffsflächen geschaffen. Cloud-Dienste sind oft Ziel von Datenlecks und Fehlkonfigurationen, während IoT-Geräte aufgrund ihrer oft unzureichenden Sicherheit angegriffen werden können. Diese Entwicklungen erfordern neue Ansätze zur Sicherung der Cloud-Infrastruktur und der IoT-Geräte.

Social Engineering und Phishing

Social Engineering- und Phishing-Taktiken haben sich verfeinert, wobei gezielte Angriffe wie Spear-Phishing spezifische Nutzer oder Organisationen ins Visier nehmen. Diese Angriffe nutzen psychologische Manipulation, um Opfer zu verleiten, sensible Informationen preiszugeben oder schädliche Aktionen auszuführen.

Zero-Day-Exploits

Zero-Day-Exploits zielen auf bisher unbekannte Schwachstellen in Software ab, für die noch keine Patches existieren. Diese Angriffe sind besonders wertvoll, da sie von bestehenden Sicherheitsmaßnahmen nicht erkannt werden können und erhebliche Schäden verursachen können.

Einsatz von Künstlicher Intelligenz (KI)

Cyberkriminelle nutzen zunehmend KI und maschinelles Lernen, um Angriffe zu automatisieren, Muster zu erkennen und gezielte Angriffe zu verfeinern. Die Verwendung von KI erhöht die Effizienz und Effektivität der Angriffe und stellt neue Herausforderungen für die Cybersicherheitsabwehr dar.

Insider-Bedrohungen und Remote-Arbeit

Mit der Zunahme von Remote-Arbeit haben Insider-Bedrohungen an Bedeutung gewonnen. Mitarbeiter, die von weniger sicheren Heimnetzwerken aus auf Unternehmensressourcen zugreifen, können unbeabsichtigt oder absichtlich Sicherheitslücken schaffen, die von Cyberkriminellen ausgenutzt werden können.

Angriffe auf Lieferketten

Supply-Chain-Angriffe zielen darauf ab, Schwachstellen bei Drittanbietern oder Dienstleistern auszunutzen, um Zugang zum eigentlichen Ziel zu erhalten. Diese Angriffe sind oft schwer zu erkennen und können weitreichende Auswirkungen auf die betroffenen Unternehmen haben.

Mobile Angriffe und Cryptojacking

Mobile Angriffe nehmen zu, da mobile Geräte zunehmend für berufliche und persönliche Aktivitäten genutzt werden. Cryptojacking ist eine neuere Bedrohung, bei der unautorisierte Nutzung von Computerressourcen zum Schürfen von Kryptowährungen erfolgt, was die Leistung der betroffenen Systeme beeinträchtigt.

Diese Entwicklungen verdeutlichen, dass Cyberkriminelle kontinuierlich neue Taktiken und Strategien entwickeln, um ihre Ziele zu erreichen. Die kontinuierliche Anpassung und Verbesserung der Sicherheitsstrategien sind unerlässlich, um diesen sich ständig wandelnden Bedrohungen effektiv zu begegnen und die digitale Sicherheit zu gewährleisten.

Staatlich gesponserte Cyberangriffe

Die Zunahme staatlich gesponserter Cyberangriffe ist eine direkte Folge geopolitischer Spannungen. Staaten setzen Cyberoperationen ein, um ihre geopolitischen Ziele zu verfolgen. Diese Operationen können Cyberspionage, Sabotage und Desinformationskampagnen umfassen. Solche Angriffe richten sich häufig gegen Regierungsbehörden, kritische Infrastrukturen und große Unternehmen. In einigen Fällen sind auch Einzelpersonen betroffen. Die Komplexität und Zielgerichtetheit dieser Angriffe spiegeln die strategischen Interessen der beteiligten Länder wider und verdeutlichen die Rolle der Cybersicherheit als wesentliches Werkzeug in der internationalen Politik.

Risiko von Cyberkriegen

Das Risiko von Cyberkriegen steigt in Zeiten geopolitischer Spannungen. Cyberkriege nutzen digitale Angriffe als Teil militärischer Strategien und können erhebliche Schäden verursachen. Diese Schäden betreffen nicht nur kritische Infrastrukturen wie Stromnetze und Kommunikationssysteme, sondern auch Wirtschaftssysteme und gesellschaftliche Ordnung insgesamt. Die Möglichkeit, dass digitale Konflikte zu physischen Schäden oder gesellschaftlichen Unruhen führen, hebt die Notwendigkeit hervor, robuste Verteidigungsstrategien zu entwickeln und internationale Normen für Cyberkonflikte zu etablieren.

Schutz kritischer Infrastrukturen

Verstärkter Schutz kritischer Infrastrukturen ist eine weitere Folge geopolitischer Spannungen. Regierungen und Unternehmen investieren vermehrt in Sicherheitsmaßnahmen und Notfallpläne, um auf die erhöhte Bedrohung zu reagieren. Der Schutz von Einrichtungen wie Energieversorgern, Wasserwerken und Verkehrssystemen wird zur Priorität, da diese Infrastrukturen als besonders anfällig für gezielte Angriffe gelten. Die Implementierung fortschrittlicher Sicherheitslösungen und die Entwicklung umfassender Krisenmanagementstrategien sind entscheidend, um die

Auswirkungen potenzieller Angriffe zu minimieren und die Funktionsfähigkeit kritischer Systeme zu gewährleisten.

Zunahme von Spionageaktivitäten

Gleichzeitig steigen die Spionageaktivitäten, da Staaten versuchen, geheime Informationen über ihre Gegner zu sammeln. Geopolitische Spannungen führen zu einer Intensivierung der Cyber-Spionage, bei der sensible Daten aus Regierungsbehörden, Unternehmen und anderen Institutionen entwendet werden. Diese Informationsbeschaffung kann weitreichende Konsequenzen für nationale Sicherheitsstrategien und wirtschaftliche Wettbewerbsbedingungen haben. Die Notwendigkeit für verstärkte Schutzmaßnahmen und Überwachungsmechanismen wird durch diese Entwicklung besonders deutlich.

Desinformationskampagnen

Desinformationskampagnen nehmen ebenfalls zu, da Staaten digitale Kanäle nutzen, um Fehlinformationen und Propaganda zu verbreiten. Diese Kampagnen zielen darauf ab, die öffentliche Meinung zu beeinflussen, politische Gegner zu destabilisieren und geopolitische Ziele zu fördern. Die Verbreitung von Desinformation über soziale Medien, gefälschte Nachrichtenportale und andere digitale Plattformen untergräbt das Vertrauen in öffentliche Institutionen und kann politische Prozesse erheblich stören.

Internationale Zusammenarbeit

Die internationale Zusammenarbeit im Bereich der digitalen Sicherheit kann durch geopolitische Spannungen gefährdet werden. Länder, die sich in einem Konflikt befinden oder einander misstrauen, sind möglicherweise weniger geneigt, Informationen über Cyberbedrohungen auszutauschen oder gemeinsame Maßnahmen zur Bekämpfung von Cyberangriffen zu koordinieren. Diese Einschränkungen in der Zusammenarbeit können die Fähigkeit der internationalen Gemeinschaft beeinträchtigen, effektive Gegen-

maßnahmen zu entwickeln und globale Sicherheitsstandards aufrechtzuerhalten.

Hacking-Gruppen und Aktivisten

Geopolitische Spannungen können auch zu einer Zunahme von
Hacking-Gruppen und Aktivisten führen, die im Auftrag von
oder im Interesse bestimmter Staaten agieren. Diese Gruppen
sind oft motiviert, politische Ziele zu unterstützen, vertrauliche
Informationen zu veröffentlichen oder digitale Infrastrukturen zu
destabilisieren. Die Aktivitäten solcher Gruppen tragen zur Ver-
schärfung der digitalen Bedrohungslage bei und erfordern eine
ständige Anpassung der Sicherheitsstrategien und der Reaktionsmechanismen.

Die weitreichenden Auswirkungen geopolitischer Spannungen
auf die digitale Sicherheitslandschaft verdeutlichen die Notwendigkeit für verstärkte internationale Zusammenarbeit, umfassende
Investitionen in Sicherheitsmaßnahmen und erhöhte Wachsamkeit gegenüber den sich entwickelnden digitalen Bedrohungen.
Die Fähigkeit, flexibel auf sich ändernde Bedrohungsszenarien zu
reagieren und effektive Schutzstrategien zu entwickeln, wird entscheidend für die Sicherheit und Stabilität im digitalen Raum sein.

Neue Technologien

Früherkennung von Bedrohungen

Die Früherkennung von Bedrohungen ist ein wesentliches Ein-
satzfeld von KI und ML im Bereich der Cybersicherheit. Durch
die Fähigkeit, Muster und Anomalien im Netzwerkverkehr, in Benutzeraktivitäten und Systemprotokollen zu analysieren, verbessern diese Technologien die Erkennung potenzieller Gefahren erheblich. KI-gestützte Systeme verarbeiten und analysieren große
Datenmengen in Echtzeit, um verdächtige Aktivitäten zu identifizieren, bevor sie sich zu ernsthaften Sicherheitsvorfällen entwi

ckeln. Diese proaktive Herangehensweise ermöglicht es Sicherheitsverantwortlichen, Bedrohungen frühzeitig zu erkennen und gezielte Maßnahmen zur Verhinderung möglicher Schäden zu ergreifen.

Erweiterte Bedrohungsanalyse

Ein weiterer wesentlicher Vorteil von KI und ML ist die erweiterte Bedrohungsanalyse. Diese Technologien kombinieren Daten aus verschiedenen Quellen und kontextualisieren sie, um ein umfassenderes Bild der Bedrohungslage zu erhalten. KI-Systeme sind in der Lage, detaillierte Analysen der Herkunft, Intentionen und Taktiken von Angreifern zu liefern. Diese tiefere Einsicht ermöglicht eine verbesserte Reaktion auf Bedrohungen, da Sicherheitsverantwortliche besser verstehen können, wie und warum ein Angriff stattfindet. Auf dieser Basis können gezieltere Gegenmaßnahmen entwickelt werden, die effektiver auf die spezifischen Merkmale eines Angriffs reagieren.

Automatisierung von Sicherheitsmaßnahmen

Die Automatisierung von Sicherheitsmaßnahmen ist ein bedeutender Vorteil von KI und ML. Diese Technologien können Sicherheitsoperationen automatisieren, indem sie direkt auf erkannte Bedrohungen reagieren, ohne dass menschliches Eingreifen erforderlich ist. Durch die Automatisierung der Reaktionsprozesse wird die Zeit zur Behebung von Sicherheitsvorfällen verkürzt, was in einem Umfeld von zunehmender Angriffskomplexität und Geschwindigkeit besonders wichtig ist. Die Effizienz der Sicherheitsprozesse wird durch diese Automatisierung erhöht, da sie dazu beiträgt, eine schnelle und präzise Reaktion auf Bedrohungen zu gewährleisten.

Verhaltensbasierte Erkennung von Bedrohungen

KI und ML glänzen auch in der verhaltensbasierten Erkennung von Bedrohungen. Im Gegensatz zu traditionellen Methoden, die auf bekannten Signaturen oder Mustern basieren, nutzen diese Technologien die Fähigkeit zur Verhaltensanalyse, um ungewöhnliche Aktivitäten zu identifizieren, die auf potenzielle Angriffe hindeuten. Diese Methode ermöglicht es, neuartige oder bisher unbekannte Bedrohungen zu entdecken, die möglicherweise von herkömmlichen Erkennungssystemen nicht erfasst werden. Diese verhaltensbasierte Erkennung trägt dazu bei, die Angriffsfläche zu erweitern und unentdeckte Bedrohungen frühzeitig zu identifizieren.

Anpassungsfähigkeit an neue Bedrohungen

Die Anpassungsfähigkeit an neue Bedrohungen ist ein weiteres herausragendes Merkmal von KI und ML. Diese Technologien sind in der Lage, kontinuierlich zu lernen und sich weiterzuentwickeln, indem sie neue Daten und Informationen verarbeiten. Machine-Learning-Algorithmen ermöglichen es Sicherheitssystemen, sich dynamisch an verändernde Angriffsmethoden und -taktiken anzupassen. Diese kontinuierliche Verbesserung stellt sicher, dass Sicherheitslösungen immer auf dem neuesten Stand bleiben und effektiv gegen neu auftretende Bedrohungen geschützt sind. Die Fähigkeit zur Selbstanpassung ermöglicht es den Systemen, mit der schnellen Entwicklung der Cyberbedrohungen Schritt zu halten.

Identifizierung von Schwachstellen

Ein weiteres wichtiges Anwendungsgebiet von KI und ML ist die Identifizierung von Schwachstellen in Systemen und Netzwerken. Automatisierte Sicherheitsbewertungen, die auf KI und ML basieren, können potenzielle Risiken und Schwachstellen aufdecken. Durch die frühzeitige Identifizierung solcher Sicherheitslücken können diese Technologien helfen, Sicherheitsmaßnahmen rechtzeitig zu implementieren, um die Schwachstellen zu schließen, bevor sie von Angreifern ausgenutzt werden. Diese präventive Maßnahme ist entscheidend, um die Sicherheit von Systemen und Netzwerken aufrechtzuerhalten.

KI und Ml spielen eine entscheidende Rolle bei der Stärkung der digitalen Verteidigung gegen Cyberbedrohungen. Ihre Fähigkeit, große Datenmengen zu verarbeiten, komplexe Muster zu erkennen und schnell auf Bedrohungen zu reagieren, trägt maßgeblich zur Erhöhung der Effektivität von Sicherheitsmaßnahmen bei. Durch die kontinuierliche Weiterentwicklung und Anwendung dieser Technologien wird die Angriffsfläche für potenzielle Angreifer erheblich verringert, und die digitale Sicherheit wird auf ein neues Niveau gehoben. Die fortschreitende Integration von KI und ML in Sicherheitsstrategien wird immer wichtiger, um der dynamischen und sich ständig verändernden Bedrohungslandschaft begegnen zu können.

Datensicherheit und Datenschutz

Datensicherheit und Datenschutz stehen im Zentrum der gesetzlichen und regulatorischen Entwicklungen, die die digitale Sicherheitslandschaft prägen. Gesetze wie die Datenschutz-Grundverordnung (DSGVO) in der Europäischen Union und der California Consumer Privacy Act (CCPA) in den Vereinigten Staaten setzen strenge Anforderungen an den Schutz persönlicher Daten. Diese Vorschriften verlangen von Unternehmen Transparenz darüber, wie personenbezogene Daten verwendet werden, und gewähren den betroffenen Personen Rechte wie Zugang und Löschung ihrer Daten. Unternehmen sind verpflichtet, umfassende Datenschutzpraktiken zu implementieren und in fortschrittliche Sicherheitstechnologien zu investieren, um diesen Anforderungen gerecht zu werden. Diese Maßnahmen dienen nicht nur der rechtlichen Konformität, sondern stärken auch das Vertrauen der Kunden in die Fähigkeit des Unternehmens, ihre Daten zu schützen.

Cybersicherheitsstandards
Die Einführung und Einhaltung von Cybersicherheitsstandards sind weitere wesentliche Aspekte gesetzlicher und regulatorischer

Maßnahmen. Regierungen und Branchenorganisationen entwickeln zunehmend verbindliche Standards und Richtlinien, um Unternehmen bei der Abwehr von Cyberbedrohungen zu unterstützen. Diese Standards definieren spezifische Sicherheitsmaßnahmen, die Unternehmen umsetzen sollten, um ihre Systeme und Daten zu schützen. Die Einhaltung solcher Standards verbessert nicht nur die Sicherheitslage eines Unternehmens, sondern fördert auch das Vertrauen von Kunden und Geschäftspartnern, da sie zeigt, dass das Unternehmen aktiv um den Schutz seiner digitalen Ressourcen bemüht ist.

Meldepflicht bei Sicherheitsverletzungen

Die gesetzliche Regelung zur Meldepflicht bei Sicherheitsverletzungen ist von großer Bedeutung. Viele Länder haben Vorschriften eingeführt, die Unternehmen dazu verpflichten, Sicherheitsverletzungen und Datenlecks unverzüglich an die zuständigen Behörden und die betroffenen Personen zu melden. Diese Regelungen erhöhen die Transparenz und ermöglichen es den Betroffenen, entsprechende Schutzmaßnahmen zu ergreifen. Unternehmen müssen daher effektive Mechanismen zur Erkennung und Meldung von Sicherheitsvorfällen implementieren, um rechtliche Konsequenzen zu vermeiden und das Vertrauen ihrer Kunden zu wahren.

Internationale Zusammenarbeit

Internationale Zusammenarbeit wird immer wichtiger, um Cyberbedrohungen, die häufig grenzüberschreitend sind, effektiv zu bekämpfen. Regierungen und internationale Organisationen schließen bilaterale und multilaterale Abkommen, um den Austausch von Informationen und die Zusammenarbeit bei der Bekämpfung von Cyberkriminalität zu fördern. Solche Abkommen stärken die Fähigkeit zur Abwehr von Angriffen und erleichtern die Verfolgung von Angreifern, indem sie eine koordinierte Reaktion auf globale Cyberbedrohungen ermöglichen.

Investitionen in Forschung und Entwicklung

Investitionen in Forschung und Entwicklung sind ein weiteres zentrales Element, das durch gesetzliche und regulatorische Entwicklungen beeinflusst wird. Regierungen investieren zunehmend in die Entwicklung neuer Technologien zur Verbesserung der digitalen Sicherheit. Diese Investitionen fördern innovative Lösungen und Technologien, die dazu beitragen, mit den sich ständig weiterentwickelnden Bedrohungen Schritt zu halten. Durch die Unterstützung von Forschungsinstituten und Start-ups wird die Entwicklung neuer Sicherheitstechnologien vorangetrieben, die die allgemeine Sicherheitslage stärken.

Gesetzliche und regulatorische Entwicklungen haben einen tiefgreifenden Einfluss auf die digitale Sicherheitslandschaft. Sie schaffen Anreize für die Einhaltung von Sicherheitsstandards, fördern Transparenz und Zusammenarbeit und unterstützen die kontinuierliche Weiterentwicklung von Sicherheitstechnologien. Diese Maßnahmen sind entscheidend, um die digitale Sicherheit aufrechtzuerhalten und den Herausforderungen der sich ständig verändernden Bedrohungslandschaft zu begegnen. Der fortlaufende Anpassungsbedarf an neue gesetzliche Anforderungen und technologische Entwicklungen erfordert eine proaktive und engagierte Herangehensweise von Organisationen und Einzelpersonen im Bereich der Cybersicherheit.

Methoden zur Stärkung ihrer digitalen Sicherheit

Künstliche Intelligenz (KI) und maschinelles Lernen (ML) haben sich als revolutionäre Werkzeuge im Bereich der Cybersicherheit etabliert. Diese Technologien ermöglichen es Unternehmen, enorme Datenmengen in Echtzeit zu analysieren und Muster zu identifizieren, die auf potenzielle Bedrohungen hinweisen. KI- und ML-Systeme sind in der Lage, anomales Verhalten zu erkennen und potenzielle Angriffe frühzeitig zu identifizieren. Die kontinuierliche Anpassung dieser Systeme an neue Bedrohungen und Angriffsmuster sorgt dafür, dass Sicherheitsmaßnahmen stets aktuell bleiben und präzise reagieren können. Dies ermöglicht eine schnelle Reaktion auf Bedrohungen und trägt dazu bei, potenzielle Sicherheitsvorfälle zu verhindern, bevor sie ernsthafte Schäden verursachen können.

Verhaltensanalyse

Die Verhaltensanalyse stellt einen weiteren bedeutenden Ansatz zur Verbesserung der digitalen Sicherheit dar. Diese Methode konzentriert sich auf das Monitoring und die Analyse des Verhaltens von Benutzern und Systemen, um ungewöhnliche Aktivitäten zu erkennen, die auf mögliche Sicherheitsvorfälle hinweisen könnten. Durch die kontinuierliche Überwachung von Verhaltensmustern können Unternehmen Bedrohungen identifizieren, die von traditionellen Sicherheitslösungen möglicherweise nicht erfasst werden. Dieser proaktive Ansatz ermöglicht eine schnellere Erkennung und Reaktion auf potenzielle Angriffe, indem er Anomalien und Abweichungen von normalen Verhaltensweisen aufdeckt, bevor sie zu ernsthaften Problemen führen können.

Zero-Trust-Sicherheitsansatz

Der Zero-Trust-Sicherheitsansatz stellt einen grundlegenden Paradigmenwechsel in der Netzwerksicherheit dar. Im Gegensatz zu traditionellen Sicherheitsmodellen, die davon ausgehen, dass alles innerhalb des Netzwerks vertrauenswürdig ist, geht Zero Trust davon aus, dass weder interne noch externe Netzwerke automatisch vertrauenswürdig sind. Stattdessen setzt dieser Ansatz auf umfassende Zugriffskontrollen und Authentifizierungsmechanismen, um sicherzustellen, dass nur autorisierte Benutzer und Geräte auf sensible Daten und Systeme zugreifen können. Durch diese rigorosen Sicherheitsmaßnahmen werden sowohl Insider-Bedrohungen als auch externe Angriffe besser kontrolliert und minimiert, was zu einer insgesamt robusteren Sicherheitsarchitektur führt.

DevSecOps

DevSecOps integriert Sicherheitspraktiken nahtlos in den Entwicklungsprozess. Dieser Ansatz ermöglicht es Unternehmen, Sicherheitslücken frühzeitig zu erkennen und zu beheben, noch bevor Anwendungen und Systeme live geschaltet werden. Durch die Integration von Sicherheitsprüfungen und -tools in den DevOps-Lebenszyklus werden kontinuierliche Sicherheitsüberprüfungen gefördert und Automatisierungsprozesse implementiert. Dies trägt zur schnellen Identifizierung und Behebung von Schwachstellen bei und führt zu einer insgesamt robuster gestalteten Sicherheitsarchitektur. DevSecOps fördert somit eine proaktive Sicherheitsstrategie und reduziert das Risiko von Sicherheitsvorfällen.

Cloud-Sicherheit

Mit der zunehmenden Nutzung von Cloud-Diensten gewinnt auch die Cloud-Sicherheit an Bedeutung. Unternehmen setzen spezialisierte Cloud-Sicherheitslösungen ein, die eine umfassende Kontrolle über Daten und Anwendungen in der Cloud ermöglichen. Diese Lösungen beinhalten Verschlüsselung, Zugriffssteuerung und kontinuierliche Überwachung, um sicherzustellen, dass Daten sowohl im Ruhezustand als auch bei der Übertragung geschützt sind. Cloud-Sicherheitsstrategien sind entscheidend, um die Integrität und Vertraulichkeit von Informationen in einer dynamischen und oft komplexen Cloud-Umgebung zu gewährleisten. Diese Maßnahmen tragen dazu bei, die Sicherheit von Cloud-Infrastrukturen zu gewährleisten und den Schutz sensibler Daten sicherzustellen.

Threat Intelligence

Threat Intelligence, oder Bedrohungsaufklärung, bietet Unternehmen wertvolle Einblicke in aktuelle Bedrohungen und Angriffsmuster. Durch die Nutzung von Threat Intelligence-Diensten und -Plattformen erhalten Organisationen Informationen über bekannte Bedrohungen und können proaktive Maßnahmen ergreifen, um sich gegen diese Bedrohungen zu schützen. Diese

Informationen ermöglichen es Unternehmen, ihre Sicherheitsstrategien anzupassen und gezielt gegen potenzielle Angriffe vorzugehen, bevor sie Schaden anrichten können. Threat Intelligence hilft dabei, Sicherheitsmaßnahmen zu verbessern und ein umfassendes Verständnis der Bedrohungslandschaft zu entwickeln.

Endpunkt-Sicherheit
Endpunkt-Sicherheit ist ein essenzieller Bestandteil jeder umfassenden Sicherheitsstrategie. Endpunkt-Sicherheitslösungen schützen Geräte wie Laptops, Smartphones und IoT-Geräte vor Bedrohungen. Diese Lösungen umfassen eine Vielzahl von Technologien, darunter Antivirensoftware, Verschlüsselungstools, Anwendungs-Whitelisting und fortschrittliche Bedrohungsabwehrtechnologien. Der Einsatz solcher Maßnahmen gewährleistet die Sicherheit und Integrität der Endgeräte und stärkt so die gesamte Sicherheitsarchitektur des Unternehmens. Endpunkt-Sicherheit ist entscheidend für den Schutz vor Angriffen und für die Aufrechterhaltung einer robusten Sicherheitsinfrastruktur.

Durch die Implementierung dieser fortschrittlichen Ansätze und Technologien können Unternehmen und Organisationen ihre digitale Sicherheit erheblich verbessern und sich besser gegen die wachsende Bedrohung durch Cyberangriffe wappnen. Diese Methoden bieten nicht nur Schutz, sondern auch eine proaktive Strategie zur Bewältigung der sich ständig weiterentwickelnden Bedrohungslandschaft. Die kontinuierliche Weiterentwicklung und Anpassung an neue Bedrohungen sind entscheidend, um die Sicherheitslage umfassend zu optimieren und eine wirksame Verteidigung gegen Cyberbedrohungen aufrechtzuerhalten.

Vernetzung von Geräten und Infrastrukturen

Mit der rasanten Expansion des Internet der Dinge (IoT) vergrößert sich die Angriffsfläche für Cyberangriffe erheblich. Die Vernetzung von Geräten wie Haushaltsgeräten, industriellen Steuerungssystemen und medizinischen Geräten bedeutet, dass jede neue Verbindung ein potenzielles Ziel für Angreifer darstellt. Diese Vielzahl an vernetzten Geräten erweitert die Möglichkeiten für Angreifer, da jedes einzelne Gerät ein potenzielles Einfallstor darstellen kann. Die Herausforderung besteht darin, alle potenziellen Schwachstellen in einem Netzwerk zu identifizieren und abzusichern, was durch die hohe Anzahl an IoT-Geräten und deren unterschiedliche Sicherheitsanforderungen erheblich erschwert wird. Diese expansive Angriffsfläche erfordert fortlaufende Überwachungs- und Absicherungsmaßnahmen, um Sicherheitslücken zu schließen und das Netzwerk vor potenziellen Bedrohungen zu schützen.

Sicherheitsmängel durch Kosteneffizienz

Viele IoT-Geräte werden mit einem starken Fokus auf Kosteneffizienz und Energieverbrauch entwickelt. Dies führt häufig zu Zugeständnissen bei der Sicherheit. Häufig sind diese Geräte mit Schwachstellen in der Firmware ausgestattet und verwenden unsichere Standardpasswörter. Zusätzlich bieten viele IoT-Geräte keine Möglichkeit zur Aktualisierung von Sicherheitspatches. Diese Mängel machen die Geräte anfällig für Angriffe, da Sicherheitslücken ausgenutzt werden können, um Zugang zu Netzwerken zu erhalten oder sensible Daten zu kompromittieren. Die mangelnde Sicherheitsvorkehrung in der Designphase und die Unfähigkeit zur regelmäßigen Aktualisierung stellen bedeutende Risiken dar und erfordern besondere Aufmerksamkeit von Herstellern und Nutzern gleichermaßen.

Erhöhtes Risiko für Denial-of-Service (DoS)-Angriffe

Die große Anzahl vernetzter IoT-Geräte schafft ein erhöhtes Risiko für Denial-of-Service (DoS)-Angriffe. Angreifer können große Mengen von IoT-Geräten nutzen, um massive Botnetze zu bilden. Diese Botnetze können dann gezielte Angriffe auf Websites, Online-Dienste oder Netzwerkinfrastrukturen durchführen, indem sie die Kapazität der angegriffenen Systeme überlasten. DoS-Angriffe können zu erheblichen Ausfällen und Störungen führen, indem sie die Verfügbarkeit und Leistung der angegriffenen Dienste beeinträchtigen. Die Fähigkeit der Angreifer, durch IoT-Botnetze großflächige Angriffe zu initiieren, stellt eine erhebliche Bedrohung für die Stabilität und Verfügbarkeit digitaler Dienste dar.

Datenschutzbedenken durch persönliche Daten

Die Vernetzung von Geräten führt häufig zur Erhebung großer Mengen persönlicher Daten durch smarte Sensoren in Wohnungen, tragbare Geräte oder vernetzte Fahrzeuge. Diese umfassende Datensammlung wirft bedeutende Datenschutzbedenken auf, insbesondere wenn die Daten nicht ausreichend geschützt sind oder wenn Dritte ohne Zustimmung der Nutzer auf diese Daten zugreifen können. Der Umgang mit persönlichen Daten muss strengen Datenschutzrichtlinien entsprechen, um das Risiko von Datenmissbrauch oder unbefugtem Zugriff zu minimieren. Die Sicherstellung, dass persönliche Daten sicher verarbeitet und gespeichert werden, ist entscheidend, um das Vertrauen der Nutzer zu gewährleisten und gesetzliche Anforderungen zu erfüllen.

Komplexität der Sicherheitsmaßnahmen

Die Komplexität der Sicherheitsmaßnahmen im IoT-Umfeld ist erheblich gestiegen. Die Vielzahl an vernetzten Geräten, die unterschiedliche Standards, Protokolle und Sicherheitsanforderungen aufweisen, erschwert die Implementierung konsistenter und effektiver Sicherheitsstrategien. Jedes Gerät und jede Anwendung kann spezifische Sicherheitsanforderungen haben, was die Entwicklung und Durchsetzung einheitlicher Sicherheitsmaßnahmen herausfordernd macht. Die Sicherstellung eines umfassenden Schutzes erfordert die Berücksichtigung verschiedener Sicherheitsaspekte, einschließlich der Integration von Geräten, der Kommunikation zwischen ihnen und der Verwaltung von Zugriffsrechten.

Notwendigkeit der Zusammenarbeit

Um die Sicherheitsherausforderungen des Internet der Dinge erfolgreich zu bewältigen, ist eine enge Zusammenarbeit zwischen Herstellern, Regulierungsbehörden, Unternehmen und Verbrauchern unerlässlich. Es müssen einheitliche Standards entwickelt und Sicherheitsrichtlinien festgelegt werden, um bewährte Verfahren für den Schutz von IoT-Geräten und -Netzwerken zu etablieren. Diese Kooperation ist entscheidend, um ein sicheres und robustes Netzwerk zu schaffen, das den vielfältigen Bedrohungen begegnen kann. Durch den Austausch von Wissen und Ressourcen können gemeinsame Sicherheitsstandards und -maßnahmen entwickelt werden, um die Herausforderungen der vernetzten Welt effektiv zu adressieren.

Die zunehmende Vernetzung von Geräten und Infrastrukturen hat das Potenzial, die digitale Sicherheitslandschaft erheblich zu verändern. Die damit verbundenen Herausforderungen erfordern ein hohes Maß an Wachsamkeit und proaktiven Maßnahmen von Unternehmen, Regierungen und Verbrauchern. Die Notwendigkeit, Sicherheitsstrategien anzupassen und kontinuierlich zu verbessern, ist entscheidend, um die Sicherheit in einer zunehmend vernetzten Welt zu gewährleisten und den sich ständig weiterentwickelnden Bedrohungen erfolgreich entgegenzutreten.

Automatisierung von Sicherheitsaufgaben

Automatisierung spielt eine zentrale Rolle in der modernen Sicherheitsinfrastruktur und hilft dabei, die Effizienz und Effektivität der Sicherheitsoperationen zu verbessern. Durch den Einsatz automatisierter Systeme können Routineaufgaben wie die Überwachung von Protokollen, die Erkennung von Anomalien und die Reaktion auf bekannte Bedrohungen automatisiert werden. Dies entlastet Sicherheitsteams von monotonen und zeitaufwendigen Aufgaben, sodass sie sich auf komplexere und strategischere Aspekte der Sicherheitsüberwachung konzentrieren können. Zudem werden durch Automatisierung die Reaktionszeiten auf Sicherheitsvorfälle verkürzt, da automatisierte Systeme schneller auf Bedrohungen reagieren können als manuelle Prozesse. Die Reduzierung menschlicher Fehler und die schnellere Identifizierung von Sicherheitsproblemen tragen dazu bei, die Sicherheitslage insgesamt zu verbessern.

Integration von Threat Intelligence

Threat Intelligence bezieht sich auf die systematische Sammlung und Analyse von Informationen über aktuelle Bedrohungen und Angriffstaktiken. Die Integration von Threat Intelligence in die Sicherheitsinfrastrukturen von Unternehmen ermöglicht eine proaktive Sicherheitsstrategie. Durch spezialisierte Plattformen können Organisationen Bedrohungsdaten aus unterschiedlichen Quellen aggregieren und verarbeiten. Diese Informationen helfen dabei, Muster und Trends in der Bedrohungslandschaft zu erkennen, wodurch gezielte und fundierte Gegenmaßnahmen gegen bekannte Bedrohungen ergriffen werden können. Der Einsatz von Threat Intelligence ermöglicht es, Sicherheitsstrategien anzupassen und zu optimieren, indem aktuelle und relevante Bedrohungsinformationen in die Entscheidungsfindung einfließen.

Security Operations Centers (SOCs)

Security Operations Centers (SOCs) haben sich als unverzichtbare Komponente in der Sicherheitsstrategie vieler Unternehmen etabliert. Ein SOC fungiert als zentrale Anlaufstelle für die kontinuierliche Überwachung der Sicherheitslage und die Reaktion auf Sicherheitsvorfälle. Die Teams innerhalb eines SOC nutzen fortschrittliche Werkzeuge und Technologien, um Sicherheitsvorfälle zu identifizieren, zu analysieren und darauf zu reagieren. SOC-

Teams sind oft rund um die Uhr im Einsatz, um die Sicherheitslage zu überwachen und zeitnah auf Bedrohungen zu reagieren. Die enge Zusammenarbeit der SOC-Teams mit anderen Abteilungen wie IT, Risikomanagement und Compliance ist entscheidend, um eine schnelle und koordinierte Reaktion auf Bedrohungen zu gewährleisten und Sicherheitsvorfälle effektiv zu bewältigen.

Incident Response-Pläne

Die Entwicklung und Implementierung detaillierter Incident Response-Pläne sind von zentraler Bedeutung für die effektive Bewältigung von Sicherheitsvorfällen. Diese Pläne umfassen umfassende Anweisungen und Verfahren für die Erkennung, Analyse, Eindämmung und Wiederherstellung nach einem Sicherheitsvorfall. Regelmäßige Schulungen und Simulationen sind erforderlich, um sicherzustellen, dass die Incident-Response-Teams gut vorbereitet sind und im Ernstfall effizient handeln können. Ein gut durchdachter Incident Response-Plan hilft dabei, die Auswirkungen eines Vorfalls zu minimieren, indem er eine strukturierte und koordinierte Reaktion ermöglicht. Durch die kontinuierliche Verbesserung und Anpassung der Pläne können Unternehmen ihre Fähigkeit zur Bewältigung von Sicherheitsvorfällen weiter stärken, so die Wiederherstellung nach einem Angriff beschleunigen.

Zusammenarbeit und Informationsaustausch

Die Bedeutung der Zusammenarbeit und des Informationsaustauschs in der Sicherheitsgemeinschaft wird zunehmend erkannt. Viele Organisationen kooperieren mit anderen Unternehmen, Regierungsbehörden und Sicherheitsexperten, um von gemeinsamen Erkenntnissen und Erfahrungen zu profitieren. Der Austausch von Informationen über Bedrohungen, Sicherheitspraktiken und Schwachstellen stärkt die kollektive Verteidigung gegen Cyberangriffe. Durch die Zusammenarbeit können Unternehmen besser auf neue Bedrohungen reagieren, ihre Sicherheitsstrategien anpassen und bewährte Verfahren implementieren. Diese kooperative Herangehensweise trägt dazu bei, eine umfassendere und robustere Sicherheitslandschaft zu schaffen.

Endpoint Detection and Response (EDR)

Endpoint Detection and Response (EDR) ist eine wesentliche Entwicklung in der Sicherheitsüberwachung, die es Unternehmen ermöglicht, verdächtige Aktivitäten auf Endgeräten in Echtzeit zu überwachen und zu analysieren. EDR-Lösungen bieten eine detaillierte Sicht auf die Aktivitäten auf Endpunkten und verbessern die Fähigkeit, potenzielle Angriffe frühzeitig zu erkennen und zu stoppen. Durch die kontinuierliche Überwachung und Analyse der Endgerätdaten können Sicherheitsvorfälle schnell identifiziert und entsprechende Maßnahmen ergriffen werden, bevor größere Schäden entstehen. EDR-Systeme unterstützen Unternehmen dabei, ihre Sicherheitsabwehr zu verstärken und auf aktuelle Bedrohungen effektiv zu reagieren.

Zusammenfassung der Entwicklungen

Die Methoden zur Erkennung und Reaktion auf digitale Sicherheitsvorfälle entwickeln sich kontinuierlich weiter, um den sich ständig wandelnden Herausforderungen der Cyberbedrohungen gerecht zu werden. Der Einsatz von Automatisierung, Threat Intelligence, SOCs, Incident Response-Plänen, Zusammenarbeit und EDR stärkt die Sicherheitsabwehr von Unternehmen erheblich. Diese fortschrittlichen Ansätze tragen dazu bei, die Sicherheitslage zu optimieren, die Reaktionszeiten zu verkürzen und die Fähigkeit der Unternehmen zu verbessern, sich gegen die zunehmenden und vielfältigen Bedrohungen zu schützen.

Verschlüsselungstechnologien gegen Quantencomputing

Die rasante Entwicklung von Quantencomputing stellt eine erhebliche Herausforderung für bestehende Verschlüsselungstechnologien dar. Quantencomputer sind theoretisch in der Lage, komplexe mathematische Probleme exponentiell schneller zu lösen als klassische Computer. Dies könnte zu einem Bruch der derzeit genutzten Verschlüsselungsalgorithmen führen, die auf der Rechenkomplexität dieser Probleme basieren. Um dieser Bedrohung entgegenzuwirken, wird intensiv an der Entwicklung von Quantenverschlüsselung gearbeitet. Diese Technologie nutzt die Prinzipien der Quantenmechanik, insbesondere die Eigenschaften von Quantenbits, um Daten auf eine Weise zu verschlüsseln, die auch von Quantencomputern nicht geknackt werden kann. Die Forschung in diesem Bereich zielt darauf ab, eine unknackbare Methode zur sicheren Datenübertragung zu bieten, die die zukünftigen Herausforderungen durch Quantencomputing berücksichtigt.

Ende-zu-Ende-Verschlüsselung (E2EE)

Ende-zu-Ende-Verschlüsselung (E2EE) hat sich zu einem unverzichtbaren Standard für die Sicherheit von Kommunikationsplattformen entwickelt. Diese Methode gewährleistet, dass nur die beabsichtigten Kommunikationspartner auf die übermittelten Daten zugreifen können. Bei E2EE werden die Daten vom Sender verschlüsselt und erst beim Empfänger entschlüsselt, wodurch unbefugte Dritte, einschließlich der Dienstanbieter selbst, von der Einsichtnahme ausgeschlossen werden. Diese Art der Verschlüsselung schützt die Vertraulichkeit der Kommunikation und stellt sicher, dass sensible Informationen vor jeglichem Zugriff durch unbefugte Parteien geschützt sind. E2EE wird zunehmend in Messaging-Apps und anderen Kommunikationsdiensten implementiert, um den Datenschutz und die Sicherheit der Benutzer zu gewährleisten.

Biometrische Authentifizierung

Biometrische Authentifizierung hat sich als eine der fortschrittlichsten und benutzerfreundlichsten Methoden zur Identitätsüberprüfung etabliert. Technologien wie Fingerabdruckerkennung, Gesichtserkennung und Iris-Scan bieten eine präzise Identifikation auf Basis einzigartiger physischer Merkmale. Diese Authentifizierungsmethoden verbessern nicht nur die Sicherheit, indem sie sicherstellen, dass nur autorisierte Personen Zugriff erhalten, sondern sie erleichtern auch die Benutzerfreundlichkeit, da keine komplexen Passwörter mehr benötigt werden. Die Nutzung biometrischer Daten zur Authentifizierung reduziert das Risiko von Identitätsdiebstahl und unbefugtem Zugriff erheblich, während sie gleichzeitig den Komfort für die Benutzer erhöht.

Mehrfaktor-Authentifizierung (MFA)

Mehrfaktor-Authentifizierung (MFA) gewinnt zunehmend an Bedeutung als effektive Methode zur Verbesserung der Sicherheit beim Zugriff auf sensible Daten und Systeme. MFA kombiniert mehrere Authentifizierungsfaktoren – wie Passwörter, biometrische Merkmale oder physische Hardware-Token – um die Identität eines Benutzers zu verifizieren. Diese zusätzliche Sicherheitsschicht erschwert es Angreifern erheblich, Zugang zu geschützten Ressourcen zu erhalten, selbst wenn sie ein Passwort kompromittiert haben. MFA schützt vor verschiedenen Angriffstypen, einschließlich Phishing und Passwortdiebstahl, indem sie sicherstellt, dass mehrere Identitätsnachweise erforderlich sind, um Zugriff zu erhalten.

Zero-Trust-Sicherheitsansatz

Der Zero-Trust-Sicherheitsansatz stellt einen paradigmatischen Wandel in der Netzwerksicherheit dar. Anders als traditionelle Sicherheitsmodelle, die davon ausgehen, dass alles innerhalb eines Netzwerks vertrauenswürdig ist, verlangt Zero Trust eine kontinuierliche Überprüfung und Autorisierung aller Zugriffsversuche, unabhängig von deren Herkunft. Dieser Ansatz geht davon aus, dass Bedrohungen sowohl innerhalb als auch außerhalb des Netzwerks existieren können. Um die Ressourcen zu schützen, werden strenge Zugriffs- und Authentifizierungsanforderungen implementiert. Der Zero-Trust-Ansatz fördert eine umfassende Sicherheitsstrategie, die auf der Annahme basiert, dass keine Verbindung oder Benutzer automatisch vertrauenswürdig ist.

Identity and Access Management (IAM)

Identity and Access Management (IAM) Systeme entwickeln sich kontinuierlich weiter, um den steigenden Anforderungen an Zugriffssteuerung und Identitätsverwaltung gerecht zu werden. Moderne IAM-Plattformen integrieren zunehmend Technologien wie Künstliche Intelligenz (KI) und maschinelles Lernen, um verdächtige Aktivitäten zu erkennen und automatisierte Reaktionen auf potenzielle Bedrohungen zu ermöglichen. Diese fortschrittlichen Technologien verbessern die Effizienz der Identitätsverwaltung, indem sie Muster im Benutzerverhalten analysieren und proaktive Maßnahmen zur Verhinderung von Sicherheitsvorfällen ergreifen. Die kontinuierliche Weiterentwicklung von IAM-Systemen trägt wesentlich dazu bei, den Zugriff auf sensible Informationen und Systeme zu sichern und potenzielle Risiken frühzeitig zu identifizieren.

Homomorphe Verschlüsselung

Homomorphe Verschlüsselung ist eine aufkommende Technologie, die es ermöglicht, Daten in verschlüsseltem Zustand zu verarbeiten, ohne sie zuvor entschlüsseln zu müssen. Dies bietet Unternehmen und Organisationen die Möglichkeit, vertrauliche Daten sicher in der Cloud zu speichern und zu verarbeiten, ohne die Vertraulichkeit und Integrität der Daten zu gefährden. Durch die Nutzung homomorpher Verschlüsselung können Daten verarbeitet und analysiert werden, während sie gleichzeitig vor unbefugtem Zugriff geschützt bleiben. Diese Technologie eröffnet neue Möglichkeiten für die datenschutzkonforme Verarbeitung sensibler Informationen und fördert die sichere Nutzung von Cloud-Diensten, indem sie eine sichere Datenverarbeitung und -analyse ermöglicht.

Entwicklungen

Die aktuellen Entwicklungen in den Bereichen Verschlüsselung, Authentifizierung und Zugriffskontrolle spiegeln die sich wandelnden Anforderungen an die Sicherheit in einer zunehmend vernetzten und digitalen Welt wider. Fortschritte wie die Quantenverschlüsselung, Ende-zu-Ende-Verschlüsselung, biometrische Authentifizierung, Mehrfaktor-Authentifizierung, der Zero-Trust-Ansatz, fortschrittliche IAM-Systeme und homomorphe Verschlüsselung bieten innovative Lösungen, um den Herausforderungen moderner Cyberbedrohungen zu begegnen. Diese Entwicklungen stärken die Daten- und Systemsicherheit und tragen dazu bei, die Vertraulichkeit, Integrität und Verfügbarkeit von Informationen in einer komplexen digitalen Landschaft zu gewährleisten.

Veränderte Angriffsflächen

Die Angriffsvektoren im Bereich der digitalen Sicherheit haben sich im Laufe der Zeit erheblich verändert. Cyberkriminelle passen ihre Taktiken und Strategien kontinuierlich an, um neue Schwachstellen auszunutzen und ihre Ziele zu erreichen. Dies führt zu einer immer dynamischeren und komplexeren Bedrohungslandschaft, die mehrere wesentliche Entwicklungen und Trends umfasst.

Komplexe Angriffsstrategien

Früher waren Cyberangriffe oft auf spezifische Schwachstellen oder einzelne Angriffspunkte wie Softwarefehler oder Systemfehler beschränkt. Heute nutzen Angreifer zunehmend komplexe Methoden, bei denen mehrere Schwachstellen kombiniert werden, um umfassende und vielschichtige Angriffe durchzuführen. Diese modernen Angriffe können mehrere Phasen umfassen: Die Initialphase beginnt häufig mit einer Infektion, gefolgt von der lateralen Bewegung innerhalb des Netzwerks und endet oft mit dem Diebstahl sensibler Daten. Die zunehmende Komplexität und Koordinierung solcher Angriffe erschwert sowohl die Erkennung als auch die Abwehr erheblich.

Gezielte Angriffe und Advanced Persistent Threats (APTs)

Gezielte Angriffe, auch als gezielte Phishing-Attacken oder Advanced Persistent Threats (APTs) bekannt, haben in den letzten Jahren zugenommen. Diese Angriffe sind speziell auf bestimmte Einzelpersonen, Organisationen oder Branchen zugeschnitten. Sie erfordern oft eine umfassende Recherche und Überwachung des Ziels, um maßgeschneiderte Angriffe zu entwickeln, die gezielt auf die spezifischen Schwachstellen und Sicherheitslücken der Zielpersonen oder -organisationen ausgerichtet sind. Die Angreifer sammeln detaillierte Informationen, um ihre Angriffe besonders effektiv zu gestalten und die Sicherheitsvorkehrungen der Zielobjekte zu umgehen.

Social Engineering als Hauptangriffsvektor

Social Engineering hat sich zu einem der am häufigsten genutzten Angriffsvektoren entwickelt. Bei dieser Methode nutzen Angreifer menschliche Schwächen und Verhaltensmuster aus, um Zugang zu Systemen und Daten zu erlangen. Social Engineering-Angriffe können Phishing-E-Mails, gefälschte Websites, betrügerische Telefonanrufe oder andere Täuschungsmanöver umfassen. Ziel ist es, Benutzer zur Offenlegung vertraulicher Informationen oder zur Ausführung schädlicher Handlungen zu verleiten. Diese Angriffe sind oft schwer zu erkennen, da sie auf menschliche Fehler und nicht nur auf technische Schwachstellen abzielen.

Ransomware-Angriffe

Ransomware-Angriffe haben sich als eine besonders gefährliche und profitabelste Form der Cyberkriminalität etabliert. Bei diesen Angriffen wird die Daten des Opfers verschlüsselt, und ein Lösegeld wird verlangt, um die Daten wiederherzustellen. Die Anzahl solcher Angriffe ist stark gestiegen, und neben der klassischen Ransomware sind auch andere Erpressungssoftware-Arten auf dem Vormarsch. Diese verwenden ähnliche Methoden, um Geld von ihren Opfern zu erpressen und stellen eine erhebliche Bedrohung für Unternehmen und Einzelpersonen dar.

Supply Chain Attacks

Supply Chain Attacks stellen eine weitere komplexe Bedrohung dar. Diese Angriffe zielen nicht direkt auf die Hauptziele ab, sondern auf die Drittanbieter oder Partnerunternehmen, die mit den Hauptzielen verbunden sind. Angreifer nutzen Schwachstellen in der Lieferkette, um Zugang zu sensiblen Daten oder Systemen des eigentlichen Ziels zu erhalten. Solche Angriffe können besonders schwer zu erkennen sein, da sie oft indirekt über Partnerunternehmen erfolgen und erfordern daher eine umfassende Sicherheitsüberprüfung entlang der gesamten Lieferkette.

Zero-Day-Exploits

Zero-Day-Exploits beziehen sich auf Schwachstellen in Software oder Systemen, für die zum Zeitpunkt ihrer Entdeckung noch keine Sicherheitsupdates oder Patches verfügbar sind. Diese Schwachstellen werden von Angreifern ausgenutzt, um Systeme zu kompromittieren, bevor eine Lösung bereitgestellt werden kann. Zero-Day-Angriffe sind besonders verheerend, da sie es Angreifern ermöglichen, Systeme schnell und effektiv zu infizieren, bevor Gegenmaßnahmen ergriffen werden können. Diese Angriffe erfordern eine schnelle Reaktion und ständige Wachsamkeit, um die Sicherheitslage auf dem neuesten Stand zu halten.

Angriffe auf mobile Plattformen

Mit der zunehmenden Verbreitung mobiler Geräte sind auch Angriffe auf mobile Plattformen und Anwendungen erheblich angestiegen. Mobile Malware, Phishing-Angriffe über mobile Apps und Sicherheitsrisiken durch unsichere WLAN-Netzwerke sind nur einige Beispiele für die Bedrohungen, denen mobile Benutzer ausgesetzt sind. Die Sicherheitsmaßnahmen für mobile Geräte müssen kontinuierlich aktualisiert werden, um den sich entwickelnden Bedrohungen gerecht zu werden. Unternehmen und Einzelpersonen müssen sicherstellen, dass ihre mobilen Geräte angemessen geschützt sind, um potenzielle Sicherheitsrisiken zu minimieren.

Empfehlungen

Insgesamt haben sich die Angriffsvektoren im Bereich der digitalen Sicherheit weiterentwickelt und diversifiziert. Angreifer führen zunehmend komplexe und gezielte Angriffe durch, um Schwachstellen auszunutzen und ihre Ziele zu erreichen. Um diesen Bedrohungen effektiv zu begegnen, ist es unerlässlich, sowohl technische als auch organisatorische Sicherheitsmaßnahmen zu implementieren. Dazu gehört auch eine kontinuierliche Schulung und Sensibilisierung der Mitarbeiter, um die Sicherheitsvorkehrungen zu stärken und die Widerstandsfähigkeit gegen Cyberangriffe zu erhöhen. Nur durch ein umfassendes Sicherheitskonzept können Unternehmen und Einzelpersonen den aktuellen Herausforderungen der Cyberbedrohungen wirksam begegnen.

Digitale Technologien und zukünftige Trends

Die rasante Entwicklung digitaler Technologien, insbesondere im Bereich der künstlichen Intelligenz (KI), des Internet der Dinge (IoT), der Blockchain-Technologie und des Quantencomputing, bringt sowohl neue Herausforderungen als auch Chancen für die digitale Selbstverteidigung mit sich. Die fortschreitende Vernetzung von Geräten und Systemen, zunehmende Automatisierung von Sicherheitsmaßnahmen und das Aufkommen neuer Datenschutzgesetze und Cybersicherheitsbedrohungen könnten künftige Herausforderungen darstellen.

Sicherheit vernetzter Geräte und des Internet der Dinge

Eine der größten Herausforderungen wird die Sicherstellung der Sicherheit vernetzter Geräte und des Internet der Dinge sein. Die zunehmende Vernetzung von Geräten erweitert die Angriffsflächen und erfordert robuste Sicherheitsprotokolle, um Schwachstellen zu vermeiden. Da immer mehr Geräte miteinander verbunden sind, entstehen neue Schwachstellen, die von Angreifern ausgenutzt werden können. Die Entwicklung und Implementierung umfassender Sicherheitsstrategien für diese Geräte wird essenziell sein, um die Integrität und Vertraulichkeit der übermittelten Daten zu gewährleisten.

Bekämpfung von KI-gestützten Angriffen

Die Bekämpfung von KI-gestützten Angriffen wird eine bedeutende Herausforderung darstellen. Angreifer könnten zunehmend fortschrittliche Algorithmen nutzen, um Sicherheitsmechanismen zu umgehen und ihre Angriffe anzupassen. KI kann sowohl zur Verstärkung von Angriffsstrategien als auch zur Verbesserung der Verteidigung eingesetzt werden. Daher wird es entscheidend sein, KI-basierte Sicherheitstechnologien kontinuierlich weiterzuentwickeln, um auf neue Angriffsmuster und -techniken reagieren zu können.

Sicherung von Cloud-Daten

Die Sicherung von Daten in Cloud-Diensten bleibt kritisch, insbesondere angesichts der zunehmenden Verlagerung von Daten und Anwendungen in die Cloud. Dies bringt neue Sicherheitsanforderungen mit sich, da Unternehmen sicherstellen müssen, dass ihre Daten in der Cloud geschützt sind. Dazu gehört nicht nur der Schutz vor unbefugtem Zugriff, sondern auch die Sicherstellung der Datenintegrität und Vertraulichkeit während der Speicherung und Übertragung.

Strengere Datenschutzvorschriften

Strengere Datenschutzvorschriften könnten eingeführt werden, die Unternehmen und Einzelpersonen dazu zwingen werden, ihre Datenmanagement- und Sicherheitsstrategien anzupassen, um Compliance sicherzustellen. Die Einhaltung solcher Vorschriften wird zunehmend komplexer und erfordert eine detaillierte Planung und Umsetzung entsprechender Maßnahmen, um die gesetzlichen Anforderungen zu erfüllen und mögliche Strafen zu vermeiden.

Chancen durch fortschrittliche Technologien

Die Weiterentwicklung digitaler Technologien bietet jedoch auch zahlreiche Chancen für die digitale Selbstverteidigung. Fortschrittliche KI-Algorithmen können zur Früherkennung und präzisen Analyse von Bedrohungen eingesetzt werden. Dadurch können Sicherheitsvorfälle schneller identifiziert und bekämpft werden. Zudem kann die Implementierung von Blockchain-Technologie eine sichere und unveränderliche Methode zur Datenübertragung bieten, wodurch die Integrität und Vertraulichkeit der übermittelten Informationen erhöht wird. Innovative Sicherheitslösungen, speziell für vernetzte Geräte entwickelt, können ebenfalls dazu beitragen, die Sicherheit in einem zunehmend vernetzten Umfeld zu verbessern.

Vorbereitung auf zukünftige Herausforderungen

Um sich auf die zukünftigen Herausforderungen in der digitalen Selbstverteidigung vorzubereiten, sollten Unternehmen und Einzelpersonen kontinuierlich ihre Sicherheitsmaßnahmen aktualisieren. Es ist wichtig, stets auf dem neuesten Stand der Technik zu bleiben und fortlaufend Schulungen und Weiterbildung für Mitarbeiter anzubieten, um sie auf neue Bedrohungen vorzubereiten. Proaktive Sicherheitsstrategien sollten entwickelt werden, die auf mögliche zukünftige Bedrohungen reagieren können, um Schwachstellen frühzeitig zu identifizieren und abzusichern.

Rolle der regulatorischen Maßnahmen

Regulatorische Maßnahmen spielen eine entscheidende Rolle bei der Gestaltung der Zukunft der digitalen Selbstverteidigung. Sie legen Mindeststandards für die Cybersicherheit fest und sorgen dafür, dass Datenschutzgesetze wirksam sind. Diese Maßnahmen regeln die Haftung für Sicherheitsverletzungen und fördern die Zusammenarbeit zwischen Regierung, Industrie und der breiteren Gemeinschaft. Einheitliche Sicherheitsstandards sind essentiell, um die Resilienz gegen Cyberbedrohungen zu stärken und eine effektive Verteidigung gegen zukünftige Angriffe zu gewährleisten.

Internationale Kooperationen

Internationale Kooperationen können wesentlich zur Stärkung der digitalen Selbstverteidigung beitragen. Der Austausch von Informationen über Bedrohungen und bewährte Verfahren, die Entwicklung gemeinsamer Standards für die Cybersicherheit und die Verbesserung der Zusammenarbeit bei der Bekämpfung von Cyberkriminalität können Länder in die Lage versetzen, ihre Verteidigungsstrategien effektiver zu koordinieren. Internationale Abkommen zur Sicherung der digitalen Infrastruktur könnten dazu beitragen, grenzüberschreitende Sicherheitsherausforderungen besser zu bewältigen.

Rolle der Endbenutzer

Die Endbenutzer spielen eine zentrale Rolle bei der Zukunft der digitalen Selbstverteidigung. Als erste Verteidigungslinie gegen Cyberangriffe sind sie maßgeblich für die Sicherheit ihrer digitalen Umgebung verantwortlich. Durch gezielte Schulungen und Sensibilisierungskampagnen können Endbenutzer lernen, sichere Praktiken anzuwenden und sich vor möglichen Angriffen zu schützen. Ihre Aufmerksamkeit und Vorsicht sind entscheidend, um Sicherheitsvorfälle zu verhindern und die allgemeine Sicherheitslage zu verbessern.

Innovationsmöglichkeiten in der digitalen Selbstverteidigung

Es gibt noch ungenutzte Innovationsmöglichkeiten in der digitalen Selbstverteidigung, die das Potenzial haben, die Sicherheitslandschaft erheblich zu verändern. Dazu gehören die verstärkte Integration biometrischer Authentifizierungsmethoden, die Entwicklung von dezentralisierten Sicherheitslösungen auf Basis der Blockchain-Technologie und die Nutzung von maschinellem Lernen zur Anpassung von Sicherheitsmaßnahmen an sich schnell ändernde Bedrohungen. Solche Innovationen könnten dazu beitragen, die digitale Selbstverteidigung weiter zu stärken und effektiver gegen zukünftige Herausforderungen zu wappnen.

Investitionen in Sicherheitstechnologien

Um die Chancen der digitalen Selbstverteidigung optimal zu nutzen und ihre Sicherheit zu verbessern, sollten Unternehmen und Einzelpersonen in innovative Sicherheitstechnologien investieren. Die kontinuierliche Aktualisierung der Sicherheitsinfrastruktur, regelmäßige Schulungen für Mitarbeiter und eine proaktive Reaktion auf neue Bedrohungen sind unerlässlich, um eine robuste und effektive Sicherheitsstrategie zu gewährleisten. Nur durch fortwährende Investitionen und Anpassungen können Unternehmen und Einzelpersonen ihre digitale Sicherheit auf einem hohen Niveau halten und gegen die sich ständig weiterentwickelnden Bedrohungen gewappnet bleiben.

16. Tools für digitale Selbstverteidigung

Arten von Passwort-Managern und ihre Funktion

Passwort-Manager sind spezialisierte Tools, die entwickelt wurden, um die Verwaltung und Sicherheit von Passwörtern zu verbessern. Sie bieten eine sichere Möglichkeit, Passwörter in einer verschlüsselten Datenbank zu speichern, wobei der Zugriff auf diese Passwörter durch ein Master-Passwort geschützt ist. Zu den verschiedenen Typen von Passwort-Managern gehören cloud-basierte Systeme, lokale und Offline-Lösungen sowie solche, die direkt in Webbrowser integriert sind. Diese Tools bieten eine Reihe nützlicher Funktionen, darunter die automatische Generierung starker Passwörter, die Synchronisierung von Passwörtern über mehrere Geräte hinweg und Sicherheitsbewertungen für bereits verwendete Passwörter. Diese Funktionen tragen dazu bei, die Passwortsicherheit zu optimieren und das Risiko von Datenkompromittierungen zu minimieren.

Antivirenprogramme und Sicherheitssuiten sind unerlässliche Tools zum Schutz vor Malware, Viren und anderen digitalen Bedrohungen. Zu den empfehlenswerten Antivirenprogrammen zählen namhafte Marken wie Norton, McAfee, Avast, Kaspersky und Bitdefender. Diese Programme bieten umfassende Sicherheitslösungen wie Echtzeit-Scans, die kontinuierliche Überwachung von Dateien und Systemprozessen auf Bedrohungen, automatische Updates, um stets die neuesten Sicherheitsdefinitionen zu nutzen, sowie Firewall-Schutz, der unerwünschte Zugriffsversuche blockiert. Darüber hinaus bieten sie Schutz vor Phishing-Angriffen und anderen Betrugsversuchen, indem sie verdächtige E-Mails und Webseiten blockieren.

Für den sicheren Austausch sensibler Daten stehen mehrere spezialisierte Tools zur Verfügung. Dazu gehören verschlüsselte Messaging-Apps wie Signal und Telegram, die Ende-zu-Ende-Verschlüsselung bieten, sodass Nachrichten nur von den beabsichtigten Empfängern gelesen werden können. Zudem bieten sichere Cloud-Speicherdienste wie Dropbox, Google Drive und OneDrive Funktionen wie Ende-zu-Ende-Verschlüsselung und Zugriffskontrollen, um die Vertraulichkeit und Integrität gespeicherter Daten zu gewährleisten.

Vertrauenswürdige VPN-Dienste spielen eine entscheidende Rolle beim Schutz der Online-Privatsphäre und der Sicherheit. VPNs verschlüsseln den Internetverkehr und ermöglichen es Benutzern, anonym zu surfen, indem sie ihre IP-Adresse verbergen. Empfohlene VPN-Dienste wie ExpressVPN, NordVPN, Surfshark, CyberGhost und Private Internet Access bieten umfassende Sicherheitsfunktionen, darunter die Umgehung geografischer Beschränkungen und den Schutz von Benutzern beim Surfen über öffentliche WLAN-Netzwerke.

Browser-Erweiterungen tragen ebenfalls zur Verbesserung der Sicherheit und Privatsphäre beim Internet-Surfen bei. Erweiterungen wie uBlock Origin blockieren unerwünschte Werbung, die die Sicherheit gefährden oder die Privatsphäre beeinträchtigen kann. HTTPS Everywhere erzwingt eine sichere HTTPS-Verbindung auf Webseiten, die noch keine verschlüsselte Übertragung verwenden. Privacy Badger schützt vor Tracking durch Dritte, indem es Tracking-Skripte blockiert, und NoScript verhindert das Ausführen von potenziell schädlichem JavaScript-Code, der Sicherheitsrisiken bergen kann.

Für sichere Online-Zahlungen und -Transaktionen bieten sich verschiedene Zahlungsplattformen und Dienste an. Zu den empfohlenen Optionen gehören PayPal, Apple Pay, Google Pay sowie Sicherheitsfeatures wie Visa Secure und Mastercard Secure-Code. Diese Plattformen verwenden fortschrittliche Verschlüsselungstechnologien und zusätzliche Sicherheitsschichten, um sicherzustellen, dass Transaktionen geschützt sind und betrügerische Aktivitäten verhindert werden.

Die Sicherheit von mobilen Geräten wie Smartphones und Tablets kann durch mehrere Maßnahmen verbessert werden. Benutzer sollten Sicherheitsfunktionen wie Bildschirmsperren mit PIN, Fingerabdruck oder Gesichtserkennung aktivieren und regelmäßig Updates installieren, um bekannte Sicherheitslücken zu schließen. Es ist wichtig, keine unsicheren Apps zu installieren und stets eine VPN-Verbindung zu nutzen, wenn man sich mit öffentlichen WLAN-Netzwerken verbindet, um die Datenübertragung zu sichern.

Für die sichere Speicherung und Übertragung von Daten sind verschiedene Verschlüsselungssoftware-Lösungen empfehlenswert. Programme wie VeraCrypt, BitLocker, AES Crypt und GPG bieten starke Verschlüsselungsalgorithmen, die dazu beitragen, sensible Daten sowohl im Ruhezustand als auch während der Übertragung zu schützen. Diese Tools sind entscheidend, um sicherzustellen, dass vertrauliche Informationen nicht in falsche Hände geraten.

Online-Ressourcen und Foren bieten Unterstützung und wertvolle Informationen für die digitale Selbstverteidigung. Plattformen wie die Electronic Frontier Foundation (EFF), die Cybersecurity and Infrastructure Security Agency (CISA), das Forum „Security Stack Exchange" und Subreddits wie „r/privacy" bieten Anleitungen, Ratschläge und aktuelle Informationen zur Cybersicherheit. Diese Ressourcen sind hilfreich, um sich über die neuesten Bedrohungen und Sicherheitspraktiken auf dem Laufenden zu halten.

Schulungs- und Weiterbildungsangebote sind von zentraler Bedeutung, um über aktuelle Sicherheitstrends und -technologien informiert zu bleiben. Online-Kurse, Webinare, Seminare und

Zertifikate in Cybersicherheit, die von Plattformen wie Coursera, Udemy, edX und dem SANS Institute angeboten werden, decken verschiedene Aspekte der Cybersicherheit ab, darunter Netzwerksicherheit, Incident Response, Ethical Hacking und Datenschutzgesetze. Unternehmen und Organisationen bieten häufig auch maßgeschneiderte Schulungsprogramme und Zertifizierungen an, um spezifische Sicherheitsanforderungen zu erfüllen.

Um die Sicherheit von Smart-Home- und IoT-Geräten zu verbessern, sollten Benutzer sicherstellen, dass sie sichere Passwörter verwenden und regelmäßig die Gerätesoftware aktualisieren. Standardpasswörter und -einstellungen sollten deaktiviert und, wenn verfügbar, Sicherheitsfunktionen wie Zwei-Faktor-Authentifizierung aktiviert werden. Der Netzwerkzugriff für IoT-Geräte sollte auf das notwendige Minimum beschränkt und das Netzwerk segmentiert werden. Vor dem Kauf sollten die Datenschutzrichtlinien und Sicherheitspraktiken der Hersteller überprüft werden. Eine regelmäßige Überwachung des Netzwerkverkehrs und der Geräteaktivitäten kann dabei helfen, verdächtige Aktivitäten frühzeitig zu erkennen. Zusätzlich sollten Sicherheitslösungen wie Firewalls und Intrusion Detection Systems (IDS) installiert werden, und alle Familienmitglieder sollten über sichere Nutzung und mögliche Risiken von Smart-Home-Geräten informiert werden.

Für eine effektive Implementierung und Verwaltung von Sicherheitstools und -ressourcen in Unternehmen und Organisationen sind umfassende Maßnahmen erforderlich. Dazu gehört die Entwicklung einer umfassenden Sicherheitsstrategie, die Risikobewertungen, Richtlinien und Verfahren, Schulungen sowie die Auswahl und Implementierung geeigneter Sicherheitslösungen umfasst. Die Schulung und Sensibilisierung der Mitarbeiter zu Sicherheitsrichtlinien und -verfahren ist ebenfalls entscheidend. Regelmäßige Überprüfungen und Aktualisierungen der Sicherheitsmaßnahmen helfen dabei, auf neue Bedrohungen und Schwachstellen zu reagieren. Die Einrichtung von Überwachungs- und

Reaktionsmechanismen ist notwendig, um Sicherheitsvorfälle schnell zu erkennen und zu behandeln. Die Zusammenarbeit mit externen Sicherheitsdienstleistern und -experten kann zusätzlich zur Stärkung der Sicherheitsinfrastruktur beitragen. Durch diese umfassenden Maßnahmen können Unternehmen und Organisationen ihre digitale Infrastruktur effektiv schützen und sich gegen Cyberbedrohungen verteidigen.

Empfehlenswerte Antivirenprogramme und Sicherheitssuiten

Die Auswahl eines geeigneten Antivirenprogramms oder einer Sicherheitssuite sollte auf verschiedenen Faktoren basieren, darunter die spezifischen Anforderungen des Benutzers, das verwendete Betriebssystem und der Nutzungskontext. Hier sind einige der bewährten Antivirenprogramme und Sicherheitssuiten, die für ihre Effektivität bekannt sind:

Bitdefender ist renommiert für seine umfassende Malware-Erkennung und seinen minimalen Einfluss auf die Systemleistung. Es bietet eine Reihe von Sicherheitslösungen für unterschiedliche Plattformen und Bedürfnisse. Dazu gehören Bitdefender Antivirus Plus, das grundlegenden Schutz vor Malware bietet, Bitdefender Internet Security, das zusätzlich Funktionen wie eine Firewall und Kindersicherung umfasst, und Bitdefender Total Security, das eine vollständige Suite mit Schutz für mehrere Geräte und umfassenden Datenschutz bietet.

Kaspersky stellt eine breite Palette an Sicherheitslösungen zur Verfügung, die sowohl für Einzelpersonen als auch für Unternehmen geeignet sind. Die Produktpalette umfasst Kaspersky Antivirus, das grundlegenden Schutz vor Viren und Malware bietet, Kaspersky Internet Security, das zusätzliche Funktionen wie eine Firewall, Schutz vor Phishing und eine Kindersicherung beinhaltet, und Kaspersky Total Security, das zusätzlich Funktionen wie Passwortverwaltung und Datensicherung bietet.

Norton ist bekannt für seine langjährige Zuverlässigkeit in der Sicherheitsbranche. Norton Antivirus und Norton Internet Security bieten Funktionen wie Echtzeitschutz gegen Malware, eine starke Ransomware-Abwehr und sicheres Surfen im Internet. Norton 360, die umfassendste Lösung, enthält zusätzlich Funktionen wie ein VPN, Passwortmanager und Dark Web Monitoring.

McAfee bietet eine Vielzahl von Sicherheitslösungen sowohl für Privatanwender als auch für Unternehmen. Die Produktreihe umfasst McAfee Antivirus Plus für grundlegenden Schutz, McAfee Internet Security, das erweiterte Funktionen wie eine Firewall und Schutz vor Phishing bietet, und McAfee Total Protection, das eine umfassende Suite von Sicherheitsfunktionen einschließlich eines Passwortmanagers und Identitätsschutzes bereitstellt. Die benutzerfreundliche Oberfläche und der umfangreiche Funktionsumfang sind hervorzuhebende Merkmale von McAfee.

Avast ist eine beliebte Wahl für Nutzer, die entweder kostenlose oder kostenpflichtige Antivirenlösungen bevorzugen. Avast Free Antivirus bietet grundlegenden Schutz gegen Malware, während Avast Internet Security zusätzliche Funktionen wie eine Firewall und Schutz vor Ransomware bereitstellt. Avast Premier bietet erweiterte Funktionen wie Datenschutzschutz und ein Tool zur sicheren Datenvernichtung.

ESET ist für seine leichte, aber effektive Malware-Erkennung bekannt. ESET NOD32 Antivirus bietet einen schnellen und ressourcenschonenden Schutz vor Viren und Spyware. ESET Internet Security erweitert diesen Schutz um Funktionen wie eine Firewall und Schutz vor Phishing und Ransomware. Beide Produkte zeichnen sich durch ihre geringe Systembelastung und hohe Erkennungsrate aus.

Sophos bietet sowohl kostenlose als auch kostenpflichtige Sicherheitslösungen. Sophos Home bietet grundlegenden Schutz für Privatanwender, während Sophos Endpoint Protection und Sophos Intercept X umfassenden Schutz für Unternehmen bieten. Diese Produkte sind bekannt für ihre starke Erkennung von Bedrohungen und Funktionen wie Webfilterung und Schutz vor Datenverlust.

Trend Micro bietet eine Reihe von Sicherheitslösungen, die sich durch eine hohe Erkennungsrate und zusätzliche Funktionen wie Datenschutz und Kindersicherung auszeichnen. Trend Micro Antivirus+ bietet grundlegenden Schutz, Trend Micro Internet Security fügt Funktionen wie eine Firewall hinzu, und Trend Micro Maximum Security bietet umfassenden Schutz einschließlich Passwortmanager und Anti-Ransomware-Technologie.

Es ist wichtig zu beachten, dass kein Antivirenprogramm oder keine Sicherheitssuite eine vollständige Garantie gegen alle Arten von Bedrohungen bieten kann. Daher ist es ratsam, neben der Verwendung eines Antivirenprogramms weitere Sicherheitsmaßnahmen zu ergreifen. Dazu gehören regelmäßige Softwareupdates, die Anwendung sicherer Passwortpraktiken und ein verantwortungsbewusstes Surfverhalten, um ein hohes Maß an Sicherheit zu gewährleisten.

Tools für sicheren und verschlüsselten Austausch

Es gibt eine Vielzahl von Tools, die den sicheren und verschlüsselten Austausch sensibler Dateien und Nachrichten ermöglichen. Diese Werkzeuge bieten unterschiedliche Sicherheitsfunktionen und sind auf verschiedene Bedürfnisse und Nutzungsszenarien abgestimmt. Hier sind einige prominente Optionen:

Signal ist eine Open-Source-Messaging-App, die Ende-zu-Ende-Verschlüsselung für Textnachrichten, Sprach- und Videoanrufe sowie Multimedia-Inhalte bietet. Signal ist für seine hohe Sicherheitsstufe und seinen Fokus auf Datenschutz bekannt. Es wird von Sicherheitsexperten und Datenschutzaktivisten aufgrund seiner Transparenz und starken Sicherheitspraktiken hoch empfohlen.

WhatsApp ist eine weit verbreitete Messaging-App, die Ende-zu-Ende-Verschlüsselung für Textnachrichten, Anrufe und Mediendateien verwendet. Durch die Integration dieser Verschlüsselungstechnologie gewährleistet WhatsApp den Schutz der Kommunikation vor unbefugtem Zugriff. Es bietet eine benutzerfreundliche Plattform, die es einfach macht, sicher Informationen auszutauschen, insbesondere auf mobilen Geräten.

Telegram ist eine Messaging-App, die unterschiedliche Sicherheitsfunktionen anbietet. Während Telegram standardmäßig Cloud-basierte Chats verwendet, bietet es für geheime Chats eine Ende-zu-Ende-Verschlüsselung. Die App unterstützt auch Selbstzerstörungsnachrichten, die nach einer festgelegten Zeit automatisch gelöscht werden, und ermöglicht den sicheren Austausch von Dateien und Mediendateien.

ProtonMail ist ein sicherer E-Mail-Dienst, der Ende-zu-Ende-Verschlüsselung für alle gesendeten und empfangenen Nachrichten bietet. ProtonMail wurde speziell entwickelt, um den sicheren Austausch sensibler Informationen über E-Mails zu ermöglichen. Neben der Verschlüsselung bietet ProtonMail zusätzliche Sicherheitsfunktionen wie sichere Nachrichten und verschlüsselte Ordner, um die Vertraulichkeit der Korrespondenz zu gewährleisten.

Tresorit ist eine Cloud-Speicher-Plattform, die Ende-zu-Ende-Verschlüsselung für alle hochgeladenen Dateien bietet. Tresorit ermöglicht den sicheren Austausch und die Zusammenarbeit an Dokumenten in einer verschlüsselten Umgebung. Die Plattform richtet sich an Unternehmen und Privatpersonen, die besonderen Wert auf Datensicherheit legen und einen hohen Schutzstandard benötigen.

Dropbox bietet eine sichere Möglichkeit, Dateien in der Cloud zu speichern und gemeinsam zu nutzen. Dropbox verwendet Verschlüsselung für die gespeicherten Dateien und bietet Zugriffssteuerungsfunktionen, um die Sicherheit der Daten zu gewährleisten. Es ist eine weit verbreitete Lösung für den Dateiaustausch und die Speicherung, die regelmäßig aktualisiert wird, um Sicherheitsanforderungen zu erfüllen.

Nextcloud ist eine selbst gehostete Cloud-Speicherlösung, die Ende-zu-Ende-Verschlüsselung für Dateien und Kommunikation bietet. Mit Nextcloud können Unternehmen und Organisationen ihre sensiblen Daten in einer vollständig kontrollierten und sicheren Umgebung speichern und austauschen. Die Flexibilität der Plattform ermöglicht es Nutzern, ihre Sicherheitsbedürfnisse durch maßgeschneiderte Konfigurationen zu erfüllen.

Wickr ist eine Messaging-App, die Ende-zu-Ende-Verschlüsselung für Nachrichten, Anrufe und Dateien bietet. Wickr richtet sich insbesondere an Unternehmen und bietet erweiterte Sicherheitsfunktionen wie sichere Unternehmensnetzwerke und Verwaltungsoptionen. Die App ist darauf ausgelegt, geschäftliche Kommunikation zu schützen und ein hohes Maß an Datenschutz zu gewährleisten.

Wire ist eine sichere Messaging- und Videokonferenz-App, die Ende-zu-Ende-Verschlüsselung für alle Nachrichten und Anrufe bietet. Wire eignet sich sowohl für private als auch für geschäftliche Kommunikation und bietet eine benutzerfreundliche Plattform für den sicheren Austausch von Informationen. Die App unterstützt auch Funktionen wie Gruppenkommunikation und Dateifreigabe in einer verschlüsselten Umgebung.

SpiderOak ist eine Cloud-Speicher-Plattform, die Zero-Knowledge-Verschlüsselung verwendet, um die Privatsphäre der Benutzer zu schützen. Dies bedeutet, dass nur die Benutzer selbst Zugriff auf ihre Daten haben, nicht einmal der Dienstanbieter. SpiderOak bietet zusätzlich verschlüsselte Chaträume und Gruppenfreigabe-Funktionen, um eine umfassende Sicherheitslösung für den Dateiaustausch und die Kommunikation zu bieten.

Die Auswahl des geeigneten Tools für den sicheren Austausch sensibler Informationen sollte unter Berücksichtigung der spezifischen Anforderungen, des verwendeten Betriebssystems und des Nutzungskontexts erfolgen. Es ist entscheidend, ein Werkzeug zu wählen, das den individuellen Sicherheitsbedürfnissen gerecht wird und den besten Schutz für die jeweiligen Anwendungsfälle bietet.

Vertrauenswürdige VPN-Dienste

Bei der Auswahl eines VPN-Dienstes ist es von größter Bedeutung, einen Anbieter zu wählen, der sowohl eine sichere Internetverbindung gewährleistet als auch die persönlichen Daten des Nutzers schützt. Hier sind einige der führenden VPN-Dienste, die für ihre hohe Sicherheitsstufe und Verlässlichkeit bekannt sind:

ExpressVPN ist bekannt für seine erstklassige Verschlüsselung und seine strikte No-Logs-Richtlinie, die sicherstellt, dass keine Nutzerdaten gespeichert oder weitergegeben werden. Mit einer breiten Auswahl an Serverstandorten weltweit und beeindruckenden Geschwindigkeiten bietet ExpressVPN eine benutzerfreundliche Oberfläche und ausgezeichneten Schutz, was es zu einer bevorzugten Wahl von Datenschutzexperten macht. Die starke Leistung und das hohe Maß an Vertraulichkeit machen es zu einer besonders empfehlenswerten Option.

NordVPN überzeugt durch seine robuste Sicherheitsarchitektur und eine strikte No-Logs-Politik, die sicherstellt, dass keine Benutzeraktivitäten protokolliert werden. NordVPN bietet eine große Anzahl von Servern in vielen verschiedenen Ländern, was sowohl in Bezug auf die Geschwindigkeit als auch die geografische Abdeckung von Vorteil ist. Diese Zuverlässigkeit und Geschwindigkeit haben NordVPN zu einer beliebten Wahl unter Nutzern gemacht, die auf umfassenden Schutz und hohe Leistung angewiesen sind.

CyberGhost zeichnet sich durch seine benutzerfreundliche Handhabung und starke Verschlüsselung aus. Die automatische Kill-Switch-Funktion sorgt dafür, dass im Falle eines Verbindungsabbruchs keine Daten ungesichert bleiben. CyberGhost bietet eine große Auswahl an Serverstandorten und ist besonders geeignet für Nutzer, die eine einfache Bedienung bei gleichzeitig hohem Sicherheitsstandard schätzen.

Surfshark bietet eine Vielzahl von erweiterten Sicherheitsfunktionen, darunter eine strikte No-Logs-Richtlinie und die Möglichkeit, unbegrenzt viele Geräte gleichzeitig zu verbinden. Die benutzerfreundliche Oberfläche und die umfassende Sicherheitsarchitektur machen Surfshark zu einer attraktiven Option für diejenigen, die sowohl hohe Sicherheit als auch eine einfache Bedienung suchen.

ProtonVPN, entwickelt von den Machern von ProtonMail, bietet starke Verschlüsselung und eine sichere Infrastruktur. ProtonVPN bietet verschiedene Abonnementoptionen und richtet sich besonders an Nutzer, die höchste Sicherheits- und Datenschutzanforderungen haben. Die Verbindung zu ProtonVPN wird durch seine Transparenz und Engagement für Datenschutz gestärkt.

VyprVPN hebt sich durch seine innovative Chameleon-Technologie hervor, die speziell entwickelt wurde, um VPN-Sperren zu umgehen und eine sichere Verbindung in restriktiven Netzwerken zu ermöglichen. VyprVPN bietet eine benutzerfreundliche Oberfläche und starke Verschlüsselung, die zusammen eine sichere und zuverlässige Nutzung auch in stark zensierten oder überwachten Umgebungen ermöglichen.

Mullvad ist bekannt für seine strenge No-Logs-Richtlinie und die Akzeptanz anonymer Zahlungsmethoden, was es besonders attraktiv für Datenschutzaktivisten macht, die maximale Anonymität suchen. Mullvad legt großen Wert auf Privatsphäre und schützt die Identität seiner Nutzer durch rigorose Datenschutzmaßnahmen.

Private Internet Access (PIA) bietet eine kostengünstige Lösung mit starker Verschlüsselung und einer strikten No-Logs-Richtlinie. Die breite Auswahl an Serverstandorten und die benutzerfreundliche Handhabung machen PIA zu einer beliebten Wahl für viele Nutzer, die eine zuverlässige und erschwingliche VPN-Lösung suchen.

Windscribe bietet neben starker Verschlüsselung und einer strikten No-Logs-Richtlinie auch eine kostenlose Version mit begrenztem Datenvolumen für Gelegenheitsnutzer. Die benutzerfreundliche Oberfläche und die flexible Preisgestaltung machen Windscribe zu einer attraktiven Option für Einsteiger und Nutzer, die eine kostengünstige Möglichkeit zur Verbesserung ihrer Online-Sicherheit suchen.

AirVPN zeichnet sich durch seine starke Verschlüsselung und eine strikte No-Logs-Richtlinie aus und bietet zusätzliche Sicherheitsfunktionen wie VPN über Tor. Diese erweiterten Funktionen machen AirVPN zu einer idealen Wahl für Nutzer, die höchste Privatsphäre und Anonymität suchen.

Bei der Auswahl eines VPN-Dienstes sollten Faktoren wie Sicherheitsmerkmale, Datenschutzrichtlinien, Serverstandorte und

Geschwindigkeiten gründlich abgewogen werden. Ein Vergleich der verschiedenen Optionen und das Lesen von Bewertungen aus vertrauenswürdigen Quellen kann dabei helfen, den besten VPN-Dienst für die individuellen Bedürfnisse zu finden.

Privatsphäre beim Surfen im Internet verbessern

Es gibt eine Vielzahl von Browser-Erweiterungen, die entwickelt wurden, um die Sicherheit und Privatsphäre beim Surfen im Internet erheblich zu verbessern. Hier sind einige der beliebtesten und nützlichsten Optionen, die speziell darauf abzielen, Benutzer vor verschiedenen Online-Bedrohungen zu schützen und ihre Privatsphäre zu wahren:

uBlock Origin ist eine äußerst effektive Werbeblocker-Erweiterung, die nicht nur unerwünschte Werbung auf Webseiten entfernt, sondern auch Tracking-Skripte und andere potenziell schädliche Inhalte blockiert. Diese Erweiterung trägt wesentlich zur Verbesserung der Ladezeiten von Webseiten bei und reduziert das Risiko von Malware-Infektionen, indem sie schadhafte Elemente, die oft in Anzeigen eingebettet sind, herausfiltert.

HTTPS Everywhere ist eine Erweiterung, die automatisch die sichere HTTPS-Version einer Webseite lädt, sofern verfügbar. Durch diese Funktion wird die Sicherheit des Datenverkehrs zwischen dem Benutzer und der Webseite erhöht, da HTTPS eine Verschlüsselung des Datenverkehrs bietet, die vor Lauschangriffen schützt und die Integrität der übertragenen Daten gewährleistet.

Privacy Badger arbeitet aktiv daran, das Tracking von Benutzern durch Webseiten zu verhindern. Die Erweiterung blockiert Tracking-Versuche von Werbenetzwerken und Dritten, die versuchen, das Online-Verhalten der Benutzer zu überwachen. Privacy

Badger erkennt und blockiert automatisch neue Tracking-Techniken, um den Datenschutz kontinuierlich zu verbessern.

NoScript ist eine Sicherheits-Erweiterung, die die Ausführung von JavaScript, Java, Flash und anderen aktiven Inhalten auf Webseiten blockiert. Diese Funktion reduziert das Risiko von Cross-Site Scripting (XSS) Angriffen und anderen webbasierten Bedrohungen, indem sie potenziell schädliche Skripte und Inhalte von Webseiten fernhält.

LastPass ist ein umfassender Passwort-Manager, der es Benutzern ermöglicht, sichere Passwörter zu erstellen, zu speichern und automatisch auszufüllen. LastPass trägt dazu bei, starke, einzigartige Passwörter für verschiedene Webseiten zu verwenden, ohne dass Benutzer sich diese merken müssen. Diese Maßnahme verbessert die Sicherheit erheblich, indem sie das Risiko von Passwortwiederverwendung und unsicheren Passwörtern minimiert.

Disconnect blockiert unsichtbare Tracker von Drittanbietern, die auf vielen Webseiten verwendet werden, um das Online-Verhalten der Benutzer zu überwachen und zu profilieren. Diese Erweiterung trägt dazu bei, die Privatsphäre der Benutzer zu schützen, indem sie den Zugriff auf persönliche Daten einschränkt und gleichzeitig die Ladezeiten der Webseiten verkürzt.

Ghostery ist eine Datenschutz-Erweiterung, die Tracker und Skripte von Drittanbietern auf Webseiten blockiert. Ghostery bietet Benutzern detaillierte Informationen darüber, welche Tracker auf einer Webseite aktiv sind, und ermöglicht es ihnen, diese individuell zu blockieren. Die Erweiterung gibt den Benutzern mehr Kontrolle über ihre Online-Privatsphäre.

Bitdefender TrafficLight warnt Benutzer vor schädlichen Websites, Phishing-Versuchen und anderen Online-Bedrohungen. Durch die Analyse des Webverkehrs in Echtzeit erkennt und blo-

462

ckiert diese Erweiterung potenziell gefährliche Inhalte, bevor sie den Benutzer erreichen können.

Blur ist eine Datenschutz- und Sicherheits-Erweiterung, die Benutzern hilft, ihre persönlichen Daten zu verschleiern. Neben der Blockierung von Trackern bietet Blur auch Funktionen zum Verwalten von Passwörtern, zur Sicherung von E-Mail-Adressen und zur Maskierung von Kreditkarteninformationen, um zusätzliche Sicherheit zu gewährleisten.

AdBlock Plus ist eine weitverbreitete Werbeblocker-Erweiterung, die lästige Anzeigen auf Webseiten blockiert. AdBlock Plus verbessert die Ladezeiten von Webseiten und ermöglicht Benutzern, Filterlisten anzupassen und spezifische Elemente nach Bedarf zu blockieren. Diese Flexibilität hilft, das Surferlebnis zu optimieren und die Anzahl der störenden Anzeigen zu reduzieren.

Die Verwendung dieser Browser-Erweiterungen kann erheblich dazu beitragen, die Sicherheit und Privatsphäre beim Surfen im Internet zu verbessern. Es ist jedoch wichtig, nur vertrauenswürdige Erweiterungen aus offiziellen Quellen herunterzuladen und regelmäßig auf Updates zu achten, um den bestmöglichen Schutz zu gewährleisten.

Tools und Dienste für sichere Online-Transaktionen

Für sichere Online-Zahlungen und Transaktionen gibt es zahlreiche Tools und Dienste, die unterschiedliche Funktionen und Sicherheitsmerkmale bieten. Hier sind einige der bekanntesten und vertrauenswürdigsten Optionen:

PayPal ist eine der am weitesten verbreiteten Plattformen für Online-Zahlungen und bietet Nutzern die Möglichkeit, Geld sicher an Einzelpersonen oder Unternehmen zu senden und zu empfangen. Mit Funktionen wie dem Käuferschutz gewährleistet PayPal, dass die Transaktionen sicher abgewickelt werden und bietet eine schnelle Bearbeitung von Zahlungen.

Stripe ist eine umfassende Zahlungsabwicklungsplattform, die besonders bei Online-Händlern und E-Commerce-Websites beliebt ist. Stripe unterstützt eine Vielzahl von Zahlungsmethoden, einschließlich Kredit- und Debitkarten, und stellt Tools zur Verfügung, die eine nahtlose Integration in Websites und Anwendungen ermöglichen. Es bietet auch fortschrittliche Funktionen wie wiederkehrende Abrechnungen und Betrugsprävention.

Square bietet eine breite Palette von Lösungen für Online-Zahlungen, einschließlich des Square Online Store, Square Checkout und Square Invoices. Diese Tools ermöglichen es Händlern, Zahlungen sicher zu akzeptieren und Transaktionen effizient abzuwickeln. Square ist besonders bekannt für seine benutzerfreundlichen Funktionen und die Integration mit physischen POS-Systemen.

Apple Pay ist ein Zahlungsdienst von Apple, der speziell für Nutzer von Apple-Geräten entwickelt wurde. Es ermöglicht eine sichere Bezahlung durch Tokenisierung und biometrische Authentifizierung über Touch ID oder Face ID. Apple Pay sorgt für eine zusätzliche Sicherheitsebene, indem es keine echten Kartendaten an die Händler überträgt.

Google Pay ist eine ähnliche Lösung wie Apple Pay, jedoch für Geräte des Herstellers Google. Google Pay ermöglicht es Nutzern, sowohl online als auch in physischen Geschäften sicher zu bezahlen, indem es Verschlüsselung und biometrische Authentifizierung nutzt. Die Plattform unterstützt auch die Speicherung von Treuekarten und anderen Zahlungsmethoden.

Amazon Pay bietet eine Zahlungsoption, die es Benutzern ermöglicht, Einkäufe auf Drittanbieter-Websites sicher mit ihren Amazon-Konten abzuwickeln. Durch die Integration von Amazon Pay können Händler eine vertraute Zahlungsabwicklung anbieten, was die Sicherheit und Benutzerfreundlichkeit erhöht.

Cryptocurrency Wallets sind für die Nutzung von Kryptowährungen unerlässlich. Wallets wie Coinbase, Binance und Ledger bieten sichere Methoden zum Speichern, Senden und Empfangen digitaler Währungen. Diese Wallets verwenden Verschlüsselung und andere Sicherheitsmaßnahmen, um die Sicherheit der digitalen Assets zu gewährleisten und bieten oft zusätzliche Funktionen wie Zwei-Faktor-Authentifizierung und Backup-Optionen.

Banküberweisungen sind eine traditionelle Methode zur sicheren Übertragung von Geld. Viele Banken bieten Online-Banking-Dienste an, die es Nutzern ermöglichen, Geld sicher zwischen Konten zu transferieren. Diese Methode ist oft durch zusätzliche Sicherheitsprotokolle wie Transaktionsbestätigungen und verschlüsselte Verbindungen geschützt.

Venmo ist eine beliebte Peer-to-Peer-Zahlungs-App, die es Nutzern ermöglicht, Geld sicher an Freunde und Familie zu senden und zu empfangen. Venmo bietet soziale Funktionen, die das Überweisen von Geld einfach und transparent machen, und verwendet Verschlüsselung, um die Sicherheit der Transaktionen zu gewährleisten.

Skrill ist eine Online-Zahlungsplattform, die ähnliche Funktionen wie PayPal bietet, einschließlich der Möglichkeit, Geld sicher zu senden und zu empfangen, Rechnungen zu bezahlen und internationale Überweisungen durchzuführen. Skrill bietet verschiedene Sicherheitsfunktionen wie Zwei-Faktor-Authentifizierung und kontinuierliche Überwachung von Transaktionen, um den Schutz der Konten zu gewährleisten.

Die Wahl des geeigneten Tools oder Dienstes für Online-Zahlungen hängt von individuellen Anforderungen und Präferenzen ab.

Es ist entscheidend, sich für etablierte und vertrauenswürdige Plattformen zu entscheiden und stets Sicherheitsmaßnahmen zu beachten, um ein hohes Maß an Schutz bei Online-Transaktionen zu gewährleisten.

Sicherheit von mobilen Geräten verbessern

Die Sicherheit von mobilen Geräten wie Smartphones und Tablets ist von größter Bedeutung, da sie häufig persönliche und sensible Informationen enthalten. Hier sind detaillierte Maßnahmen zur Verbesserung der Sicherheit Ihrer mobilen Geräte:

1. Regelmäßige Aktualisierungen von Betriebssystem und Apps
Halten Sie Ihr Betriebssystem (wie iOS, Android) sowie Ihre Apps stets auf dem neuesten Stand. Software-Updates enthalten häufig wichtige Sicherheitspatches, die bekannte Schwachstellen beheben und Ihr Gerät vor neuen Bedrohungen schützen. Aktivieren Sie automatische Updates, wenn verfügbar, um sicherzustellen, dass Sie keine kritischen Sicherheitsupdates verpassen.

2. Starke Passwörter und biometrische Authentifizierung verwenden
Nutzen Sie starke Passwörter, die aus einer Kombination von Buchstaben, Zahlen und Sonderzeichen bestehen, und vermeiden Sie einfache oder leicht zu erratende Passwörter. Aktivieren Sie biometrische Authentifizierungsmethoden wie Fingerabdruckscanner oder Gesichtserkennung, um den Zugriff auf Ihr Gerät zusätzlich abzusichern. Diese Methoden bieten eine zusätzliche Schutzschicht gegen unbefugten Zugriff.

3. Geräteverschlüsselung aktivieren
Stellen Sie sicher, dass die Verschlüsselung auf Ihrem mobilen Gerät aktiviert ist. Die meisten modernen Betriebssysteme bieten eine integrierte Verschlüsselungsfunktion, die Ihre Daten vor unbefugtem Zugriff schützt, selbst wenn das Gerät in die falschen

Hände gerät. Verschlüsselung sorgt dafür, dass Ihre Daten nur mit den richtigen Entsperrmechanismen entschlüsselt werden können.

4. Zuverlässige Sicherheitssoftware installieren

Installieren Sie eine vertrauenswürdige Sicherheitssoftware, die speziell für mobile Geräte entwickelt wurde. Antiviren- und Anti-Malware-Apps können dazu beitragen, Ihr Gerät vor schädlicher Software und Sicherheitsbedrohungen zu schützen. Wählen Sie Sicherheitslösungen aus renommierten Quellen und aktualisieren Sie diese regelmäßig, um maximalen Schutz zu gewährleisten.

5. Sichere WLAN-Verbindungen nutzen

Vermeiden Sie die Nutzung von unsicheren oder öffentlichen WLAN-Netzwerken, da diese häufig unverschlüsselt sind und ein Sicherheitsrisiko darstellen können. Verwenden Sie verschlüsselte WLAN-Verbindungen und erwägen Sie den Einsatz eines VPNs (Virtual Private Network), um Ihre Internetverbindung zusätzlich abzusichern und Ihre Daten zu verschlüsseln.

6. Remote-Wipe- und Diebstahlschutzfunktionen aktivieren

Aktivieren Sie Funktionen wie Remote-Wipe, die es Ihnen ermöglichen, alle Daten auf Ihrem Gerät aus der Ferne zu löschen, falls es verloren geht oder gestohlen wird. Nutzen Sie Diebstahlschutzdienste wie „Find My iPhone" für Apple-Geräte oder „Find My Device" für Android-Geräte, um Ihr Gerät zu orten und bei Bedarf zu sperren.

7. Vorsicht bei App-Installationen und Berechtigungen

Laden Sie Apps nur aus vertrauenswürdigen Quellen wie dem offiziellen App Store oder Google Play Store herunter. Überprüfen Sie die Berechtigungen, die eine App anfordert, und gewähren Sie nur die Berechtigungen, die unbedingt erforderlich sind. Vermeiden Sie es, Apps von unbekannten Quellen zu installieren, da diese potenziell schädliche Software enthalten können.

8. Regelmäßige Datensicherungen durchführen
Erstellen Sie regelmäßig Backups Ihrer wichtigen Daten und speichern Sie diese an einem sicheren Ort. Dies stellt sicher, dass Sie im Falle eines Geräteverlusts oder einer Beschädigung auf Ihre Daten zugreifen können. Nutzen Sie Cloud-Dienste oder externe Speicherlösungen für zusätzliche Sicherheit und Verfügbarkeit Ihrer Daten.

9. Bluetooth und NFC bei Nichtgebrauch deaktivieren
Schalten Sie Bluetooth und NFC (Near Field Communication) aus, wenn Sie diese Funktionen nicht aktiv nutzen. Diese Technologien können potenzielle Angriffsflächen darstellen, wenn sie aktiviert sind. Durch das Deaktivieren dieser Funktionen minimieren Sie das Risiko von unbefugtem Zugriff oder Datenübertragungen.

10. Weiterbildung über mobile Sicherheitsbest Practices
Bleiben Sie informiert über die neuesten Bedrohungen und Sicherheitspraktiken im Bereich mobiler Geräte. Bilden Sie sich regelmäßig weiter, um über aktuelle Sicherheitsrisiken und Schutzmaßnahmen auf dem Laufenden zu bleiben. Durch kontinuierliches Lernen und Bewusstsein können Sie effektiver auf neue Bedrohungen reagieren und Ihre Sicherheit verbessern.

Wenn Sie diese Maßnahmen anwenden, können Sie die Sicherheit Ihrer mobilen Geräte erheblich steigern und Ihre persönlichen Informationen besser schützen.

Verschlüsselungssoftware für sichere Speicherung

Die Auswahl der richtigen Verschlüsselungssoftware ist entscheidend für die sichere Speicherung und Übertragung von Daten. Die folgenden Tools und Anwendungen bieten eine Vielzahl von

Funktionen, die sowohl für Einzelpersonen als auch für Unternehmen nützlich sein können:

Verschlüsselungssoftware für die Speicherung von Daten
VeraCrypt
VeraCrypt ist ein kostenloses, quelloffenes Verschlüsselungsprogramm, das auf dem ehemaligen TrueCrypt basiert. Es ermöglicht die Erstellung verschlüsselter Container, die Verschlüsselung ganzer Partitionen sowie die vollständige Verschlüsselung des Betriebssystems. VeraCrypt unterstützt starke Verschlüsselungsalgorithmen und ist plattformübergreifend verfügbar für Windows, macOS und Linux. Es bietet eine benutzerfreundliche Oberfläche, die es auch weniger erfahrenen Nutzern ermöglicht, ihre Daten effektiv zu schützen. Die Anwendungsfälle von VeraCrypt umfassen die Sicherung sensibler Daten auf Festplatten und USB-Laufwerken.

BitLocker
BitLocker ist eine Festplattenverschlüsselungstechnologie von Microsoft, die in den Windows-Versionen Pro und Enterprise integriert ist. BitLocker ermöglicht die Verschlüsselung ganzer Laufwerke und bietet eine nahtlose Integration in das Windows-Betriebssystem. Es nutzt den Trusted Platform Module (TPM)-Chip, um die Sicherheit zu verbessern und sicherzustellen, dass die Verschlüsselung nicht ohne Authentifizierung umgangen werden kann. BitLocker eignet sich besonders zum Schutz von Daten auf Windows-Laptops und -Desktops.

FileVault
FileVault ist die Verschlüsselungstechnologie von Apple, die in macOS integriert ist. Es verschlüsselt das gesamte Laufwerk eines Macs, um die Daten zu schützen. FileVault bietet eine einfache Einrichtung und Verwaltung, sowie eine tiefe Integration in macOS, was den Nutzern eine unkomplizierte Verwaltung ihrer Verschlüsselungseinstellungen ermöglicht. Die Software ist ideal für die Sicherung von Daten auf MacBooks und iMacs.

Verschlüsselungssoftware für die Übertragung von Daten
ProtonMail

ProtonMail ist ein E-Mail-Dienst, der End-to-End-Verschlüsselung für E-Mails bietet. Entwickelt von Wissenschaftlern des CERN, legt ProtonMail großen Wert auf Sicherheit und Datenschutz. Die Plattform ist benutzerfreundlich und bietet starke Verschlüsselung, ohne IP-Logging zu verwenden. Sie ist besonders geeignet für den sicheren Austausch von E-Mails und Anhängen.

Signal

Signal ist eine kostenlose, quelloffene Messaging-App, die End-to-End-Verschlüsselung für Textnachrichten, Sprach- und Videoanrufe bietet. Signal unterstützt mehrere Plattformen, darunter iOS, Android und Desktop-Computer, und ist bekannt für seine starke Verschlüsselung und einfache Bedienbarkeit. Es ist ideal für den sicheren Austausch von Nachrichten und Anrufen.

WhatsApp

WhatsApp verwendet das Signal-Protokoll für End-to-End-Verschlüsselung, um Nachrichten und Anrufe zu sichern. Die weit verbreitete App ist benutzerfreundlich und unterstützt neben Textnachrichten auch Multimedia-Nachrichten. WhatsApp ist eine beliebte Wahl für alltägliche Kommunikation, bei der ein hohes Maß an Sicherheit gewünscht ist.

Verschlüsselungssoftware für beide Zwecke
PGP/GPG (Pretty Good Privacy/GNU Privacy Guard)

PGP und sein quelloffenes Pendant GPG sind etablierte Werkzeuge zur Verschlüsselung und Signierung von Daten und E-Mails. Diese Tools bieten hohe Sicherheitsstandards und sind weit verbreitet. Sie unterstützen sowohl die Verschlüsselung von Dateien als auch von E-Mails und sind ideal für den sicheren Austausch und die Speicherung sensibler Informationen.

Tresorit

Tresorit ist ein Cloud-Speicherdienst, der Ende-zu-Ende-Verschlüsselung bietet. Es ermöglicht die sichere Übertragung und Speicherung von Dateien in der Cloud. Tresorit bietet starke Verschlüsselung, eine benutzerfreundliche Oberfläche und Unterstützung für Teams und Unternehmen, was es zu einer hervorragenden Wahl für sicheren Cloud-Speicher und Dateifreigabe macht.

Boxcryptor

Boxcryptor verschlüsselt Dateien vor der Speicherung in der Cloud und unterstützt zahlreiche Cloud-Dienste wie Dropbox, Google Drive und OneDrive. Die plattformübergreifende Anwendung ist benutzerfreundlich und ermöglicht es, Dateien sicher in der Cloud zu speichern, indem sie vor unbefugtem Zugriff geschützt werden.

Durch die sorgfältige Auswahl und Implementierung dieser Verschlüsselungssoftware können Sie sicherstellen, dass Ihre Daten sowohl bei der Speicherung als auch bei der Übertragung umfassend geschützt sind.

Online-Ressourcen und Foren zur Unterstützung

Für diejenigen, die ihre Fähigkeiten in der digitalen Selbstverteidigung verbessern möchten, gibt es eine Vielzahl von Online-Ressourcen und Foren, die umfassende Unterstützung und Anleitungen bieten. Diese Plattformen bieten nicht nur grundlegende Sicherheitspraktiken, sondern auch fortgeschrittene Techniken zur Verbesserung der digitalen Sicherheit. Hier sind einige der besten verfügbaren Ressourcen:

Online-Ressourcen

Electronic Frontier Foundation (EFF)

Website: eff.org

Beschreibung: Die Electronic Frontier Foundation (EFF) ist eine führende Organisation im Bereich der digitalen Rechte und bietet umfassende Leitfäden und Tutorials zu Themen wie Verschlüsselung, Online-Privatsphäre und Sicherheit. Besonders hervorzuheben ist ihre Plattform „Surveillance Self-Defense" (SSD), die detaillierte Anleitungen zur digitalen Selbstverteidigung bereitstellt. Diese Plattform umfasst umfassende Informationen zu sicheren Kommunikationsmethoden und dem Schutz der Privatsphäre.

Ressourcen: Anleitungen zur Nutzung von Verschlüsselungstools wie Tor und Signal, detaillierte Erklärungen zur Anwendung von PGP für E-Mail-Verschlüsselung sowie umfassende Tipps zur Verbesserung der Online-Privatsphäre.

Krebs on Security

Website: krebsonsecurity.com

Beschreibung: Brian Krebs, ein renommierten Cybersicherheitsjournalist, bietet auf seinem Blog aktuelle Informationen und tiefgehende Analysen zu Cyberbedrohungen und Sicherheitspraktiken. Krebs on Security ist bekannt für seine umfassenden Berichte und fundierten Analysen zu aktuellen Sicherheitsbedrohungen.

Ressourcen: Artikel und Berichte zu den neuesten Sicherheitsbedrohungen, präventive Maßnahmen gegen Cyberangriffe und Handlungsempfehlungen zur Reaktion auf Sicherheitsvorfälle.

Cyber Aware

Website: cyberaware.gov

Beschreibung: Cyber Aware ist eine Initiative der US-Regierung, die darauf abzielt, Einzelpersonen und Unternehmen durch praktische Tipps und Ressourcen zu unterstützen, um sich vor Cyberbedrohungen zu schützen. Die Plattform bietet leicht verständliche Anleitungen zur Verbesserung der Cybersicherheit.

Ressourcen: Leitfäden zur Passwortsicherheit, Strategien zur Vermeidung von Phishing-Angriffen und Tipps zur sicheren Nutzung sozialer Medien.

SANS Institute

Website: sans.org

Beschreibung: Das SANS Institute ist eine der weltweit führenden Organisationen im Bereich der Cybersicherheit und bietet eine breite Palette von Trainingsprogrammen, Webinaren und Ressourcen. Die Inhalte richten sich sowohl an Einzelpersonen als auch an Unternehmen und decken eine Vielzahl von Sicherheitsaspekten ab.

Ressourcen: Webinare zu aktuellen Sicherheitsbedrohungen, Whitepapers und Sicherheitsrichtlinien sowie umfassende Sicherheitschecklisten und Tools zur Verbesserung der Cybersicherheit.

Foren und Communities

Reddit – r/privacy und r/netsec

Website: reddit.com/r/privacy und reddit.com/r/netsec

Beschreibung: Diese Subreddits bieten aktive Community-Foren, in denen Mitglieder Diskussionen rund um Themen wie Online-Privatsphäre und Netzwerksicherheit führen. Hier können Nutzer Fragen stellen, Erfahrungen austauschen und von Experten und Enthusiasten lernen.

Ressourcen: Diskussionsforen, aktuelle News-Updates, und hilfreiche Tipps von Sicherheitsprofis und anderen Community-Mitgliedern.

Bleeping Computer Forums

Website: bleepingcomputer.com/forums

Beschreibung: Bleeping Computer bietet eine Plattform für technische Unterstützung und Sicherheitsnachrichten. Die Foren sind besonders nützlich für Benutzer, die Hilfe bei der Entfernung von Malware benötigen oder Unterstützung bei allgemeinen Sicherheitsfragen suchen.

Ressourcen: Anleitungen zur Malware-Entfernung, Diskussionen zu Sicherheitssoftware, und technische Unterstützung bei Sicherheitsproblemen.

Stack Exchange – Information Security

Website: security.stackexchange.com

Beschreibung: Stack Exchange ist eine Q&A-Plattform, die sich auf Informationssicherheit spezialisiert hat. Benutzer können Fragen zu verschiedenen Aspekten der Cybersicherheit stellen und Antworten von Fachleuten und anderen Nutzern erhalten.

Ressourcen: Fragen und Antworten zu Themen wie Verschlüsselung, Netzwerksicherheit und bewährten Sicherheitspraktiken.

Null Byte – WonderHowTo

Website: null-byte.wonderhowto.com

Beschreibung: Null Byte ist eine Plattform, die sich auf ethisches Hacking und Informationssicherheit konzentriert. Die Seite bietet Tutorials und Anleitungen zu Penetrationstests sowie zur Sicherheitsforschung.

Ressourcen: Schritt-für-Schritt-Tutorials zu Penetrationstests, Anleitungen zur Sicherheitsforschung und Tools für die digitale Selbstverteidigung.

Weitere nützliche Ressourcen

Have I Been Pwned?

Website: haveibeenpwned.com

Beschreibung: Dieser Dienst ermöglicht Benutzern die Überprüfung, ob ihre E-Mail-Adressen oder Passwörter in Datenlecks kompromittiert wurden. Die Plattform bietet auch Warnungen bei neuen Datenlecks, die die Sicherheit der Benutzerdaten gefährden könnten.

Ressourcen: Überprüfung auf Datenlecks und Warnungen bei neuen Sicherheitsvorfällen.

Mozilla's Privacy & Security Blog

Website: mozilla.org

Beschreibung: Mozilla bietet auf ihrem Blog umfassende Informationen zu Websicherheit und Datenschutz. Die Artikel und Tipps auf diesem Blog helfen Benutzern dabei, ihre Online-Sicherheit zu verbessern und sich vor potenziellen Bedrohungen zu schützen.

Ressourcen: Artikel zur sicheren Nutzung des Internets, Datenschutz-Tools und -Erweiterungen.

Diese Ressourcen und Foren bieten eine umfassende Grundlage für alle, die ihre Fähigkeiten in der digitalen Selbstverteidigung erweitern möchten. Sie bieten wertvolle Informationen, Unterstützung und Gemeinschaft, die für den Aufbau und die Aufrechterhaltung effektiver Sicherheitspraktiken unerlässlich sind.

Schulungs- und Weiterbildungsangebote

Um sich über aktuelle Sicherheitstrends und -technologien auf dem Laufenden zu halten, stehen zahlreiche Schulungs- und Weiterbildungsangebote zur Verfügung. Diese reichen von Online-Kursen und Zertifizierungen bis hin zu Konferenzen und Webinaren. Hier sind einige der besten verfügbaren Optionen, die es ermöglichen, sowohl grundlegende als auch fortgeschrittene Kenntnisse in der Cybersicherheit zu erwerben und zu vertiefen:

Online-Kurse und Zertifizierungen

Coursera

Beschreibung: Coursera bietet eine breite Palette von Online-Kursen, die in Partnerschaft mit renommierten Universitäten und Unternehmen entwickelt wurden. Die Kurse decken verschiedene Aspekte der Cybersicherheit ab und sind oft auf aktuelle Technologien und Bedrohungen ausgerichtet.

Empfohlene Kurse:

„Cybersecurity Specialization" von der University of Maryland: Ein umfassendes Programm, das die grundlegenden Prinzipien der Cybersicherheit behandelt.

„IBM Cybersecurity Analyst Professional Certificate": Eine spezialisierte Zertifizierung, die die Fähigkeiten und Kenntnisse eines Cybersicherheitsanalysten vermittelt.

edX

Beschreibung: edX ist eine Plattform für Online-Kurse, die von weltweit führenden Universitäten und Institutionen angeboten werden. Sie bietet Kurse an, die sowohl für Einsteiger als auch für Fortgeschrittene geeignet sind.

Empfohlene Kurse:

„Cybersecurity Fundamentals" vom Rochester Institute of Technology: Ein grundlegender Kurs, der die wichtigsten Konzepte der Cybersicherheit behandelt.

„Introduction to Cyber Security" von der University of Washington: Ein Kurs, der Einblicke in grundlegende Sicherheitsprinzipien und Best Practices bietet.

Udemy

Beschreibung: Udemy bietet eine Vielzahl von Kursen, die von Experten und Praktikern erstellt wurden. Die Plattform ist bekannt für ihre flexiblen Lernmöglichkeiten und breite Themenabdeckung.

Empfohlene Kurse:

„The Complete Cyber Security Course" von Nathan House: Ein umfassender Kurs, der verschiedene Aspekte der Cybersicherheit abdeckt.

„Cyber Security Crash Course for Beginners: Learn From Scratch": Ein Einstiegskurs für Anfänger, der grundlegende Sicherheitskonzepte vermittelt.

SANS Institute

Beschreibung: Das SANS Institute ist eine weltweit anerkannte Organisation für Cybersicherheitsschulungen und Zertifizierungen. Es bietet spezialisierte Trainingsprogramme und Zertifikate, die von Fachleuten der Branche geschätzt werden.

Empfohlene Kurse:

GIAC Security Essentials (GSEC): Eine Zertifizierung, die grundlegende Sicherheitskenntnisse und -fähigkeiten vermittelt.

GIAC Certified Incident Handler (GCIH): Eine fortgeschrittene Zertifizierung für Fachleute, die auf die Handhabung und Reaktion auf Sicherheitsvorfälle spezialisiert sind.

CompTIA

Beschreibung: CompTIA bietet international anerkannte Zertifizierungen, die grundlegende bis fortgeschrittene Kenntnisse in der Cybersicherheit abdecken. Diese Zertifizierungen sind für viele IT- und Sicherheitsprofis eine Voraussetzung.

Empfohlene Zertifizierungen:

CompTIA Security+: Eine Zertifizierung, die grundlegende Kenntnisse der Cybersicherheit prüft.

CompTIA Cybersecurity Analyst (CySA+): Eine fortgeschrittene Zertifizierung für Cybersicherheitsanalysten.

CompTIA Advanced Security Practitioner (CASP+): Eine hochrangige Zertifizierung für erfahrene Cybersicherheitsexperten.

Konferenzen und Veranstaltungen: CompTIA organisiert regelmäßig Fachkonferenzen, Webinare und Networking-Events, die IT- und Sicherheitsprofis die Möglichkeit bieten, ihre Kenntnisse zu erweitern, sich über neueste Technologien auszutauschen und branchenspezifische Kontakte zu knüpfen.

RSA Conference

Beschreibung: Die RSA Conference ist eine der weltweit größten und renommiertesten Konferenzen im Bereich der Cybersicherheit. Sie bringt Fachleute aus aller Welt zusammen, um aktuelle Trends, Technologien und Herausforderungen zu diskutieren.

Fokus: Neueste Entwicklungen in der Cybersicherheit, innovative Technologien und Best Practices.

Black Hat

Beschreibung: Black Hat ist eine führende Veranstaltung für Sicherheitsprofis, die aktuelle Forschungsergebnisse, neue Werkzeuge und Techniken präsentieren. Die Konferenz ist bekannt für ihre technischen Sessions und Deep-Dive-Workshops.

Fokus: Sicherheitsforschung, neue Angriffstechniken und Sicherheitslösungen.

DEF CON

Beschreibung: DEF CON ist eine der ältesten und größten Hacker-Konferenzen, die eine Vielzahl von Vorträgen, Workshops und Wettbewerben bietet. Sie ist bekannt für ihren offenen Austausch über Sicherheitslücken und Schwachstellen.

Fokus: Ethik des Hackens, Sicherheitsforschung, und praktische Sicherheitsanwendungen.

BSides

Beschreibung: BSides sind Community-getriebene Konferenzen, die eine Plattform für den Austausch von Wissen und Erfahrungen bieten. Diese Veranstaltungen finden in verschiedenen Städten weltweit statt und bieten eine lokale Perspektive auf Cybersicherheitsthemen.

Fokus: Community-basierte Sicherheitsdiskussionen, praxisorientierte Workshops und Networking.

Webinare und Online-Events

ISACA

Beschreibung: ISACA ist eine globale Organisation, die sich auf IT-Governance und Cybersicherheit spezialisiert hat. Sie bietet regelmäßig Webinare und virtuelle Konferenzen zu aktuellen Sicherheitsthemen an.

Fokus: IT-Governance, Risikomanagement und Cybersicherheitsstrategien.

(ISC)²

Beschreibung: (ISC)² ist eine Organisation, die auf Informationssicherheit spezialisiert ist und für ihre Zertifizierungen wie CISSP bekannt ist. Sie bietet auch Webinare und Online-Schulungen zu verschiedenen Sicherheitsthemen an.

Fokus: Informationssicherheit, Zertifizierungsvorbereitung und aktuelle Sicherheitstrends.

Infosecurity Magazine

Beschreibung: Infosecurity Magazine veranstaltet regelmäßig Webinare und virtuelle Konferenzen, die sich auf aktuelle Sicherheitsthemen konzentrieren. Diese Veranstaltungen bieten wertvolle Einblicke und Expertenmeinungen.

Fokus: Cybersicherheitsnachrichten, Best Practices und Technologie-Updates.

Bücher und Fachliteratur

„Cybersecurity and Cyberwar: What Everyone Needs to Know"

von P.W. Singer und Allan Friedman

Beschreibung: Dieses umfassende Buch bietet einen Überblick über grundlegende und fortgeschrittene Themen der Cybersicherheit und der digitalen Kriegsführung. Es ist für Leser aller Erfahrungsstufen geeignet.

Inhalt: Grundlagen der Cybersicherheit, aktuelle Bedrohungen und strategische Überlegungen zur digitalen Sicherheit.

„The Art of Invisibility" von Kevin Mitnick

Beschreibung: Dieses Buch von Kevin Mitnick, einem bekannten Sicherheitsexperten, konzentriert sich auf Techniken, um anonym und sicher im Internet zu bleiben. Es bietet praktische Ratschläge zur Wahrung der Privatsphäre.

Inhalt: Tipps und Techniken zur Wahrung der Online-Anonymität und Sicherheit.
Weiterbildungsprogramme an Universitäten

Spezialisierte Master-Programme in Cybersicherheit
Beispiele:
„Master of Science in Cybersecurity" von der Northeastern University: Ein fortgeschrittenes Programm, das umfassende Kenntnisse in der Cybersicherheit vermittelt.
„Master of Science in Cybersecurity" von der University of Maryland: Ein Programm, das tiefgehende Kenntnisse und Fähigkeiten in der Cybersicherheit bietet.

Cybersecurity Bootcamps
Beschreibung: Intensive Programme, die darauf abzielen, in kurzer Zeit umfangreiche Kenntnisse und Fähigkeiten zu vermitteln. Sie sind für schnelle und praxisnahe Ausbildung konzipiert.
Anbieter: Flatiron School, Springboard: Diese Bootcamps bieten praktische Schulungen und Projektarbeit, um schnell Fähigkeiten in der Cybersicherheit zu erwerben.

Diese Schulungs- und Weiterbildungsangebote bieten eine umfassende Möglichkeit, sich kontinuierlich über die neuesten Entwicklungen und Technologien im Bereich der Cybersicherheit zu informieren und weiterzubilden. Sie sind für alle, die ihre Kenntnisse erweitern oder sich auf den neuesten Stand der Technik bringen möchten, von großem Nutzen.

Sicherheit von Smart-Home-Geräten verbessern

Die Sicherheit von Smart-Home- und Internet-of-Things (IoT)-Geräten ist von wesentlicher Bedeutung, da diese Technologien immer mehr in Haushalte und Unternehmen integriert werden und zunehmend sensible Daten verwalten. Um die Sicherheit die-

ser Geräte zu gewährleisten, sollten umfassende Maßnahmen ergriffen werden. Hier sind detaillierte Strategien zur Verbesserung
der Sicherheit von Smart-Home- und IoT-Geräten:

Starke und einzigartige Passwörter verwenden

Beschreibung: Es ist entscheidend, für jedes IoT-Gerät ein starkes, einzigartiges Passwort zu wählen und die voreingestellten
Standardpasswörter zu ändern. Diese Praxis erschwert es Angreifern erheblich, durch einfaches Erraten oder durch die Verwendung bekannter Standardpasswörter Zugriff auf die Geräte zu erlangen.

Beispiel: Ein starkes Passwort sollte mindestens 12 Zeichen lang
sein und eine Kombination aus Groß- und Kleinbuchstaben,
Zahlen und Sonderzeichen enthalten. Vermeiden Sie einfache,
leicht zu erratende Passwörter wie „123456" oder „password".

Regelmäßige Software- und Firmware-Updates

Beschreibung: Halten Sie die Firmware und Software Ihrer IoT-
Geräte regelmäßig auf dem neuesten Stand. Hersteller veröffentli-
chen Updates, um Sicherheitslücken zu schließen, bekannte
Schwachstellen zu beheben und die allgemeine Funktionalität der
Geräte zu verbessern.

Tipp: Aktivieren Sie automatische Updates, wenn diese Option
verfügbar ist, oder überprüfen Sie regelmäßig manuell auf verfügbare Updates. Dies stellt sicher, dass Sie von den neuesten Sicherheits-Patches profitieren.

Netzwerksegmentierung

Beschreibung: Segmentieren Sie Ihr Netzwerk, indem Sie IoT-
Geräte in ein separates Netzwerk oder eine Virtual Local Area
Network (VLAN) einordnen. Diese Maßnahme begrenzt den Zugriff auf andere Geräte und sensible Daten in Ihrem Hauptnetz-
werk und reduziert das Risiko, dass Sicherheitsvorfälle sich auf
andere kritische Systeme ausbreiten.

Vorteil: Bei einem Sicherheitsvorfall bleibt der Schaden auf das isolierte IoT-Netzwerk beschränkt, was die Gesamtsicherheit des Hauptnetzwerks erhöht.

Starke Verschlüsselung verwenden

Beschreibung: Stellen Sie sicher, dass die Kommunikation zwischen Ihren IoT-Geräten und anderen Systemen durch starke Verschlüsselung geschützt ist. Verwenden Sie, wenn möglich, WPA3-Verschlüsselung für Ihr WLAN und HTTPS für Webschnittstellen.

Vorteil: Verschlüsselung schützt Daten vor Abhörversuchen und Manipulation durch Dritte, was die Sicherheit und Integrität der übermittelten Informationen gewährleistet.

Zugriffskontrollen Implementieren

Beschreibung: Konfigurieren Sie die Zugriffskontrollen so, dass nur autorisierte Benutzer und Geräte auf Ihre IoT-Geräte zugreifen können. Die Implementierung der Zwei-Faktor-Authentifizierung (2FA) erhöht die Sicherheit weiter, indem sie einen zusätzlichen Schutzlayer hinzufügt.

Beispiel: Bei Smart-Home-Systemen können spezifische Benutzerprofile erstellt und deren Zugriffsrechte individuell angepasst werden, um sicherzustellen, dass nur autorisierte Personen Zugriff auf kritische Funktionen haben.

Deaktivierung nicht benötigter Funktionen

Beschreibung: Schalten Sie alle Funktionen und Dienste, die nicht benötigt werden, ab. Diese Maßnahme reduziert die Angriffsfläche und minimiert die Möglichkeiten für potenzielle Angreifer, Schwachstellen auszunutzen.

Beispiel: Wenn ein IoT-Gerät Fernzugriffsmöglichkeiten bietet, diese jedoch nicht genutzt werden, sollte diese Funktion deaktiviert werden, um unnötige Sicherheitsrisiken zu vermeiden.

Überwachung und Protokollierung

Beschreibung: Aktivieren Sie die Protokollierungs- und Überwachungsfunktionen Ihrer IoT-Geräte, um ungewöhnliche Aktivitäten zu erkennen und zu analysieren. Eine kontinuierliche Überwachung hilft dabei, Sicherheitsvorfälle frühzeitig zu erkennen und entsprechende Gegenmaßnahmen einzuleiten.

Vorteil: Durch die regelmäßige Überprüfung der Protokolle können Sie potenzielle Bedrohungen zeitnah identifizieren und darauf reagieren, um Schäden zu minimieren.

Sicherheitsorientierte konfiguration

Beschreibung: Stellen Sie sicher, dass alle Ihre Geräte sicher konfiguriert sind. Dazu gehört das Deaktivieren von Fernzugriff und Debugging-Modi, die Absicherung von Webschnittstellen durch HTTPS und das Einrichten sicherer Kommunikationsprotokolle.

Beispiel: Wenn ein Gerät eine Webschnittstelle besitzt, sollte diese ausschließlich über HTTPS zugänglich sein, und alle Standard-Login-Daten sollten umgehend geändert werden, um unbefugten Zugriff zu verhindern.

Verwendung von IoT-Sicherheitslösungen

Beschreibung: Nutzen Sie spezielle Sicherheitslösungen und -plattformen, die für IoT-Geräte entwickelt wurden. Diese können Bedrohungen erkennen und Abwehrmaßnahmen implementieren, die speziell auf IoT-Umgebungen abgestimmt sind.

Beispiel: Plattformen wie Forescout oder Armis bieten umfassende Sicherheitslösungen, die für die Überwachung und Absicherung von IoT-Netzwerken konzipiert sind, einschließlich der Erkennung und Reaktion auf Sicherheitsbedrohungen.

Bewusste Kaufentscheidungen treffen

Beschreibung: Achten Sie beim Kauf von IoT-Geräten auf deren Sicherheitsmerkmale und den Support des Herstellers für Sicherheitsupdates. Bevorzugen Sie Produkte von renommierten

Marken und solche, die gute Sicherheitsbewertungen erhalten haben.

Tipp: Lesen Sie vor dem Kauf die Sicherheitsbewertungen und Nutzerkommentare, um sicherzustellen, dass das Gerät den erforderlichen Sicherheitsstandards entspricht und regelmäßige Sicherheitsupdates erhält.

Durch die Implementierung dieser Maßnahmen können sowohl Verbraucher als auch Unternehmen die Sicherheit ihrer Smart-Home- und IoT-Geräte erheblich verbessern und das Risiko von Cyberangriffen signifikant reduzieren.

Sicherheitstools für Unternehmen

Unternehmen und Organisationen sehen sich einer stetig wachsenden Vielzahl von Cyberbedrohungen gegenüber, die ihre digitale Infrastruktur gefährden können. Eine effektive Implementierung und Verwaltung von Sicherheitstools und -ressourcen ist daher essenziell, um diese Bedrohungen abzuwehren und die Integrität, Vertraulichkeit und Verfügbarkeit von Daten sicherzustellen. Die folgenden Schritte sind von zentraler Bedeutung für den Schutz Ihrer digitalen Infrastruktur:

Risikobewertung und Bedrohungsanalyse

Beschreibung: Beginnen Sie mit einer umfassenden Bewertung der spezifischen Risiken und Bedrohungen, denen Ihre Organisation ausgesetzt ist. Diese Analyse umfasst die Identifikation kritischer Vermögenswerte, potenzieller Angriffsvektoren und systematischer Schwachstellen innerhalb Ihrer Infrastruktur.

Beispiel: Führen Sie regelmäßige Penetrationstests und Schwachstellenanalysen durch, um Sicherheitslücken in Ihrer IT-Umgebung zu identifizieren. Diese Tests helfen dabei, die tatsächlichen Bedrohungen zu bewerten und priorisierte Maßnahmen zur Behebung von Schwachstellen zu planen.

Sicherheitsstrategie und -richtlinien Entwickeln

Beschreibung: Erstellen Sie eine umfassende Sicherheitsstrategie, die klare Richtlinien und Verfahren zur Risikominderung und Reaktion auf Sicherheitsvorfälle definiert. Diese Strategie sollte sowohl präventive als auch reaktive Maßnahmen umfassen.

Beispiel: Entwickeln Sie detaillierte Richtlinien für den sicheren Umgang mit sensiblen Daten, Richtlinien für Bring Your Own Device (BYOD), und Notfallpläne für Cyberangriffe. Diese Dokumente dienen als Leitfaden für alle Mitarbeiter und stellen sicher, dass im Falle eines Vorfalls schnell und effizient gehandelt werden kann.

Implementierung von Mehrfaktor-Authentifizierung (MFA)

Beschreibung: Verwenden Sie Mehrfaktor-Authentifizierung, um die Sicherheit von Benutzerkonten zu erhöhen. MFA kombiniert mindestens zwei Authentifizierungsfaktoren, wie Passwort und Einmalpasscode, um eine zusätzliche Sicherheitsebene zu schaffen.

Vorteil: Die Implementierung von MFA reduziert das Risiko von Kontoübernahmen erheblich, da ein Angreifer nicht nur das Passwort, sondern auch einen zusätzlichen Authentifizierungsfaktor benötigen würde, um Zugriff zu erhalten.

Verwendung von Verschlüsselung

Beschreibung: Setzen Sie Verschlüsselungstechnologien sowohl für die Speicherung als auch für die Übertragung sensibler Daten ein. Dies schützt Daten vor unbefugtem Zugriff und Manipulation.

Beispiel: Implementieren Sie SSL/TLS-Verschlüsselung für Webverkehr und nutzen Sie verschlüsselte Datenbanken, um gespeicherte Informationen zu schützen. Verschlüsselung sorgt dafür, dass Daten nur von autorisierten Benutzern gelesen werden können.

Sicherheitsbewusstsein und Schulungen

Beschreibung: Schulen Sie Ihre Mitarbeiter regelmäßig im sicheren Umgang mit IT-Ressourcen und sensibilisieren Sie sie für aktuelle Bedrohungen und Phishing-Versuche. Ein gut informierter Mitarbeiter ist eine wichtige Verteidigungslinie gegen Cyberangriffe.

Beispiel: Führen Sie regelmäßige Schulungsprogramme, Phishing-Simulationen und Workshops zur Cybersecurity durch. Diese Maßnahmen helfen dabei, das Bewusstsein zu schärfen und das Risiko von menschlichem Versagen zu minimieren.

Regelmäßige Software- und Systemaktualisierungen

Beschreibung: Halten Sie alle Systeme, Anwendungen und Geräte durch regelmäßige Updates und Patches auf dem neuesten Stand. Dies ist entscheidend, um bekannte Sicherheitslücken zu schließen und Ihre Systeme vor Angriffen zu schützen.

Beispiel: Implementieren Sie ein Patch-Management-System, das sicherstellt, dass alle Softwarekomponenten zeitnah aktualisiert werden. Regelmäßige Updates verhindern, dass bekannte Schwachstellen ausgenutzt werden.

Netzwerksegmentierung

Beschreibung: Segmentieren Sie Ihr Netzwerk, um den Zugriff auf kritische Systeme und Daten zu beschränken. Diese Maßnahme hilft, die Ausbreitung von Angriffen innerhalb des Netzwerks zu verhindern und die Sicherheit der gesamten Infrastruktur zu erhöhen.

Beispiel: Trennen Sie Produktionsnetzwerke von Gastnetzwerken und setzen Sie Firewalls sowie Intrusion Detection Systems (IDS) ein, um den Datenverkehr zu überwachen und unautorisierte Zugriffe zu verhindern.

Einsatz von Endpoint-Security-Lösungen

Beschreibung: Implementieren Sie umfassende Endpoint-Security-Lösungen, die Antivirenprogramme, Firewalls und Intrusion

Prevention Systems (IPS) umfassen. Diese Lösungen bieten Schutz für alle Endgeräte in Ihrer Organisation.

Beispiel: Nutzen Sie Lösungen wie Symantec, McAfee oder Sophos, um Ihre Endgeräte kontinuierlich zu überwachen und vor Bedrohungen zu schützen. Endpoint-Security-Lösungen sind entscheidend für den Schutz vor Malware und anderen Angriffen.

Daten-Backup und Wiederherstellungspläne

Beschreibung: Erstellen und testen Sie regelmäßige Backups Ihrer kritischen Daten und entwickeln Sie Wiederherstellungspläne für den Fall eines Sicherheitsvorfalls oder Datenverlusts. Backups sind eine essentielle Maßnahme zur Sicherstellung der Datenverfügbarkeit.

Beispiel: Implementieren Sie automatisierte Backup-Lösungen und führen Sie regelmäßige Tests der Datenwiederherstellungsprozesse durch, um sicherzustellen, dass im Falle eines Datenverlusts oder Angriffs eine schnelle Wiederherstellung möglich ist.

Kontinuierliche Überwachung und Reaktion auf Sicherheitsvorfälle

Beschreibung: Nutzen Sie Security Information and Event Management (SIEM)-Systeme zur kontinuierlichen Überwachung und Analyse von Sicherheitsereignissen und zur schnellen Reaktion auf Vorfälle. Eine proaktive Überwachung ist unerlässlich für die Erkennung und Reaktion auf Sicherheitsbedrohungen.

Beispiel: Implementieren Sie Lösungen wie Splunk, IBM QRadar oder ArcSight, um Echtzeit-Überwachung und Bedrohungserkennung zu gewährleisten. Diese Systeme helfen dabei, potenzielle Sicherheitsvorfälle frühzeitig zu identifizieren und geeignete Maßnahmen zu ergreifen.

Zero-Trust-Sicherheitsmodell

Beschreibung: Implementieren Sie ein Zero-Trust-Sicherheitsmodell, bei dem standardmäßig kein Benutzer oder Gerät als vertrauenswürdig angesehen wird. Jeder Zugriff wird überprüft und authentifiziert, um die Sicherheit zu maximieren.

Beispiel: Nutzen Sie Mikrosegmentierung und fortschrittliche Zugriffskontrollen, um Ihr Netzwerk zu schützen und nur autorisierten Zugriff zu gewähren. Das Zero-Trust-Modell minimiert das Risiko von Insider-Bedrohungen und externen Angriffen.

Zusammenarbeit mit Sicherheitsanbietern und -beratern

Beschreibung: Arbeiten Sie eng mit externen Sicherheitsanbietern und Beratern zusammen, um sicherzustellen, dass Sie die neuesten Best Practices und Technologien nutzen. Externe Expertise kann zusätzliche Sicherheitsvorkehrungen und Einblicke bieten.

Beispiel: Beauftragen Sie Sicherheitsberatungsunternehmen zur Durchführung regelmäßiger Audits und Assessments Ihrer Sicherheitsinfrastruktur. Diese Experten helfen dabei, Schwachstellen zu identifizieren und maßgeschneiderte Sicherheitsstrategien zu entwickeln.

Durch die umfassende Umsetzung dieser Maßnahmen können Unternehmen und Organisationen ihre digitale Infrastruktur effektiv schützen und sich gegen eine Vielzahl von Cyberbedrohungen wappnen. Es erfordert kontinuierliche Anstrengungen und Anpassungen an die sich entwickelnde Bedrohungslandschaft, um eine robuste und widerstandsfähige Sicherheitslage aufrechtzuerhalten.

Zusammenfassung und Abschluss

Die digitale Welt bietet eine Vielzahl von Vorteilen, bringt jedoch auch eine Reihe von Risiken und Gefahren mit sich. In der heutigen Zeit ist digitale Selbstverteidigung von entscheidender Bedeutung, um persönliche Daten zu schützen und sich effektiv vor Cyberangriffen zu verteidigen.

Wesentliche Aspekte der digitalen Selbstverteidigung umfassen die Sicherstellung der Passwortsicherheit, die Erkennung von Phishing-Angriffen, den Schutz vor Malware und die sichere Nutzung öffentlicher WLAN-Netzwerke. Besonders hervorzuheben ist, dass Senioren aufgrund ihrer spezifischen Bedürfnisse und Herausforderungen besondere Unterstützung und Schulungen benötigen, um sich sicher in der digitalen Welt zu bewegen.

Künstliche Intelligenz (KI) hat sich als zunehmend wichtig bei der Erkennung und Abwehr von Cyberbedrohungen erwiesen. Die Entwicklungen in diesem Bereich werden neue Herausforderungen, aber auch Chancen in der digitalen Selbstverteidigung mit sich bringen. Es ist entscheidend, sich kontinuierlich über neue Technologien und Sicherheitspraktiken zu informieren, um den sich ständig weiterentwickelnden Bedrohungen effektiv zu begegnen.

Empfehlungen für die Leser
 Um Ihre persönlichen Daten und Ihre digitale Sicherheit zu schützen, sollten Sie folgende Empfehlungen beherzigen:

Nutzen Sie starke Passwörter: Erstellen Sie Passwörter, die lang, komplex und einzigartig sind. Verwenden Sie unterschiedliche Passwörter für verschiedene Konten und ändern Sie diese regelmäßig.

Seien Sie vorsichtig bei verdächtigen E-Mails und Links: Überprüfen Sie die Herkunft von E-Mails und Links, bevor Sie darauf klicken. Seien Sie misstrauisch gegenüber unerwarteten Nachrichten oder Aufforderungen zur Preisgabe persönlicher Informationen.

Aktualisieren Sie regelmäßig Ihre Software: Halten Sie Ihr Betriebssystem, Ihre Anwendungen und Antivirenprogramme stets auf dem neuesten Stand, um sich vor bekannten Sicherheitslücken und Malware zu schützen.

Vermeiden Sie unsichere öffentliche WLAN-Netzwerke: Nutzen Sie sichere Verbindungen und überlegen Sie, ein virtuelles privates Netzwerk (VPN) zu verwenden, wenn Sie sich in öffentlichen Netzwerken aufhalten müssen.

Beteiligen Sie sich an Schulungen: Erwerben Sie digitale Kompetenzen durch Schulungen und Weiterbildungsangebote, insbesondere wenn Sie älter sind oder sich unsicher im Umgang mit digitalen Technologien fühlen.

Bleiben Sie informiert über neue Entwicklungen: Verfolgen Sie aktuelle Trends und Entwicklungen in der digitalen Sicherheit, und passen Sie Ihre Sicherheitsmaßnahmen entsprechend an, um immer auf dem neuesten Stand zu bleiben.

Abschließende Gedanken

Digitale Selbstverteidigung ist ein kontinuierlicher Prozess, der ständige Aufmerksamkeit und Anpassung erfordert. Indem wir uns der Risiken und Gefahren in der digitalen Welt bewusst sind und geeignete Schutzmaßnahmen treffen, können wir unsere Sicherheit und Privatsphäre im Internet wahren. Es liegt in unserer Verantwortung als Gesellschaft, gemeinsam daran zu arbeiten, eine sicherere und vertrauenswürdigere digitale Umgebung für alle zu schaffen. Nur durch kollektives Engagement und stetige Wachsamkeit können wir die Herausforderungen der digitalen Ära erfolgreich meistern.

Nachwort

Liebe Leserinnen und Leser,

Mit dem Abschluss dieses Buches

„Digitale Sicherheit: Gefahren erkennen, Risiken verstehen, effektiv schützen"

haben Sie einen wichtigen Schritt unternommen, um Ihre digitale Sicherheit zu stärken. Die heutige Welt ist von digitalen Technologien durchdrungen, und während sie uns viele Vorteile bietet, birgt sie auch Risiken und Herausforderungen für unsere Privatsphäre und Sicherheit.

In diesem Buch haben Sie nicht nur gelernt, wie Sie Ihre Online-Privatsphäre schützen können, sondern auch konkrete Maßnahmen kennengelernt, um sich vor einer Vielzahl von digitalen Bedrohungen zu verteidigen. Von der Auswahl sicherer Passwörter bis hin zur Implementierung fortgeschrittener Verschlüsselungstechniken haben Sie wichtige Tools und Strategien erworben, um Ihre persönlichen Daten zu schützen und Ihre digitale Identität zu wahren.

Denken Sie daran, dass digitale Sicherheit ein fortlaufender Prozess ist. Es ist wichtig, stets auf dem neuesten Stand zu bleiben und sich kontinuierlich über neue Bedrohungen und Sicherheitspraktiken zu informieren. Bleiben Sie wachsam und proaktiv, wenn es um Ihre Online-Sicherheit geht, und setzen Sie das Wissen aus diesem Buch in die Praxis um.

Ich hoffe, dass Ihnen dieses Buch dabei geholfen hat, Ihre digitale Selbstverteidigungsfähigkeiten zu verbessern und dass Sie mit mehr Vertrauen und Sicherheit im Internet unterwegs sind.

Bleiben Sie vorsichtig!

Sissi Ram und Team

Haftungsausschluss

Haftungsausschluss

Die Inhalte dieses Buches

„Digitale Sicherheit: Gefahren erkennen, Risiken verstehen, effektiv schützen"

wurden mit größter Sorgfalt und nach bestem Wissen und Gewissen erstellt. Sie dienen ausschließlich der Information und stellen keine rechtliche, medizinische, finanzielle oder sonstige professionelle Beratung dar.

Die Autorin übernimmt keine Gewähr für die Aktualität, Richtigkeit, Vollständigkeit oder Qualität der bereitgestellten Informationen. Jegliche Haftung für Schäden materieller oder immaterieller Art, die sich aus der Nutzung oder Nichtnutzung der dargebotenen Informationen ergeben, ist ausgeschlossen, sofern kein vorsätzliches oder grob fahrlässiges Verschulden vorliegt.

Die Umsetzung der im Buch dargestellten Empfehlungen und Lösungen, erfolgt auf eigene Verantwortung der Leserinnen und Leser. Für individuelle Fragen oder besondere persönliche Situationen sollten gegebenenfalls Fachleute oder Experten hinzugezogen werden.

Dieses Werk und seine Inhalte ersetzen keine persönliche Beratung oder Betreuung durch qualifizierte Fachkräfte.

Über die Autorin

Sissi Ram wurde in Österreich geboren und entdeckte schon in jungen Jahren ihre Leidenschaft für Wissen und Lernen. Dieser Eifer, neue Dinge zu verstehen, führte sie dazu, verschiedene Berufe zu erlernen und erfolgreich auszuüben. Nach einem erfüllten Berufsleben und einer langen Leidenschaft für das Schreiben beschloss sie, ihre Arbeit mit der Welt zu teilen.

Als Ratgeberautorin konzentriert sie sich auf zentrale und aktuelle Themen des Lebens.
 Ihre vielfältigen beruflichen und persönlichen Erfahrungen sowie ihre Begeisterung für das Recherchieren und Schreiben ermöglichen es ihr, ihren Lesern wert volle Einblicke und praktische Anleitungen zu bieten.

Mit ihren Büchern möchte sie Orientierungshilfe, Denkanstöße und nützliches Handwerkszeug geben, immer klar formuliert und mit dem Blick auf das Wesentliche.

Ein großes Dankeschön an Phil S. für die wunderbare Covergestaltung – deine Arbeit macht dieses Buch noch besonderer!

Ausblick

Vielen Dank fürs Lesen!

Ich freue mich, dass Sie mein Buch gelesen haben. Dies ist nur der Anfang meiner Veröffentlichungsreise!

In den kommenden Monaten werde ich weitere Bücher veröffentlichen, die ich bereits über viele Jahre hinweg mit Leidenschaft geschrieben habe. Freuen Sie sich auf spannende Themen, tiefgehende Einblicke und praktische Ratgeber, die Ihren Alltag bereichern.

Alle internationalen Bücher erscheinen in Deutsch, Englisch, einige auch in Spanisch – sowohl als gedruckte Ausgaben als auch als eBooks, damit Sie sie überall und jederzeit genießen können.

Bleiben Sie dran und lassen Sie sich überraschen, welche wertvollen Inhalte Sie in den nächsten Büchern erwarten.

Ich lade Sie herzlich ein, mir zu folgen, um über Neuerscheinungen informiert zu bleiben.

Bis bald in meinem nächsten Buch!

Ein Blick auf die Bücher von Sissi Ram

Leben im Universum

Was wäre, wenn Außerirdische tatsächlich Kontakt mit uns aufnehmen? In diesem Ratgeber beleuchtet Sissi Ram die Frage ernsthaft und ohne Science-Fiction-Ansatz: Wie würde ein solcher Kontakt unser Leben und unsere Gesellschaft verändern? Das Buch regt dazu an, unsere Position im Universum neu zu überdenke

Pflege von Angehörigen zu Hause.

Basierend auf eigenen Erfahrungen gibt dieses Buch Hilfestellung für Menschen, die plötzlich vor der Herausforderung stehen, Angehörige zu pflegen. Es beantwortet Fragen wie: Was wird benötigt? Welche Unterstützung gibt es? Und wie kann man sich den Pflegealltag erleichtern? Ein wertvoller Leitfaden für alle Betroffenen.

Impressum:

Sigrid Trieb
Werk VI Strasse 22
A-8605 Kapfenberg

Inhalt